国家出版基金项目
国家"十三五"重点图书出版规划项目

英 国 社 会 转 型 研 究 丛 书

主　编　钱乘旦

近代英国的贫富差距问题

郭家宏　著

南京师范大学出版社

图书在版编目(CIP)数据

近代英国的贫富差距问题 / 郭家宏著. —南京：
南京师范大学出版社,2021.3
(英国社会转型研究丛书 / 钱乘旦主编)
ISBN 978-7-5651-4756-2

Ⅰ.①近… Ⅱ.①郭… Ⅲ.①贫富差距-研究-英国
-19世纪 Ⅳ.①D561.38

中国版本图书馆 CIP 数据核字(2021)第 045165 号

丛 书 名	英国社会转型研究丛书
丛书主编	钱乘旦
书 名	近代英国的贫富差距问题
著 者	郭家宏
策划编辑	郑海燕 朱海榕
责任编辑	向 磊
出版发行	南京师范大学出版社
地 址	江苏省南京市玄武区后宰门西村9号(邮编:210016)
电 话	(025)83598919(总编办) 83598412(营销部) 83598712(编辑部)
网 址	http://press.njnu.edu.cn
电子信箱	nspzbb@njnu.edu.cn
照 排	南京开卷文化传媒有限公司
印 刷	上海雅昌艺术印刷有限公司
开 本	787毫米×1092毫米 1/16
印 张	26.25
字 数	389千
版 次	2021年3月第1版 2021年3月第1次印刷
书 号	ISBN 978-7-5651-4756-2
定 价	882.00元(第1辑9册)
出 版 人	张志刚

南京师大版图书若有印装问题请与销售商调换

总　序

钱乘旦

《英国社会转型研究丛书》由南京师范大学出版社出版，这是英国史研究领域的又一项成果，通过这项研究，我们希望对英国工业革命以来社会方面的各种变化进行深入的探讨，进而寻找一些对中国现代化有益的启迪。

作为世界上第一个完成现代转型的国家，英国确实很值得了解。工业革命改变了社会结构，原有的社会体系容不下新的变化，于是冲突就出现了，造成了许多社会问题，比如劳工问题、妇女问题、犯罪问题、贫穷问题、教育问题、儿童问题、人口结构问题等等。这些问题在传统的农业社会是被自然消化的，溶解在农村共同体之中。工业革命把它们分解成一个一个单独的问题，而且每一个问题都可能变得非常严重，影响国家的整体发展。由于英国是现代化的先行者，它是在茫然中逐步意识到这些问题的，用了很长的时间才发现在经济迅速发展的情况下社会也是快速变化的，单凭积累财富无法解决社会问题；而社会问题不予解决，就会引发混乱，影响国家大局稳定，造成严重后果。在弄清楚这个道理后，英国又用更长的时间去设法解决这些问题，而解决的过程又非常艰难曲折，充满挑战，绝非一蹴而就。所以，了解这些过程和解决问题的办法就很有必要了，它能提供很好的知识参照，为思考中国的问题开启路径。

我们这套丛书的目的就是通过深入的学术研究,了解英国的那些问题,探讨其解决方案,评估其结果。从历史的发展看,英国在解决社会问题方面是基本成功的,工业革命造成的一系列严重的社会问题到20世纪下半叶差不多都解决了,从那个时候起,英国社会就一直相对稳定,很少发生严重冲突。当然,新的问题也会产生,比如英帝国解体遗留的有色人种移民问题,由此引发的种族隔阂和文化差异问题等,这些问题又需要人们寻找新的解决方案。

我曾多次说过:任何国家的现代化必须完成三项任务,一是建立现代国家,二是发展现代经济,三是建设现代社会。建立现代国家是现代化的前提,没有这个前提,便不能展开现代化。发展现代经济是现代化的关键内容,由此而形成工业社会。建设现代社会是现代化过程中最艰巨的任务,随着工业社会的出现,整个社会都要发生变化,引发一系列深刻的社会变革;而现代化能否成功,往往取决于社会现代化能不能完成。在英国,建立现代国家的过程从都铎王朝就开始了,经历漫长的变化到18世纪才基本结束。接下来就进入了经济快速发展的时期,启动了工业革命,使英国成为世界上第一个工业化国家。第三项任务几乎与工业革命同时出现,但人们的认识非常滞后,一直到19世纪下半叶才认真执行,进入了所谓的"改革年代"。由此,我们看到了一系列的社会改革,逐一解决了工业革命带来的许多问题。经过大约一个世纪的努力,第三项任务才大体完成了,一个比较清晰的现代国家在英国出现。为完成这三项任务,英国差不多用了五百年时间!

英国是第一个进入现代转型过程的国家,因此它不慌不忙(事实上是不知不觉)地完成了这三项任务;而且,这三项任务几乎是一项接一项出现的,因此相比于其他国家,英国的发展过程相对悠闲(而且缓慢)。然而对其他国家来说,就不能如此不慌不忙、不紧不慢了,因为作为现代化的后来者,它们必须"追赶",才能跟上时代的步伐。所以在其他国家,现代化的三项任务经常是重叠的,也就是一项任务套一项任务,也许同时呈现在人们面前。如此之下,英国的经历就相当重要了,我们看一看英国的经历,就应该知道现代化需要解决哪些问题,以及会碰到哪些问题,还有英国是如何解决的。后起国家的领导者们尤其需要了解这些,以便他们在领导国家的过程中多有远见,少走弯路。

中国现代化面对着这种情况,中国的现代化有一种紧迫感。就目前而言,中国现代化大体上处在第一项任务基本完成、第二项任务成绩斐然、第三项任务刚开始被人们意识到并开始打算去完成的阶段上。为此,这套书就把重点放在英国社会转型研究方面了,以期对读者们有所启示。

2020 年 2 月 2 日,于北大

目 录

- 1　总　序/钱乘旦
- 6　导　论

- 17　**第一章　社会转型与英国贫富差距问题的发展**
- 19　一、富裕中的贫困——贫富差距问题的发展
- 53　二、贫困与贫富差距问题发展的根源
- 68　三、贫富差距问题加剧的危害

- 85　**第二章　《济贫法》体制下的贫民救济**
- 87　一、《济贫法》的实施与改革
- 136　二、19世纪英国济贫院的发展

- 175　**第三章　《济贫法》体制下的贫民医疗救助**
- 177　一、旧《济贫法》体制下的英国贫民医疗救济
- 198　二、新《济贫法》时期的英国济贫院医院
- 211　三、济贫院医院的改革
- 222　四、济贫院医院向公共医院的转型

- 238　**第四章　社会经济改革与贫富差距问题化解**
- 240　一、19世纪末期英国贫困观念的变化
- 261　二、"向富人征税"——19世纪后期英国的财税制度改革

280	三、19世纪英国贫民子女的基础教育
305	四、19世纪英国住房政策的变革与工人阶级住房的改善
321	**第五章　19世纪英国民间慈善、自助与互助活动**
323	一、19世纪英国民间慈善救济活动
343	二、19世纪英国消费合作运动
362	三、18—19世纪英国"友谊会"医疗救助体系探析
378	**结　语**
382	**参考文献**
402	**译名对照**
417	**后　记**

导　论

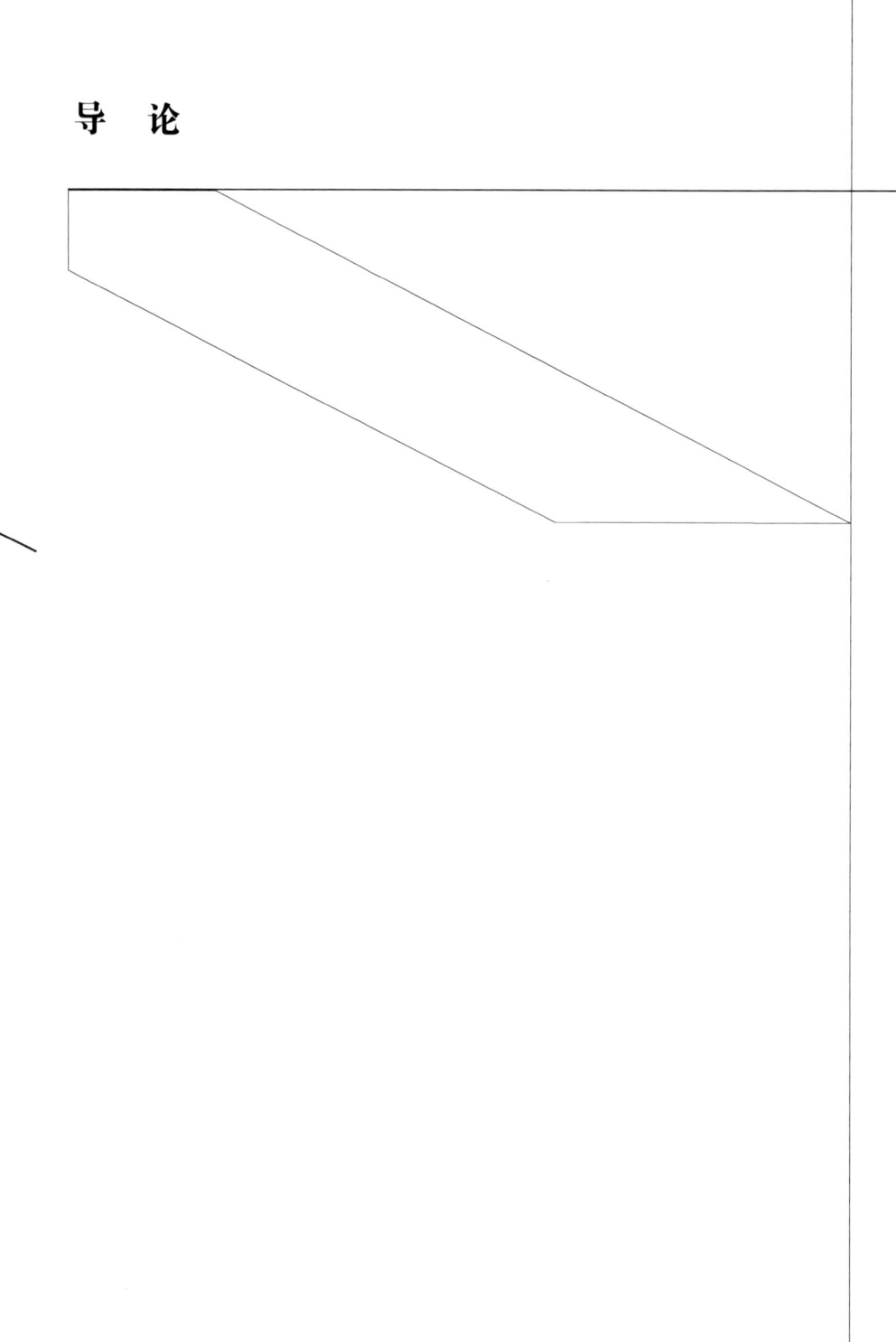

18世纪下半叶到19世纪末,是英国历史上最重要的一个转型时期。18世纪下半叶起,英国开始了一个持续不断的经济增长和变革的过程,生产力得到极大的发展。这次变革持续时间之长、影响之深远前所未有,这就是后世所称的"工业革命"。从这时开始,隆隆的机器轰鸣声,打破了英格兰长期以来宁静的田园生活,工厂纷纷建立,城市快速扩张。工业革命彻底改变了英国社会,使英国率先迈入了现代化国家行列。英国花费了近百年时间,完成了传统农业社会向现代工业社会的转型,在政治、经济、社会等方面都发生了根本变化。

政治上,随着工业革命的进行,传统的三层式社会结构逐渐消失,无产阶级和资产阶级两大对立阶级逐渐形成。经过三次议会选举制度改革,资产阶级开始掌握国家政权,工人阶级也开始日益发挥重要作用。19世纪末20世纪初,英国选举制度的民主化基本完成,英国完成了由精英民主向大众民主的过渡。

经济上,英国工业革命的迅猛发展,使资本主义经济制度逐渐占据统治地位,封建地主在经济上的影响力大大下降,英国成了世界上第一个工业化国家,经济迅猛发展,财富极大增加,国家极其富裕,并建成了"日不落帝国"。

社会上,工业化的发展带动城市化高速发展,至19世纪中期,英国已成为城市化国家,由此,英国的社会治理模式发生了巨大变化,其社会救济的环境与对象也相应发生了变化,政府管理职能日益扩大。但是,在英国社会转型的过程中,出现了许多令人痛心的画面。英国转型时期产生的社会问题很多,其中贫困与贫富差距问题便是最严重的政治与社会问题之一。本书集中论述的就是工业革命导致的英国社会转型中的贫困与贫富差距问题。

贫困是一种复杂的社会现象,减轻或消除贫困的过程是国家实现经济发展、减轻贫困双重目标的过程,也是国家治理的过程。贫困与贫富差距问题是19世纪英国现代化过程中的一颗毒瘤,贫困与贫富差距问题的发展给英国带来了许多严重的其他社会问题。在19世纪,英国政府为化解日益加大的贫富差距问题,采取了一系列措施,也留下了许多经验和教训,值得我们学习与借鉴。

贫困是历史问题,也是现实问题。何谓"贫困"? 这是学术界长期争论的问题。贫困涉及经济、社会、历史、文化、心理和生理等各个方面,具有不同背景的人往往从不同的角度认识贫困,对贫困做出各种不同的解释。在不同的历史时期和不同的地域,"贫困"一词也具有不同的意蕴。

贫困首先被看作一种历史和经济现象。经济学意义上的"贫困"有狭义和广义之分。在经济学家看来,"贫困"是经济、社会、文化贫困落后现象的总称。经济范畴的"贫困",实际上是指物质生活贫困,可定义为一个人或一个家庭的生活水平达不到社会可以接受的最低标准。16、17世纪的"贫困"指的是那些处于生存线以下、需要依赖外界帮助的人的生存状态。在19世纪英国的讨论中,"贫困"是绝对的、以生存为标准的,一切的生产都是为了维持人的基本生存,生产力水平总体低下。其中最有影响的是英国改良主义者西博姆·朗特利(Seebohm Rowntree)在1901年出版的关于约克镇贫困问题调查中提出的"基本贫困"(primary poverty)概念。所谓"生活在基本贫困状态的家庭",是指那些"总收入不足以获取维持纯粹体能所需的最低数量的生活必需品的家庭"[①]。在这里,"最低数量的生活必需品"主要是指食物。因此经济学上引入了"基本贫困"的概念,指家庭或个人总收入不足以获取维持纯粹体能所需的最低数量的生活必需品(这里的"生活必需品"主要是指食物,现代用以研究贫困问题的"恩格尔系数"在方法上有与此类似之处)的状况。这个时期存在"富裕"的个人,但是绝不存在"富裕"的社会。因而,有人把"贫困"界定为缺少达到最低生活水平的

---

① B. Seebohm Rowntree, *Poverty: A Study of Town Life*, London: Macmillan, 1901, p.86.

能力,也有人将其界定为个人或家庭的经济收入不能达到社会可接受的生活标准的一种状况。总体而言,从经济学的角度看,贫困是因为经济收入不足而不能达到最低生活水平或社会可接受的生活标准的状况。但是,什么是"社会可接受的生活标准"? 人们对此有不同的理解,这也是至今没有一个公认的统一的贫困标准的原因。

贫困也是一种社会现象,具有一系列经济社会特征。在社会学家的眼中,贫困是在物质资源方面处于匮乏或遭受剥夺的一种状况,其典型特征是不能满足基本生活需求。贫困是迄今为止一直存在的社会现象,但人们对贫困的看法却千差万别。按照《不列颠百科全书》(*Encyclopaedia Britannica*)的解释,贫困是一个人缺乏正常的或社会接受的金钱或物质,也就是说一个人不能满足其生存的基本需求。由于历史时代、社会制度、经济背景不同,贫困的特征也很不相同;同时,也由于政治信仰、价值观念和社会身份不同,人们对于贫困的理解与评价存在着较大差异,学者们对"贫困"概念的思考往往陷入一种相对主义和不可知论的困惑之中。

作为一个历史性的范畴,"贫困"确实是一个不断变化着的概念,既有绝对贫困,也有相对贫困,还有偶然致贫的。纵观古今中外,不少思想家、经济学家、社会学家都曾对贫困的内涵做出过种种解释。当然,要对贫困做出抽象判断并对其一般概念给出准确而科学的定义,并非一件容易的事情。

贫困在中世纪早已存在,但一直未引起人们足够的重视。这与罗马天主教的影响有关。中世纪的教会宣扬"善功得救",因此,行善、施舍不再是爱心的自然表露,而是个人进入天堂的必需条件。在中世纪,贫困被人们看作一种"神圣状态",穷人被看成是"上帝(受难)的肢体和他本人的代表",是"上帝的嗣子""上帝的至爱"。[①] 中世纪的教会声称,贫穷是不可能

---

① Michel Mollat, *The Poor in the Middle Ages: An Essay in Social History*, New Haven: Yale University Press, 1986, pp.258-259.

也不应当被清除的,因为它为千千万万渴望拯救的信徒提供了施舍的对象——穷人。教会人士说,给穷人施舍就是给上帝谢恩,因为人们无法直接供奉上帝或基督,上帝就特选一批穷人作为他的替代者和受纳人。因此,"无论给予他们什么样的帮助,都是给予基督本人"。穷人本身也是中世纪最高美德——谦卑的化身。因此,"穷人是圣洁的",他们的祈祷最为上帝所喜。17世纪初,一位带有中世纪意识的英国国教牧师在布道中为这种馈赠关系做了很好的注解。他说:"富人通过施舍赈济穷人,否则穷人就会挨饿;但穷人通过向上帝祈祷获得更多回报,富人因此在今世更有福分,而且还会获得来世永生。"① 中世纪教会的说教对信徒的影响是巨大的。

从16世纪上半叶开始,在欧洲,尤其是在英国,人们对待贫困问题的态度发生了重大变化。由于市场经济和资本主义的兴起,贫困问题变得比以往更加严峻,迫使人们不得不正视它。当人们用世俗的眼光重新审视贫困时,它失去了以往神圣的光彩。变化的原因有二:一是环境的压力,二是理性主义思潮的影响。16、17世纪,英国开始把穷人分成"自愿贫穷者"和"失去劳动能力的人"两大类。前者是"危险的",应予以严厉打击;而后者是"值得同情的",应予以救助。为了使社会救济落实到"失去劳动能力的人"而不是那些"自愿贫穷者"手中,他们将中世纪的户外施舍改为上门救济。乞讨被明文禁止,真正困难的人将在原籍得到地方政府的救济和邻人的帮助。②

18世纪下半叶,随着英国工业革命的发展,资产阶级队伍不断壮大,英国人关于贫困的概念再度发生变化。亚当·斯密(Adam Smith)从劳动价值论出发来论述财富的价值或商品交换价值,从而将"贫"与"富"定义为拥有支配或购买劳动的多与寡。他在《国民财富的性质和原因的研究》(*An Inquiry Into the Nature and Causes of the Wealth of Nations*)中说:"一个

---

① Paul A. Slack, *Poverty and Policy in Tudor and Stuart England*, London: Longman, 1988, p.19.
② 向荣:《论16、17世纪英国理性的贫穷观》,《武汉大学学报》(哲学社会科学版)1999年第3期,第72页。

人是贫是富,就看他能在什么程度上享受人生的必需品、便利品和娱乐品。"①19世纪大部分时间里,在英国,贫困并没有被看成一个问题,而被视作相当比例人口生活中的一种正常现象。19世纪初期,自由主义思想家认为,贫困不仅是促进贫民自立意识的根本动力,也是补充劳动力的必然要求。甚至有人还认为,贫困是文明与财富的必要基础。坚决支持济贫法改革的评论家帕特里克·科洪(Patrick Colquhoun)就把贫困定义为"每个人必须为生存而劳动的状态"②。当时"懒惰"这一恶名经常同穷人混淆起来。人们认为,如果是自愿的(贫困),懒惰就是邪恶的;如果不是自愿的(贫困),那它就是社会的负担。③ 中产阶级中的许多人甚至认为,贫困是上帝对懒汉的惩罚。这种思想尽管没有被政府所采纳,但是对于19世纪英国济贫政策影响很大。

马克思、恩格斯在他们的早期活动中就关注到工人阶级的贫困化现象。马克思在《1844年经济学哲学手稿》中,就指出了在资本主义社会中工人在生产劳动与他自身生活之间存在的对立。他说:"劳动为富人生产了奇迹般的东西,但是为工人生产了赤贫。劳动生产了宫殿,但是给工人生产了棚舍。劳动生产了美,但是使工人变成畸形。劳动用机器代替了手工劳动,但是使一部分工人回到野蛮的劳动,并使另一部分工人变成机器。劳动生产了智慧,但是给工人生产了愚钝和痴呆。"④1845年,恩格斯根据自己的调查研究写出了《英国工人阶级状况》一书。该书用大量的事例、统计揭示了在资本主义率先发展的英国,工人阶级的悲惨生活。这就为马克思主义贫困化理论提供了重要的直观性的补充。

---

① [英]亚当·斯密:《国民财富的性质和原因的研究》(上卷),郭大力、王亚南译,北京:商务印书馆,1983年,第26页。
② Peter Wood, *Poverty and the Workhouse in the Victorian Britain*, Stroud: Alan Sutton, 1991, p.6.
③ J.R. Poynter, *Society and Pauperism: English Ideas on Poor Relief, 1795-1834*, Toronto: University of Toronto Press, 1969, p.29.
④ [德]马克思:《1844年经济学哲学手稿》,参见中共中央马克思恩格斯列宁斯大林著作编译局编译:《马克思恩格斯选集》(第一卷),北京:人民出版社,2012年,第53页。

贫困问题尽管早已存在，但直到19世纪末20世纪初，在英国才开始被人们看作严重的社会问题。这种意识的转变伴随着为衡量、分析这一问题而设计的社会调查不断出现。[①] 英国经济学家西博姆·朗特利在1899年对英国约克郡的工人家庭的收入与生活支出状况进行了一次大型调查研究，其研究结果于1901年以《贫困：城镇生活研究》(Poverty: A study of Town Life)一书出版。[②] 他第一次为个体家庭建立了一个贫困标准，并根据这个概念计算出最低生活支出标准，即贫困线，同时将其同家庭收入比较，得出贫困的估计值。朗特利的工作可以说是开创性的，他首次清晰地从个体的角度定义贫困并将其量化，为此后对贫困问题的研究奠定了基础。这是关于收入贫困和贫困线的经典研究，其方法，即所谓的"绝对贫困"的主张被一直沿用至今。由于收入是评价居民生活状况的一个十分重要的指标，且易于统计、测量和监测，因此，"收入贫困"就成为当今各国应对贫困问题中的一个十分重要的概念。

20世纪70年代，英国保守党理论家基思·约瑟夫(Keith Joseph)认为，"一个家庭负担不起食物就是贫困"[③]。这种观点认为，贫困被一种绝对的标准所定义，那就是缺乏最基本的维持生存的资源，例如食物、衣服和基本的住所。在这种简单化的观点中，发达国家不存在穷人；贫困只存在于第三世界国家，是一个遥远的问题。

在工业化社会来临之前，英国还属于传统的农业社会，生产力水平低下，社会生产只能维持人的基本需求，社会财富的总量有限。大部分英国人住在乡下，过着自给自足的田园生活。城镇里的手工业者也守着自己的一份手艺，带着学徒，辛苦工作，恬然自得。"富裕"无论是对个人还是对社

[①] 当时最著名的社会调查有：Charles Booth, *Labour and Life of the People*, 2 vols, London, 1891. *Life and Labour of the People in London*, 13 vols, 1902 – 1903.
[②] B. Seebohm Rowntree, *Poverty: A Study of Town Life*, 1901.
[③] Carl Chinn, *Poverty Amidst Prosperity: The Urban Poor in England, 1834 – 1914*, Manchester: Manchester University Press, 1995, p.1.

会来说,都是一种奢望,它只是极少数贵族和大商人可以享受的事情。在前工业社会,尽管贫困一直存在,许多普通百姓一直挣扎在温饱线上,缺衣少食,但是那时还没有形成严重的社会问题,"贫富差距"现象不是特别严重。

工业革命开始后,英国经济迅猛发展,社会发生急剧转型,贫富差距问题也急剧发展,由此带来一系列政治、经济和社会问题。从英国社会缩小贫富差距的角度,去探讨转型时期英国的贫困与贫富差距问题,是本书的一个特色。缩小贫富差距,需要政府和社会共同努力。其措施既包括传统意义的对贫民的救济、慈善活动,还包括政府政策方针的改革,诸如对教育、税收、住房等政策方针的改革等。当然,工业化时期,大规模救济贫民、缩小贫富差距等问题,主要责任在政府肩上。在19世纪初,英国国家的主要职能仅限于偿还国债、维持陆军和海军以及执行《济贫法》,其原因既有英国固有传统的影响,更有自由主义思想的影响。然而,到19世纪中叶,社会的发展迫使国家越来越多地对社会生活进行干预,以保护和提高其公民的福利。19世纪70年代开始,政府干预的力度也逐渐加大,承担的责任也大大增加。到19世纪末,国家已在提供保健和教育服务方面发挥了重要作用。1906年,自由党政府已经采取了一系列措施,包括免费校餐、老年养老金和社会保险等,这些措施逐渐削弱了传统的济贫法。1919年,战后联合政府开始了第一次协调一致的尝试,使提供补贴住房成为国家福利供给的核心特征之一。19世纪末,人们就开始认识到政府在反贫困、消除贫富差距方面的作用。比阿特丽斯·韦伯(Beatrice Webb)在1886年曾接受邀请,参加了查尔斯·布思(Charles Booth)的伦敦贫困调查,他们都强烈批评传统济贫法政策的威慑。她和西德尼·韦伯(Sidney Webb)撰写《英国济贫法史》(*English Poor Law History*)的主要目的之一是论证国家需要在防治贫困方面扮演更为积极的角色,其方式是为所有公民提供最低工资标准、最高工时、医疗服务、享有健康环境的权利和教育机会。尽管消除贫富差距的工作主要还是要靠政府，但是英国特有的慈善传统和自助互助传统，使得民间的慈善济贫发挥了重要作用，工人阶级也通过自身的努力，来与贫困做斗争。贫困问题、贫富差距问题解决得恰当与否，越来越成为一个国家能否稳定与发展的关键。

本书从结构上，重点讲述英国政府在扶贫与缩小贫富差距方面所做的工作，对民间慈善工作和工人阶级的自助与互助等问题也进行了一定的探讨。

第一章论述了工业革命和英国贫困问题与贫富差距问题的发展及其根源。英国是世界上第一个工业化国家，工业革命的快速发展使英国生产力水平极大提高，经济迅猛增长。但是由于社会忽视了公平分配问题，工业革命所召唤出来的巨大财富并没有在社会中被合理地分配，大部分流入了有产者的腰包。与滚滚而来的财富相伴随的却是贫困问题的加剧、贫富差距的扩大。资本主义制度固有的生产方式、英国政府的自由放任政策、社会分配不公和工人工资低下是工业革命时期工人贫困的主要原因。贫困与贫富差距问题的极度发展，引发了一系列严重的社会问题，导致英国社会矛盾尖锐，阶级对抗加剧；犯罪率大大升高；贫民窟大量存在，城市公共卫生状况恶化。贫困与贫富差距问题是19世纪上半叶英国十分严重的社会问题。

第二章论述了《济贫法》体制下英国政府的贫民救济政策与行动。英国在伊丽莎白一世（Elizabeth Ⅰ）时期，通过《济贫法》就已经建立起了一套济贫制度，对在饥饿线上挣扎的贫民实施救济。19世纪，英国虽然开始奉行"自由放任"政策，但是在济贫问题上，政府并没有完全放弃自己的责任。1834年新《济贫法》制度实行以济贫院院内救济为主的济贫法制度的新原则。在新《济贫法》下，对有劳动能力者的户外救济遭到禁止，所有想得到救济的人必须生活在济贫院里。济贫院遵守"劣等处置"（Less-eligibility）和"济贫院检验"两大原则，目的是使穷人更倾向于在院外自立生活。它试图成为救济穷人的唯一方式,但未能成功。20世纪前期,英国《济贫法》制度的救济方式基本没有大的变化,《济贫法》当局不仅提供院内救济,而且提供院外救济;不仅提供贫困救济,而且提供老年、失业和医疗救济。这样一套制度,尽管存在诸多弊端,但是毕竟为走投无路的贫民提供了最后的庇护场所。

第三章论述了《济贫法》体制下英国的贫民医疗救助问题。随着工业革命的发展,城镇环境恶化,居民身体状况恶化,患病人数增多,许多人因病致贫。为了减轻济贫负担,英国《济贫法》当局开始对贫民进行医疗救助。《济贫法》体制下的医疗救济是英国政府济贫的一项重要内容。其方式是为贫民支付医疗费、与医生签订承包合同、就近利用当地医院、建立济贫院病房(Workhouse Ward)或济贫院医院(Workhouse Infirmary)以及建立药房(Dispensary)等。新《济贫法》颁布后,各地济贫院先后建立起了药房或者联合医院。十九世纪六七十年代后,济贫院医院逐渐从济贫院中独立出去,医疗条件也得到初步改善,此后济贫院医院便逐步向公共医院转化。尽管《济贫法》体制下的医疗救助体系存在诸多问题,但确实为贫民的疾病医疗提供了保障。济贫院医院成了英国国立医院的开端。

第四章论述了英国政府在解决贫困问题、缩小贫富差距中所起的作用。贫富差距拉大、贫困问题加剧,严重影响了英国政治、经济的发展。19世纪末,英国人的贫困观念发生了很大变化,人们不再将个人道德堕落视为贫困的根源。面对日益严峻的贫困与贫富差距问题,英国政府不断采取改革举措,通过改革财税政策,加大对富人的征税力度;通过教育改革,提高工人阶级的素质,为其更好的发展创造条件,从而逐渐化解贫富差距问题急剧发展带来的问题。

第五章论述了19世纪英国中产阶级和工人阶级的自助与互助问题。工业革命中日益壮大的中产阶级和工人阶级一直在通过自身的努力,来减小贫富差距发展带来的影响。19世纪是英国民间慈善飞速发展的时期,中产阶级是慈善活动的主力,慈善组织兴办医院、学校,救济贫民。工人阶级则通过友谊会、工会、消费合作社等互助机构进行自救。这些来自民间的慈善和互助活动,在一定程度上弥补了在贫困问题上因政府缺位而带来的不足。

19世纪开始,英国在处理贫困与贫富差距问题上,花费了一百多年的时间,直到第二次世界大战后,英国政府通过福利国家制度和累进所得税等税收制度,才基本上解决了贫富差距问题。这一过程给后世留下了极为深刻的教训:任何社会的和谐与发展,都必须建立在全体民众健康、富裕、和谐、平等的基础上,否则就会引起社会动荡。现代化的目的是使全体人民过上共同富裕的和谐生活。如果现代化只使少数人受益,而大批人员陷入贫困、绝望的境地,人们的生存环境不断恶化,社会存在显著的贫富差距现象,这样的现代化是偏离了轨道的现代化,应引以为戒。

第一章
社会转型与英国贫富差距问题的发展

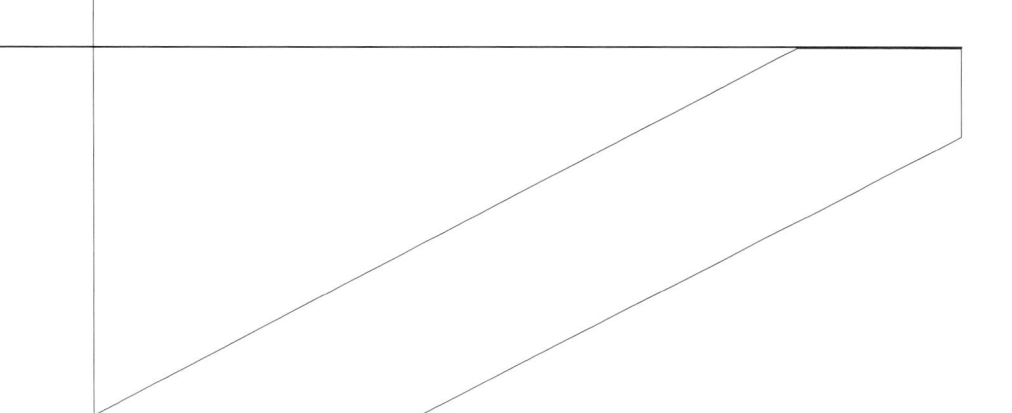

18世纪中期开始,英国率先开启工业革命,成了第一个工业化国家,社会急剧地从传统农业社会向现代工业社会转型。在社会转型进程中,由于政府长期缺位,没有承担起相应的责任,带来了一系列社会问题。其中贫困与贫富差距问题是工业革命开始后英国所面临的十分严重的社会问题。19世纪中后期,对于日益加深的贫困及贫富差距问题,英国政府开始采取了一系列政策措施来救济贫民,缓解贫富差距问题,取得了一定的成效,也留下了深刻的教训。

一、富裕中的贫困——贫富差距问题的发展

在任何一个国家、任何一个社会中,贫困都是一个难以避免的社会问题,人类社会从来没有摆脱过贫穷的困扰,任何社会都有赤贫和巨富,贫富差距现象也一直存在。贫困问题的产生有着各种各样的政治、经济与社会根源。工业革命以前,人们往往因自身的问题或者失去土地而沦为贫民、乞丐,贫困问题尽管非常普遍,但没有成为一个严重的社会问题。进入工业化社会后,随着社会急剧转型,贫富差距问题才成为严重的社会问题。

1. 英国贫富差距问题的发展

开始于十八世纪六七十年代的英国工业革命,发展到 19 世纪 40 年代,已经产生了重大历史影响。工业革命的快速发展,使英国千百年来的农业社会发生了巨大变化,生产力水平极大提高,经济迅猛增长,主要工业相继以机器生产代替手工生产,以工厂制取代作坊制和手工工场制,这些工业部门的生产量和劳动生产率均有较快的增长。工业革命引发英国社会急剧转型,带来了一系列社会问题。

（1）高度富裕社会的出现

工业革命为人类创造出惊人的社会财富。工业革命开始后，英国主要工业部门的生产量和劳动生产率均有较快增长。从18世纪下半叶到19世纪中叶的几十年间，英国的纺织、钢铁、煤炭等行业的生产实现了几十倍乃至上百倍的增长。1780—1800年，英国的原棉消费量由655万磅增加到5 160万磅；1800—1849年，原棉消费量由5 200万磅增加到6.3亿磅。①与原料投入的迅速增长相并行，棉纺织品产量也在迅速增长。1785—1850年，棉织品产量由4 000万码增至20亿码，增加了49倍。19世纪的最初25年中，棉纺织品产量增加了2倍；1816—1840年增加了3.5倍。②尤其重要的是，原料投入与成品产出的增长是以劳动生产率的提高为前提的。有人估计，在1827年的一家棉纺厂里，750个专业合作者利用机器可以生产出相当于20万个手纺工所生产的纱线，即提高了劳动生产率260多倍。再以采煤、冶铁业为例，英国的煤炭产量先是在1750年到1800年之间翻了一番，然后在19世纪期间增加了20倍（其间在1800年到1830年又翻一番，1830年到1845年再翻一番）。③其中在1700年为250万吨，1750年为475万吨，1800年为1 000万吨，1829年为1 600万吨。④英国生铁的产量在1740年到1788年间增加了4倍，而在随后的20年间又增加了4倍，在19世纪期间增加了30多倍。⑤1788—1806年，英国生铁产量约净增3倍。进入19世纪后，生铁产量的增长率显著加快，1806—1847年增长了7.2倍。⑥

---

① B.R. Mitchell and P. Deane, *Abstract of British Historical Statistics*, Cambridge: Cambridge University Press, 1962, pp.178-179.
② P. Deane and W.A. Cole, *British Economic Growth, 1688-1959*, Cambridge: Cambridge University Press, 1967, p.183.
③ ［英］阿萨·布里格斯：《英国社会史》，陈叔平等译，北京：商务印书馆，2015年，第235页。
④ Leonard W. Cowie, *Hanoverian England, 1714-1837*, London: Bell and Hyman, 1978, p.135.
⑤ ［英］阿萨·布里格斯：《英国社会史》，第236页。
⑥ P. Deane and W.A. Cole, *British Economic Growth, 1688-1959*, p.189.

经过工业革命,英国一跃而成世界头等工业强国,被称为"世界工厂"。工业的蓬勃发展,使英国深深卷入了世界经济发展潮流,英国在原材料和生活资料供应以及产品的销售方面越来越严重地依赖海外市场。1740年,英国工业产值为 2 420 万英镑,其中出口额仅为 630 万英镑;1770 年,英国工业产值增至 3 690 万英镑,出口额为 1 120 万英镑;1800 年,英国工业产值增至 6 820 万英镑,出口额为 2 350 万英镑。① 1848 年出口额为 5 300 万英镑,1857 年为 1.2 亿英镑,1860 年增长到 1.36 亿英镑,在随后的 10 年内这个数字又翻了一番。② 其中,原棉的进口在 1780 年到 1800 年间增加了 5 倍,而在 19 世纪期间增加了 30 多倍。③ 1820 年英国在世界贸易总额中所占的比重为 18%,1850 年上升到 21%,1871 年达到顶峰时期的 22%。④

随着各主要工业部门生产率的提高和产量的增长,平均工业劳动生产率和国民生产总值也不断提高。1770—1840 年,英国工人每一工作日的劳动生产率平均提高 27 倍。如果以 1791 年英国工业产值为 100 计算,1841 年则增长为 425.1。从 18 世纪末至 19 世纪 40 年代,英国工业产值大约增长了 4 倍以上。根据克拉夫茨(N.F.R.Crafts)的最新估计,英国国民生产总值的年均增长率在 1760—1780 年为 0.7%,1780—1801 年为 1.32%,1801—1831 年为 1.97%。⑤ 这一估算虽然比过去引用的数据要低,但仍表明,工业革命即使在其发展还不充分时也已产生重大的经济影响。

---

① Roderick Floud and D. N. McCloskey, *The Economic History of Britain Since 1700*, Vol.1, Cambridge: Cambridge University Press, 1981, p.40.
② Trevor May, *An Economic and Social History of Britain*, 1760‐1970, New York: Longman, 1987, p.149.
③ [英]阿萨·布里格斯:《英国社会史》,第 236 页。
④ 王章辉:《英国经济史》,北京:中国社会科学出版社,2013 年,第 170 页。
⑤ N.F.R. Crafts, *British Economic Growth During the Industrial Revolution*, Oxford: Clarendon Press, 1985, p.45.

英国的工业在欧洲乃至全球都获得了领先地位，英国成了"世界工厂"。1820年，英国的煤产量占全世界的75%，生铁产量占全世界的40%，其工业总产值占世界的一半。此后尽管其他国家的工业化有了发展，但直到1850年，英国煤炭和铁的产量分别占世界总产量的60.2%和50.9%，它的工业总产值占世界工业总产值的比重仍然高达39%。[①] 另外，英国的棉布产量占世界总产量的一半以上。工业上的垄断地位带来了商业上的霸权，1820—1850年，英国在世界贸易总额中所占的比重由18%上升到21%，英国获得了世界范围的工商业垄断地位。

工业革命也推动了英国城市化发展。英国城市化发展从很早以前就开始了，但直到工业革命前夕，英国还是一个农业国。多数城镇还不是制造业中心，而是政治、宗教和商业中心，是土地贵族和乡绅休闲享乐的地方。1700年，5 000人以上的城市人口约占大不列颠人口总数的13%；工业革命前夕，这一比例上升到了15%—16%。那时的城市对乡村依赖性比较大。制造业对乡村水力、风力等自然力依赖性很强。手工业所需的原料主要靠农村提供，其产品也大多销往农村。大多数手工业以个体手工业和家庭手工作坊的形式大量分散于农村。城市只集中了部分手工业，它们或加工农村生产的半成品，或生产供上层消费的奢侈品。当时的英国城市公共设施很差，缺乏清洁水源，没有公共厕所，垃圾得不到及时处理，污水遍地，环境恶劣，经常流行瘟疫。当时居民的迁移受到法律和交通条件的限制，所以城市发展比较缓慢。

工业革命产生的巨大变革力量彻底改变了城市发展相对迟缓的局面，极大地改变了英国的经济地理。新兴的棉纺织业把英格兰西北部变成了重要的工业区，曼彻斯特、索尔福特、博尔顿等棉纺织工业城市迅速兴起，推进了英国的城市化进程。再加上以运河、汽船、全天候公路和火车为标

[①] 王觉非主编：《近代英国史》，南京：南京大学出版社，1997年，第256页。

志的"运输革命",为全国人口流动、城市所需物资供应提供了廉价、快捷、可靠的运输工具,大大推进了城市的发展。英国城镇人口占全国总人口的比重由1760年的25%上升到1851年的50%以上。① 1760—1814年,5万人以上的城市由2个增加到24个。此时,全国约1/3以上的人生活在居住人口达2万人以上的城市里。② 至19世纪中期,"典型的英国人变成了城市人",英国成了一个城市国家,中世纪那种田园诗般的农业社会被发达的工业社会所取代。1801年,伦敦是唯一一个居住人口超10万人的地方;100年后,这样的英国城市有37个,容纳了整个国家43.7%的人口。著名学者马丁·道尔顿(Martin Daunton)认为,到1870年,新城镇的形成基本上已经结束,城市的持续增长不是由于暴发户,而是由于现有最大城镇的主导地位日益增强。③ 伯明翰、曼彻斯特、纽卡斯尔和利兹全部都在扩张。农业用地被城市建筑占据,大城市与周边城镇相连。

工业化强劲地推动着生产力的发展,国民生产总值迅速上升,国民财富大大增加。1781—1785年英国国民生产总值年平均为1 369.3万英镑,1801—1805年就猛增到4 089.7万英镑,1856—1860年达到6 864万英镑,1866—1870年更是达到了6 924万英镑。④ 1801—1850年,英国国民总收入增长了125.6%,1851—1901年又增长了213.9%。与此相对应,英国的人均年收入也显著提高,据统计,1700年英国的人均年收入大约为8到9镑,1750年增长到20镑,1860年又增加了一倍。⑤ 从长时段看,由于工业化的推动,19世纪的国民收入上涨了8倍,而同期的人口只增加了4倍。这意味着每个人的财富份额增加了:19世纪,英国人均国民收入增长了4

---

① A. E. Musson, *The Growth of British Industry*, New York: Holmes and Meier, 1978, p.140.
② J.Steven Watson, *The Reign of George Ⅲ, 1760 - 1815*, Oxford: Clarendon Press, 1960, p.517.
③ Carl Chinn, *Poverty Amidst Prosperity: The Urban Poor in England, 1834 - 1914*, p.9.
④ E. J. Evans, *The Forging of the Modern State: Early Industrial Britain, 1783 - 1870*, London: Longman, 1983, p.389.
⑤ Asa Briggs, *A Social History of England*, Harmondsworth: Penguin, 1987, p.189.

倍,从 1801 年的人均 12.9 英镑增长到 1901 年的人均 52.5 英镑。① 1851 年英国国民生产总值为 5.23 亿英镑(人均 25 英镑),1881 年增长到 10.51 亿英镑(人均 35 英镑),出现了令人惊奇的经济增长。② 甚至相应地,英国的国民财富从 1760 年的 16.3 亿英镑增加到 1800 年的 20.7 亿英镑,1860 年更是达到 46.4 亿英镑,100 年间增长了 184%,平均年增长 1.8%。③ 如果扣除人口增长因素,人均收入的增长还会更快。甚至在 19 世纪末,美国、德国和其他欧洲国家开始在贸易方面与英国进行激烈竞争时,英国的国家繁荣仍有令人印象深刻的进展。当时英国已经成了世界上最富裕的国家。1860 年,英国人均收入比法国高 50%,比德国几乎高两倍。此外,它的社会的各部分人,似乎都从繁荣中受益。④ 塞缪尔·斯迈尔斯(Samuel Smiles)称其为"一场财富和繁荣的收获"⑤。

新兴的城镇显示了英格兰日益增长的财富,铁路和大船也起到了同样的作用,它们分别承担起在国内和国际运输货物的功能。从其他方面看,富裕是显而易见的。钢笔取代了鹅毛笔;黄铜床架取代了木床架;品种繁多的"奢侈品"购买量显著增加——从珠宝到羊毛地毯,从煤气灯到精美瓷器等。普遍的物质水平的提高通过一些服务型的商店,诸如"立顿"(Lipton's)、"家乡与殖民地"(Home and Colonial)、"拉克汉姆"(Rackhams)、"李维斯"(Lewis's)等商店的开设表现出来,通过茶、糖、可可和巧克力等食材的销售以及香烟、火柴、肥皂和圣诞卡片的购买中表现出来,通过为度假者提供的海滨度假胜地的发展表现出来,通过向观众收取入场费的体育场馆的普及表现出来。大量英国人的生活有了切实的改善,

---

① Harold Perkin, *The Origins of Modern English Society*, 1780 – 1880, London and New York: Routledge, 2002, p.134.
② Carl Chinn, *Poverty Amidst Prosperity: The Urban Poor in England*, 1834 – 1914, p.10.
③ [英]彼得·马赛厄斯、[英]M. M.波斯坦主编:《剑桥欧洲经济史》(第七卷上册),徐强、李军、马宏生译,北京:经济科学出版社,2004 年,第 100 页。
④ [英]阿萨·布里格斯:《英国社会史》,第 297 页。
⑤ [英]阿萨·布里格斯:《英国社会史》,第 241 页。

并且不限于金钱方面,随着收入的增加,人们的自由时间也"显著增长"①。

1851年,在英国维多利亚女王(Queen Victoria)的丈夫阿尔伯特亲王(Prince Albert)的主持下,英国在伦敦举办了第一次世界博览会,充分展示了英国的经济实力。为举办这场博览会,英国专门花了22周时间建造了世界上第一座完全由玻璃及金属建成的大厦——"水晶宫"(Crystal Palace)。水晶宫的造价为8万英镑,这在当时是一笔巨大的数额。博览会上展示了来自世界各地的工业产品,其中一半以上的产品来自英国,从蒸汽机、收割机到厨具、棉布,无不显示出英国在工业、技术和经济方面的卓越成就。在为期140天的展览中,来自全英国乃至全世界的600万人参观了展览,英国的富裕由此传遍全球。霍布斯鲍姆称其"是在资本主义老家举行的隆重典礼"②。

(2) 贫富差距问题的加剧

国家经济的迅速增长,社会财富的巨大增加,无疑使英国人进入了一个名副其实的富裕社会。按道理,这一时期英国社会的每一成员都应当分享到工业化带来的成果,过上幸福安宁的生活,英国物质财富的快速增加也为全体成员生活水平的提高提供了可能。经济的发展,似乎使社会各阶层,除了最穷的,都从繁荣中受益。在19世纪70年代,大约有50万人支付所得税;到1900年,这个数字上升到了90万。机器生产把往日的奢侈品变成了寻常的日用品,达官贵人的家庭摆设进入了平民百姓家。书、照片、形态各异的装饰性家具开始固定地装饰雇佣工人的家庭。财富使人们的物质生活得到改善,生活水平得到提高,食物、衣服、家具比以往任何时候都要丰富。当时有人赞美说:"最近几个月,我一直在工业园区周游,看

---

① Carl Chinn, *Poverty Amidst Prosperity: The Urban Poor in England*, 1834-1914, pp.10-11.
② [英]艾瑞克·霍布斯鲍姆:《资本的年代》,张晓华等译,南京:江苏人民出版社,1999年,第36页。

到成千上万男女老少和中年人,其中许多人靠以前的任何一种工作方式都无法赚取每日的面包,现在却丰衣足食,吃穿不愁,他们的住房比首都的议员和贵族们聚会的地方还要通风,还更有益于健康,身处其中每一个毛孔都不会出汗,同时又避开炎夏的烈日和寒冬的大雾。"①这种美化显然过分了,但是工人阶级总体生活水平的提高确实是看得见的。商店、澡堂、洗衣房、酒馆、图书馆、职工学校等,丰富了普通人的生活。19世纪80年代,工人阶级的旅游成了一种娱乐性活动,由个人组织、商行组织的新的公假海滨旅行对许多人来说已成为一年一度的远足。为满足这种需求,一些像布莱顿那样的海滨旅游胜地纷纷出现。

随着工业革命的发展,英国人的生活水平得以整体提高。工业化的发展和英帝国的扩大,使廉价的美国谷物、澳大利亚和新西兰的冻肉和水果大量输入英国,英国人不论贫富,其食品消费水平持续走高。除了面包和土豆外,肉类、牛奶和蔬菜日益普及,咖啡、茶和糖成了英国人喜爱的日常食品。19世纪初,"面包加油沥"是贫民家庭常见的膳食组合;到19世纪末,工人餐桌上也出现了肉类。1881年的一份报告说,英国人的肉食消费大大超过了面包的支出,牛奶、禽蛋、黄油、奶酪的支出超过了土豆的支出。②

但是在英国,经济的发展并没有解决贫困问题,与滚滚而来的财富相伴的却是贫富差距的扩大。社会财富的极大增加并没有使全部劳动人民的生活质量得到提高,许多人获得生活必需品的能力并没有增加。由于社会忽视了公平分配问题,工业革命所召唤出来的巨大财富并没有在社会中被合理地分配,大部分流入了有产者的腰包,下层阶级并没有享受到工业革命所带来的好处,许多人甚至受到了它的危害,受到了贫困的威胁,生活

---

① Eugen Charlton Black, *Victorian Culture and Society*, London: Macmillan, 1973, p.18.
② John Burnett, *Plenty and Want: A Social History of Diet in England From 1815 to the Present Day*, London: Scolar Press, 1979, pp.125-133.

状况反而恶化了。由此产生了"相对贫困"的概念,即丰裕社会的贫困。种种迹象表明,到维多利亚时代中期,也就是自由放任到达顶峰的时期,尽管人们的实际工资毫无疑问有所增加,但英国贫富之间的收入差距也达到了最大值。①

英国工业革命时期财富分配极不合理,随着工业革命的发展,英国国内的贫富差距不断扩大。1801年,英国1.1%最富有的人的财富占国民总收入的25%;1812年,英国1.2%最富有的人就取得35%的国民总收入。到工业革命已完成时的1867年,2%最富有的人所聚敛的财富占国民总收入的40%,相比之下,占人口绝大多数的体力劳动者的收入在国民总收入中所占的比重却从1803年的42%下降到1867年的39%。② 1803年,全国1.4%的家庭享有全国15.7%的国民收入;而到1867年,0.07%的家庭就占有16.2%的国民收入。1803年英国最富有的10%的人口占有的国民收入比例为40%,而到1867年这类人占有的国民收入已经达到全国国民收入的50%。而体力劳动者在国民收入中所占的比例则从1803年的42%下降到1867年的39%③(见表1-1)。

从表1-1可以看出,19世纪60年代,英国已经完成工业革命,经济实力雄居世界第一,但是其财富分配不公现象更加明显。中上层阶级家庭占全社会的25.6%,但是他们所占有的国民收入却达到60.9%;而体力劳动者家庭占了全社会的74.4%,但是他们所占有的国民收入只有39.1%,这说明英国贫富差距大的现象比19世纪初期更加严重,这种情况到19世纪末仍未改变。1896年英国国民收入的分配情况为:年收入1 000—5 000英镑的上等阶级只有5万人;年收入100—1 000英镑的中等阶级有200万

---

① Harold Perkin, *The Origins of Modern English Society*, 1780-1880, p.418.
② J. Hampden Jackson, *England Since the Industrial Revolution*, 1815-1948, Westport: Greenwood Press, 1975, p.76.
③ Harold Perkin, *The Origins of Modern English Society*, 1780-1880, pp.419-420.

人;年收入不足100英镑的普通工人却有777.5万人,他们是人口中的大多数,财富占有量却很小。① 1905年奇奥萨·莫尼(L.G. Chiozza Money)指出,英国4 300万人口创造的财富为17.1亿英镑,其中25万最富裕的人占有的财富为5.85亿英镑,375万相对富裕的人占有的财富为2.45亿英镑,而3 800万贫困的人口占有的财富为8.8亿英镑。莫尼得出结论,相对于国家总体上的富裕,体力工人的状况并没有改善。② 社会财富分配不均是造成19世纪英国贫困与贫富差距问题极度发展的根本原因。

表1-1 1867年英格兰、威尔士家庭国民收入分配表③

	家庭		收入	
	数量/千户	百分比/%	总量/千英镑	百分比/%
1. 上层阶级				
(1) 5 000英镑以上	4.5	0.07	111 104	16.2
(2) 1 000英镑到5 000英镑	25.2	0.41	69 440	10.1
2. 中产阶级				
300英镑到1 000英镑	90.0	1.46	72 912	10.6
3. 中产阶级下层				
(1) 100英镑到300英镑	510.3	8.29	93 744	13.7
(2) 100英镑以下	946.0	15.37	70 958	10.3
中上层阶级总体	**1 576.0**	**25.6**	**418 158**	**60.9**
4. 高级技工	840.8	13.8	72 028	10.5
5. 低级技工	1 610.0	26.1	112 042	16.3
6. 无技术者和农业工人	1 516.8	24.6	70 659	10.3
7. 无工资收入者家庭	610.4	9.9	13 466	2.0
体力劳动阶层总体	**4 578.0**	**74.4**	**268 195**	**39.1**
总　计	**6 154.0**	**100**	**686 353**	**100**

① John Burnett, *Plenty and Want: A Social History of Diet in England From 1815 to the Present Day*, p.124.
② Carl Chinn, *Poverty Amidst Prosperity: The Urban Poor in England*, 1834-1914, p.14.
③ Harold Perkin, *The Origins of Modern English Society*, 1780-1880, p.420.

可见,随着工业革命的进行、社会财富的分配不公、政府调控手段的缺失,英国社会的贫富差距急剧扩大,穷人愈穷,富人愈富,出现了严重的两极分化。1873年,实习工程师托马斯·赖特(Thomas Wright)就大声疾呼:"穷人和富人之间的差别从未有如此之巨,因为就目前而言,穷人实在是太苦了。"① 当时英国许多人都意识到贫富差距问题,对许多居民来说,19世纪40年代并不是一个舒适的年代,而是饥饿的年代。② 曾任英国首相的本杰明·迪斯累利(Benjamin Disraeli)更是强调了这种看法。1845年他在小说《西比尔》(Sybil, or The Two Nations)一书中指出,英国被分成了两个民族——穷人和富人,他们之间有一条巨大的鸿沟,"他们之间没有交流、没有同情,不懂得彼此的习惯、思想、感情,他们就像居住在不同地区的居民,或者是居住在不同星球上的居民;他们是通过不同的教养、不同的饮食成长的,由不同的法律统治"③。贫富悬殊在当时的英国社会极为严重,在一些新型的工业城市尤为如此。当时的学者坎农·理查德·帕金森(Canon Richard Parkinson)对19世纪40年代的曼彻斯特评论道:"世界上没有任何一座城市像曼彻斯特那样贫富悬殊是如此之大,贫富之间的鸿沟是如此难以逾越。"④

贫富差距的拉大使英国社会出现了严重的两极分化。一方面,贵族与新兴的中产阶级垄断了大部分财富,他们变得越来越富有,过着穷奢极侈的生活;另一方面,占社会绝大多数的劳动者,其生活水平却没有相应地提高,其中许多人的生活水平反而大大下降,这些人构成了英国这个"富饶"社会里的一支庞大的贫困大军。

---

① Thomas Wright, *Our New Masters*, New York: Garland Publishing, 1984, p.40.
② Carl Chinn, *Poverty Amidst Prosperity: The Urban Poor in England, 1834-1914*, p.15.
③ Benjamin Disraeli, *Sybil, or The Two Nations*, Oxford: Oxford University Press, 1984, pp.65-66.
④ Asa Briggs, *Victorian Cities: A Brilliant and Absorbing History of Their Development*, Harmondsworth: Penguin, 1968, p.110.

贵族是工业革命中最大的赢家。光荣革命（Glorious Revolution）后，贵族在英国政治经济生活中的垄断地位逐渐确立。他们不但把持着国家政治，而且经济上的实力也逐渐增强。他们在工业革命时期取得巨大成功，财富剧增，地位加强。他们有的直接经营厂矿而成为大资本家；有的把土地、矿山租给资本家；有的兴办工厂，兴修运河、码头，从而获取巨额财富。贵族拥有头衔、地产和等级优势，他们无须工作，过着悠闲生活。英国贵族的人数很少，1800年英格兰拥有头衔的贵族共267人，到1900年也只有524人。① 有其他名号的人不超过2 000人。

而随着工业革命发展，大量人口涌入城镇，城镇区域一再扩大，导致地价飞涨，贵族地主依靠出租房地产，谋取暴利。在这方面获利最大的是威斯敏斯特家族。1768—1782年，该家族在伦敦梅菲尔的地产每年平均获得的租金为3 450英镑；1802—1820年增加到8 000英镑；尔后契约期满，其地产年租金大幅度上升到每年2万英镑；1835年达到6万英镑；1874—1899年，该家族在伦敦的地产收入高达65万英镑，加上其他收入，成为英国首富。② 还有一些大贵族利用经营工商业获得的利润扩充地产。如19世纪头号大地主诺森伯兰公爵就利用出租土地和经营工业的收入购买了5万英亩的良田。1839年，纽卡斯尔伯爵（Duke of Newcastle）一次拿出37.5万英镑购买土地。③ 据估计，19世纪初，贵族的平均收入是大商人平均收入的几倍，而大商人平均收入又是蒸蒸日上的工厂主收入的几倍。④

1870年，如果一个熟练技工每年能挣100英镑，就算很富裕了，但贝德福德伯爵（Duke of Bedford）每年的收入是141 793英镑，甚至连乡绅每

---

① J. V. Beckett, *The Aristocracy in England, 1660-1914*, Oxford: Blackwell, 1986, p.41.
② 阎照祥：《英国贵族史》，北京：人民出版社，2000年，第247—248页。
③ 钱乘旦总主编，刘成等著：《英国通史》（第五卷），南京：江苏人民出版社，2016年，第201页。
④ ［英］J. C. D. 克拉克：《1660—1832年的英国社会：旧制度下的宗教信仰、观念形态和政治生活》，姜德福译，北京：商务印书馆，2014年，第552—553页。

年也能获得 1 000 到 10 000 英镑的收入。① 19 世纪中后期,英国约占全国农户总数万分之四的 400 家大地产者(其中多是上院贵族)共有耕地 537 万英亩,约占全国耕地总数的 17.4%。19 世纪后期,资产超过 100 万英镑的巨富中,半数以上是土地贵族。1895 年,威斯敏斯特公爵(Duke of Westminster)的地产高达 1 400 万英镑,是当时最富有的资本家的 2.5 倍。② 1873 年,德比勋爵根据官方资料,尽力调查联合王国的土地占有和年度收入情况,这个调查报告被戏称为"新末日审判书"(*New Dornesday Book*)。1873—1876 年的"新末日审判书"显示,英国共有土地所有者 100 万人,最大的地产者拥有 10 万英亩的广袤地产,最小地产者的地产仅够搭一个茅舍或开垦一小片菜地。全国 4/5 的地产集中在 7 000 人手中,其中以上院贵族为核心的 400 家大地产者依然在全国地产中占了相当的份额(24%)。"新末日审判书"还显示:英国约 2 500 个地主拥有 3 000 英亩以上的土地,除了伦敦的地产,每个地主年收益约为 3 000 英镑以上;其中 866 个地主年租金收益超过 10 000 英镑,76 个地主年租金收益超过 50 000 英镑,15 个地主年租金收益超过 10 万英镑。③

这些贵族在其风景优美的土地上修建豪华的大庄园,比阔夸富,显示尊荣。据统计,18 世纪末 19 世纪初是英国贵族庄园修建的一个高潮时期,而且庄园的面积与造价都不断增加。18 世纪 80 年代,诺福克公爵(Duke of Norfolk)修建的格雷斯托克园林占地约 5 000 英亩。而 19 世纪中期开始修建的诺森伯兰公爵的宅邸共耗费 32 万英镑,这在当时是一个天文数字。1799 年,拉特兰公爵(Duke of Rutland)家的一次庆典就花掉了 5 500 英镑,相

---

① Carl Chinn, *Poverty Amidst Prosperity: The Urban Poor in England, 1834-1914*, p.11.
② W. D. Rubinstein, *Elites and the Wealthy in Modern British History: Essays in Social and Economic History*, Sussex: Harvester Press, 1987, p.55.
③ Harold Perkin, *The Origins of Modern English Society, 1780-1880*, pp.417-418.

当于当时50多家自耕农全年的收入。① 贵族们居住在远离城市喧嚣的乡间庄园或者别墅。这里山清水秀、绿树成荫、鸟语花香、景色迷人、空气清新。一栋别墅就像是一座宫殿,这些"宫殿"金碧辉煌、装修奢华、气派雄伟。"宫殿"内的名贵家具、古代名画等无不彰显着贵族的富足。

贵族在努力积聚巨额财富的同时,还挥霍了巨大的财富。贵族的生活悠闲自在,他们时常豪饮狂赌、纵马驱犬、猎狐逐兔、莺歌燕舞。游玩娱乐所需种种投入、开支之多令人瞠目结舌。如19世纪,菲茨威廉伯爵(Earl of Fitzwilliam)每年用于骑马的费用在2 000英镑到2 500英镑之间,用在养狗场的费用为500英镑,用在位于温特沃奇的赛马训练场的费用为1 500英镑到3 000英镑。② 而且,这些费用还在逐年增加。

贵族之间还流行着互相炫富、斗富的风气。18世纪末19世纪初,如果一名女子要和一个地位比她高的人结婚,一名银行家或者小土地所有者把女儿嫁给没落贵族,或者一个低级爵位女子和公爵级别的男子结婚,其嫁妆一般需要50 000英镑到60 000英镑。贵族之间通婚也需要10 000英镑到50 000英镑的嫁妆。③ 身份相同的贵族之间结婚,通常也需要10 000英镑到30 000英镑的嫁妆,新郎常常希望得到女方10%的财产。④

同时,城市中拥有极大财富的还有那些在工业革命中起家的新兴中产阶级或者中等阶级(middle class)。中产阶级的范围很大,包括很多由于工业和贸易发展而产生或扩大的群体。这些人包括制造商和实业家、发明家、矿主以及商界和金融界巨头等,也包括技术工匠,他们中的很多人出身卑微。随着工业扩张,需要越来越多的人为生产服务,这些人当中既有办

---

① F. M. L. Thompson, *English Landed Society in the Nineteenth Century*, London: Routledge and Kegan Paul, 1963, p.78.
② F. M. L. Thompson, *English Landed Society in the Nineteenth Century*, p.97.
③ F. M. L. Thompson, *English Landed Society in the Nineteenth Century*, p.100.
④ F. M. L. Thompson, *English Landed Society in the Nineteenth Century*, p.101.

事员和办公室职员、运输工人、小店主、经销商（dealers）和各种商人（tradesmen），也有提供专业服务的人。据估计，1803年英国有30 000名男性职员；1861年增至91 733名男性职员，当时还没有女性职员；1891年，职员人数为370 433名男性和18 947名女性。19世纪50年代，英国中产阶级的范围过于广泛，以至于有人宣称中产阶级"不是一个阶级，因为它包含了所有的阶级，从有教养的乡绅到技术工匠"①。

维多利亚时代早期，中产阶级的最低年收入一般是300英镑；一些中产阶级的上层人士如职业人士或者商人，年收入高达500英镑。但许多人的收入大大高于此。如银行家詹姆斯·莫里森（James Morrison）去世时留下了4 000 000到6 000 000英镑的遗产，这使他成为19世纪最富有的平民。波罗的海商人和保险经纪人理查德·桑顿（Richard Thornton）曾自夸其签名值3 000 000英镑，他死后留下了2 800 000英镑的遗产。还有许多工业家是百万富翁，包括罗伯特·皮尔爵士（Sir Robert Peel）和理查德·阿克莱特（Richard Arkwright）。在19世纪中叶以后，典型的成功制造商留下的遗产已经在100 000英镑的级别。例如约瑟夫·张伯伦（Joseph Chamberlain）就对其中产阶级成员的身份非常自豪，他1914年去世时留下了125 495英镑的遗产。即使排除这些巨富，依然有很多人的年收入高于300英镑，如那些"上层中产阶级专业人士和商人"，据统计学家达德利·巴克斯特（Dudley Baxter）估计，在19世纪60年代他们的年收入约为500英镑。

同时，很多处在较低边缘地位的中产阶级的年收入要少得多，包括大量办事员和小学教师，他们的年收入仅有60英镑，这个数目低于很多工人"贵族"的所得。② 中产阶级队伍在逐渐壮大的同时也变得越来越富有。

---

① Trevor May, *An Economic and Social History of Britain*, 1760−1970, p.200.
② Trevor May, *An Economic and Social History of Britain*, 1760−1970, p.202.

表1-2　1843年财富分配表①

	取近似值人数/百万（取近似值）	年收入/百万英镑		
		农业	工业	总和
年收入超过150英镑的纳税人	1.0	63	165	228
年收入低于150英镑的上层工人和中产阶级	1.0	20	62	82
体力劳动者	5.5	42	80	122

从表1-2可以看出，中产阶级人数虽然少，但占有的财富比体力劳动者多得多。当然，这个表格未必能反映出中产阶级队伍收入的真实情况。维多利亚时期的纳税人都是自己估定应征税财产的价值，对于个人收入也总是习惯性地过低估计，一些雇主还会刻意将工资减到149英镑，刚好低于起征点1镑。当然这一类人并不占主流。

当时，中产阶级的大多数人都从事着同商品制造、资金管理、商品运输、分配和销售相关的工作。据那个时期的一位统计学家估计，1851—1881年间，与"交易"有关的从业人员——不论是何种形式何种物质的"交易"——其总人数从54.7万人增加到了92.4万人。银行业人士、会计师和金融顾问的人数从4.4万增至22.5万。②

中产阶级的生活虽然谈不上奢华，但却非常舒适。一套漂亮的住宅或别墅是中产阶级生活的一个重要组成部分，也是中产阶级身份与地位的象征。他们住在独栋或者联排别墅，前后有花园，环境优雅、安静。许多中产阶级的住房都是租的。19世纪中叶，一栋有两间客厅、一个餐厅、一个大厨房、一个储藏室、三间大卧室、两间小卧室的别墅，年租金为45英镑。③他们在饮食方面的开销很大，一般要占他们总收入的30%—40%。他们

---

① [英]劳伦斯·詹姆斯：《中产阶级史》，李春玲、杨典译，中国社会科学出版社，2015年，第226页。
② [英]劳伦斯·詹姆斯：《中产阶级史》，第226页。
③ Trevor May, *An Economic and Social History of Britain, 1760-1970*, p.202.

每餐都要有好几道菜,每逢周末或有客人来,更是大摆宴席。交通费用,即维持马车的费用也是当时中产阶级的一项重要开支。1856年,大约有208 000人拥有马车。① 为使生活气派,所有中上层中产阶级家庭都有仆人。1851年,英国的仆佣人数达到100万之多,并已发展成一个独立的职业阶层。② 1871—1891年,英国的仆佣人数到达顶峰,每6个就业人口中就有1名仆佣。拥有佣人被看作中产阶级和工人阶级的分界线,有佣人的是中产阶级,不管雇了多少个佣人。

中产阶级家庭的佣人数量取决于其收入的多寡,根据财富水平的不同有相应标准。大量家庭手册给出了适当的建议。③ 据写于19世纪30年代的一本典范的家庭预算指南显示,有3个小孩且年收入为250英镑的中产阶级之家能够雇佣得起一个女佣,并支付其16英镑的年薪。其中固定支出还包括用于购买食物、燃料和清洁用品的134英镑,用于购置衣服的36英镑,用于支付房租、利息和课税的25英镑,以及缴纳孩子学费的10英镑10先令。④ 1857年,J. H.沃尔什(J. H.Walsh)在《家庭经济指南》(*Manual of Domestic Economy*)中忠告:

> 第一类收入(1 000英镑一年的等级),除去所有其他开支,仅指家务开支和房租,可以承担以下佣人:首先,一名男管家或不穿制服的男仆;其次,一名马车夫或马夫;再次,一或两名家务女仆;第四,一名厨师;第五,一名女主人的贴身侍女,或一名育儿女仆,或者有时都有……第二类收入(500英镑一年的等级)将只能负担三名仆人:首先,一名侍从,或一名一般男仆,或一名客厅女仆;其次,一名家务女仆;再次,一名厨师。这也是为拥有一匹马或小马驹和马车做准备。

---

① Trevor May, *An Economic and Social History of Britain*,1760–1970, p.204.
② J. F. C. Harrison, *The Birth and Growth of Industrial England*,1714–1867, New York: Harcourt Brace Jovanovich,1973, p.127.
③ Harold Perkin, *The Origins of Modern English Society*,1780–1880, p.418.
④ [英]劳伦斯·詹姆斯:《中产阶级史》,第186页。

尽管如此，如果是一个大家庭，女主人必须有一位年轻的贴身侍女，以便在家缝制她们的衣服，这样一来就无法再负担一匹马的费用了……第三类收入（250 英镑一年的等级）将无法负担上述那些仆人，雇一名料理一切家务的女仆是解决问题的方法，有时由一个女孩或年轻的家庭成员协助……第四类收入（100 英镑一年的等级）仅够提供一家人所需的衣、食、住，因而无法拥有仆人，或无论如何只是这样一个无须在此提及的年轻女仆。①

与这些歌舞升平、奢华舒适的中上层社会生活相比，人口中占绝大多数的中下层人民的生活却没有得到相应的提高，许多普通工人过着地狱般的生活，他们当中的许多人长期生活在贫困线以下。

从物质方面看，19 世纪对普通劳动者来说是艰难的，其大部分时间都生活在贫困中。工人工资低，劳动时间长，住房条件差，生活环境恶劣。1803 年，英格兰的贫困人口约为 100 万人，约占英格兰总人口的 1/9，这个数字并没有随着生产的发展和社会财富的急剧增加而减少。1850 年，英格兰的贫困人口总数仍然约为 100 万（维多利亚时代中期这个数目略有降低）。只不过随着人口增加，贫困人口的比例从 1850 年的 1/18 降为 1870 年的 1/23。② 阿诺德·汤因比（Arnold Toynbee）指出，工业革命的后果是"可怕的和悲惨的"，因为在这一时期，一方面是财富的巨大增长，另一方面贫穷也大大地加深了，"工业革命证明了，自由竞争可以创造财富，但不能创造幸福"。③ 贫困问题成了工业革命后困扰英国社会的一个非常重要的问题，持续时间长达 100 多年。

农业工人是 19 世纪处境最糟的一个阶层，尽管他们一天到晚辛勤耕

---

① Trevor May, *An Economic and Social History of Britain*, 1760-1970, p.203.
② Harold Perkin, *The Origins of Modern English Society*, 1780-1880, p.421.
③ A. Toynbee, *Lectures on the Industrial Revolution in England: Popular Addresses, Notes and Other Fragments*, London: Rivingtons, 1884, p.93.

作,但工资极低。1795—1850 年,农业工人的每周平均工资大约是 8 先令 11 便士到 9 先令 6 便士,仅相当于同期城市工人的一半。他们的生活十分艰辛,其主食是面包、土豆以及少量的牛奶,偶尔才会吃上一点奶酪、培根,很长时间才能罕见地吃上一次肉。①"工业居民的主食是土豆以及小麦做的面包,和着茶或者咖啡勉强咽下。牛奶喝得很少,粗面粉吃得不少,有的烙成饼,有的加水煮成粥,既有营养,又易于消化,也容易煮。三餐很少吃到荤菜,吃的东西质量都很差。"②

工业革命造就了产业工人这个庞大的群体,他们中的许多人命运不佳。由于种种原因,他们一直挣扎在贫困的边缘。这一时期既有普遍贫困,也有季节性饥饿,更有行业性的失业痛苦。工业化初期,工厂工人的劳动时间一般长达 14—18 个小时,当时没有法定的工作时间。工厂的劳动条件很差,厂房狭窄,通风不良,空气污浊。劳动保护措施缺乏,生产事故频发。工人工资很低,只能勉强维持生存。1837 年,一位叫詹姆斯·海伍德(James Heywood)的先生对曼彻斯特选区迈尔斯普拉廷地区的 176 个家庭进行了逐户调查,他在调查报告中披露:

> 该地区的多数家庭都靠体力劳动为生,其中许多人是手工织工,他们的工作非常繁重,在满工作量时,经常一天要工作 14 小时。在 1837 年期间,这一地区许多手工织布工连半就业的工作都找不到。其他人每周挣到的工钱不多于 6 先令或 7 先令,这一阶级中最有经验、最勤劳的人一周能挣到的工钱满打满算也只有 12 先令。③

资料显示,1800 年英国接受救济的人数达到其总人口的 28%。④ 这个

---

① Harold Perkin, *The Origins of Modern English Society, 1780-1880*, p.147.
② [英] E. 罗伊斯顿·派克编:《被遗忘的苦难:英国工业革命的人文实录》,蔡师雄等译,福州:福建人民出版社,1983 年,第 28 页。
③ B.W. Clapp, H. E. S. Fisher and A. R. J. Jurica, eds., *Documents in English Economic History: England Since 1760*, London: G. Bell, 1976, p.463.
④ Roy Potter, *English Society in the Eighteenth Century*, Harmondsworth: Penguin, 1982, p.110.

比例与18世纪初期的情形大致相当。据统计,1802—1803年,兰开郡最穷的人占总人口的比例为6.7%,而在伯克郡这一比例为20%,苏塞克斯郡为22.6%,威尔特郡为22.1%。① 据学者估计,即使在情况最好的年份,城市里接受济贫法救助的人数也占总人口的5%—10%。② 19世纪20至30年代,差不多20个人中就有1个乞丐,根据济贫法委员会的报告,社会上1/5的人衣不蔽体。③ 而据亨利·梅休(Henry Mayhew)估计,1848年英格兰约有187万人接受过贫困救济,另外有225万人(约占总人口的14%)根本没有可靠的职业。④ 约翰·福斯特(John Foster)对英国城市研究后发现,即使在1849年这样经济状况好的年份,在奥尔德姆(Oldham)仍有15%的家庭处于贫困状态,两年前贸易条件比较差时,这里有41%的家庭处于贫困状态。⑤ 1863年,医生爱德华·史密斯(Dr. Edward Smith)发现,伦敦一些具有代表性的工人家庭每个成年人每周用在食物上的费用为2先令6又1/4便士到2先令9又1/2便士。他们大多数"营养不良,身体虚弱"。这样的人数量巨大。⑥ 即使到19世纪末期,贫困人口的规模依然十分庞大。根据1889年查尔斯·布思的调查,在伦敦东区,约有35.2%的人处于贫困状态,如果把伦敦作为整体,贫困人口则占总人口的30.7%。⑦

工业化初期,工人群体主要由两大部分组成:手工工人和工厂工

---

① Alan Kidd, *State, Society and the Poor in Nineteenth-Century England*, Houndmills: Macmillan, 1999, p.18.
② Lynn Hollen Less, *The Solidarities of Strangers: The English Poor Laws and the People, 1700 - 1948*, Cambridge: Cambridge University Press, 1998, p.46.
③ W. D. Hussey, *British History, 1815 - 1939*, Cambridge: Cambridge University Press, 1984, p.217.
④ Michael E. Rose, *The Relief of Poverty, 1834 - 1914*, London: Macmillan, 1972, p.17.
⑤ J. Foster, *Class Struggle and the Industrial Revolution: Early Industrial Capitalism in Three English Towns*, London: Weidenfeld and Nicolson, 1974, p.96.
⑥ Harold Perkin, *The Origins of Modern English Society, 1780 - 1880*, p.422.
⑦ C. Booth, *Labour and Life of the People*, Vol.1, London: Macmillan, 1889, pp.35, 62.

人。手工工人是传统制度中进行工业生产的主力军。工业革命开始后,他们日益失去原有的显赫地位而不断被边缘化。工厂工人队伍则不断壮大。

由于技术、行业的不同,收入各不相同,不同行业的工人在工业革命时期会有不同的命运。在整个工业革命期间,那些传统的、高技术的手工工人收入一直很高,机器取代不了他们传统的特殊技艺,他们尚能保持原来的生活水平。但是,随着工业革命的深入发展、技术的进步,机器取代不了的特殊技艺越来越少,仍能挣得高薪的手工工人也就越来越少。大批的手艺人逐渐被抛入了工业革命的旋涡,时刻面临贫困的威胁。而在新型的工业部门中,除了一些"技术工人"外,多数工厂工人是半熟练工或非熟练工,他们工资低下,苦难深重,女工、童工尤甚。

由于收入微薄,许多工人只能艰难地维持生活,尤其是一些手工工人。工业革命前夕,英国工业生产的主要形式是"家庭手工业"。在这种体制下,商人控制着生产。商人购买进原料后,分发给他所雇佣的工人,工人们分散在各自家里进行生产,然后把制成品交给商人,换取报酬。家庭工业制在纺织业中应用得非常广泛,这些工人农忙时要到田间劳作,农闲时会做一些活,生活最起码可以得到保障。到 18 世纪初,纺织业几乎普遍实行了家庭工业制。还有一些传统的手工业者,他们依靠自己的一门手艺,在城镇谋生,一般也能过上不错的生活。工业革命开始之后,新发明和新机器的使用在节约人力资本、提高生产力的同时,也给这些手工业工人带来灾难。突然间,机器毁掉了他们的一切,机器生产使得他们赖以长期生存的手艺,一下子变得无用了,机器取代了他们的劳动。他们的生活空间被日益挤压,生活水平也每况愈下,许多人陷入了饥饿的深渊。当时的法国新闻记者列奥·富歇(Leon Faucher)对英国工人工资水平之低做了这样的评价:1844 年,"曼彻斯特非熟练工人工资水平如此低下,以至于他们不得不拼命地工作才能生存,即使是维持最低生活水平"①。1837年,伦敦统计协会(The Statistical Society of London)在曼彻斯特一个街区进行了一次挨家挨户的调查,这个街区大部分地区居住着工人家庭,他们依靠手工劳动维持生活。这次调查的家庭中大部分劳动者都是纺织工人,他们的工作极其艰苦,而收入却少得可怜,他们全职工作时,每天工作的时间通常长达14小时。而1837年这一地区的许多手工纺织工人处于半就业状态;其他织工一周赚不到6到7先令。最有经验、最勤奋的工人一天工作14小时,每周的总收入通常只有12先令。② 一项报告说,1842年曼彻斯特的上乔治路段居民已经"贫苦不堪,虽不限于工人中每个特定阶层,但似乎手织工感受最深,他们每天干14小时活,挣得的钱还不够吃两顿饭,所以假如持续失业两三个星期,他们就真的要饿肚子了,而近来这是常事"③。在牛津郡,1795年,工人一年里的平均工资为每周8先令,相对于当时的食物价格而言,这样的工资是很低的。④

手工纺织工人受雇于平纹薄棉的生产,与用机器织机生产的工人一样,他们工资鲜有达到每周9先令的,大部分织工每周只能赚6到7先令。织窄围巾(narrow shawls)是1837年冬天出现的一个新的工种,一个好的织工的工资是每周9先令,而其中还需要扣除每先令中的2便士或毛收入中的1先令6便士,用来购买线圈,这样每周的净收入只剩7先令4便士。一个缝被的一级工人每周可挣12先令,但线圈和其他花费通常占到每先令3便士,或毛收入的四分之一,这样他们的净工资就减少到每周9先令。

---

① Leon Faucher, *Manchester in 1844: Its Present Condition and Future Prospects*, London: Cass, 1969, p.29.
② B. W. Clapp, H. E. S. Fisher and A. R. J. Jurica, eds., *Documents in English Economic History: England Since 1760*, p.463.
③ Duncan Bythell, *The Handloom Weavers: A Study in the English Cotton Industry During the Industrial Revolution*, Cambridge: Cambridge University Press, 1969, p.94.
④ C. R. Olderham, "Oxfordshire Poor Law Papers", *Economic History Review*, Vol.5, No.1 (1934), p.92.

织平绸的丝织工人,每周可赚 12 先令,但线圈和织机的耗费通常达每先令 3 便士,或周工资中的 3 先令,因而净工资减少为每周 9 先令。手工纺织工人有自己的织机,由妻子或家人帮助缠线圈,他们可以省下这笔费用,但是对熟练织工来说,他们需要支付租赁织布机和缠绕线圈的费用,全部的收入就会因这些花费而减少了。①

根据 1841 年调查委员会的报告,就素条纹布、棋格布和洋纱而论,"一个精织物的成年技工"在格拉斯哥一星期可以赚 7 先令 6 便士,"一个技术差一点的粗织物年轻技工"可以赚 4 先令 6 便士。在布拉克恩本,28 个全家从事织布的家庭平均收入为每户 9 先令 6 又 1/2 便士。在曼彻斯特,402 个粗织物织工户,平均每户有 1 又 3/4 台织机,一星期可赚 7 先令 8 又 1/4 便士。② 1844 年,对全国织袜工所做的一项调查结果令人震惊,154 户接受调查的织袜工中,平均每台织机每周收入 10 先令,扣除租机费用后只有 6 先令,平均每人每周的生活费为 1 先令,而且衣食住行都包括在内。③

这点收入在当时是很难维持一个家庭的生活的。据统计,1790—1839 年,英国最低生活费,不包括房租在内,已经上涨了大约 23%。④ 但是除了一些技术工人、熟练工人外,许多人的工资并没有增加。根据 1832 年 2 月的一份调查报告,当时在利兹,一个五口工人之家(丈夫、妻子与三个孩子),每星期用于购买足够的食物、衣物和其他生活必需品的最少花销如表 1-3。

---

① B. W. Clapp, H. E. S. Fisher and A. R. J. Jurica, eds., *Documents in English Economic History: England Since 1760*, pp.463 - 464.
② [英]克拉潘:《现代英国经济史》(上卷第二分册),姚曾廙译,北京:商务印书馆,1997 年,第 676 页。
③ W. Felkin, *An Account of the Machine-Wrought Hosiery Trade*, London: W. Strange, 1845, pp.24 - 29.
④ [英]克拉潘:《现代英国经济史》(上卷第二分册),第 672 页。

表 1-3　利兹地区每周工人家庭的生活费用表①

	先令	便士
房租、柴火、蜡烛	3	0
肥皂、苏打、蓝颜料和淀粉		5.5
沙土、黑石墨、蜂蜡等		2
一年两次粉刷茅屋		0.5
1.5 担面包粉	3	9
0.25 担布丁面粉		8
鸡蛋、发酵粉		3.5
每天 1.5 品脱牛奶		11
0.25 担燕麦		6.5
1 磅糖浆、1.5 磅糖	1	2
1.5 盎司茶、2 盎司咖啡		10.5
5 磅肉	2	6
合计	14	4.5

1850年，亨利·梅休曾经走访过一个在成品帽店从事装饰工作的女工。她说：

> 12年前，我每周能赚18—22先令……而现在，每周赚的钱还不到5先令，尽管有时会每周赚6先令或6先令6便士，甚至7先令6便士。本周我只赚了4便士，这一年有10天我分文未赚……我们每天干18个小时，我必须活下去，而想活下去就别想拿公平的工资，因为我就没有拿到。我吃得很少，只靠粗茶淡饭过日子，冷天才吃烤面包，涂一点黄油。我的房租是1先令6便士，有时我觉得非进济贫院不可了，否则就活不下去了。关键是，除了工资低外，我的

---

① B. W. Clapp, H. E. S. Fisher and A. R. J. Jurica, eds., *Documents in English Economic History: England Since 1760*, pp.448-449.

工作还不稳定。①

这些有工作的人境况尚且如此,而那些受工业革命排挤而失去工作,或者因为疾病以及其他原因而失业的人,其境况更是不堪设想了。经常性失业和周期性失业对全体工人都是一种威胁。1841年,曼彻斯特一位传教士报告说:"R.卡恩,一家5口,3个孩子,全都失业,丈夫有病,1个孩子也病了。病孩躺在地下室潮湿的角落里,身下只铺一层刨花,没有一点破布可以遮身。地下室空无所有,丈夫说他失业16周了。"②据统计,1826年,在兰开郡和约克郡,有30%—75%的工人处于失业状态。1842年的萧条时期情形更惨。博尔顿有60%的人失业;在利兹,20%的居民每人每星期的生活费只有1先令。1801、1811、1816和1847年都是萧条年份。它们是周期性的。但即使在繁荣的年份,也有许多工人就业不足。从1800年至1850年,棉业城市奥尔德姆的工人失业致使40%的人口生活在贫穷之中。③ 根据亨利·梅休的调查,在工业化时期的英国,仅有1/3的工人能"完全而经常性就业",另外1/3的工人只能"半就业",剩下1/3的工人则"完全失业,偶尔替代别的工人去做一天工"。④ 失业者时刻面临着饥饿、疾病与死亡的威胁,他们构成了贫困队伍中的主力军。1886年布思估计,伦敦人口中有30%生活在贫困中;1894年他估计在65岁以上的人口中,有30%是赤贫。⑤

与贫困相伴而来的是贫民居住条件极其恶劣。随着工业革命的发展,英国人口增长速度加快。1760年到1800年,英格兰和威尔士人口以每10

---

① Henry Mayhew, *The Morning Chronicle Survey of Labour and The Poor: The Metropolitan Districts*, Vol.6, Horsham: Caliban, 1982, p.158.
② Joseph Adshead, *Distress in Manchester: Evidence of the State of the Labouring Classes in 1840 - 1842*, London: Henry Hooper, 1842, pp.31 - 32.
③ [美]克莱顿·罗伯茨、戴维·罗伯茨、道格拉斯·R.比松:《英国史》(下册),潘兴明等译,北京:商务印书馆,2013年,第91—92页。
④ J.F.C. Harrison, *The Early Victorians*, *1832 - 1851*, London: Fontana, 1979, p.73.
⑤ 钱乘旦总主编,刘成等著:《英国通史》(第五卷),第253页。

年7%到9%的速度增长;1801年到1831年间,英国人口每10年的增长率从未低于14%。英国人口由1760年的780万增长到1831年的1640万。而工业革命时期,英国人口的增长主要集中在工业城市,如沃里克郡和兰开郡。①大量农村人口涌向城市,英国城市化进程大大加快。1750年,英格兰和威尔士2500人以上的城镇的人口占总人口的1/4,此类城镇的人口比重在1801年增长到33.8%,1851年上升到50.2%。1801年到1851年,英国居住在城镇的人口增长了两倍多,英国成为世界上第一个实现了城市化的国家。布拉德福德的人口由1801年的29 000人增长到1831年的77 000人,曼彻斯特的人口从1801年的75 000人增长到1831年的202 000人,在1851年更是增长到376 000人。②同期,利物浦的人口也由82 000人增长到299 000人。③

表1-4 19世纪英国城市人口发展状况④

(单位:人)

城市	1801年	1831年	1851年
伯明翰	71 000	144 000	233 000
布拉德福德	29 000	77 000	104 000
利物浦	82 000	202 000	299 000
曼彻斯特	75 000	202 000	376 000
谢菲尔德	46 000	92 000	135 000
利兹	53 000	123 000	172 000

然而,工业城市还没有做好迎接大批新增人口的准备,城市原来的住

---

① Geoffrey Alderman, *Modern Britain*, *1700-1983: A Domestic History*, London: Croom Helm, 1986, p.41.
② Keith Laybourn, *The Evolution of British Social Policy and the Welfare State*, *1800-1993*, Keele: Keele University Press, 1995, p.82.
③ Geoffrey Alderman, *Modern Britain*, *1700-1983: A Domestic History*, p.41.
④ Anthony S. Wohl, *Endangered Lives: Public Health in Victorian Britain*, London: Menthuen and Co. Ltd., 1984, p.4.

房量远远不能满足新增人口的需要,新房的建设也不能适应人口增长的速度。如 1831 年到 1841 年格拉斯哥人口增长了 37%,而同期该市住房只增长了 18%。① 政府在住房问题上没有给予过多关注,认为住房问题完全可以通过市场和慈善力量解决,因而采取自由放任政策。

人口的急剧膨胀,给城市住房带来很大的压力,迫使人们追求单位面积土地的最大利用价值,以期在狭小的空间里建造尽可能多的住宅,城市的地主为应对这一局面,拼命把原有的房产隔成更小的房间。恩格斯精辟地论述了英国住房短缺出现的原因:

> 一个古老的文明国家像这样从工场手工业和小生产向大工业过渡,并且这个过渡还由于情况极其顺利而加速的时期,多半也就是"住房短缺"的时期。一方面,大批农村工人突然被吸引到发展为工业中心的大城市里来;另一方面……正当工人成群涌入城市的时候,工人住房却在大批拆除。于是就突然出现了工人以及以工人为主顾的小商人和小手工业者的住房短缺。②

因而在 19 世纪大部分时间内,英国工人阶级住房状况十分恶劣。正如学者彼得·马尔帕斯(Peter Malpass)所言:"世界上头号工业国却有着世界上最糟糕的贫民窟。"③一间勉强能住的房子要花去一个熟练工人一周收入的 1/4,很少有家庭能经常付得起这样的费用。④ 结果,伦敦、曼彻斯特、利物浦等城市贫民窟的面积迅速扩大。而且地主和"独具匠心"的建筑设计师们又在特定地区修建了贫民窟式样的居住区,如约克郡的"背靠

---

① M. W. Flinn, *Introduction to the Report on Sanitary Condition of the Labouring Population of Great Britain*, Edinburgh: Edinburgh University Press, 1965, p.4.
② [德]恩格斯:《"论住宅问题"1887 年第二版序言》,参见《马克思恩格斯选集》(第三卷),北京:人民出版社,2012 年,第 179—180 页。
③ Peter Malpass and Alan Murie, *Housing Policy and Practice*, Basingstoke: Macmillan, 1987, p.28.
④ [英]肯尼迪·O.摩根主编:《牛津英国通史》,王觉非等译,北京:商务印书馆,1993 年,第 467 页。

背"(back to back)式的房子和很小的"房间加厨房"或"单向"公寓等。

大批大杂院式、"背靠背"式房屋以及低矮潮湿、密不透风的地下室也住满了人;许多市区三四层高的房屋被分割成一个个小房间出租,形成大量廉租公寓,出租给那些打短工的工人的集体公寓(lodging-house)等也大量出现。19世纪50年代至60年代,由于铁路的修建以及城市内火车站的修建,工人阶级的大批简易住房被清理,使得工人阶级的住房问题更为严峻。

恩格斯在《英国工人阶级状况》一文中引用了皇家统计学会会刊的统计材料,来说明当时英国工人阶级恶劣的住房条件:

> 在韦斯明斯特的圣约翰教区和圣玛格丽特教区,根据统计学会会刊的材料,在1840年,5 366个工人家庭住了5 294所住宅(如果这还可以叫作"住宅"的话);男人、女人和小孩,总共26 830人,不分男女老幼地挤在一起,在这些家庭中有四分之三只有一个房间。在汉诺威广场的贵族教区圣乔治,根据同一材料,有1 465个工人家庭总共将近6 000人在同样的条件下居住着,其中有三分之二以上的家庭每一家不超过一个房间。
>
> ……
>
> 但是最大的工人区是伦敦塔东边的怀特柴贝尔和拜特纳-格林,伦敦的工人绝大部分都集中在这里。听听拜特纳-格林的圣菲力浦斯教堂的牧师格·奥尔斯顿先生是怎样讲自己的教区的吧:
>
> "这里有1 400幢房子,里面住着2 795个家庭,共约12 000人。安插了这么多人口的空间,总共只有不到400码(1 200英尺)见方的一片地方,由于这样拥挤,往往是丈夫、妻子、四五个孩子,有时还有祖母和祖父,住在仅有的一间10—12英尺见方的屋子里,在这里工作、吃饭、睡觉。我认为在伦敦主教唤起公众注意这个极端贫穷的教区以

前,城市西头的人们知道这个地方并不比知道澳洲和南洋群岛的野人更多一些。只要亲眼看一下这些不幸的人们的苦难,看一看他们吃得多么坏,他们被疾病和事业折磨成什么样子,我们面前就会显现出这样一个无助和贫穷的深渊,仅仅是这个深渊有可能存在,像我们这样的国家就应该引以为耻。……①"

据统计,在维多利亚时代早期的整个伦敦,1800 年每所住宅大约有 7.03 人,到 1851 年上升到 7.72 人。1858 年,一位医疗官员就指出:20、30,甚至 40 个人住在那些房子里,而那些房子起初是仅适合一个,最多两个家庭居住的。② 1897 年伦敦最拥挤的一个社区圣·安妮区,每个住所平均挤进了 13 人居住,每英亩土地居住人数达 232 人。③ 据 1840 年《评论季刊》(*The Quarterly Review*)报道,1840 年伯里 1/3 的工人居住条件极其恶劣。在 773 所房屋中,1 张床要供 4 个人使用,207 所房屋里,1 张床要供 5 个人使用,78 所房屋中,1 张床要供 6 个人使用。在布里斯托尔,有 46% 的工人阶级家庭居住在一间房里。④

英国许多城市房屋所配备的用来储物的地下室,在住房短缺的时期也成了穷人的栖息之所。地下室是居住条件最差的住房,住着工人阶级中最穷的一部分人。以伦敦为例,由于伦敦过分拥挤,住房紧张,许多地下室也被用作工人的住房。这些地下室有 1/3 的空间是在地面 4—5 英尺之下,每间房间面积在 10—12 平方英尺。这些地下室,冬天潮湿阴冷、透风;夏天闷热、空气不流通,还有大量害虫出没,居民有时不得不在楼梯和过道上坐一夜。墙面沾满油污,乌黑一片,涂抹泥灰的墙破损不堪,天花板上的裂

---

① [德]恩格斯:《英国工人阶级状况》,参见《马克思恩格斯全集》(第二卷),北京:人民出版社,1956 年,第 308—309 页。
② John Burnett, *A Social History of Housing*, 1815-1985, London: Methuen, 1986, p.90.
③ Carl Chinn, *Poverty Amidst Prosperity: The Urban Poor in England*, 1834-1914, p.85.
④ David Gladstone, *Poverty and Social Welfare*, Vol.2, London: Routledge, 1996, p.10.

缝清晰可见。屋顶潮湿,没有窗户,墙面由于污染而发出浓烈的臭味。①19世纪30年代,伦敦拥有大量地下室居民,从30年代至50年代末,仅仅伦敦贫民区马利勒本一地就有1 132个大杂院地下室。② 19世纪40年代,这样的地下室在利物浦每周的租金是1先令;而在伦敦,同样的地下室,每周租金为1先令6便士到2先令。③ 在许多不是贵族式的但也够体面的街道里,有许多地下室,常有病弱的小孩和穿得破破烂烂的饥饿的女人从里面爬出来晒太阳。

这种情况在别的城市也存在。据估计,19世纪40年代开始,在利物浦,总人口中大约13%的工人阶级中的22%居住在地下室。在曼彻斯特,大约5%—10%的人居住在半地下房间。④ 1842年,外科医生罗伯特·贝克(Robert Baker)参观了利兹一所爱尔兰人居住的地下室后,这样描述道:

> 我到过一处潮湿的地下室,没有任何排污系统,人们把污水污物倾倒到大街上,而这些腐烂的东西有时又流到地下室。屋内坐的地方就是一只破凳子或几块砖块,地板大多是潮湿的。⑤

因为地下室的房间特别潮湿,需要烧火驱除湿气,但是烧火产生的废气又加重了室内的空气污染,损害了人们的健康。1790年的利物浦,有1/8的人居住在不利于健康的地下室。⑥ 与棉纺织业城市兰开郡不同,利物浦建造的地下室是专门供穷人居住的,这种房子容易被水淹,居住在里边的人容易感染伤寒等传染病。在曼彻斯特,穷人住在大院和地下室,"周

---

① John Burnett, *A Social History of Housing*, 1815-1985, p.175.
② [英]克拉潘:《现代英国经济史》(上卷第一分册),第63页。
③ Trevor May, *An Economic and Social History of Britain*, 1760-1970, p.55.
④ Bernard Harris, *The Origins of the British Welfare State: Society, State and Social Welfare in England and Wales*, 1800-1945, Basingstoke: Macmillan, 2004, p.129.
⑤ John Burnett, *A Social History of Housing*, 1815-1985, p.58.
⑥ Stanley D. Chapman, *The History of Working-Class Housing: A Symposium*, Newton Abbot: David and Charles, 1971, p.168.

围是高大的仓库、工厂、商店和生产设施,不被阶层高的人所见;他们富有的邻居大部分时间居住在奇塔姆、布罗顿和肖尔顿"①。19世纪30年代,曼彻斯特市内有2万工人住在地下室,占工人总数的12%,在利物浦全市人口中,足有1/5,即45 000人以上住在狭窄、阴暗、潮湿且空气不流通的地下室,这种地下室在全市共有7 862个。② 1840年,在曼彻斯特123 232名工人中,有14 960人住在地下室。③ 而1841年,在利物浦总人口的175 000人中,仍有38 000居住在地下室。④ 关于利物浦的地下室条件,霍尔姆斯先生向英国皇家大城镇和人口密集地区卫生状况委员会做了这样的描述:

> 利物浦有许多住人的地下室,它们拥挤而潮湿,没有下水道,也没有厕所……以前我访问过一个忧伤的贫穷女人,她是一个工人的妻子,刚分娩不久。她自己和她的婴儿躺在一间通外间地下室的小屋的干草上,地面是不渗水的水泥地。里面没有光线也不能通风,空气污浊不堪,由于地面被死水淹没,我只能踩着砖块踏过地面到达她的床边。这绝不是个别现象,因为我还看到过同样糟糕的场面……⑤

19世纪住房中最臭名昭著的是廉租公寓。英国城市中许多中产阶级或城市市民将他们弃之不用的或破烂不堪的房子腾出来,稍加整饬后分割成廉价公寓出租。这种房子最初是为那些正在找工作的年轻人准备的,他们在这里住一两个晚上就离开。这种临时寄宿房子的住宿费要比旅馆便宜很多,因为房间内都摆满了床,每间屋子有4张、5张、6张床不等,每张床上睡4—6个人,能容纳多少就摆多少。这些人都是几近赤贫或者处于

---

① [英]E. P. 汤普森:《英国工人阶级的形成》(上),钱乘旦等译,南京:译林出版社,2001年,第370页。
② [德]恩格斯:《英国工人阶级状况》,参见《马克思恩格斯全集》(第二卷),第348页。
③ David Gladstone, *Poverty and Social Welfare*, Vol.2, p.10.
④ David Gladstone, *Poverty and Social Welfare*, Vol.2, p.xi.
⑤ Stanley D. Chapman, *The History of Working-Class Housing: A Symposium*, p.181.

犯罪边缘的人。有时由于一周、一个月甚至几个月找不到较好的工作,全家都住在这种房子里。这里也成为那些犯罪团伙的长久住所。有人把这里描绘成"疾病和犯罪的温床",也有人把它描绘成"极度悲惨之地"。廉租公寓通常是多层,由很多房间组成,大多又高又窄,就像鸟窝一样,人们通常把这种黑压压的廉租公寓称为"乌鸦窝"①。其房东多为富人,当他们搬到更时髦漂亮的房子时,就把这些老式破旧的大房子通过一系列租契迅速地租给穷苦的家庭,以获取利润。唯利是图的投机者或建筑商见有利可图,就偷工减料,仓促建造廉价住房,以较低的租金租给穷人。亨利·梅休指出:"这里的卫生状况实在糟糕,不但房客与歹徒挤在一起,而且卧室里很少或者根本不通风,这里通常会挤上60位房客。"据梅休估计,在伦敦,这类房子有221处,居住的房客约有10 000到12 000人。② 由于伦敦有大量迁入人口,因此住夜店的人数也是最多的。据估计,19世纪50年代,大约有1万人住在低层次的廉租公寓里,另有7万人住在稍体面一些的廉租公寓里。由于伦敦住所的缺乏,未婚的技工有时6个、8个甚至10个人挤在一间屋睡觉;而已婚的技工为生活所迫,也得带着家人在一个很小的房间里吃饭睡觉。③

随着工业革命的发展,城市急剧扩大。为了节约成本,在伦敦、利物浦、约克、曼彻斯特等城市,资本家或者地主建造了许多创新型的房屋,即"背靠背"式房屋。这种房子是19世纪英国工业城市工人阶级住房恶劣状况的典型体现。这种"背靠背"式住房属于高密度住房,一般情况下为双排,每所房子仅有前墙和前窗,没有后窗,空气不能对流,普遍通风不良。因为房子的后墙和另一所房子连在一起,两所背对而建的住房共用一堵后

---

① John Burnett, *A Social History of Housing*, 1815-1985, p.64.
② Henry Mayhew, *The Morning Chronicle Survey of Labour and the Poor: The Metropolitan Districts*, Vol.6, pp.103-108.
③ John Burnett, *A Social History of Housing*, 1815-1985, p.63.

墙,因此称为"背靠背"式住房。这种房屋节省原料,造价低廉,建造迅速。建筑商为了追求高额利润,千方百计地节省昂贵的地皮和建筑材料,密集建房,每排房子间的距离很近,每个房间面积也比较小。多排"背靠背"式房屋组成一个大杂院,有一条狭窄的巷道与外界相通。这样的房子里没有厕所,一般几十家共用一个厕所。1797 年,利物浦 63 000 人中有 9 000 人居住于"背靠背"式房屋内。① 19 世纪 40 年代,在利物浦、诺丁汉、利兹、哈特菲尔德等地,这种"背靠背"式房屋占全部住房存量的 70% 左右。② 而据统计协会 1840 年 1 月统计,诺丁汉 11 000 所房屋中有 8 000 所是"背靠背"式房屋③,约占当时房屋总量的 2/3。1854 年,在布拉德福德计划批准建造的 1 601 所房屋中,有 1 079 所是"背靠背"式房屋。④ 斯托克波特(Stockport)联合教区希顿·诺里斯社区的医疗官威廉·瑞纳对此地的"背靠背"式房屋进行了详细描述:

> 谢帕德的建筑由两排房子构成,共用一堵墙,即"背靠背",没有院子和户外设施,厕所设在每排房子底层的中间,大约 1 码宽。上下两间房子构成一户,一般一层放置杂物,二层睡觉,每间房子大约 4 码长,3 码宽……共有 44 间房子,22 个地下室,大小相同。⑤

工业革命时期,英国的贫民基本上是住在这几类房子里。密密麻麻的廉租公寓和"背靠背"式房屋鳞次栉比,大杂院和地下室星罗棋布,环境恶劣,空气污浊,拥挤、潮湿,久而久之形成了英国城市中的一大毒瘤——贫民窟。这些贫民窟一直到 20 世纪初期才被清理完毕。

---

① Edwin Chadwick, *Report on the Sanitary Condition of the Labouring Population of Great Britain*, Edinburgh: Edinburgh University Press, 1965, p.6.
② John Burnett, *A Social History of Housing*, 1815-1985, p.74.
③ David Gladstone, *Poverty and Social Welfare*, Vol.2, p.10.
④ Trevor May, *An Economic and Social History of Britain*, 1760-1970, p.129.
⑤ Edwin Chadwick, *Report on the Sanitary Condition of the Labouring Population of Great Britain*, p.91.

工人阶级不但住房条件差,房租压力也很大。在整个伦敦,到 19 世纪末,绝大多数工人阶级都没有自己的住房。在维多利亚时期,对于大多数工人来说,房租都是一个沉重的负担。工人必须将相当一部分收入用于租房,工人越穷,房租占总收入的比例就越高。1886 年成立的皇家住房委员会获悉,在伦敦的克拉肯沃、圣卢克、圣贾尔斯和马利勒本等贫民区,一间房的平均租金为一周 3 先令 11 便士,两间房为 6 先令,三间房为 7 先令 5 便士。而在 1 000 个工人家庭中,46% 的家庭要将 1/4 到 1/2 的收入用来付房租。[①]

19 世纪英国城市工人住宅存在的问题,既反映了特殊历史时期的特殊历史问题,也反映了世界城市化进程中各城市普遍存在的住房问题。客观上讲,随着城市化进程的快速发展,人口的巨大压力使城市无力应付,所以只得在现有的城市框架内解决住房问题,于是出现了从地下室到阁楼都住满人的现象,出现了把住宅切分出租的无奈之举,从而为涌入城市的移民和迅速增长的人口提供居住空间。主观上讲,工人阶级极度贫困、政府不干预政策、听任私人开发商的牟利行为主宰了城市工人住宅的发展,可以说是加重或恶化了城市工人的住宅困境。

---

① John Burnet, *A Social History of Housing*, 1815-1985, p.149.

二、贫困与贫富差距问题发展的根源

英国工业革命时期的贫困和贫富差距问题是一个独特的现象,因为它是在社会生产力已经发展到了一定高度而产生的新的社会问题。生产力的发展并没有消除贫困,反而还加深了贫民的灾难。著名历史学家哈孟德夫妇(J. L. Hammond and Barbara Hammond)曾说过:"工业革命带来了物质力量极大发展,也带来了与物质力量相伴随的无穷机遇……然而,这次变革并没有能建立起一个更幸福、更富有自尊心的社会。相反,工业革命使千百万群众身价倍落,而迅速发展出一种一切都为利润牺牲的城市生活方式。"[1]这段话概括出了工业革命引起英国贫困与贫富差距发展的事实。贫困与贫富差距极度发展并不是工业化的必然结果,贫困问题极度发展与政府采取的发展模式、方针政策以及当时人们的贫困观念有很大关系。19世纪英国贫困问题极度发展,其原因主要有以下几个方面。

1. 资本主义制度的固有矛盾,英国政府的自由放任政策、社会分配不公和工人工资低下

以劳动为生的工人阶级在资本主义制度下为什么会陷入贫困化的悲

---

[1] J.L. Hammond and Barbara Hammond, *The Town Labourer*, 1760-1832: *The New Civilisation*, London and New York: Longman, 1978, p.43.

惨境地？为什么劳动者生产的财富越多、生产效率越高，反而越贫困？资本主义制度固有的生产方式和分配制度，无疑是其首要的原因。马克思、恩格斯对此进行了大量研究。资本主义制度下，资本家占有了一切生产资料，工人阶级除了自身之外，一无所有，只能靠出卖劳动力为生。资本家通过购买劳动力这种可以增值的特殊商品的使用价值，来榨取工人的剩余价值，支付给工人远低于其自身创造的价值的工资，并以工资形式掩盖剥削实质。资本家通过绝对剩余价值与相对剩余价值的生产，不断榨取雇佣工人生产的超过工资部分的剩余价值，不断积累财富，变成高高在上的富人，而雇佣工人只能成为资本家榨取剩余价值的"活的工具"，只能在社会底层和贫困线上挣扎。在这种制度下，工人阶级的贫困也就在所难免。

马克思在其《资本论》中对工业革命所导致的严重贫困问题进行了论述。他对此写道："在机器逐渐地占据某一生产领域的地方，它给同它竞争的工人阶层造成慢性的贫困。在过渡迅速完成的地方，机器的影响则是广泛的和急性的，世界历史上再也没有比英国手工织布工人缓慢的毁灭过程更为可怕的景象了，这个过程拖延了几十年之久，一直到 1838 年才结束。"[①]马克思在《1844 年经济学哲学手稿》中列举了资本主义社会可能处于的三种发展状态，以此考察工人在其中的社会地位："在社会的衰落状态中，工人的贫困日益加剧；在增长的状态中，贫困具有错综复杂的形式；在达到完满的状态中，贫困持续不变。"[②]因此马克思认为，不论资本主义社会处于何种发展状态，工人阶级要么处于贫困状态，要么贫困持续加剧。

在马克思、恩格斯看来，无产阶级贫困化是资本主义制度的一个重大特征，是以生产资料资本主义私有制为基础的资本主义生产关系本质的重要体现。资本主义生产方式是无产阶级贫困化的根本原因。恩格斯晚年

---

① ［德］马克思：《资本论》（第一卷），参见《马克思恩格斯文集》（第五卷），北京：人民出版社，2009 年，第 496 页。
② ［德］马克思、恩格斯：《马克思恩格斯文集》（第一卷），北京：人民出版社，2009 年，第 122 页。

(1892年)在《英国工人阶级状况》的德文版第二版序言中高屋建瓴地指出:"工人阶级处境悲惨的原因不应当到这些小的弊病中去寻找,而应当到资本主义制度本身中去寻找。"①关于工业革命导致的英国工人阶级贫困问题,他指出:"凡是可以用来形容伦敦的,也可以用来形容曼彻斯特、伯明翰和利兹,形容所有的大城市。在任何地方,一方面是不近人情的冷淡和铁石心肠的利己主义,另一方面是无法形容的贫穷;在任何地方,都是社会战争,都是每一个家庭处在被围攻的状态中;在任何地方,都是法律庇护下的互相抢劫,而这一切都做得这样无耻,这样坦然,使人不能不对我们的社会制度所造成的后果(这些效果在这里表现得多么明显呵!)感到不寒而栗,而且只能对这个如疯似狂的循环中的一切到今天还没有烟消云散表示惊奇。"②这就深刻揭露了资本主义社会制度下无产阶级贫困的根源——资本主义制度包庇下的资本主义生产方式。

一个时代占主导地位的社会思潮既是那个时代政治经济文化的产物,反过来对那个时代政治、经济以及文化的发展产生重大影响。18世纪末期开始,随着工业革命的迅猛发展,自由放任思想开始逐渐在英国社会占据主导地位,并成为英国政府的指导思想。工业革命中后期,英国政府社会经济的基本方针是自由放任理论(laissez-faire),根据这一理论,个人利益与社会利益能够通过市场经济活动的自动化调节而达到尽善尽美的地步。利物浦勋爵(Lord Liverpool)对此论述道:"在这样的世界里,应让每个国家不受干涉地从事按其性质和条件在各方面都适合它的特殊种类的工业是完全清楚的。那么每个国家可按可能需要,从那些能够生产并能以最低价格和最好质量运回的地方购买随便什么商品。如果这种制度能为世界所有主要国家接受,无疑,只有它是所有国家必须作为最合适和最理

---

① [德]马克思、恩格斯:《马克思恩格斯文集》(第一卷),第368页。
② [德]恩格斯:《英国工人阶级状况》,参见《马克思恩格斯全集》(第二卷),北京:人民出版社,1957年,第304—305页。

想的制度来加以考虑的制度。"①亚当·斯密是这一理论的奠基人。他认为,每个人最关心的都是为自己谋取最大利益,但个人是社会的一员,个人追求利益的活动必限制在社会认可的框架之中,个人利益和个人欲望"自然总会努力使他用其资本所支持的产业的生产具有最大价值",也就是说,一般情况下,个人必然把自己的资财用到最有利于社会的用途之上。"在这场合,象在其他许多场合一样,他受一只看不见的手的指导,去尽力达到一个并非他本意想要达到的目的。也并不因为事非出于本意,就对社会有害。他追求自己的利益,往往使他能比在真正出于本意的情况下更有效地促进社会的利益。"②这就是著名的"看不见的手"的理论。根据这一理论,斯密认为,应该让社会的每一个成员放开双手去追求利润,政府不应该对此进行任何干涉。斯密在《道德情操论》(The Theory of Moral Sentiments)中写道:富人虽然贪得无厌,雇佣千百人来为其劳动,"但是他们还是同穷人一样分享他们所作一切改良的成果。一只看不见的手引导他们对生活必需品作出几乎同土地在平均分配给全体居民的情况下所能作出的一样的分配,从而不知不觉地增进了社会利益,并为不断增多的人口提供生活资料"③。

自由放任的方针政策的确对经济发展有积极的意义,给经济发展松绑,促进了经济的早期发展。但是政府的工作重心只放在处理政治问题上,却不干预经济,放任成员追求自己的利益,而在社会成员生存方面却过于疏忽;穷人的"穷"和富人的"富"都成为社会经济发展理所当然的结果,国家和社会并没有责任来进行干预,一切都应自由发展,自生自灭,经济领域中出现了"自然状态"。

实际上,亚当·斯密的原则不仅应用在经济发展领域,还应用到了社会财富的分配过程中。当社会财富总量急剧增加时,没有人意识到财富分

---

① 《利物浦勋爵论自由贸易》,参见辜燮高等选译:《一六八九——一八一五年的英国》(下册),北京:商务印书馆,1997年,第137页。
② [英]亚当·斯密:《国民财富的性质和原因的研究》(下卷),北京:商务印书馆,1997年,第27页。
③ [英]亚当·斯密:《道德情操论》,蒋自强等译,北京:商务印书馆,1997年,第230页。

配问题的重要性,也没有人试图对社会财富分配进行调节。

按照亚当·斯密的理论,社会对于处于贫困状态之中的人毫无救助之责,政府也无须采取任何措施调节收入分配。政府的干涉和管理未必比无为而治更有效。对人类事务的干预是百弊而无一利的,应当放手让每一个社会成员去追求其自身最大的利益,在自然规律的约束之下,他不仅会满足自身利益,也能对公共利益做出最大贡献。斯密注意到了劳工在经济状况变动时要蒙受极大痛苦,却认为他们没有能力理解自己的利益与社会关系。在斯密那里,政府显然不应对穷人伸出援助之手,穷人应该对其命运负责。这一思想极大地影响了英国政府,英国社会政策的发展进入了一个新的阶段。

英国是第一个发生工业革命的国家。工业革命的发展,摧毁了英国原来的社会生产结构,在社会转型过程中,大批失地农民纷纷涌入城市,大批手工业者先后破产,他们变成了真正的无产阶级。对于如何管理由于工业化而发生巨大变化的社会,英国政府没有任何先例可循,几乎是摸着石头过河。如果说前工业时代,社会的领导者还觉得有义务以家长式的姿态保护一下"子民们"的生存,那么工业时代,在当时盛行的自由放任的思想指导下,国家的一切经济活动都要任其发展,一切都在竞争中自生自灭。

正是有了这样的社会环境和指导思想,面对日益严重的贫困问题,英国政府在很长一段时间内并没有采取任何政策措施来重新分配社会财富,缓解日益严重的贫富差距问题。机器的使用并没有给工人带来普遍的繁荣,相反,"由于这些发明……机器劳动在英国工业的各主要部门中战胜了手工劳动,而英国工业后来的全部历史所叙述的,只是手工劳动如何把自己的阵地一个跟一个地让给了机器。结果,一方面是一切纺织品迅速跌价,商业和工业日益繁荣……另一方面是无产阶级的人数更加迅速地增长,工人阶级失去一切财产,失去获得工作的任何信心"[①]。当时统治阶级

---

① [德]恩格斯:《英国工人阶级状况》,参见《马克思恩格斯全集》(第二卷),第 286—287 页。

中普遍流行的看法是，谁拥有财富就证明谁有能力，当时有人还说："就是应该让社会下层尝尝贫穷的滋味，否则他们永远不会变得勤奋起来。"①贫穷被看成是个人的事情，与国家无关。

在这样的体制下，在初次分配中，为赚取更多的利润，工厂主尽可能压低工人工资。"因为这个社会战争中的武器是资本，即生活资料和生产资料的直接或间接的占有，所以很显然，这个战争中的一切不利条件都落在穷人这一方面了……他一旦被投入这个陷入的漩涡，就只好尽自己的能力往外挣扎。如果他侥幸找到工作，就是说，如果资产阶级发了慈悲，愿意利用他来发财，那末等待着他的是勉强够维持灵魂不离开躯体的工资；如果他找不到工作，那末他只有去做贼（如果不怕警察的话），或者饿死。"②工业革命中成长起来的资产阶级为了获取高额利润，拼命压低工人的工资，延长工作时间。在这种情况下，"工人，仅仅被看做一种资本，他把自己交给厂主去使用，厂主以工资的名义付给他利息……当第一个工厂很自然地已经不能保证一切希望工作的人都有工作的时候，工资就下降"③。其结果就是"一小撮强者即资本家握有一切，而大批弱者即穷人却只能勉强活命"④。

工资低下是导致工业革命时期英国严重贫困问题的最重要因素。许多学者承认，18世纪下半叶开始，英国工人的实际工资普遍呈下降趋势，尤其是从18世纪90年代到19世纪20年代更是陷入了一个低谷。E. P. 汤普森（E.P. Thompson）承认，1790年到1840年间人均国民收入增加了，但"工人阶级从国民产值中分享的份额相对于有产阶级和职业者阶级所享有的份额来说，肯定是下降了"⑤。工人工资低下，只能勉强维生。即使是这样可怜的工资，工厂主还采取种种手段加以克扣。英国学者史密斯

---

① J. F. C. Harrison, *The Early Victorians*, 1832-1851, p.43.
② ［德］恩格斯：《英国工人阶级状况》，参见《马克思恩格斯全集》（第二卷），第305页。
③ ［德］恩格斯：《英国工人阶级状况》，参见《马克思恩格斯全集》（第二卷），第300—301页。
④ ［德］恩格斯：《英国工人阶级状况》，参见《马克思恩格斯全集》（第二卷），第304页。
⑤ ［英］E. P. 汤普森：《英国工人阶级的形成》（上册），第365页。

(J. H. Smith)分析了1851年曼彻斯特迪斯盖特地区的统计发现,1 821个家庭中70%从事的是工资低、地位低、没有任何保障的小商贩工作。① 曼彻斯特救济委员会(Committee of Relief in Manchester)的一份调查报告指出,1840年对曼彻斯特2 000个家庭进行的调查表明,每个家庭每周生活费用为5先令3又1/4便士;或者人均周生活费用为1先令2又1/4便士;而根据1842年的调查,另外2 000个家庭平均每家每周收入为6先令3又1/4便士,平均每人每周收入1先令6又1/2便士。② 据统计,1830年到1850年,英国工人的实际工资没有增长,可能还略微下降。③

1870年以后,查尔斯·布思、西博姆·朗特利等人在工业城市进行了大量的社会调查,对各种贫困问题做了量化分析,指出了工人阶级贫困的根源。通过社会调查,朗特利等人认为,约克城贫困人口中将近52%的贫困是由低工资造成的。在所有使工人阶级陷入贫困的因素中,工资过低是主要因素,其次是家庭孩子过多(一般每户超过4个孩子),然后是家庭主要劳动力突然去世,但是失业、半失业也占了相当大的比例(如表1-5)。

表1-5 各类致贫原因表④

类别	比例/%
家庭主要劳动力去世	15.63
由于突发事件、疾病或年老力衰而使主要挣工资者失去工作能力	5.11
主要挣工资者失业	2.31
家庭成员过多,如有超过4个孩子	22.16
工作不稳定	2.83
有固定工作但工资过低	51.96

---

① A. J. Kidd, "Outcast Manchester", in A.J. Kidd and K.W. Roberts, eds., *City, Class and Culture, Studies of Cultural Production and Social Policy in Victorian Manchester*, Manchester: Manchester University Press, 1985, pp.50-51.
② Harold Perkin, *The Origins of Modern English Society, 1780-1880*, p.165.
③ Donal M. MacRaild and David E. Martin, *Labour in British Society, 1830-1914*, Basingstoke: Macmillan, 2000, p.44.
④ B. Seebohm Rowntree, *Poverty: A Study of Town Life*, pp.119-120.

需要指出的是,由于低工资导致的贫困不是间歇性的而是永久性的,不是偶然的或者是意外的不幸,而是这些城市的持续特征。直到19世纪末20世纪初,许多城市工人的工资仍然不高。1888年,曼彻斯特工人的工资为每周17先令,1893年为每周21先令;1902年,格拉斯哥工人每周工作54小时,周平均工资为18先令;1905年,伯明翰工人的工资为每周20先令,博尔顿工人的为每周18—22先令。① 这个工资水平大多低于或者接近于当时社会调查者所划定的贫困线标准。

2. 大量失业、半失业人员的存在

随着英国圈地运动和工业革命的发展,大批失地农民被迫流入城市,许多人处于失业状态,流落街头,蓬头垢面,衣衫褴褛。工业革命时期,英国开始大规模使用机器。社会的转型以及新机器的使用,使家庭手工业趋于没落。破产的手工业者,也加入了失业大军。大批劳动者成为仅靠出售劳动力生存的雇佣劳动者,他们没有土地和生产资料,一旦失业或者因伤残、疾病、年老等原因丧失劳动能力,便会陷入贫穷无助的境地,这部分人是工业革命中最悲惨的人群,他们靠济贫机构或慈善机构的救济才能生存。

同时工业革命的发展以及伴随而来的周期性经济危机的出现,还使大批工人逐渐失业。另外,那些没有技术的工人,则只能干一些临时性的工作。他们的收入很不稳定,一直在贫困的边缘苦苦挣扎。从1825年英国发生第一次全国性的生产过剩危机后,每隔8—10年就会发生一次周期性的危机,每次危机到来,都会有数万到数十万的人失业。② 当经济危机和

---

① James H. Treble, *Urban Poverty in Britain*, 1830-1914, London: Batsford Academic, 1979, p.22.
② 王章辉:《笃学集》,兰州:兰州大学出版社,2003年,第224—225页。

萧条过去后,经济开始复苏,生产增长的同时就业机会随之增加,失业人口下降,贫困人口也随之下降,如此周而复始。失业大军的存在,为资本家尽力压低工资提供了条件。

这种情况在整个19世纪的英国都存在。据统计,1895年,整个英国的失业人口达到170万人。① 而据查尔斯·布思的调查,伦敦东部地区的贫困人口一半以上是由失业与就业问题造成的。对普通民众来说,失业也就意味着失去生活保障,意味着贫困。

19世纪的英国,还存在一大批因为没有技术而只能从事一些临时性工作的人群,包括码头工人、街头游商、劈柴火工人、柴火打捆及销售人员。这些人是没有技术的工人的最大人群,不但工资低,而且工作极不稳定。据亨利·梅休的估计,在19世纪50年代的伦敦,有12 000名码头工人去竞争4 000个岗位。② 码头工人工作极不稳定,收入较低,这种劳动力供大于求的局面持续到60年代。1862年,在伦敦,一个爱尔兰人码头工人满负荷工作每周平均能挣15先令,全年平均下来则每周只有10到12先令。这在当时是比较低的。③ 1889年,伦敦一位码头的总经理这样描述临时码头工人的悲惨境况:

> 他们是工人中最不幸者,有的人已经陷入了极端贫困之中,他们竭尽全力努力工作,但是,经常没有足够的力量进行工作,一些人来我的码头做工,他们什么也没有吃,也许从前天已经是这样,他们已经工作了一个小时,挣得5便士,饥饿不允许他们再工作下去,他们拿了钱去买点食品,这也许是他们24小时中的第一顿饭。④

---

① James H. Treble, *Urban Poverty in Britain*, 1830 – 1914, p.53.
② Carl Chinn, *Poverty Amidst Prosperity: The Urban Poor in England*, 1834 – 1914, p.45.
③ James H. Treble, *Urban Poverty in Britain*, 1830 – 1914, p.57.
④ 丁建定:《从济贫到社会保险:英国现代社会保障制度的建立(1870—1914)》,北京:中国社会科学出版社,2000年,第37页。

据英国学者安德森（M. Anderson）估计，1851年兰开郡有7%的男性劳工从事临时性的不稳定工作。实际上，这种情况在每一个工业城市都存在。① 1888—1889年，曼彻斯特统计协会对安科兹地区2 515个主要家庭抽样调查后发现，20.7%的人处于无稳定工作状态；在萨尔福德同样的人群中，有40%的人处于无稳定工作状态。② 学者威尔逊等人对西汉姆工人就业情况进行考察后认为："在西汉姆，打零工的人占主导，其结果便是人口中很大一批人依靠不稳定的收入为生。在许多情况下，他们一年到头的收入是不够其生存的，不确定的收入更增加了其生活的艰辛。"③

除了这些客观因素外，一些主观因素也是部分工人阶级陷入贫困的原因。在各类社会调查结果中，多子女、个人习惯不良、生活不节俭等都是一部分人沦为贫困人口的原因。19世纪末，英国绝大多数家庭拥有4个以上孩子，有些家庭往往有五六个孩子，在这些孩子能够从事劳动、养活自己以前，这样的多子女家庭可能时常生活在贫困之中。根据朗特利的调查，约克城22.1%的贫困人口是由家庭成员过多所致。④ 另外，个人的一些不良生活习惯，特别是酗酒、赌博以及不善理财等也是部分工人阶级陷入贫困的根源。

工业革命开始之后，英国的下层民众在不平等的经济体制下没日没夜地拼命工作，但是多数时候只能勉强糊口。这种生活状态一方面会强化他们自律自助的道德倾向，迫使他们意识到在无情的命运面前，想要好好地生存下去，就只能不断地自我约束、自我鞭策，努力前进。如果自己不对自己负责，那么物竞天择、适者生存的现实环境终会使一些人被完全遗弃。生活上的艰辛、工作上的困苦，使下层民众备受煎熬。长久无望的生活使

---

① James H. Treble, *Urban Poverty in Britain*, 1830 - 1914, p.62.
② Carl Chinn, *Poverty Amidst Prosperity The Urban Poor in England*, 1834 - 1914, p.46.
③ Edward G. Howarth and Mona Wilson, eds., *West Ham: A Study in Social and Industrial Problems*, New York: Garland, 1980, pp.400 - 401.
④ B. Seebohm Rowntree, *Poverty: A Study of Town Life*, pp.120 - 121.

他们中的一些人面对困难时选择放纵自己,酗酒成为下层民众中极其普遍的现象。长期枯燥的工作使"饮酒成了逃离曼彻斯特贫民窟最便捷的途径",这已为恩格斯对工人阶级嗜酒的解释所证实,他注意到,啤酒馆已经成了曼彻斯特贫民窟的中心,并非因为这些建筑华美与舒适,而是因为工人除了纵欲和酗酒之外被剥夺了所有的享乐,同时每天要负荷大量沉重的劳动和加在他们身上的苦痛,"结果是,工人为了还想从生活中得到点什么,就把全部热情集中在这两种享乐上,过度地极端放纵地沉溺在里面"①,"在格拉斯哥,每个星期六晚上至少有3万个工人喝得烂醉。这个数字确实没有夸大,在这个城市里,1830年每20幢房子中有1家酒店,而在1840年,在每10幢房子就有1家……无奈的穷苦人,在生存的巨大压力下,酒精的麻醉让他们相信至少是在那几小时内他们可以远离现实生活中的一切,这是他们逃避现实的可悲选择"②。住房的不舒适导致许多人去酒馆寻求"社交、改变、放松或刺激"③。梅休也承认,工人居住环境的脏乱,使他们除了通过饮酒逃避现实之外,别无选择。他曾记载了与一处破旧寄宿公寓里一名房客的对话,那人认为,饮酒是容忍这种生活环境的唯一方式:"你一定要喝得醉醺醺的,否则你的寄宿钱就浪费了。经过一天的劳累,有那么多休息时间属于你;结果臭虫和污浊的空气都不请自来,如果你没有喝些啤酒或者烈性酒就躺下的话。"④

1830年,英国工人在饮酒方面的花费约6 700万英镑,到1850年就上升到了约8 100万英镑,人均每年达到3英镑。⑤ 据朗特利调查,19世纪末,约克城一些工人阶级家庭的每周饮酒开支为6先令,约占其家庭总收

---

① [德]恩格斯:《英国工人阶级状况》,参见《马克思恩格斯全集》(第二卷),第414页。
② [德]恩格斯:《英国工人阶级状况》,参见《马克思恩格斯全集》(第二卷),第412页。
③ W. R. Lambert, "Drink and Work-Discipline in Industrial South Wales", *Welsh History Review*, Vol.7, No.3 (1975), p.290.
④ Henry Mayhew, *London Labour and London Poor*, 1849-1852, p.115.
⑤ Trevor May, *An Economic and Social History of Britain*, 1760-1970, p.134.

人的 1/6。① 酗酒使人丧失进取心、事业心和责任心,进而导致贫困,贫困又进一步加剧了贫困者对酒的贪恋,加重其酗酒程度,从而形成恶性循环。这些恶习根源还在于工人阶级的贫困。正如恩格斯所言:"生活的毫无保障、挣一天吃一天的日子,一句话,就是把英国工人造成无产者的那种东西,对他们的道德所起的破坏作用比贫穷还要厉害得多。"②

财富分配不公导致贫困问题加剧、贫富差距悬殊,这在整个工业革命时期都存在。据估计,在整个工业革命时期,有 1/3 左右的工人家庭始终处于贫困状态。这是一个十分惊人的比例。1834 年,英国贫困人数约有 126 万,占全国总人口的 8.8%。到了 1900 年,仍然有 2.5% 的英国人在接受济贫法救济。③ 有的地方情况更严重,1849 年,伯明翰 23 万人口中,至少有 3 万人属于最穷的阶层。④ 据统计,直到 1884 年,东伦敦仍有 44% 的居民生活在贫困线以下,北伦敦 43% 的居民、南伦敦中心区 47% 居民都生活在贫困线以下。⑤

恩格斯在谈到工业革命时期的贫富差距时,引用了《泰晤士报》的如下描述:"在集中了财富、欢乐和光彩的、邻近圣詹姆斯王府、紧靠着华丽的贝斯华特宫的地区,在新旧贵族们碰了头而现代精美的建筑艺术消灭了一切穷人的茅屋的地区,在似乎是专门给阔佬们享乐的地方,在这里竟存在着贫困和饥饿、疾病和各种各样的恶习,以及这些东西所产生的一切惨状和一切摧残身体又摧残灵魂的东西,这确实是骇人听闻。""一边是可以增进身体健康的最高尚的享乐,精神活动,无害身心的娱乐,一边却是极端的贫穷! 财富,辉煌的客厅,欢乐的笑声,轻率而粗暴的笑声,近旁却是富人不能理解的那种由贫穷造成的苦难! 欢乐无意识地但残酷地嘲笑着在底层

---

① B. Seebohm Rowntree, *Poverty: A Study of Town Life*, pp.142 – 143.
② [德]恩格斯:《英国工人阶级状况》,参见《马克思恩格斯全集》(第二卷),第 401 页。
③ Carl Chinn, *Poverty Amidst Prosperity: The Urban Poor in England*, 1834 – 1914, p.104.
④ Carl Chinn, *Poverty Amidst Prosperity: The Urban Poor in England*, 1834 – 1914, p.26.
⑤ Stanley D. Chapman, *The History of Working-Class Housing: A Symposium*, p.36.

呻吟的人们的苦难!"①

英国历史学家哈里森(J.F.C. Harrison)评论道:"无须过多地想象我们就可以理解,为什么19世纪40年代,中产阶级会觉得他们生活在一座被贫困的海洋包围的小岛上,无论是在工厂里,在大街上,还是在自己的家中,他们总能意识到自己所依赖的穷苦劳工的存在,正如他们不止一次所说的,穷人随时都在你的身边。"②贫富差距极度发展,不但使两大阶级之间相互隔离,而且也使个人之间日益孤独、疏远。对此,当时有人这样评论道:"富人看不见穷人,或者说,只有当流浪者、乞食者和犯罪少年逼上门来,他们才注意到他们的存在,才认识他们。""有一句谚语说:'世界上有一半人不知道另一半人如何生活。'我们可以把这句谚语改成:'世界上有一半人不管另一半人如何生活。'"③英国19世纪著名文学家狄更斯(Charles Dickens)23岁时在其第一部著作《博兹小品集》(*Sketches by Boz*)中也对自由放任导致贫困者之间人情冷漠的现象进行了批判。他说:"很奇怪,一个人在伦敦生活是死是活、是好是坏,怎么会如此引不起人们关注,人们会如此冷漠。他的遭遇几乎不会博得任何人的同情,除了他本人外,他的存在对任何人都毫无意义;当他死的时候,人们谈不上会忘记他;因为他活着的时候,就没有人知道他。"④

工业化之前,一切生产都是为了维持人的基本生存,生产力总体低下。因此经济学上引入了"基本贫困"的概念,指总收入不足以获取维持纯粹体能所需的最低数量的生活必需品,主要是食物(现代研究贫困问题的恩格尔系数与此类似)。因此,这个时期存在"富裕"的个人,但是绝不存在"富裕"的社会。工业革命的发展,使生产力得到巨大提高。但这些数据良好

---

① [德] 恩格斯:《英国工人阶级状况》,参见《马克思恩格斯全集》(第二卷),第312页。
② J. F. C. Harrison, The *Early Victorians*, *1832 – 1851*, p.44.
③ [英] E. P. 汤普森:《英国工人阶级的形成》(上册),第370页。
④ Trevor May, An *Economic and Social History of Britain*, *1760 – 1970*, p.113.

的态势并不意味着他们生活质量得到了改善,他们获得生活必需品的能力并没有增加。国家财富的确有巨大的增加,社会分配却并不合理,下层阶级并没有能很快地、普遍地分享到工业化的好处。由此产生了"相对贫困"的概念,即"丰裕社会的贫困"。

所以说,工业革命时期英国的贫困不是旧时生产力低下时社会的整体绝对贫困,而是在生产力飞速发展的丰裕社会的贫困。进步和贫困相伴是时代特征,现代的科技进步和生产力的发展使富裕之家和贫困之家的差距更加悬殊,如果不能解决这个问题,那进步就绝不是真正的进步,反而会带来诸多更严重的问题,这也即工业革命时期英国贫困问题的实质。

关于工业革命时期工人阶级生活水平是否恶化的问题,是经济学界和历史学界一直争议的问题。那些坚持认为生活水平有所提高的一派学者被称为"乐观派",而那些认为工人阶级生活水平恶化或没有提高的一派学者被称为"悲观派"。

乐观派以工业革命时期的货币工资指数、物价指数和生活指数为依据,推算出工人阶级的实际生活水平,他们的结论是除了手工织工和裁缝等个别行业的工人在某一阶段和某一地区的贫困有所加重外,多数工人的生活水平都有提高。当然,虽然乐观派坚持认为工人阶级的生活水平是上升的,但他们也不认为这种上升是普遍的、一贯的。工人物质生活的改善并非工业化后立即出现的,拿破仑战争期间,由于物价上涨,劳工经济状况恶化;到了1821年以后,工人的生活状况才开始好转。

悲观派认为,乐观派所依据的货币工资指数和生活指数并不可靠,由于当时的统计资料残缺不全,货币工资指数主要指熟练技工的计时工资率,对计时工和非熟练工的情况了解甚少,乐观派常常忽略了失业对工人生活的影响,而恰恰是周期性的失业对工人的生活有灾难性的影响。当一部分工人生活条件改善时,另一部分工人的生活条件却恶化了。

关于工人阶级生活水平的争论长期得不出结论,原因很多,关键是受到争论者本人的政治立场和观点的影响。政治观点保守或热衷于歌颂资本主义制度的人多持乐观态度,认为工业革命造成的物质进步给社会各阶层都带来了好处;而激进派和持社会主义观点的学者同情劳苦大众的生活处境,他们揭露资本主义社会财富分配不合理的状况,认为工业化主要给富人和工人阶级上层带来了好处,工人阶级下层生活状况恶化或只有极少改善。实际上,在论述工业革命时期工人阶级的生活水平时,必须区别各个阶层和各个时期,具体地、实事求是地进行分析。既不能笼统地说工人阶级生活状况恶化,也不能说整个阶级状况都有所改善,那些顺应了工厂发展的熟练工人就业率较高,工资水平也较高,他们的生活有了改善,但粗工、童工和女工就业不稳定,工资低下,经常受到失业的威胁,其生活就没有保障。还有一大批手工业劳动者,在工厂制发展后,他们的生活水平是下降的。由于工人阶级的各个阶层在工业革命中所处地位不同,其生活所受的影响也不大一样。因而仅用国民收入增长和工资率增长来证明工人阶级生活水平提高是不科学的。①

---

① 王章辉:《英国经济史》,第 308—311 页。

三、贫富差距问题加剧的危害

19世纪的英国,贫困与贫富悬殊极度发展是一种不争的事实。当时英国政府的自由放任政策和社会上层人士对贫困问题的漠视,是导致贫富差距问题愈演愈烈的最重要根源。分配不当引起贫富悬殊,贫富悬殊一定会加剧社会的两极分化,富人越来越富,穷人越来越穷,这种局面恶性发展,引发了一系列极其严重的社会问题。这些社会问题主要表现在以下几个方面。

1. 社会矛盾日益尖锐,阶级对抗不断加剧

随着贫富差距问题的发展,极少数上层富人阶层占据社会财富总量的份额过高,甚至形成极少数富人占有社会绝大多数财富的局面,而生活贫穷的下层阶层人数占社会总人口的大多数甚至绝大多数,其占有社会财富总量的份额却很低甚至只占极少一部分。这是一种失衡的社会结构,这种不均衡状态的发展,必然会导致社会结构日趋畸形化。而且也将使为数众多的社会下层民众逐步产生对政府的离心力,并极易使为数极少的上层富人阶层与为数众多的下层贫穷阶层形成对立,严重时甚至会引起激烈的社会冲突。

贫困与贫富差距极度发展，必然使社会下层特别是工人阶级对现实产生不满。工人是财富的创造者，但是财富的不公平分配却使他们处于贫困状态中，因而会滋生对社会的反叛情绪，并汇合成一场声势浩大的群众运动。为了争取和改善自己的生活待遇，他们会通过集体反抗将这种不满表现出来，由此导致了激烈的社会冲突。正如恩格斯所言："工人除了为改善自己的整个生活状况而进行反抗，再也没有任何其他表现自己的人的尊严的余地，那么工人自然就一定会在这种反抗中显示出自己最动人、最高贵、最合乎人性的特点。"①

工业革命时期是英国近代史上社会冲突和社会矛盾最尖锐的时期之一。19世纪初期正是英国激进主义运动蓬勃发展时期，越来越多的工人受到激进的民主思想的影响，他们组织工会，举行罢工甚至起义，反抗统治者的剥削，争取民主权利。哈孟德夫妇在谈到19世纪20年代的英国史时说道："这个时期的英国史读起来就像一部内战史。"②

1794年4月，停泊在朴次茅斯港口外边的斯皮海德的一支舰队的水兵首先举行起义，要求提高待遇，补发欠饷，此外还提出议会改革、给英国人民以自由与保障人民政治权利的要求。1811—1818年发生的捣毁机器的卢德运动，波及英国许多地区，其直接原因就是使用机器使大批工人失业，生活状况恶化。

卢德运动是手工工人反抗工业化、反对使用机器的斗争。该运动以虚拟的人物卢德将军（Ned Ludd）为号召，参加运动的人因而被称为"卢德派"（Luddites），他们声称自己受"卢德将军"领导。工业革命的发展、新机器的使用，使大批手工业者和工人失业，当时工人们凭直觉认为是机器的使用使他们陷于贫困，因而奋起捣毁机器。参加运动的人往往昼伏夜出，在茫茫的月色中，几十个人乃至几百个人，头戴假面面具，手执棍棒武器，

---

① ［德］恩格斯：《英国工人阶级状况》，参见《马克思恩格斯全集》（第二卷），第501页。
② J. L. Hammond and Barbara Hammond, *The Skilled Labourer*, London: Longman, 1979, p.1.

突然出现在某村某镇,专与欺压工人最甚的老板作对,捣毁他们的机器设备,破坏违反行业生产规程的机器,对严格执行行业规定的厂商严加保护。行动完毕,一声令下,他们就悄然撤退。卢德派在行动时给每人一个代号,不暴露其真实姓名,透露机密的人会遭到严惩。

19世纪20年代,英国多个地区都发生过卢德运动。卢德运动表现出了强烈的政治色彩。在约克郡西区召开的一次代表会议上,一名叫内恩斯的人说,运动的目标应该是"打倒嗜血的贵族"①。1816年,萨福克郡农业工人提出了"没有面包,便是流血!"的口号。1816年4月底的一个星期内,这个郡发生了11起纵火案,其他地区也不断有纵火事件发生。② 1817年6月9日,诺丁汉附近的彭特里奇村发生织袜工人起义,数百名工人在失业工人布兰德雷斯的率领下向诺丁汉进军,企图与那里的起义人员汇合。1817年8月和9月,几百名霍尔姆河谷的毛纺织工人携带武器到赫德斯菲尔德。这次起义虽然未发一枪就被镇压,但却是全世界工人阶级第一次武装起义的尝试。这次起义由于密探事先告发,都遭到了政府的镇压。1818年,北部工业城市爆发了一系列罢工,其中著名的是1818年7—8月曼彻斯特棉纺织工的罢工。卢德运动是手工工人反对工业化、反对使用机器的斗争,他们与工厂主的对立难以化解,最终爆发剧烈的冲突。在英国工业革命中,政府执行自由放任政策,劳动者利益完全不被考虑,这是酿成严重社会冲突的根本原因。"1812年2月27日,拜伦勋爵(Lord Byron)在上院指出:卢德运动的原因是无与伦比的贫困状态,运动的参加者曾经是诚实而勤奋的工匠,现在却被迫参加了对自己、对家人和社区都极度危险的团体。"③

与工人阶级的斗争相呼应,在农村地区,兴起了"斯文大尉"(Captain Swing)运动。

---

① Frank Peel, *The Risings of the Luddites, Chartist and Plug-Drawers*, London: Cass, 1968, p.55.
② 王觉非主编:《近代英国史》,第403页。
③ 钱乘旦总主编,刘成等著:《英国通史》(第五卷),第135页。

1830年英国农业歉收，灾荒四起，农业工人普遍受到饥饿的威胁，因此运动一发动，很快在全国蔓延。运动从肯特郡开始，逐渐扩散到苏塞克斯、埃塞克斯、汉普顿郡等地，直至整个南部农业区。一群群农业工人，他们彼此之间并无联系，手持棍棒、草叉在农村四处游荡，从一个村子到另一个村子，有的围攻乡绅，有的包围法官，有的跑进农场，捉拿农场主出来问话。对那些最令人痛恨的农场主则放火烧了他们的草堆，捣毁打谷机。据说这些行动是由神秘的斯文大尉指挥的。他们的要求都是经济性的。一封署名"斯文大尉"的信中说："谨此通报诸绅士：若你们不将机器捣毁，不增加穷人的工资，有家室者不给2先令6便士一天而只给2先令一天，我们将把你们的谷仓，连同你们在内一起烧掉。此为最后的通报。"①政府出动大批军队镇压，"斯文大尉"运动很快被镇压。接下来是严酷的审判。尽管政府出1 000英镑悬赏告密者，却没有一个饥饿的农工背叛自己的同伴，没有一个人向政府告密。正如当时工人阶级创办的报纸《黑矮人》(*Black Dwarf*)所描述的："群众已开始为自己说话了，贫穷造成的勇气和坚定，将大有希望完成那些有教养、有财产的人所不能、或不愿意实行的一切！"②

从18世纪下半叶到19世纪中叶，英国工人激进运动很活跃，工人罢工频发。除了上述运动外，英国还爆发了1816年东益格鲁和斯巴费尔德的骚乱，1819年的彼得卢大屠杀，1831年改革法案骚乱以及1839年的纽波特起义等，这些轰轰烈烈的工人运动都是工人因为生活状况恶化而奋起抗争的表现，是工人为了表达对分配不公、贫富差距扩大的强烈不满而采取的激烈行动。他们希望改变国家政权形式，获得选举权，以便推行对工人阶级有利的改革，进而提高自己的生活水平。因而在1832年议会改革中，工人阶级就是主力，但是改革使资产阶级获得了选举权，而工人阶级却

---

① E. J. Hobsbawm and George Rude, *Captain Swing*, London: Lawrence and Wishart, 1969, p.208.
② 王觉非主编：《近代英国史》，第414页。

没有任何收获。随后,他们又投入轰轰烈烈的宪章运动之中,为了改善工人阶级的命运而继续战斗。

2. 社会犯罪率大大升高,社会治安恶化

贫困是许多罪恶与灾难之源,从社会学角度讲,贫困确实是诱发犯罪的因素之一。撇开道德沦丧因素,当一个人因失去工作而无以为生的时候,一种求生的本能会驱使他铤而走险,去偷窃、抢劫、卖淫,沦为罪犯。而社会分配不公、巨大贫富差距的存在,更是刺激了这种犯罪的发展。贫富差距导致的权利分配的不平等与利益竞争的不公平势必导致弱势群体心理扭曲、失衡,产生被剥夺感。如果某类弱势群体的人权长期得不到保障,又无有效的权利救济措施,其到了忍无可忍的程度,自然就会滋生社会不满情绪,在得不到合理宣泄的情况下,就极易出现群体犯罪的现象,从而使社会治安不断恶化。

工业革命的发展使城市人口大大增加,而那些在城市里生活困苦甚至失业的人员,在生存的压力下,犯罪的概率就大大增加。英国的犯罪案件在18世纪后半期呈缓慢增长趋势;18世纪末期至19世纪初,犯罪率开始呈现快速增长势头;19世纪20至40年代,形势最为严峻,达到高峰;19世纪中后期才有所好转。

19世纪上半期是英国犯罪率节节攀升的时期。1805年以前,并没有政府发布的有关犯罪记录。根据政府公布的统计资料,1805—1842年间,英国的犯罪案件数量增长了7倍之多,其中,1842年的罪案数量达到顶峰,为31 309起。纵然人口数量也有明显增加(人口增幅只有80%),但远不及犯罪案件数量的增速。[①] "蔑视社会秩序的最明显最极端的表现就是

---

① Clive Emsley, *Crime and Society in England*, 1750 – 1900, London and New York: Longman, 1996, p.34.

犯罪。只要那些使工人道德堕落的原因起了比平常更强烈更集中的影响，工人就必然会成为罪犯。"①在这些犯罪案件中，传统的恶性案件，如谋杀、叛国、纵火、强奸等呈下降趋势，而盗窃、抢劫等财物犯罪迅速上升。1839年由埃德温·查德威克（Edwin Chadwick）执笔的英国皇家委员会的一项关于警察力量的调查报告指出："我们调查了大量的基于财产问题犯罪的根源，我们发现，全部的根源有一个共性问题，即抢劫利润的诱惑……任何可考虑到的抢劫财物的犯罪，其根源在于万恶的贫困和匮乏。"②

1819年在贝德福德郡的乡下，托马斯·帕金斯（Thomas Parkins）被控偷了财主的两捆柴火时说："我极端贫困，妻子卧床不起，我拿了点柴火，只是想给她取点暖。"③其实，工业革命时期，英国许多地方的犯罪都是因为"面包和黄油"问题。尤其是在19世纪上半期，英国的犯罪大多是因为财产问题。④ 当他们（工人）贫困潦倒时，一些人就会出去抢劫。⑤ 19世纪初英国工业区的抢劫问题日趋严峻。一位治安法官指出："在大工厂中，当地工人参与的抢劫活动几乎每天都发生，这些工人从来不会乖乖接受检查和搜身，如果这样做，他们就会联合起来闹罢工。"⑥这些犯罪行为有的是惯犯行为，也有的是因为生活问题而铤而走险。1866年，曼彻斯特的拦路抢劫案件发生了217起，其中136人被起诉判刑。⑦ 从1805年英国开始进行第一次全面犯罪记录，到1848年，英格兰和威尔士审判的犯罪由4 605起增长到30 349起，短短37年中，犯罪数字增加了近6倍。犯罪人数从

---

① ［德］恩格斯：《英国工人阶级状况》，参见《马克思恩格斯文集》（第一卷），第443页。
② Clive Emsley, ed., *Conflict and Stability in Europe*, London: The Open University Press, 1979, p.96.
③ Clive Emsley, *Crime and Society in England*, 1750–1900, p.38.
④ Clive Emsley, *Crime and Society in England*, 1750–1900, p.40.
⑤ Clive Emsley, ed., *Conflict and Stability in Europe*, p.97.
⑥ 《伦敦警察特别委员会调查报告》（*Report From the Select Committee on the Police of the Metropolis*），转引自许志强：《英国工业化时期的犯罪问题及其社会成因》，《世界历史》2015年第2期，第53页。
⑦ Clive Emsley, *Crime and Society in England*, 1750–1900, p.38.

2 783人增长到22 900人,增长了7倍多。① 这一时期城市的犯罪率比农村要高。以英格兰为例,城市犯罪率是农村的4倍,下表是1894年英格兰每10万人的犯罪案件数量比较。

表1-6 1894年英格兰犯罪类型表②

(单位:起/每10万人)

地区类别	可起诉罪				即决过失		
	全部有报告的可起诉罪	财产罪	人身罪		斗殴	酗酒	流浪罪
			暴力罪	道德罪			
大都市	416.7	386.2	10.6	5.9	390.1	637.4	148.8
矿业村	234.7	214.3	8.3	8.1	286.8	1 136.7	280.3
制造业城市	351.8	332.4	6.6	4.4	272.6	470.1	244.9
海港	643.6	597.9	22.5	8.4	426.0	1 260.8	368.3
休闲城市	265.7	250.4	4.3	4.1	180.5	289.3	92.9
农业郡东部	128.2	119.1	3.7	3.6	120.3	109.9	55.4
农业郡西南部	182.9	163.5	5.2	8.1	150.1	209.4	155.7
内地郡	202.1	185.9	4.2	6.5	146.7	245.0	52.2

从上表可以看出,可起诉罪中主要是财产罪,城市犯罪多于农村。这说明随着工业化的发展,城市人口急剧增加,大批在城市里无业的人逐渐沦落到犯罪的境地。1800年,仅仅伦敦的小偷小摸案件的总盗窃金额就达到71万英镑,发生在码头和内河船上的盗窃金额约80万英镑,入室盗窃和拦路抢劫金额约220万英镑。③ 根据英国内务部每年公布的犯罪统计,仅在英格兰和威尔士,所发生的可起诉罪数字为:1815年7 898起,

---

① Harold Perkin, *The Origins of Modern English Society*, 1780-1880, p.167.
② A. F. Weber, *The Growth of Cities in the Nineteenth Century: A Study in Statistics*, New York: Cornell University Press, 1963, pp.403-404.
③ [英]劳伦斯·詹姆斯:《中产阶级史》,第175页。

1825 年 14 437 起，1835 年 20 731 起，1842 年达到 31 309 起。① 而 1805 年到 1848 年，英格兰因盗窃和抢劫财产等犯罪交付法庭审判的人数从 4 605 人增加至 27 816 人，②在苏塞克斯郡和格洛斯特郡，季审法庭审判最多的是非暴力偷窃案件，或者在商店、室内和农场行窃，或者直接从别人身上偷盗财物，这类犯罪在所有审理案件中至少要占 60%，有时甚至占 80% 以上。

盗窃案并不只是一种城镇现象。乡间的犯罪和城镇一样难以被遏制。在 1819—1820 年间的冬季，谢尔周边的乡村遭到了偷猎者和小偷的威胁，他们抢劫"贫穷的佃农"并放火烧了富人的谷仓。③ 1840 年，苏塞克斯郡 127 个乡村教区发生盗窃案大约 427 起，格洛斯特郡 144 个乡村教区发生盗窃案大约 456 起。④ 1879 年，伦敦大都市警察局陷于舆论的猛烈抨击之中，因为根据统计，1877 年伦敦盗窃案件发生了 735 起，第二年盗窃案件就达到了 2 429 起。⑤ 所以有的历史学家说："19 世纪上半叶是英格兰一个盗匪肆虐的黄金时代，是一个因无法控制犯罪及暴力事件而威胁到现政权的时代，一个犯罪及暴力冲突四处蔓延并难以遏制的时代。"⑥

儿童犯罪是个严重的问题。大量衣食无着的儿童走投无路，只好铤而走险，最后沦为惯犯。统计数字显示，1840 年代在英格兰和威尔士送交审判的人中，年龄在 15—19 岁的人有 20%—25%，在全国范围内，这个数字是 10%，另有 25% 的人是 20 岁出头的年轻人。⑦ 著名作家狄更斯在其小

---

① [德]恩格斯:《英国工人阶级状况》,参见《马克思恩格斯全集》(第二卷),第 416 页。
② John Roach, *Social Reform in England*, 1780 - 1880, London: Batsford, 1978, p.124.
③ [英]劳伦斯·詹姆斯:《中产阶级史》,第 177 页。
④ David Taylor, *Crime, Policing and Punishment in England*, 1750 - 1914, Basingstoke: Macmilan, 1998. p.40.
⑤ Clive Emsley, *Crime and Society in England*, 1750 - 1900, p.23.
⑥ E.C. Midwinter, *Victorian Social Reform*, London: Longmans, 1968, p.14.
⑦ Edward Royle, *Modern Britain: A Social History*, 1750 - 1985, London: E. Arnold, 1987, p.217.

说《雾都孤儿》(*Oliver Twist*)里描写了贫民窟里受成年人控制的儿童扒窃团伙白天在大街上扒窃行人,夜间则入室盗窃这一现象。

妇女卖淫也是贫穷衍生的一个丑恶现象。19世纪英国城市妓女之多,相当惊人。有人估计,1844年,曼彻斯特有750名妓女,伦敦有15 000名,利物浦有2 000名,霍尔有300名,佩斯利有250名。除此之外,19世纪40年代,还有大量女工在工余时间卖淫,据亨利·梅休估计,在伦敦的妓女约有7 000—80 000名之多。1850—1860年间,那些无序违规而被捕的妓女就达41 954人。① 1859年,伦敦警察所知晓的妓院有2 828所。而《柳叶刀》(*Lancet*)杂志则认为,伦敦的妓院数目应该是其两倍,妓女数目有80 000名之多。② 1858年1月8日的《泰晤士报》写道:"在欧洲没有一个首都像伦敦那样不分白天黑夜地展示卖淫现象。"③这些妓女中相当一部分原来是富人家的女仆。19世纪80年代在米尔班克监狱的1.1万名妓女中,至少50%原来是家仆。④ 这些妇女有的因受到主人少爷或警察的凌辱而怀孕,结果被主人解雇,当她们花完身上最后一个便士后,便被迫以卖淫为生。有些是因为工资太低,不足以养活自己和孩子;有些女工生孩子后,不能适应工厂严格的纪律;有些时装和成衣业的女工、酒吧女招待、女洗衣工、女打杂工等也因为经济原因而流落风尘。与过去相比,这一时期的卖淫现象呈现出了新的特点,即呈现低龄化的趋势,雏妓的数量相当惊人。从1885年为详细调查这一问题而成立的专门委员会的报告来看,情况很不乐观:"对委员会来说毋庸置疑的是,雏妓数量在整个英国,特别是在伦敦达到了可怕的地步……这些不幸的受害者大部分都在13到15岁

---

① Harold Perkin, *The Origins of Modern English Society*, 1780-1880, pp.168-169.
② Roy Porter, *London: A Social History*, London: Penguin, 2000, p.364.
③ A. F. Weber, *The Growth of the Cities in the Nineteenth Century*, p.384.
④ H. J. Dyos and M. Wolff, eds., *The Victorian City: Images and Realities*, Vol.2, London: Routledge and Kegan Paul, 1973, p.657.

之间。"①

总的来说，绝大部分妓女是因为经济上的贫穷、低工资、失业、饥饿被迫走上卖淫道路的。而卖淫必须有卖淫的对象，在当时，日益富裕的城市中等有产者恰恰构成了庞大的嫖客队伍，这是对当时的中等阶级道德宣教最大的讽刺。而卖淫的后果之一是性病的传播，性病传播甚至对军营构成了威胁，以至于英国议会于 1864 年通过《传染病法》(The Contagious Diseases Act)，规定部队驻防的城市要对妓女进行健康检查，对有性病者进行留医治疗。

对于当时贫民犯罪频发的现象，英国学者安德鲁·莫恩斯(Andrew Mearns)认为，可怕的环境是造成穷人堕落的主要原因。过度的拥挤使本分的穷人被迫与各种各样的罪犯联系在一起，使他们不可避免地遭到罪犯的腐蚀。莫恩斯断言："谁会怀疑各种形形色色的邪恶不是在这种邪恶和病态的温床上繁殖的呢？谁会怀疑那些年轻的女孩们不正是为了从这种环境中挣脱出来而误入歧途的呢？"②这个观点虽然有些片面，但当时有些犯罪确实是因为环境所迫，也有些犯罪是因为个人堕落和缺乏自律。但是从另一方面来说，这也反映了当时的贫困问题加剧了社会问题。1819 年，有一对兄弟约瑟夫·温德米尔和约翰·温德米尔(Joseph Windermere and John Windermere)以贫穷为理由，为自己假扮成绅士的仆人用赊账方式买到羊肉、板油和面粉的行为进行辩护。约翰声称他"处境非常艰难"，一周只能靠 4 先令维持生计。地方法官裁决兄弟俩在埃尔兹伯里接受公开鞭刑。③ 在白金汉郡，这种减刑的请求在失业高发时期也是罕见的。

---

① Suzanne Fagence Cooper，*The Victorian Woman*，London：V and A Publications，2001，p.375.
② Lucia Zedner，*Women，Crime，and Custody in Victorian England*，New York：Oxford University Press，1991，pp.52－53.
③ ［英］劳伦斯·詹姆斯：《中产阶级史》，第 177 页。

3. 贫民窟大量存在，城市公共卫生状况恶化

工业革命期间，工人的生存环境极为恶劣。由于收入低，工人面临着普遍性的营养不良问题，而工人的劳动强度又很大，一天要工作十几个小时，身体得不到必要的休息与调整，如此日复一日、年复一年，工人阶级的体质因而下降。

如果说工人的住房条件差，那么他们所住房间的卫生状况就更为糟糕。工人们居住在城市的贫民窟里，生存空间十分拥挤。许多贫民居住区，一所房屋住 18—20 人，从地下室到角楼都住满了人，甚至一张床六七个人轮流睡觉的情况也十分普遍。这种房子极易被水淹，拥挤而潮湿，没有下水道，也没有厕所，由于卫生条件极其恶劣，这里常常臭气熏天，居住在这里的人容易感染伤寒等传染病。更为严重的是，在工人们的亲人去世时，他们因为贫困潦倒，既没有钱体面地安葬逝去的亲人，也没有时间及时安葬，因为只有星期天他们才能休息。以至于夏天的贫民窟，经常充斥着难闻的尸臭，在"背靠背"房屋，尸体放在一楼，周围只好堆放许多洋葱来驱散尸体的恶臭味道。① 1841 年，威廉·多德在访问了利兹后写道："许多特征是工业城市共有的，你常常可以在杂乱肮脏的街道上看到被摧残的劳动者那可怜的、发育不全的、衰弱的形象，你可以看到一群群穿着破烂衣服的妇女和儿童，也可以看到穷人肮脏的、烟气熏天的、破烂的房舍。"②

根据 1842 年城镇卫生委员会（Health of Towns Commission）对 50 个大城镇的调查，当时英国 42 个城市的排水系统、31 个城市的供水系统状况极其糟糕。在曼彻斯特，43 个厕所要供 7 095 个人使用，平均每个厕所

---

① Carl Chinn, *Poverty Amidst Prosperity: The Urban Poor in England*, 1834–1914, p.90.
② William Dodd, *The Factory System Illustrated: In a Series of Letters to the Right Hon. Lord Ashley*, London: J. Murray, 1842, p.80.

使用的人数有 215 人之多。① 贫民窟里多数家庭没有供水和排污系统,中产阶级新建盥洗室常常会将污水排到工人阶级的供水处。厕所是共用的,院子里的垃圾常常堆积成山,恶臭难闻。工业化早期,城市居民缺乏供水设施,许多地方是由私人公司在大街上修条水管,接上水龙头售水,供水时间是间歇性的。在许多贫民窟,公司把水盛在大的木桶里,灰尘不时落入桶中,桶里还时常漂浮着绿毛。在伯明翰的一个社区,300 到 400 个人共用一个水泵,流出的水是绿色的,散发着像瓦斯一样刺鼻的气味。② 约克市的居民从乌斯河取水,而这条河的上游,生活污水和工业废水都毫无处理地流入河中。井水也不卫生,雨水通过垃圾堆、粪堆、臭水坑和墓地渗入其中。

贫民窟成了疾病流行的滋生地,被人们称为"霍乱国王的巢穴"。恶劣的卫生条件致使传染病流行。"城市中条件最差的地区的工人住宅,和这个阶级的其他生活条件结合起来,成了百病丛生的根源。"③霍乱、伤寒等水源性疾病就是因饮用被细菌和病毒污染的水传播开来的。19 世纪是各种恶性传染病在英国各大城市流行的时期,当时主要的传染病有霍乱、伤寒、斑疹伤寒、痢疾、肺结核、猩红热、白喉、麻疹、性病和各种婴幼儿疾病等。贫穷、营养不足、住房过分拥挤、工作环境通风不良和空气污染都是重要的致病原因。

流行病的爆发是工人阶级恶劣生活环境的产物,恶臭、营养匮乏使疾病在贫民窟找到了生存之所。疾病一旦爆发,就不分阶级、不分贫富,而被仆人、商贩、工人等穷人所包围的富人们,突然变得非常容易受疾病感染。如坎特伯雷大主教 A.C.泰特的 7 个子女中有 5 人于 1856 年在卡莱尔死于猩红热。④ 维多利亚女王的丈夫阿尔伯特也于 1861 年死于伤寒,年仅 42

---

① S. E. Finer, *The Life and Times of Sir Edwin Chadwick*, London: Routledge/Thoemmes Press, 1997, p.215.
② Carl Chinn, *Poverty Amidst Prosperity: The Urban Poor in England, 1834 - 1914*, pp.90 - 91.
③ [德]恩格斯:《英国工人阶级状况》,参见《马克思恩格斯全集》(第二卷),第 411 页。
④ [英]肯尼迪·O.摩根主编:《牛津英国通史》,第 467 页。

岁。1871年,30岁的英国威尔士亲王也染上了此疾病。早在1830年,内科医生托马斯·苏斯伍德·史密斯(Thomas Southwood Smith)就在他的《论发热》(*A Treatise on Fever*)中提出了一个污染工厂字母表,把英国贫民窟的恶臭的、密不透风的状况与非洲恶劣的环境相提并论。① 他还在1838—1839年的三篇论文中以生动的、令人震惊的证据论述了伦敦东区的不卫生和疾病间的内在联系。② 许多家庭的人像动物一样蜷缩在一起,人性被泯灭,像野兽一样接受救济。③

1831年英国爆发的大规模霍乱疫情主要集中在城市最穷的地区。近代首例霍乱疫情发生在1817年的印度,随着东西方商业往来增多,霍乱也拉开了它在全世界蔓延的序幕。1831年,霍乱传到了欧洲,人们患了这种病后会出现剧烈泻吐、呕吐、高烧、严重脱水,严重的数小时或者数天就会死亡。当时这种病的死亡率为50%。而一旦爆发,它就不分阶级、不分贫富地传播。19世纪30年代英国霍乱爆发并在全国流行,就是一个例子。1831年10月,霍乱开始在桑德兰的贫民窟流行,并迅速向周围地区扩散,很快就传播到了约克、格拉斯哥、伯明翰、利物浦等城市,有15 000人因霍乱死亡。1832年,伦敦再次爆发霍乱,致使伦敦当年就有5 300人因霍乱死亡。1853年霍乱第三次袭击英国,伦敦遭到了骇人听闻的重创,仅伦敦就有10 738人死于霍乱。④ 1854年,霍乱消失。这一次霍乱共从英国带走62 000人的生命。⑤ 第四次霍乱于1866年夏从东部港口进入利物浦,造成当地2 122人死亡。⑥ 这次霍乱持续时间较短,只有几个月时间,但仍然造

---

① Erin O'Connor, *Raw Material: Producing Pathology in Victorian Culture*, Durham: Duke University Press, 2000, p.29.
② Edwin Chadwick, *Report on the Sanitary Condition of the Labouring Population of Great Britain*, p.34.
③ Erin O'Connor, *Raw Material: Producing Pathology in Victorian Culture*, p.45.
④ Charles Creighton, *A History of Epidemics in Britain*, Vol.2 London: Frank Cass, 1965, p.852.
⑤ R. A. Lewis, *Edwin Chadwick and the Public Health Movement, 1832 - 1854*, London: Longmans, Green, 1952, p.213.
⑥ Joan Lane, *A Social History of Medicine: Health, Healing and Disease in England, 1750 - 1950*, London: Routledge, 2001, p.149.

成 14 378 人死亡。①

　　经研究发现，霍乱是由病毒引起的，传染的渠道就是水源，所以穷人由于没有供水排水系统、房屋居住过于密集，因而最容易受霍乱传染。1831年第一次霍乱爆发时，在一个儿童救济院，孩子们3人或4人睡在一张床上，结果300个儿童受到感染，180人死亡。② 根据托马伍德·史密斯医生的调查，1838年伦敦20个地区有14 000例"发热"病例，其中9 000例集中在白教堂、兰伯斯、斯特普尼、殉道者圣乔治、贝思纳尔格林、霍尔本、东部圣乔治等7个地区，而这些正是伦敦最穷的地方。③ 1848年，赫尔深受霍乱之苦，80 000人口中2 000人死亡，其中穷人聚居的老城和米顿的死亡率是2.41%，而较富裕的郊区斯古勾茨的死亡率仅为1.52%。④ 1866年霍乱爆发时，伦敦霍乱死亡率最高的地区出现在穷人聚居的东区。

　　恶劣的工作和生活环境，严重影响了工人阶级的身体健康。城市的穷人往往个子矮小、瘦骨伶仃、面色枯黄。⑤ 正如恩格斯所痛斥的那样："在这种情况下，这个最贫穷的阶级怎么能够健康而长寿呢？在这种情况下，除了工人的死亡率极高，除了流行病在他们中间不断蔓延，除了他们的体力愈来愈弱，还能指望些什么呢？"⑥"这一切影响所引起的后果就是工人的身体普遍衰弱，在他们中间很少看到强壮的、体格好的和健康的人……他们几乎全都身体衰弱，骨瘦如柴，毫无气力，面色苍白，由于患有热病，他们身上除了那些在工作时特别用劲的肌肉以外，其他肌肉都是松弛的。"⑦

　　尽管霍乱导致130 000人死亡，但这并不是直接由居住环境恶劣引起

---

① 毛利霞：《从隔离病人到治理环境——19世纪英国霍乱防治研究》，北京：中国人民大学出版社，2018年，第38页。
② R. A. Lewis, *Edwin Chadwick and the Public Health Movement*, 1832–1854, pp.205–206.
③ Carl Chinn, *Poverty Amidst Prosperity: The Urban Poor in England*, 1834–1914, p.91.
④ F.B. Smith, *The People's Health*, 1830–1910, London: Croom Helm, 1979, pp.231–232.
⑤ Carl Chinn, *Poverty Amidst Prosperity: The Urban Poor in England*, 1834–1914, p.112.
⑥ ［德］恩格斯：《英国工人阶级状况》，参见《马克思恩格斯全集》（第二卷），第383页。
⑦ ［德］恩格斯：《英国工人阶级状况》，参见《马克思恩格斯全集》（第二卷），第418页。

的传染病。斑疹伤寒是19世纪直接由工人阶级恶劣生活环境引起的传染病,结果是城市人口死亡率急剧攀升。1831年到1841年,在伯明翰,人口死亡率急速上升,由每千人14.6人上升到每千人27.2人;在利兹,人口死亡率由每千人20.7人升为每千人27.2人;曼彻斯特的人口死亡率由每千人30.2人上升为每千人33.8人;在利物浦,人口死亡率更是由每千人21人上升为每千人34.8人。①

19世纪上半叶,肺结核是欧洲致死率极高的传染病。在19世纪30年代和40年代,肺结核发病率到达高峰,这种病与恶劣的工作和生活条件有关。贫穷、营养不良、住房过分拥挤、工作环境通风不良和空气污染都是重要原因。在盖斯凯尔夫人(Mrs. Gaskell)的小说《南方和北方》(*North and South*)中,一个名叫贝茜·希金斯(Bessy Higgins)的女工在曼彻斯特通风不畅的棉纺厂工作,原本健康的她逐渐饱受咳嗽之苦,逐渐无法呼吸,最终死于呼吸衰弱。她哮喘的根源是"绒毛,一小片一小片,来回飞舞"的棉花。当她和其他女工刷毛时,棉花的毛随空气起舞,飘荡在空中,好似细如麦芒的白色灰尘,细细的棉毛钻进她们的呼吸道,增加了工人们呼吸的难度,许多工人死于呼吸衰竭。② 所以,查德威克从环境主义者角度出发,认为贫困由疾病引起,疾病则由多种因素引起,其中主要因素是没有得到控制的贫穷。③

疾病的流行,不仅危及工人的健康,而且危及其生命安全,使他们的寿命大大缩短。在城市人口中,劳动群众的平均寿命又比有产者低得多。

在利物浦,"如果有一百万个生命出生,能活到25岁的只有434 497人,还不到出生人数的一半;然后又会有74 153人在10年时间里去世,到了35岁时人数只剩下了360 344人。不少于10 657人死于热病,333人死

---

① S. E. Finer, *The Life and Times of Sir Edwin Chadwick*, p.213.
② Erin O'Connor, *Raw Material: Producing Pathology in Victorian Culture*, p.9.
③ Trevor May, *An Economic and Social History of Britain*, 1760 – 1970, p.127.

于自杀,4 850人死于其他的暴力因素"①。1837年曼彻斯特统计协会的一项调查报告显示,在曼彻斯特,自由职业者、绅士和他们的家庭成员死亡时的平均年龄是38岁,商人和他们的家庭成员是20岁,机械工、粗工和他们的家庭成员是17岁。② 1844年,约克市乡绅和自由职业者平均死亡年龄是49.2岁,富人区的平均死亡年龄是35.5岁,穷人区为22.6岁,手工业者为20.7岁。1886—1889年,伦敦人口的总死亡率为1.96%,而穷人聚居区的东区则高达2.56%。③ 而在格拉斯哥这座工业城市,1821年工人因为疾病而死亡的比例为2.8%,1838年上升为3.8%,1843年达到了4%。④ 在兰开郡,1841年死亡的102 025名工人中,有83 216人不到20岁。他们的平均寿命只有22.1岁。⑤ 这些穷人大部分因为可医治的疾病而死去,只是由于贫困而无法得到治疗。

这一数据激起了人们广泛的议论,国民健康素质如此之差,在当时引起了人们不少担忧,因为国民健康素质关系到民族的生存与发展。在城市长大的英国士兵在布尔战争中的表现极其糟糕,比不过在农村长大的布尔人士兵。人们认为,大量健康的人都移民到海外,而身体良好的中产阶级出生率在不断下降,只有城市贫民还在履行着国家义务,维持着大家庭。衰败的帝国面临着德国的激烈竞争,因为德国有健康的工人和士兵。国民健康素质的下降,从长远来看,对国家的发展是不利的。在这种情况下,关于国民健康素质的争论,跨越了政治边界,连美国作家杰克·伦敦(Jack London)1901年到伦敦走访后,也认为这里的"城市贫民呆滞,像动物一

---

① B. W. Clapp, H.E.S. Fisher and A. R. J. Jurica, eds., *Documents in English Economic History England Since 1760*, p.431.
② Harold Perkin, *The Origins of Modern English Society*, 1780–1880, p.171.
③ R. A. Dodgshon and R.A. Butlin, *An Historical Geography of England and Wales*, New York: Academic Press, 1978, p.350.
④ Anthony Wood, *Nineteenth Century Britain*, 1815–1914, Harlow: Longman, 1982, p.119.
⑤ E. C. Midwinter, *Victorian Social Reform*, p.11.

般""无法有效地胜任为英国在全世界争夺工业霸权的任务"。①

正是对英国自由放任政策造成的贫困与贫富差距进行深刻的反思,使英国许多有识之士提出对现存的社会经济进行改革的建议,社会主义者更是提出了取代资本主义、建立社会主义的主张。19世纪后期开始,英国政府采取了一些措施,来改善贫民的社会生活条件,但是其效果并不显著。直到20世纪初期,英国才认识到了自由放任造成的恶果,因而在财富分配领域逐步进行国家干预,国家以一种超社会力量对分配进行调解。第二次世界大战以后,英国通过税收和福利国家两种手段,比较好地解决了贫富差距问题。就现代化而言,英国的教训是深刻的,英国在解决贫富差距问题上的经验也是丰富的。

---

① Carl Chinn, *Poverty Amidst Prosperity: The Urban Poor in England*, 1834-1914, p.114.

第二章
《济贫法》体制下的贫民救济

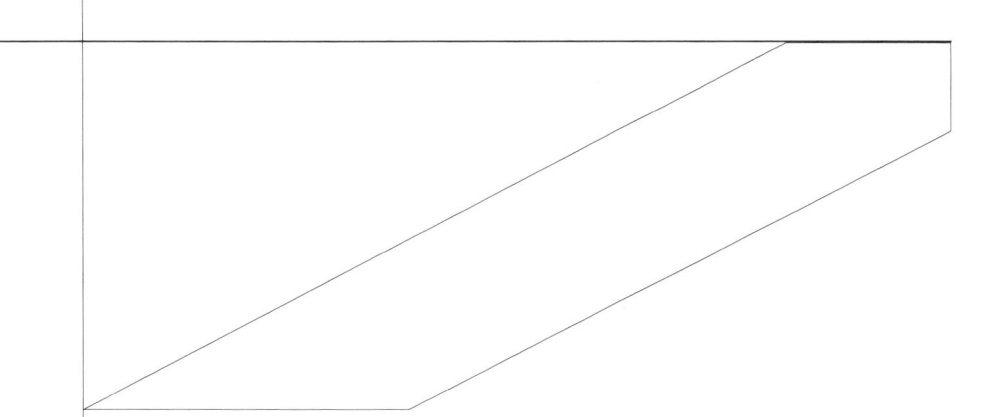

17世纪的内战给有产阶层留下了一个深刻的教训,那就是任何形式的社会动荡都将最终损害有产者的财产和既得利益。随着工业革命的开始,贫困问题成了一个严重的社会问题,劳动者的生活再次面临威胁,社会矛盾激化的第一个结果是工人运动的产生,由行会基础产生的工会组织开始发展起来。18世纪末又发展成工人激进主义运动,试图通过获取选举权来改善劳动者社会经济地位,工人的长期抗争使很多人——包括中等阶级和上层阶级中一部分人——深受震撼。他们意识到,贫富差距问题的发展,使得社会被撕裂,变得非常不平等、非常不合理。美国独立战争的胜利、法国大革命的爆发,更加深了有产者的惊恐。在19世纪30至40年代,就有一些知识精英和第一代工厂主的后代——儿子或孙子们——形成了一种负罪感,对社会的不公正感到羞愧,对富裕国家的贫穷现象感到愤怒,对自己的祖辈在积聚财富过程中实施无情的压榨感到良心不安。他们希望纠正这种状态,于是开始注意贫穷问题。对于统治者来说,他们已经意识到,一个被贫富分化撕裂的社会,以及工人阶级在体制外的长期抗争,最终对他们自己是不利的;他们希望达成某种整合,把工人阶级纳入体制之内。而同期法国爆发的一次又一次革命和社会主义思想在欧洲大陆广泛传播,也给英国统治者留下了深刻的印象。为避免法国式的革命发生、阻挡社会主义思想传播,英国统治者深感解决贫困问题是绝对必要的。光荣革命以后,英国确立了君主立宪制度,也确立了以改革来解决社会矛盾的模式,使得英国的社会矛盾能够以和平的方式,通过改革来化解社会冲突。在此形势下,英国政府不得不采取措施来缩小贫富差距,缓解社会矛盾,化解因为贫困问题而可能发生的社会冲突,而《济贫法》则是英国传统的救济贫民的手段。

一、《济贫法》的实施与改革

贫困问题的尖锐化必然导致社会矛盾加剧,最终危及资产阶级的统治,为了防止饥民铤而走险,英国从伊丽莎白一世时期,就已经通过《济贫法》建立起了一套济贫制度,对在饥饿线上挣扎的贫民实施救济,在一定程度上缓解了社会矛盾。当工业革命开始后,英国社会所面临的形势发生了巨大变化,贫民数量激增,《济贫法》不堪负荷,迫使英国对《济贫法》进行改革。

1. 旧《济贫法》的实施与发展

旧《济贫法》是英国政府第一次以立法的形式来干预贫困问题。

14世纪以后,随着流民问题日益恶化,英国政府为了防止流民规模不断壮大,开始进一步强化了关于流民问题的立法,颁布了一系列法令。这些法令的特征是对流民进行惩罚或强制性劳动,其目的是希望将流民固定在原来的住所和土地上从事劳动,从而缓解流民压力、劳工短缺问题,防止因此而导致的社会不稳定。

16—17世纪是英国社会急剧变革的时代。圈地运动在推动英国资本主义经济快速发展的同时,导致更多的人口失去土地而变为流民或者贫民;他们背井离乡、四处流浪,处于萌芽阶段的工业部门又不可能大量吸收这些人,于是形成了一支庞大的失业大军。这支失业大军有了玫瑰战争后解散的军队和修道院被解散后大批僧侣的加入更加可怕,这样一支庞大的流民队伍对统治阶级以及整个社会的安全构成了巨大威胁。都铎王朝的统治者被迫颁布了一系列血腥的法令来解决这一问题。

《伊丽莎白济贫法》(The 1601 Elizabethan Poor Law)最初起源于14世纪英格兰和威尔士以立法的形式对流民的限制。① 1495年,英王亨利七世(Henry Ⅶ)颁布《惩治流浪和乞讨的法令》(Vagabond and Beggars Act),规定政府应当逮捕流浪汉,被捕的身体强壮的乞丐和其他流民要戴脚枷三昼夜,接受鞭笞并被遣送回原籍。② 1531年,英国议会颁布了一项严厉的惩罚流民的法律。法令规定,流浪汉要受到鞭笞,然后被遣送回原籍。法令同时要求市长、治安法官和其他地方政府官员应努力发现并帮助所有年老的穷人和那些值得救助的人们。显然该法令旨在把身体健壮但不愿工作的人和那些确实没有工作能力但品行端正的人加以区别对待。③

1531年法令在英国济贫法历史上具有重要意义,在此之前,国家对于济贫活动几乎没有参与;1531年以后,政府干预、中央化以及统一化的趋势开始出现并不断增强。1535年,英国枢密院大臣托马斯·克伦威尔(Thomas Cromwell)委托威廉·马歇尔(William Marshall)起草了一项济贫法令。法令规定,治安法官被授权禁止"部分区别的布施",安排流民工作,同时允许对穷困的儿童进行救助,设立济贫院对"无力的穷人"进行救助。法令允许地方政府用"公共基金"为"身体健全、能够从事工作的人们"

---

① Keith Laybourn, *Evolution of British Social Policy and Welfare State*, 1800 – 1993, p.17.
② R. H. Tawney and E. Power, eds., *Tudor Economic Documents: Being Select Documents Illustrating the Economic and Social History of Tudor England*, Vol.2, London: Longmans, 1924, pp.298 – 299.
③ Paul A. Slack, "Vagrants and Vagrancy in England, 1598 – 1664", *The Economic History Review*, Vol.27, No.3(1974), pp.360 – 379.

提供工作。① 1536 年的法案奠定了未来 60 多年济贫立法战略的基调，即以工作和惩罚并重的方式对待流浪且健康的穷人，对不能工作的穷人给予现金补助。② 法案规定，市政当局要慈善地对待乞丐，并用自愿捐献的慈善救济金予以救济，以便使他们不再被迫公开地行乞或流浪，而对于那些邪恶的乞丐则应强制其劳动。它标志着英国政府开始为解决社会贫困问题承担起一定的职责。

为了救济无劳动能力的贫民，伦敦市政当局派官员为其募集资金。1533 年，伦敦市政当局要求市议员每周派人去为贫民征集捐赠物，在教堂门前分发给穷人。为了解决救济所需资金问题，伦敦率先实行强制征税。1547 年，市议会决定停止礼拜日募捐，代之以由市民缴纳相当于 1/15 税的一半的救济金用于救济贫民。英国各地方政府针对贫民及流民所采取的上述措施，在一定程度上为贫民提供了必要的生活救济，并对流民产生了一定的约束力，与此同时也促使英国中央政府采取措施应对贫民和流民问题，从而推动了英国济贫法制度的出现。

16 世纪中期前，英国用于贫民救济的财物主要来自教会和个人捐献，但是随着英国贫困问题的加剧和贫民数量的增长，仅靠慈善性捐款难以为贫民救济提供稳定的财政基础，为了解决对值得救济的贫民进行救济所需要的稳定的财政来源问题，从 16 世纪中期开始，英国政府开始通过法律，要求有财产和收入的家庭必须捐款，政府有责任提供必需的原料，以使贫民能够从事生产劳动，地方政府在必要的情况下还有权征收济贫税，从而迈出依靠济贫税解决贫民救济问题的重要一步。③ 1552 年的法令劝说居民缴纳济贫税，1562 年的规定以劝说和强制结合的方式征收济贫税。英

---

① G. R. Elton，*England Under the Tudors*，London：Methuen，1977，p.189.
② Paul Slack，*The English Poor Law*，1531－1782，Cambridge：Cambridge University Press，1995，p.17.
③ 丁建定：《英国社会保障制度史》，第 33 页。

国试图通过建立必要的救济制度,对值得救助的贫民提供救济,同时对不值得救济的身体健全的贫民实行强制性劳动的政策。

1572 年颁布的《济贫法》(Vagrancy and Poor Relief Act of 1572)是一个非常重要的法令。法令规定,对年满 14 周岁的流民均要施以鞭刑,要在屡教不改的流浪汉耳垂上烙上一个大写的"V"字("流浪汉"的缩写)作为羞辱的标志。由于这些法令过于严酷,实际上很少付诸实施。法令还规定,治安法官负责贫民救助工作,向教区居民征税,任命济贫税收官和济贫监督官(overseer)。法令认为,应该设立教区贫民救济委员会,专门负责贫民救济工作。① 因此,1572 年的法令确认了政府为实施各种救济而征税的权利,从而为英国政府建立起社会救助制度奠定了财政基础。此后,英国又颁布了一系列法令,旨在对贫民提供有效的救济。1576 年的法令规定,每一个市镇提供专项资金和原材料,用以安排贫民工作;每个郡设立一个"劳教所"(House of Correction),强制性改造那些拒绝工作的流浪汉。② 此后,劳教所开始在各地出现。1597 年的《济贫法》(Act for the Relief of the Poor)是女王政府制定的一个较为完备的济贫法。这个法案的颁布使英国贫民救济出现了新的特点:这就是对失去劳动能力的贫民即"值得救助者",提供由济贫税承担的救济;而对身体健全的贫民,即所谓的"不值得救助者",由政府强迫其劳动。

16 世纪后期,英国政府已经认识到对流浪者的惩戒措施不足以维持社会秩序,更不利于国家长期稳定。贫穷不仅是一种个人问题,更是一种社会现象,需要政府采取有效的措施。于是 16 世纪末,英国制定了一系列社会立法,对贫民提供不同形式的政府救济。正是在这些社会救济立法的

---

① R. H. Tawney and E. Power, eds., *Tudor Economic Documents: Being Select Documents Illustrating the Economic and Social History of Tudor England*, Vol.2, pp.328 - 331.
② Bernard Harris, *The Origins of the British Welfare State: Society, State and Social Welfare in England and Wales, 1800 - 1945*, p.41.

基础上，1601年伊丽莎白女王把已有的惯例用济贫法的形式固定下来，这就是著名的《伊丽莎白济贫法》。

《伊丽莎白济贫法》对那些因生病或者年老而不能工作的人，即所谓的"无劳动能力的人"，要么通过提供"教区面包"和衣物等救济物资予以户外救济，要么把他们安置到教区或通常是私人设立的布施院予以救济。该法案还创造了一个由地方税支撑、基于教区管理的济贫体系。

法案对济贫监督官的产生、职责、退职审查等以及治安法官的权力和职责做出了明确规定，每个教区设立济贫监督官。法案减少了治安法官对济贫法的日常管理权限，每个郡的治安法官在各自地域和权限范围内行使自己的权力。其权力包括：任命济贫监督官、批准应缴纳的济贫税的额度；将拒绝缴纳济贫税款者送入监狱，同意是否约束学徒，考查教区委员和济贫监督官是否尽责等。法案授权教区执事和监事对辖区内每一位居民征收济贫税，对济贫基金的征缴、管理、使用、渎职等方面做了详细规定。法案把穷人分为三类：一是孱弱无力者，包括老年人、病人、盲人和精神病患者，这类穷人将由机构在贫民所或救济院对其进行救助，提供住宿；二是身体健壮者，这类人必须在感化院或者济贫院里工作，对穷困的儿童可进行就业训练；第三类是拒绝工作的逃犯和懒汉，这类人必须在感化院参加强制劳动，予以严加惩戒。① 这种思想成了未来200多年英国济贫法实施的基本指导思想。

《伊丽莎白济贫法》的颁布，开启了英国济贫法制度史上的旧济贫法时代，在英国社会政策发展史上具有重要地位。它在以往各种社会救济立法的基础上，对英国的济贫措施进行了比较系统的规定，从而奠定了英国济贫法的基础。其后，英国政府在《伊丽莎白济贫法》的基础上，不断颁布相关的社会救济立法，使得《伊丽莎白济贫法》在英国开始进入实施阶段。

---

① Keith Laybourn, *Evolution of British Social Policy and Welfare State*, 1800 – 1993, p.17.

1604年，英国政府颁布法令规定：治安法官有权对流民当众鞭笞，把第一次被捕者监禁半年，第二次被捕者监禁2年；监禁期间只要治安法官认为适当就可以随时鞭笞他们，对于那些不可救药的危险的流浪者，要在其肩上烙印，并强迫其从事繁重的体力劳动；如其再度在行乞时被捕，则要毫不留情地判处其死刑。1610年的法令要求每个郡都必须建立感化院，违者将处以5英镑的罚款，感化院中必须有磨坊、搓麻坊等必需的劳动场所及劳动设施，使得所谓的"流民"能够工作。地方官员每年必须对教区内游手好闲者进行两次彻底的搜查，治安法官有权判处私生子的母亲进入感化院1年。抛弃家庭者将被视为游手好闲者而受到处罚。[①]

当然，《伊丽莎白济贫法》执行后，虽然不能如人所愿，但还是在一定程度上缓和了当时的社会矛盾，所以旧济贫法被历届政府承袭了下来。《伊丽莎白济贫法》表明统治者终于意识到了贫困和失业对自己统治的威胁，必须由政府采取某些措施来缓和这些社会矛盾。因而在此之后，英国政府除了把教区作为救济的中心外，又添加了一些补救措施，如尽量稳定食品价格、鼓励社会慈善事业等等。17世纪前期，济贫税尚不足以承担所有的济贫资金需求，私人募捐仍然占据相当重要的地位。英国社会中贵族、商人乃至普通民众都是捐赠主体。其中贵族是个人捐赠的主要群体。商人与贸易公司的捐赠对于弥补17世纪英国济贫资金的不足也发挥了重要作用。各种海外冒险公司设立了多种济贫基金来帮助社会上那些需要被帮助的老弱病残者。

由于《伊丽莎白济贫法》授权教区对本区的居民征收济贫税来进行贫民救济，这就牵涉到一个问题：谁是本区的穷人？教区执事和监事都想把本区的穷人遣送出去。英国革命爆发后，许多人生活上陷入困境，英国济贫法处于缓慢发展之中。1641年，英国政府宣布《伊丽莎白济贫法》为永

---

① A. L. Beier, *The Problem of the Poor in Tudor and Early Stuart England*, New York: Methuen, 1983, pp.39–41.

久性法令。战争使流民问题变得愈发严重,并对济贫法产生了重要影响。1657年,英国议会通过法令,宣布由于现行法令的一些缺陷,懒汉以及流浪者的数量最近增加许多,因此,有必要通过有效的法令来规定,任何懒汉如被发现从其居住地离开,将被判为流民并遭受惩罚,不管其是否实施任何其他行为。①

1662年,英国颁布《定居法案》(*The Act of Settlement*)。法案意图对居民的出生状况、婚姻状况、学徒身份进行甄别,凡是进入本教区的陌生人,治安法官应在40日内将其遣返,除非他们占据的是自由持有的土地,只要其不需要救济,就会被放任不管。② 此举的目的并不仅仅局限于制止人口流动,而主要是通过"定居"的手段缓解社会动荡并使贫民得到必要的社区救济。但是,尽管该法案的起草人认为法案的制定是"为了平民的福利,为了矫正寄生者和流浪汉,对于那些在教区有权领补助金的人,给予可靠的工作保证"③。但是,该法案的弊端也是显而易见的,该法案事实上剥夺了贫困劳动者的迁徙自由与工作自由,使其形成对教区的依附,导致教区拒绝让确实处于贫困状态的外来人口进入教区。所谓的"预防性驱逐权",将非贫困人口以及通过流动可以自立谋生的人口混淆对待,堵死了劳动力自由流动的渠道,并导致了一些地方的雇主乘机压低工资。

17世纪后期,英国济贫法管理发生一定的变化,其中最为突出的变化就是济贫法管理中的中央化趋势的中断及地方化趋势的不断增强。1688年光荣革命之后,大量乡绅涌入议会,这批自认为靠自己能力发家的人对贫困态度漠然,认定处境不好是懒惰和不负责任造成的,因此要求对《济贫法》做出严格限制。光荣革命后,《定居法》有所变通,规定外来人口可以凭

---

① Margaret James, *Social Problems and Policy During the Puritan Revolution*, 1640 – 1660, London: G. Routledge and Sons, 1930, p.295.
② Keith Laybourn, *Evolution of British Social Policy and Welfare State*, 1800 – 1993, pp.17 – 18.
③ [苏]塔塔里诺娃:《英国史纲(1640—1815)》,何清新译,北京:生活·读书·新知三联书店,1962年,第173页。

借教区证明在新教区安家,但受雇期限不超过51个星期,一旦需要救济或者有迹象表明这些人可能成为教区的负担,应立即予以遣返。

17世纪后期,英国开始尝试对教区济贫资金进行一定的管理,重点是加强济贫基金的财务监管。1692年的法令明确规定,每个教区必须提供和保留一个或几个登记簿,簿中记录所有已接受或将要接受救济的人名,以及何年何日因何种原因第一次接受救济。地方济贫法管理机构也进行了强化济贫管理的有关尝试,如1695年,考顿教区委员会就规定,任何官员未经委员会批准购买衣物或者施舍救济、召集会议等,所花费用一律自负,任何官员都不能以个人意愿救济贫民,在未得到教区委员会批准的情况下,教区官员采取行动所产生的一切债务均自负。[①]

18世纪大部分时间里,济贫税纳税人对穷人的态度比较严苛,在他们看来,贫困人口之所以增多,穷人之所以穷,是因为其"无能",也是因为其天性懒惰,穷人们除了勉强糊口之外,绝不愿意做更多的工作,而一旦手头有钱,便会拿去喝酒,纵情酒色甚至干违法犯罪的勾当。[②] 18世纪初期,英国济贫法的发展开始发生明显的变化,主要表现为强化救济管理工作,规范各地济贫法管理。规定各地要建立贫民救济登记制度,严格规定申请救济的程序。17世纪末18世纪初,英国各地纷纷建立了济贫院,英国社会希望这项措施能减轻国家负担。这一时期英国济贫法制度的一个重要的变化就是济贫院的广泛建立。这些济贫院有的是自行建立的,由教区提供或租用一间小屋,来收容贫民;有的济贫院是根据相关法令建立的。早期济贫院主要是为了安置那些因为年老、残疾或患病等而失去劳动能力的人,带有家长制的人道主义色彩。18世纪的济贫院主要是针对有劳动能力的人。建立济贫院的尝试从布里斯托尔开始,随后扩展到其他地区。

---

① 尹虹:《论十七、十八世纪英国政府的济贫问题》,《历史研究》2003年第3期,第143页。
② Dorthy Marshall, *The English Poor in the Eighteenth Century: A Study in Social and Administrative History*, London: George Routledge and Sons, 1926, p.34.

1722年通过的济贫法规定,授权教区监事建立特殊的济贫院,以便"保留、维持并雇用其所辖教区内的穷人"①。同时允许两个或者两个以上教区联合起来修建济贫院,对那些拒绝进入济贫院的人可以不救济。这项法案的出发点是穷人应当在"贫民工厂"工作,以便自食其力。当时的济贫院的规模大多比较小。到1776年,有2 000所济贫院②,每所济贫院的平均人数在25人到30人之间;1801—1802年,14 611个教区共有3 765所济贫院,平均每所济贫院成员为22人,有12所济贫院只有1人在院内接受救济。③许多济贫院不仅规模小,而且条件恶劣,大部分济贫院是混合济贫院,贫民不分男女、老少、健康与否混在一起,许多人对济贫院往往望而生畏,宁愿在济贫院以外依靠很低的收入或者乞讨维持生活。

18世纪前期,英国济贫法制度的重要内容是向贫民提供劳动救济。为此,政府采取了许多劳动救济措施,其中之一就是实行对那些有劳动能力,但收入不足以养家糊口的贫民给予小额补助金的制度。还有一些地方将城市贫民组织起来迁往城外农场进行劳动救济,由教区对前往城外农场劳动的贫民提供补贴,各地补贴标准不一。各地在提供劳动救济方面最为常见的办法是济贫法当局与一些工场或者农场订立某种协议,将贫民安排到订立协议的工场或者农场劳动。这种协议基本上分为三种类型:第一种类型是济贫监督员与场主协商,由场主为贫民提供工作,这种协议因场主无利而很少成功;第二种类型是由教区官员与场主协商,以每个贫民一定的金额补贴场主,将贫民派往工场劳动,场主在得到上述补贴外还有权拥有贫民劳动的全部成果,此类协议具体内容差别较大;第三种类型是教区当局与场主通过协商,以每年向其提供一笔总补贴的方式,由场主负责整

---

① Bernard Harris, *The Origins of the British Welfare State: Society, State and Social Welfare in England and Wales, 1800 - 1945*, p.42.
② [英]阿萨·布里格斯:《英国社会史》,第223页。
③ Peter Wood, *Poverty and the Workhouse in Victorian Britain*, Stroud: Alan Sutton Publishing Ltd., 1991, p.54.

个教区贫民的救济,此类协议在较小规模的教区广为采用。① 总体上来说,18 世纪济贫院雇佣贫民的劳动所得与救济支出之间的差距仍然很大,这事实上证明济贫院向贫民提供劳动救济并非一种理想的做法。

18 世纪下半期,随着工业革命的开始,劳动者的生活在圈地运动之后发生了巨大变化,贫困和失业问题日益突出,英国再次进入一个动荡不安的年代。有产者惊恐万状地注视着美国独立战争的胜利、法国大革命的爆发和英国工人阶级组织的诞生。好在济贫制度的推行,在很大程度上缓和了社会矛盾,减轻了因为贫困问题而引发的社会动荡,否则英国工业革命所引发的社会后果会更加恶劣。然而,从社会发展的形势来看,随着贫困问题的加剧,政府应该加大济贫力度,以缓和人民的矛盾,但是在自由放任思想的指导下,《济贫法》越来越受到新兴的资产阶级的指责。实际上,当时社会上有许多人反对《济贫法》,甚至包括劳动人民在内。因为《济贫法》的实施来源于济贫税,而济贫税是按照教区人头来征收的。

对待济贫问题,英国政府并没有完全满足资产阶级的要求去废除《济贫法》,而是适应形势的要求,出台了一些新的措施,来缓和社会矛盾。1774—1824 年,英国议会通过了一系列劳工协议法,要求雇主对自己所雇用的劳工承担一定责任,包括解决他们的住所问题等。为了改变 18 世纪初期各济贫院各自为政进行劳动救济所导致的高成本、低效益问题,18 世纪一些经由议会特别法律批准成立的联合济贫院开始建立劳动院。面对新出现的社会问题,1782 年英国政府又制定了《吉尔伯特法》(*Thomas Gilbert's Act*),该法案将济贫院改为专门救济老人、儿童与残疾者的机构,简化和规范化了教区建立和运营济贫院的程序。各教区可以独立建立济贫院,或者教区联合起来建立济贫院,这被称为"吉尔伯特联盟"(Gilbert Union)。法案还取消了只有济贫院中的贫民才可以接受救济的规定,准

---

① Paul A. Slack, *Poverty and Policy in Tudor and Stuart England*, p.131.

许教区救济壮健的贫民而不强迫其进入济贫院,只有那些年老、体弱、伤病的贫民以及孤儿才可以进入济贫院。还要求济贫税管理人员为贫民在农场里找工作,如工资不够维生,就应该从济贫税里抽取补贴。这实际上肯定了后世福利上的一项重要原则:最低生活保障原则。在实施上,《吉尔伯特法》承认地方的选择权,教区可以遵从这项法令,也可以坚持原来的法规。这样一个措施,改善了济贫法所造成的某些惨况。[①]

《吉尔伯特法》是对18世纪英国济贫工作的一次重大调整,体现了对贫困和贫民问题的深刻同情。法案改变了济贫院的性质,使得济贫院从原来的安置成年健全的劳动力从事劳动的场所变成了接纳老年人、病人、儿童与残疾人的救济机构,放宽了济贫法所提供的救济的条件。尤其是其中对身体健全的成年劳动力从事居家劳动、收入不足以养家糊口者提供由济贫税所承担的救济的规定,是以往的《济贫法》所不曾规定的。到1834年,由900多个教区联合组成了67个"吉尔伯特联盟"[②]。因而有学者认为,《吉尔伯特法》是从济贫院院内救济到院外救济的重要转折点,它奠定了由教区通过补充劳动者工资而建立的济贫补贴制度的法律基础,斯宾汉姆兰制度(Speenhamland System)就是建立在法律基础上的一种救济补贴制度。

18世纪后期,各地为了解决失业、贫困人口的生活问题,根据各地情况采取了多种做法。1783年剑桥郡的惠特尔斯福特做出规定,只要贫民不存在道德问题,每周可以获得5个4磅重的面包的价格补贴。1794年,一份名为"劳工苦情"的匿名宣传册中写道:"人民的要求须得到及时的照顾,而他们的权利应得到恢复……济贫法和住所法必须做出修改,而且一

[①] J. T. Ward, *The Age of Change, 1770 – 1870, Documents in Social History*, London: Adam and Charles Back, 1975, p.129.
[②] Derek Fraser, *The Evolution of the British Welfare State: A History of Social Policy Since the Industrial Revolution*, London: Macmillan, 1984, p.35.

个穷人不得因离开其自己的教区去找工作而受到送入监狱的处罚……应保证勤劳者有经常的工作,须给老年人和残疾人准备应有的食物。"① 由于对法战争的进行,1795 年,英格兰粮价飞涨,为缓和社会矛盾,在伯克郡等一些地区,实行了一种工资补偿制度。1795 年,伯克郡的治安法官等人在斯宾汉姆村召开有关贫民救济的会议,商定救济贫民的办法。会议一致认为"贫民目前的状况确实需要进一步给予他们比以往更多的救助",会议决定:"根据伊丽莎白第 5 年及詹姆斯第 1 年法规有关规定,通过调整日工资来提供上述的救助对地方官员来说是不合时宜的。但地方官员们非常认真地敦促本郡的农场主和其有关人士增加他们的日工报酬,以便与目前的粮价成比例。据此,与会官员一致决定在他们各自的权限范围内,他们将做出如下的计算和津贴以救济全体贫困和勤劳的人们及其家庭。令他们教区内的治安法官感到满足的是,这些人将尽其所能为他们的生计做出努力。"这种制度在 1796 年得到英国议会的认可。根据这项制度,"当每加仑面粉做成的面包重 8 磅 11 盎司价值 1 先令时,每个勤勉的穷人为了他自己的生计,或者应由他本人或其家庭的劳动提供补助,或者从济贫税中得到,每周应有 3 先令的生活费,受其供养的妻子及其他家庭成员每周应有 1 先令 6 便士的生活费。在面包价格为 1 先令 4 便士时,每个勤勉的穷人每周需 4 先令生活费,其供养的家庭每个成员需 1 先令 10 便士。以此类推,以面包价格为依据来确定勤勉的穷人的生活费,以 1 先令为基数,在 1 先令以上,面包每涨 1 便士,对每个穷人补贴 3 便士,对其家庭每个成员补贴 1 便士"②。这就是斯宾汉姆兰制度。

显然,斯宾汉姆兰制度直接继承了《吉尔伯特法》的基本原则,其最大

---

① 辜燮高等选译:《一六八九——一八五一年的英国》(下册),北京:商务印书馆,1997 年,第 147 页。
② B. W. Clapp, H. E. S. Fisher and A. R. J. Jurica, eds., *Documents in English Economic History: England Since 1760*, pp.413 - 414.

的特点是实行济贫机构以外的救济,其意义在于把济贫对象的范围扩大到除了劳动者以外的劳动者妻子、儿女等家庭成员,从而建立了一种广泛的户外救济制度,使低工资收入者得到了某种程度的最低生活保障。该制度不是一个全国性法令,它起初只是伯克郡的地方官员制定的地方性措施。由于这一制度能够较好地解决当时农业中存在的低工资引起的贫困难题,对缓和当时因贫困引发的社会矛盾,发挥了积极的作用,因而很快被其他地区效仿。地主们对此没有反抗,他们意识到了圈地的后果;工业家们则为了良好的秩序宁愿付出一定代价。从 1795 年到十九世纪二三十年代,英格兰至少有一半地区实行了斯宾汉姆兰制度。对于这项制度,保尔·芒图评价道:"毫无疑问,这种制度虽有基本的缺点,但是也许多亏它,才达到了追求的目的。对人民痛苦带来了立即的缓和就避开了对骚乱的恐惧。英国顺利地在相对安定的状态下渡过了拿破仑战争的危急年头。同时,欧洲革命和战争中间继续开展着的那一伟大的经济运动,多亏了恤贫法才把若干使其进展延迟的障碍搬开了……而且比工资又有不费任何努力的好处。人们看到乡下纺纱女人自己粉碎了自己的纺车。"①

18 世纪,英国的济贫支出不断增长。17 世纪末,英国政府每年用于济贫的费用约占国民总收入的 1%,18 世纪末,英国政府每年用于济贫的费用占国民收入的比例上升到 2%。1780 年,英格兰用于济贫的人均国民收入是法国的 7 倍。② 各地的济贫税也大体呈现出同样的增长趋势,18 世纪 80 年代,英国各教区的济贫税均增长了 1—2 倍,如 1702 年圣马丁教区的济贫税为 2 800 英镑,1711 年为 3 500 英镑,1721 年为 4 000 英镑。③ 英国济贫支出与济贫税额的不断增长引起了地方官员与议会的关注,1776 年

---

① [法]保尔·芒图:《十八世纪产业革命——英国近代大工业初期的概况》,杨人楩等译,北京:商务印书馆,1983 年,第 355 页。
② Peter. M. Solar, "Poor Relief and English Economic Development Before the Industrial Revolution", *The Economic History Review*, New Series, Vol.48, No.1(1995), p.7.
③ 尹虹:《论十七、十八世纪英国政府的济贫问题》,《历史研究》2003 年第 1 期,第 130 页。

英国下院委员会在研究《济贫法》和安置流民问题的报告中指出:"委员会认为所征济贫税过重,如果没有新的措施将增加公众的负担。"①对《济贫法》的批评也逐渐增加。

18世纪,英国《济贫法》在缓解贫困方面起到了积极的作用,得到了当时社会许多人士的认同。但是,这一时期英国《济贫法》也存在一些明显的问题。《济贫法》使济贫税成为英国普通民众的经常性的税赋。这对于自由民阶层和小土地持有者是个打击。而且教区济贫官的权力缺乏监督,其权力逐渐扩大,渗透到评估和征收济贫税、提供救济两个重要方面。这直接导致《济贫法》实施过程中出现许多弊病。一些济贫官假公济私,腐败行为层出不穷;一些教区的济贫账目混乱,甚至造假;滥用、挪用和私吞济贫款的现象普遍存在。为了加强对《济贫法》的管理,英国政府采取了一系列的措施,英国议会也通过一些立法来强化济贫资金的管理。但是这些都不能适应工业革命后英国所面临的新的形势,《济贫法》的改革在所难免。

2. 时代变迁与英国贫困观念的变化

随着英国工业革命的发展,英国资产阶级对贫困问题的看法也发生了变化,他们为自己奋斗成功的经历而自豪,无视巨大的社会变动而产生的巨大贫困。而马尔萨斯的人口论和边沁的功利主义的提出,为中产阶级的社会改革提供了理论基础。

在整个中世纪,人们认为,对穷人救济是每个基督徒的责任、权利。②中世纪的教会声称,贫穷是不可能也不应当清除的,因为它为千千万万渴望拯救的信徒提供了施舍的对象——穷人,这种说教对于信徒的影响是巨大的。

---

① Paul A. Slack, *Poverty and Policy in Tudor and Stuart England*, pp.74-75.
② Brian Inglis, *Poverty and the Industrial Revolution*, p.13.

从 16 世纪上半叶开始,欧洲尤其是英国对待贫困问题的态度发生了重大变化。在对待贫困问题上,英国的济贫不再是不分对象的,而是要经过区分与鉴别。同时,开始用有组织的社会救济代替教会施舍。1572 年,都铎王朝政府通过了强制征收济贫税的条例,每一个教区必须对其贫民负责,任何须由济贫税负担救济的外籍人都可以被遣送回原籍。1597 年和 1601 年的《伊丽莎白济贫法》,把已有的惯例用济贫法的形式固定下来。根据法令,教区委员会和监督官有权对教区内居民、土地占有者征收济贫税,地方官有责任对济贫法日常运行进行管理,有责任为失业者提供工作,对贫穷人家的小孩进行就业训练,对老人、患病者和孤儿进行收容。① 对于官方认为懒惰而不值得救助的穷人,仍然规定用严酷的手段惩罚他们。《伊丽莎白济贫法》表明统治者意识到了贫困和失业对自己统治的影响,必须采取措施来缓和这些社会矛盾。此后,各地又通过了一些补救措施,比如尽量稳定食品供应价格,鼓励社会慈善事业等。这些措施虽然不能根本上解决当时的贫困问题,但是在一定程度上缓和了当时的社会矛盾,所以《济贫法》被以后历届政府执行,这项政策在英国一直持续了 230 年之久。

18 世纪下半叶,是英国社会急剧变化的时期。随着工业革命的发展,无产阶级和资产阶级两大对立阶级的形成,社会新思潮的不断涌现,英国的阶级结构、社会结构、生产结构、人口结构、价值观念都发生了巨大变化,这些变化深深地影响了人们对于贫困问题的看法。尤其是亚当·斯密的自由放任理论提出后,在英国引起了剧烈反响。

从 18 世纪末期开始,围绕着贫困与济贫问题,英国朝野各界展开了激烈的争论。在这些争论中,英国人对贫困问题的看法也发生了巨大变化,这些贫困观念的变化进而又影响了英国政府的决策。

这一时期英国贫困观念的变化主要集中在贫困的根源以及贫民的救

---

① Bernard Harris, *The Origins of the British Welfare State: Society, State and Social Welfare in England and Wales*, 1800 - 1945, p.41.

济两个方面。

(1) 贫困是个人懒惰的结果？——对于贫困根源的争论

工业革命前,生产规模很小,一般是一个师傅带几个帮工和徒弟,在一个不大的铺子里从事生产。在这种工作环境中,师傅(雇主)和帮工(雇工)之间的关系是比较融洽的,他们生活在一起,相互地位差别不大。那时,英国更多的手工业分散在广大农村。控制英国社会的是贵族、乡绅,他们是土地所有者,也是国家的统治者。他们把自己看作"家长",按照"家长"理论,"家长"应保障"家人"的温饱,"家人"则服从"家长"的管制,因此工业革命前,在1601年《济贫法》之下,英国社会能够通过教区为普通百姓提供基本的生存保障,对于贫民的救济是不分对象的,他们都可以在自己的教区接受救济。对于穷人,社会也没有过多的指责。关于贫困问题的根源,当时也没有清醒的认识。

工业革命发生之后,英国社会开始发生激烈的变化,城镇新的机器工业的发展,注定了新的经济关系会压倒旧的社会依附关系。贫富之间的关系变得越来越缺少个人的因素,工作时间内新的劳动纪律和阶级分层越来越明显。18世纪末期,新的工业城镇已经成为令人惊奇的地标,但在地理上、精神上,它们还是置身于传统的英国社会之外。在工业革命初期,人们在谈论贫困问题时,还没有认识到工业化带来的贫困问题加剧的影响。直到19世纪20年代,新的工业秩序还没有对英国的社会以及对贫困的争论产生冲击。①

当时,英国乡村地区的穷人受到更多的关注。人们一直认为,城镇的贫困问题是特殊个案,需要特殊的处方来治理。这一问题的根源就是城市存在大量的无依无靠、四处流浪、近似罪犯的贫民,例如,在伦敦有诸多偶

---

① J. R. Poynter, *Society and Pauperism: English Ideas on Poor Relief, 1795 - 1834*, p.22.

然致贫的穷人。后来人们慢慢才认识到,由于易受周期性的和普遍的贫困影响,在新的城市中,日益专业化分工的工人阶级产生了新的问题。当时有大量的小册子描述城镇地区的特殊需求,但是很少讨论工业化和贫困这一普遍问题。当时工业化常常还被当成贫困问题的补救措施,而不是原因。许多人认为在工业城市,由于工资相对较高,不应当有贫困问题。学者约翰·霍莱特(John Howlett)曾经在1788年盛赞伯明翰为英国最幸福和最健康的城市,他认为这里"如果出现贫困,一定是目光短浅的原因"[①]。

随着工业革命中一大批资产阶级暴发户登上舞台,英国人对于贫困的观念逐渐发生了变化。如果说前工业时代,社会的领导者还觉得有义务以家长式的姿态保护一下"子民们"的生存,那么现在,在亚当·斯密自由放任思想逐渐占据主导地位的情况,国家的一切经济活动都要任其发展,一切都在竞争中自生自灭。也就是说,要用自由竞争的市场来解决社会问题,在市场调节下,经济会保持最正常的运转,因此国家不可以干预经济,要让纯粹的"经济规律"起作用。除了昂贵的费用以及缺乏制度的因素,贫民救济遭到他们的反对,因为这对劳动力的生产率有负面影响。[②]

按照这种思想,生存被看作是纯个人的事,是每个人自己的经济活动。富人富裕是因为他勤劳、能干,穷人贫穷是因为他们懒惰、无能;富人的富裕和穷人的贫穷都是天经地义的,任何人都无法改变。社会就好像大自然,"物竞天择,优胜劣汰"。当时有产阶级中普遍流行的看法是,赚钱就是美德,赚钱就是成功,人和人之间的关系只是金钱关系,其他都不值一提。谁拥有财富就证明谁有能力。当时社会中上层人士对于"贫困的作用"的认识,还普遍存在这样一个看法:低工资对有利可图的出口是必需的,高工

[①] J. R. Poynter, *Society and Pauperism: English Ideas on Poor Relief*, 1795-1834, p.23.
[②] David Englander, *Poverty and Poor Law Reform in Britain: From Chadwick to Booth*, 1834-1914, London and New York: Longman, 1998, p.10.

资会鼓励懒惰和奢侈,会减少产量,增加用于救济穷人的开支。① 1806 年边沁的一位朋友帕特里克·科洪(Patrick Colquhoun)曾讲道:"没有较大比例的贫困人口,就不会有富裕,因为富裕来自劳动。贫困在一个社会中是最必需的、不可缺少的因素,没有它的存在,国家和社会就没有文明的秩序……它是许多人财富的源泉,没有贫困,就没有劳动,没有劳动,就没有财富……贫困是一种罪恶,这种情况意味着短缺、不幸、忧伤。"②

18 世纪,英国上层阶级已经充分认识到劳动的重要性,认为社会的财富取决于人口的勤劳。由此,懒惰这一恶名常常同穷人联系起来。许多人认为如果是自愿的(贫困),懒惰就是邪恶的,如果不是自愿的(贫困),那它就是社会的负担。③

当时中产阶级许多人甚至认为贫穷是上帝对懒汉的惩罚。贫困是由个人原因所导致的,流浪是堕落的表现,应该对流浪行为予以严惩。英国著名思想家丹尼尔·笛福(Daniel Defoe)就坚决反对对贫民进行救济。他宣称"这些不工作的人,而不是不能工作的人构成了穷人的大多数"④,他还认为,不合理的施舍不仅对于贫民而且对国家来说都是极为有害的,当施舍变得很随意时,乞讨就会变得很容易,乞丐就会增加,当其他所得超过正常工作所得时,许多平民就会放弃工作而转而依靠乞讨。"如果贫民没有面包而且不知道怎样挣得面包,成百上千的年轻健壮的家伙就将会像面对敌人冲锋陷阵那样死去,而不是躺在家中死于贫困和不幸之中。"⑤而且这种思想在随后的十几年里在英国产生巨大回响。治安法官亨利·菲尔丁(Henry Fielding)再次抱怨人性的懒惰,尽管他也曾指出"对穷人的遭遇我们确实比对他们的罪行了解得少,他们饥寒交迫,其中有些人自我堕落,

---

① J. R. Poynter, *Society and Pauperism: English Ideas on Poor Relief*, 1795 – 1834, p.26.
② Michael E. Rose, *The English Poor Law*, 1780 – 1930, p.47.
③ J. R. Poynter, *Society and Pauperism: English Ideas on Poor Relief*, 1795 – 1834, p.25.
④ J. R. Poynter, *Society and Pauperism: English Ideas on Poor Relief*, 1795 – 1834, p.26.
⑤ Harold E. Raynes, *Social Security in Britain: A History*, London: Pitman, 1960, p.93.

乞讨,偷盗,抢劫"①。托马斯·拉格尔斯(Thomas Ruggles)是一个极具同情心的乡绅,他在乡下过冬,咨询调查了一些事实。他期望发现工人的工资是不合适的,穷人的犯罪是无辜的,但是经过一些咨询调查后,他的观点发生了很大改变。他确信,穷人的好逸恶劳以及他们不断增长的对奢华的尝试是他们贫困的原因。拉格尔斯坚信,好逸恶劳才使他们入不敷出,因而没有必要涨工资。而应当通过工业学校之类的机构鼓励他们养成勤劳的习惯。② 当时著名的地质学家约瑟夫·唐森德(Joseph Townsend)更是认为,为抑制人口过度繁衍,一些控制、一些平衡是必需的,"饥饿是社会的平衡轮"③。因为在他看来"只有饥饿才能驱使、刺激工人去劳动"④。马尔萨斯(Thomas Robert Malthus)甚至宣称:"高工资使一切劳动者堕落。"⑤而穷人为了生存铤而走险被看成是个人"贪婪、惰性和缺乏自律"。环球保险公司(Globe Insurance Company)主席弗雷德里克·伊登爵士(Sir Frederick Morton Eden)在1794—1795年间对遭受食物短缺的乡间贫困户进行了系统调查,他认为:偷盗羊肉源于穷人对食物不切实际的期望。尽管超出了开支预算,他们还是喜欢吃烤肉,而不是吃在自己能力范围内的"便宜可口的其他食品"。贫困的原因主要在于"浪费"和"挥霍",而非低廉的工资收入。⑥ 他认为,为应对饥饿,穷人应当大量喝汤,有营养的肉汤同样可以拯救灵魂。

在当时关于贫困问题的争论中,有人认为应区别看待真正的贫民与懒

---

① Elizabeth W. Gilboy, *Wages in Eighteenth-Century England*, Cambridge: Harvard University Press, 1934. p.xxv.
② T. Ruggles, *The History of the Poor: Their Rights, Duties, and the Laws Respecting Them*, Vol.2, London: Printed for J. Deighton, 1793, pp.103-112.
③ Joseph Townsend, *A Dissertation on The Poor Laws: By a Well-Wisher to Mankind*, Berkeley: University of California Press, 1971, p.8.
④ Joseph Townsend, *A Dissertation on The Poor Laws: By a Well-Wisher to Mankind*, p.23.
⑤ [英]马尔萨斯:《人口论》,郭大力译,北京:北京大学出版社,2008年,第37页。
⑥ Frederick Morton Eden, *The State of the Poor: A History of the Labouring Classes in England*, Vol. 1, Cambridge: Cambridge University Press, 1797, pp.491-493.

惰的贫民。埃德蒙·伯克认为,应该引入一个明确的界限,把贫民、非贫民区分开来,并以此作为缩小社会政策实施范围的基础,通过这种严格的区别,把体格健壮的贫民从《济贫法》适用的范围内排除出去。[1] 对不同的穷人,采取不同的救济方式。这一时期英国人贫困问题观念的变化,是英国社会经济结构急速变化的反映,影响了政府的决策。

(2) 惩罚与慈善——如何对待贫困问题

对贫困问题产生的根源认识的不同,直接影响了英国社会中上层人士对待穷人的态度。贫困问题的发展,在社会上引起了不同的反应。从18世纪末开始,人们对贫困和济贫问题展开了激烈争论,争论大致分为三种意见:

① 接受《济贫法》的原则,但希望对其管理和救济方法进行改革。

② 认为需要有对贫民进行救济的公共系统,但希望用捐赠机构代替现有的救济体系。这种观点多少有点短命。尽管一些学者拟订了一些完美的计划,但未能对济贫法改革产生重要影响。

③ 认为现存的《济贫法》根本就是错误的,需要废除。[2] 这种看法开始时人数不多,但在马尔萨斯同时代人中传播很快,影响也越来越大。

这些批评都声称是为了维护公共救济的原则。当然,这些争论都是在贵族和中产阶级中进行的。他们认为,大多数健壮的穷人是懒惰的,应当强迫他们去赚钱谋生。这种假设为1834年《济贫法》修订案的出台提供了思想舆论基础。[3]

18世纪末,英国一些思想家已经对《济贫法》的弊端提出了批评。其

---

[1] David Englander, *Poverty and Poor Law Reform in Britain: From Chadwick to Booth*, 1834 - 1914, p.7.
[2] J. R. Poynter, *Society and Pauperism: English Ideas on Poor Relief*, 1795 - 1834, p.33.
[3] Carl Chinn, *Poverty Amidst Prosperity: The Urban Poor in England*, 1834 - 1914, p.102.

中对旧《济贫法》中救济健壮劳动者的最有影响的批评来自约瑟夫·唐森德1786年出版的题为《论济贫法》的论文。唐森德认为，任何形式的贫民救济都是不必要的、非自然的，那些关于济贫的法律在理论上看起来很漂亮，却催生了该法律所本欲应对或者消除的痛苦。他说："希望和恐惧是工业的源泉……对于那些驱使上层人士奋斗的动机——自豪、荣誉和野心，穷人知之甚少。一般而言，只有饥饿才能刺激和驱使穷人去劳动。"[1]贫民救济的长远影响更加严重，因为《济贫法》"打破了足以维持饥饿恐惧的人口数量和食物总量的平衡，《济贫法》播种了全社会苦难的种子"[2]。为了促进工业和经济的增长，唐森德主张必须用一种新的制度代替现存的《济贫法》，这种新的制度对穷人的救济是有限的和不稳定的。[3] 尽管立即废除《济贫法》是不现实的，但是应当每年逐渐减少比例，且每个教区征收的济贫税税额应当是固定的。

实际上，在英国这样一个注重传统的国家中，维护旧的《济贫法》的人大有人在。当时，在英国仍有一种把《济贫法》看成英国"好的旧法律"的思想，许多英国人怀着一种强烈的民族自豪感保护着《济贫法》。他们认为："我们的济贫法制度是一座庄严的大厦，代表着不列颠民族杰出的智慧和仁爱。"对这个大厦只需进行偶尔的修补和改进。许多人认为，旧的《济贫法》充满着人性，对它的修改必须在英吉利民族智慧范围内进行。[4]

当时旧的《济贫法》提供的贫民救济是英国政府提供的唯一的社会保障措施，对英国社会的稳定起了一定作用。因而这些济贫措施尽管需要人们缴纳一定的济贫税，但是却使英国避免了革命。这在1830年"斯文大尉"运动中得到了证实，当时革命的爆发看起来迫在眉睫。因此，在这些反

---

[1] Joseph Townsend, *A Dissertation on The Poor Laws: By a Well-Wisher to Mankind*, p.23.
[2] Joseph Townsend, *A Dissertation on The Poor Laws: By a Well-Wisher to Mankind*, pp.35 – 38.
[3] Joseph Townsend, *A Dissertation on The Poor Laws: By a Well-Wisher to Mankind*, p.62.
[4] J. R. Poynter, *Society and Pauperism: English Ideas on Poor Relief*, 1795 – 1834, p.33.

对旧《济贫法》的人群中，真正主张完全废除旧《济贫法》的人并不占主流，他们提出一系列新的方案，但都声称是要恢复旧的《济贫法》的精髓。这也许是英国保守主义的体现。

随着工业革命而出现的城市中产阶级，成了这个时代的骄子。他们为自己的成功的经历而自豪，无视由巨大的社会变革而产生的巨大贫困。他们不愿意对贫困之中的人伸出援助之手，这一点连封建时代的领主都不如。因为在英国传统家长制社会中，这些领主通常会以一种家长的姿态为辖区内的穷人提供庇护。中产阶级看不起处在贫困之中的人，他们认为自己的财富是努力工作的结果，而贫穷则是懒惰的结果，是上帝对懒汉的惩罚，甚至把穷人看成罪犯。唐森德就认为，饥饿是维持人口平衡的必要手段，如果一个人不抑制其贪欲，人类就会以同样的方式暴增多倍。"一些遏制、一些平衡是绝对必要的，饥饿是更恰当的平衡。"[1]

在这些争论中，影响最大的当属马尔萨斯和边沁。马尔萨斯的人口论和边沁的功利主义为中产阶级的社会改革提供了理论基础。

随着工业革命的发展，英国人口增长迅速。伴随着人口增加而来的是贫困、疾病和灾难。英国贫困人口有增无减的原因之一就是在英国政府和议会的支持下，圈地运动的突然加速。马尔萨斯在其1789年出版的《人口原理》(*An Essay on the Principle of Population*)一书中，认为由于人性中的贪欲，存在着一种人口增长超过食物供应的自然趋势，结果只能是战争、饥饿、疾病和人类的各种恶习，这反过来使人类的命运只能更加悲惨。

马尔萨斯认为，人口的增长要远远超过食物供给的增长，因而贫困问题无法消除。他说："英吉利，年年为贫民征集一个这样大的金额，但贫民间的穷苦依然不减。""富人无论怎样捐助，无论怎样牺牲，亦不能在任何时期内，消灭社会下层阶级——无论他们是谁——的穷困。如果他们所捐助

---

[1] Brian Inglis, *Poverty and the Industrial Revolution*, London: Hodder and Stoughton Ltd., 1971, p.65.

所牺牲的是货币,就尤其是这样。固然,大变化由此发生。富人将成为贫民,贫民有些将成为富人。但社会上终必有一部分人感到生活困难;这困难又自然会落在最不幸运的成员身上。"①在马尔萨斯看来,贫困的存在不仅是必然的,而且是有用的。他反对英国现行的《济贫法》,认为《济贫法》虽减轻了一点个人的不幸,却使更多的人遭到不幸。他说:"济贫法的弊害太大了,无法予以消除,但我确信,如果根本就没有颁布济贫法,虽然非常贫穷的人也许要多一些,但从总体上看,普通人却要比现在幸福得多。"英国每年为穷人征收巨额税款,但穷人的痛苦却依然如旧。富人无论做出多大的捐赠和牺牲,也不会阻止下层阶级趋于苦难。贫民靠救济生活而不是靠自立谋生,这就使"人口增加,食物不按比例增加,当然会引出同样的结果,即减低各个人的特许权的价值"。因此他认为,《济贫法》有抑压贫民一般状况的趋势,即"不增加维持人口的食物,而增加人口。一个贫民,虽明知不能独立维持家庭,亦将结婚。在相当程度上,可以说这个法律,是供养贫民以创造贫民"②。

因此马尔萨斯认为应当坚决取消院外救济。那些极端贫困的人,必须进入济贫院接受救济。他认为,济贫院里的人"一般说,绝不能说是社会最有价值的部分,但它所消耗的食品量,却会减少社会上更为勤劳更有价值的那一部分人的份额。因而,像前一趋势一样,会驱迫更多的人不能自立"③。因而济贫院"里边的饮食应该粗劣,能工作的,并须强迫他工作,视养育院为困难时节的安乐避难所,是不行的"④。如果让济贫院中的穷人比现在生活得还好,将会更为明显地使济贫院外的穷人生活境况恶化。

由此看来,马尔萨斯实际上把贫困的责任推到了穷人的头上。他认

---

① [英] 马尔萨斯:《人口论》,第33—35页。
② [英] 马尔萨斯:《人口论》,第36页。
③ [英] 马尔萨斯:《人口论》,第36页。
④ [英] 马尔萨斯:《人口论》,第40页。

为,要防止贫穷的发生,是人力所做不到的。他指出,徒然努力去做不成功的事情,我们(英国民众)不仅牺牲了可能的利益,而且牺牲了确实的利益。① 1834 年颁布的《济贫法修正案》(The Pool Law Amendent Act),实际上也部分采纳了马尔萨斯的这一论点。马尔萨斯甚至得出结论,贫穷和痛苦是人类命运所无法避免的。即使通过关于平均分配财富的法律,穷人的状况的改善也是暂时的。贫困是一种必要的社会因素,它既可限制穷人人口的增长,又可刺激穷人为了生存的工作热情。马尔萨斯进而得出一个直率而严酷的结论:应当形成一种风气,把没有自立而陷于贫困看作一种耻辱,他说"虽然在个人的场合似乎太冷酷,不自立的贫困,总应当被看作耻辱;这样一种刺激,为促进人类大众幸福,似乎是绝对必要的","全然没有或很少独立维持家族希望的男人,因可望教区补助,遂进行结婚,他就不但不正当地受了诱惑,致陷自身及儿女于不幸福、不自立的境遇","故结婚而不能维持家庭的劳动者,在若干点上,可说是全劳动阶级的仇敌"。②

马尔萨斯提出了解决社会问题的三种措施:首先,完全废除现有《济贫法》,给英国农民以行动自由;其次,鼓励人们开垦新土地,尽最大可能鼓励农业而不是制造业,鼓励耕种而不是畜牧;最后,各郡可以为极端贫困者建立济贫院,由全国统一征收的济贫税提供经费,济贫院提供的食物应该粗劣,其中被收容的人凡能够工作的,必须工作。马尔萨斯关于人类不可避免的贫穷和灾难的观点,使得中产阶级找到了反《济贫法》的武器。马尔萨斯把贫困的责任归咎于个人,这点令中产阶级十分满意,他们希望以此为理论依据,抛开救济穷人的包袱。

大卫·李嘉图(David Ricardo)在马尔萨斯的基础上,提出工资应保持一种刚好使工人能"维持其自身和种群的生存,既不增加,也不减少"的水平上的观点。按照李嘉图的说法,假如工资暂时地提高到超过生存的标准

---

① [英]马尔萨斯:《人口论》,第 40 页。
② [英]马尔萨斯:《人口论》,第 36—37 页。

之上,男人和女人就会受到鼓舞更早地结婚并生育更多的子女,从而加剧寻找工作的竞争,并会很快将多余人口淘汰,使人口重新降到原来的水平。① 因此李嘉图主张废除《济贫法》,他认为:"济贫法直接产生的明显趋势和这些明确的原理是南辕北辙的。与立法机关的善良意图相反,它不能改善贫民的生活状况,而只能使贫富都趋于恶化;它不能使贫者变富,而使富者变穷。当现行济贫法继续有效时,维持贫民的基金自然就会愈来愈多,直到把国家的纯收入全部吸尽为止。"② 他指出,修改济贫法的任何计划,如果不以废除它为最终目标,都是不值一顾的。关于贫民救济,他认为"只要逐渐缩小济贫法的范围,使贫民深刻认识自立的价值,并教导他们决不可指靠惯常或临时的施舍,而只可依靠自己的努力维持生活,使他们认识谨慎和远虑决非不必要或无益的品德,我们就可以逐步接近更为合理和更为健康的状态"③。而济贫法由于将勤勉谨慎的人们的一部分工资给予贫民,就使得节制的思想不再为人们注意,从而实际上鼓励了不谨慎与不勤勉行为。

当时有的人所持观点甚至比马尔萨斯还要极端。评论家查尔斯·霍尔(Charles Hall)认为,如果社会不需要其劳动,穷人就没有生存的权利。④ 当然,这种激进的思想并没有被英国政府采纳,《济贫法》委员会认为,尽管他们有责任引入一项新的"有效的社会制度"来促进劳动力自由市场的增长,但是并不能接受马尔萨斯完全废除《济贫法》的观点。⑤

于是,以马尔萨斯和李嘉图的理论为依据,中产阶级可以理直气壮地

---

① 陈晓律:《英国社会福利制度的由来与发展》,南京:南京大学出版社,1996年,第20页。
② [英]彼罗·斯拉法主编:《政治经济学及赋税原理》,参见《李嘉图著作和通信集》(第一卷),郭大力、王亚南译,北京:商务印书馆,1983年,第88页。
③ [英]彼罗·斯拉法主编:《政治经济学及赋税原理》,参见《李嘉图著作和通信集》(第一卷),第89—90页。
④ Brian Inglis, *Poverty and the Industrial Revolution*, p.72.
⑤ David Englander, *Poverty and Poor Law Reform in Britain: From Chadwick to Booth*, 1834-1914, p.11.

面对城市贫民。穷人贫穷的责任完全在于穷人自身的懒惰。"过剩人口"的贫困乃至被消灭是一种"自然规律",中产阶级既不愿意,也不会去做破坏"自然规律"的事情。贫困化加剧使得政府用于贫民救济的财政支出数额增加。1802—1803年,英格兰和威尔士的济贫税年均为530英镑,1813年,增长到860万英镑,1817—1818年,达到前所未有的930万英镑,经过19世纪20年代短暂的低落后,1831—1832年,又达到第二个高峰860万英镑。从1802—1803年度到1832—1833年度,济贫税增长了62%。而同期土地的租金收入却没有相应增加,1800—1830年,只增加了25%,从2 800万英镑增长到3 500万英镑。① 在对法战争期间,英国的有产者面对革命形势,为了缓和英国国内矛盾,还愿意承担济贫这个包袱;战争结束之后,他们抛掉这个包袱的愿望就十分迫切了。

在当时政治经济学家对贫困问题的论述中,杰里米·边沁(Jeremy Bentham)的贫民救济方案是当时对议会制定新的《济贫法》影响最大的一个。边沁几乎目睹了英国工业革命的全过程和社会变化,1789年,边沁出版《道德与立法原理》(*Principles of Moral and Legislation*),书中强烈地反对18世纪那种不合时宜的观念,即一种令人满意的社会秩序的理论能够建立在人类利益自然和谐的基础上。边沁相信,男人和女人从本质上讲都是自私的生物,因而一个与自我利益无关的稳定而又仁慈的社会根本是不可能产生的。

边沁首先把功利的原则应用到了社会生活。边沁的功利主义是一种最大化的和集体化的原则,它要求政府将人民的整体幸福最大化,而自然权利是一种分散性及个人化的原则,他的根据在于每一个单个个体的基本利益的优先性。边沁宣称任何社会组织、法律都必须按其对社会是否有

---

① Anne Digby, *The Poor Law in Nineteenth-Century England and Wales*, London: Historical Association, 1982, p.9.

用,是否合乎"最大多数人的最大幸福"来进行衡量。① 他强调"最大多数人的最大幸福是正确与错误的衡量标准"②。在《道德与立法原理》一书中,边沁奠定了民法的四个目标,即生存、安全、平等、富裕。而前两个居于优先地位。财富的分配越公平,就越幸福。一个穷人从财富中转移获得的要比富人失去的多。贫困是一个相对的术语,任何时候,当一个人比别人穷的时候,贫困这个术语就存在。③ 边沁认为,贫困不仅是对个人安全的威胁,也是对社会的威胁。"当安全和平等冲突时,不应有丝毫犹豫,平等应当让步,建立完美的平等是一种狂想,我们所能做的是消除不平等。"④ 接受救济是穷人的天然的权利,边沁救济的第一个原则是穷人应当依法得到救济。如果有食物存在,任何人都不应当饿死。只有法律条文才能对此保证。⑤ 因此,政府必须根据人们避苦求乐的天性通过立法来干预贫困问题。他反对废除《济贫法》,认为如果穷人得不到救济,就会去行窃。济贫税必须废除,但是绝不能以真正的贫穷为代价。⑥

边沁认为,对于贫困者紧急救济的资源来自富人手中富裕的资源。但劳动是生存唯一的自然的源泉,根本的救助还是来自独立的劳动。许多边沁同时代的人都在寻找划清穷人和独立劳动者之间明确的界限,他们从道德上的差别出发,将之分为值得救济和不值得救济两类,对那些道德上不值得救济的人不应当对其救济,应当用惩罚的规则来限制穷人。事实上,不予救济会引起饥荒,而饥荒则导致犯罪。

因此,为防止大量的贫民都来要求救济,边沁提出了"劣等处置"的基

---

① Raymond C. Gowherd, *Political Economists and the English Poor Laws: A Historical Study of the Influence of Classical Economists on the Reformation of Social Welfare Policy*, Athens: Ohio University Press, 1977. p.83.
② [英]边沁:《政府片论》,沈叔平等译,北京:商务印书馆,1995年,第92页。
③ J. R. Poynter, *Society and Pauperism: English Ideas on Poor Relief*, p.117.
④ J. R. Poynter, *Society and Pauperism: English Ideas on Poor Relief*, p.122.
⑤ J. R. Poynter, *Society and Pauperism: English Ideas on Poor Relief*, p.118.
⑥ J. R. Poynter, *Society and Pauperism: English Ideas on Poor Relief*, p.126.

本原则:独立的劳动所承担的救济负担不能大于绝对需求,无论产生社会贫困的原因是什么,都不能应该使得到救济的人的境遇超过那些依靠劳动为生的人们。贫困者应该通过自身努力提升自己的地位,"假如没有财产而靠别人劳动为生的人境况比靠自己劳动为生的人还好,那么,那些缺少财产的人就会不断地放弃自己的努力,使自己从一个依靠个人努力为生者变成一个依靠他人的劳动为生者……则为数不多的财产将继续从依靠劳动为生的阶级转到依靠他人劳动为生的阶级中去"①,从而导致社会勤奋精神的丧失和道德败坏。边沁在 1796 年所写的《穷人的管理》(The Management of the Poor)中指出,政府除了把沉重的负担从劳动者肩上卸去,什么也不应当做。

边沁的"劣质处置"原则包括两个方面:"工业强迫"或工作检验原则,邻居恐惧原则。他认为,应该把贫民救济和劳动以及最有效的雇佣劳动相结合,他反对对贫民进行户外救济,认为户外救济"可能对于高尚道德的人尚可以容忍,但是太多的救济事实上被浪费在饮酒和奢侈品上"。② 根据这一原则,济贫院里的条件应该是恶劣的。他说:"然而所有的惩罚都是损害,所有的惩罚本身都是恶,根据功利原理,如果它应当被允许,那只是因为它有可能排除某种更大的恶。"③这样,这些贫民便"不会在济贫院里的感到满足而有常住的打算,只能是快速振作,尽快回归社会。对于由于懒惰与贪财之综合影响引起的罪过,改过自新倾向看来最强的惩罚,是以最佳的构设来削弱前一种性情效力的惩罚"④。

在救济贫民方面,边沁始终坚信用政府的力量救济胜过个人,因为政府在很多方面有胜于个体的优势,边沁主张建立国家慈善公司来作为管理

---

① Raymond C. Gowherd, *Political Economists and the English Poor Laws: A Historical Study of the Influence of Classical Economists on the Reformation of Social Welfare Policy*, pp.93 - 95.
② J. R. Poynter, *Society and Pauperism: English Ideas on Poor Relief*, p.128.
③ [英]杰里米·边沁:《道德与立法原理导论》,时殷弘译,北京:商务印书馆,2000 年,第216 页。
④ [英]杰里米·边沁:《道德与立法原理导论》,第 242 页。

机构,该机构负责募集资金,购买土地,收容贫民。根据他的说法,这种"国家慈善公司"并不是一种自由追求非管制性路线的工商业公司,而是一种由国家授予其功能并接受公共监督的公共权威机构。他还主张建立大型济贫院,认为只有大规模的制度才能有效地适用济贫原则。所有的救济可以按照救济的数量(合格和不合格的)、救济的地方(公共的还是私人的)、救济的来源(国家的还是地方的)来划分,判断优越性的标准包括经济因素、普遍的适用性、道德的影响。[1] 济贫单位越大,在建设、管理、雇用劳动者、供应方面就越经济。内部管理事实上也是功利主义的。济贫院是由"中央巡视"原则决定,必须把不同类型的穷人,即患病者和精神病人与健康者隔离开来,必须把道德败坏的和诚实无辜的人分离开,在一定年龄之上,不同性别的人必须分开,所有的这些都可以在一个建筑里完成。[2] 按照他的计划,全国应该建立 250 个济贫院或劳动院,每个济贫院或者劳动院都有可以容纳 2 000 名贫民的设施,以便接收大约 50 万人的贫民。边沁建议利用济贫院的一切条件促使贫民勤奋劳动,在济贫院里,工人必须最大限度地工作,计件工作是一个原则,所有的穷人所完成的工作必须超出对他们所救济的价值(这就是所谓的"自我解放"原则)。所有健壮的人在接受救济食物之前必须工作,儿童在 21 岁之前必须在院内当学徒,否则不能接受救济。[3] 他建议济贫院的管理者把食品与饮料用作对劳动者的奖励,如果在济贫院的贫民中发现懒汉,食品将被取消,直至其完成全部劳动。在《穷人的徽章》(Badging the Poor)一文中,边沁主张为穷人设计一种徽章,这种观点和同时代许多人不一致。他认为:"穷人的标识不是可耻的,这只是表明低人一等,或者,是一种特殊的阶层。穷人醒目的服装使得

---

[1] J. R. Poynter, *Society and Pauperism: English Ideas on Poor Relief*, p.128.
[2] J. R. Poynter, *Society and Pauperism: English Ideas on Poor Relief*, p.128.
[3] J. R. Poynter, *Society and Pauperism: English Ideas on Poor Relief*, p.134.

'工厂中的工人比工厂外的工人更合格'。"①

边沁用很大精力来宣传、推行他的济贫计划,尽管英国议会在1811年表决否决了他的计划,但是功利主义思想为19世纪英国社会改革提供了理论基础。因而有学者认为:"在将功利主义原则用于贫民救济方面,边沁显然确立了'劣等处置原则',这一原则被其后来的信徒确定为1834年《济贫法》的核心方向。"②

英国贫困观念的巨大变化应该是英国工业革命迅猛发展的结果。从这些关于贫困问题的争论可以看出,这些论点有的是比较激进的,有的是比较保守的。这些争论对于英国政府济贫法改革以及社会政策的实施影响巨大。同时由于自由主义思想的发展,政府奉行自由放任的政策。在贫困问题上,政府尽管没有完全放弃责任,但是实行的却是对穷人"惩罚"的原则,凡希望接受救济的人,都必须进入济贫院,那里的劳动繁重无用,伙食难以下咽,还要失去自由,因而遭到人们的抵制。

应当承认,工业革命时期英国贫困问题异常严重。这是一个不争的事实。但是,针对这样严重的贫困问题,英国主流社会对于贫困以及济贫问题,却没有一个正确的认识。他们没有认识到,工业化的发展、社会结构的变化和资本家的贪婪是造成工人阶级贫困的根源,反而把贫困归咎于穷人自身道德的原因,归咎于穷人的懒惰,这显然是不公平的。尽管进入20世纪后,英国人关于贫困的观念又发生了转变,意识到贫困问题的产生,社会有很大一部分责任,英国也通过社会保障和税收,较好地解决了贫困与贫富差距问题,但是我们应当看到,这一切都是建立在工人阶级长期斗争的基础上的。

---

① J. R. Poynter, *Society and Pauperism: English Ideas on Poor Relief*, p.126.
② Raymond C. Gowherd, *Political Economists and the English Poor Laws: A Historical Study of the Influence of Classical Economists on the Reformation of Social Welfare Policy*, p.95.

3. 新《济贫法》的实施

19世纪初,工业革命在英国加速进行,工业革命在促进英国经济迅猛发展的同时,也导致了一系列社会问题的不断严重化。而拿破仑战争更使英国经济和社会陷入混乱,贫困人口增加,《济贫法》本身受到空前的压力。一方面,机器生产代替手工劳动,导致英国大量手工业劳动者失业。以手织机织工为例,1820年,英国有24万手织机织工,其中将近半数在兰开郡;到1840年前后,只有12.3万人;到1856年,只剩下2.3万人。① 尤其是在冬季,失业率更高。失业的同时还伴随着工资的下降。1782—1815年,英国工人实际工资大约下降了33%。② 贫困的加剧,使政府用于济贫的开支也急剧增加,从1784年的200万英镑增加到1832年的700万英镑。1830年英国的国民收入为4亿英镑,所以700万英镑的济贫开支已经占到国民收入的近2%。③

19世纪初期,英国政府用以解决贫民问题的主要济贫措施是以斯宾汉姆兰制度为代表的各种救济方式。这项制度在缓解部分贫民问题的同时,在英国社会导致了一系列新的问题。一方面,其表现为英国接受救济的人数大大增加,特别是有工作能力的人口中接受救济的比例大大增加。"斯宾汉姆兰制度改变了贫民救济的特征,按其条款规定,将救济对象扩大到了所有就业的和失业的人群,只要他们的收入低于某一最低生存标准。"④1802—1803年,英格兰和威尔士接受救济的人口为104万,其中被列为60岁以上、病残无工作能力的是16.7万,仅占16%,其余84%接受救

---

① [英]阿萨·布里格斯:《英国社会史》,第242页。
② 蒋孟引主编:《英国史》,北京:中国社会科学出版社,1988年,第431页。
③ Trevor May, *An Economic and Social History of Britain*, 1760–1970, p.121.
④ David Englander, *Poverty and Poor Law Reform in Britain: From Chadwick to Booth*, 1834–1914, p.6.

济的人口为身体健康、有劳动能力的人。① 斯宾汉姆兰制度还使英国人口迅速增长。由于斯宾汉姆兰制度所提供的是一种以个人为单位的救助模式,英国贫民阶层认为,为了获得较多的救助,就应该多生孩子,生孩子越多,得到的救济就越多。在这种救济模式刺激下,英格兰人口大幅增加,1804年,英格兰总人口为900万人,1819年为1 100万人,1830年为1 300万人。威尔士总人口也从1750年的40万人增长到1801年的60万人。②而斯宾汉姆兰制度导致的人口快速增长,正是马尔萨斯在《人口原理》中对济贫法猛烈抨击的原因。

另一方面,英国工业社会的发展对自由劳动力的需求与传统的《济贫法》在促使贫困者尽快转变为廉价劳动力之间的矛盾越来愈明显。斯宾汉姆兰制度使贫民可以在自己家中得到政府根据《济贫法》提供的救济,这种模式使英国民众对救济产生误解进而萌生依赖思想,淡化个人责任意识。这表明旧的《济贫法》已经不适应工业化社会发展的需要,并成了影响社会发展的因素之一。而且,随着工业革命的发展,英国社会贫困观念发生了很大变化,要求取消《济贫法》的呼声越来越高。济贫法制度在一片争议中艰难前进,但是,济贫法改革的时代已经到来。

这时,尽管中产阶级人士对《济贫法》不断攻击,但英国政府并没有完全采纳他们的意见,因为尽管政府一年支付700万英镑的济贫费,1830年农村还是爆发了大规模的暴动,政府在镇压的同时,也意识到废除《济贫法》是不现实的。

针对社会的变化和旧济贫法制度的不适应性,从1817年到1831年,英国议会先后任命了几个委员会来研究济贫法的经济影响,并提出改革方案。其中1817年的下院特别委员会提出的报告尤为重要。报告明显受马

---

① B. R. Mitchell, ed., *British Historical Statistics*, Cambridge: Cambridge University Press, 1988, p.605.
② Edward Royle, *Modern Britain: A Social History*, 1750-1985, p.42.

尔萨斯理论的影响，认为给予贫穷劳工院外救济，实际上助长了受救济者懒惰的坏习气，并且导致人口的过度增长，以及济贫开支的不断增加，同时工资补贴的救济形式也违背"工资规律"①。其基本的思想是改革地方《济贫法》管理体制，给予大地主更大的权利。

19世纪20—30年代，改革《济贫法》的舆论环境在英国逐渐形成。英国舆论的主流观点是批评现行《济贫法》的弊端，并主张对其加以改革，以便适应正在发生着显著变化的英国工业社会，主张全面废除现行《济贫法》的只是少数人的激进观点。在当时，除了马尔萨斯以外，很少有人敢于或者愿意谈到《济贫法》存在"根本观念的错误"②。从19世纪20年代开始，英国一些地方开始尝试对现行《济贫法》进行改革。诺丁汉郡开始建立济贫院，采用院内救济的形式。不断提出的改革要求，地方官员的改革实践，促使政府对《济贫法》进行改革。

1832年，英国政府成立一个皇家委员会(The Royal Commission)去调查济贫问题。该委员会的调查报告对《济贫法》的改革起了决定性影响。委员会最初有7名成员，后来增加到9名，著名的自由主义经济学家纳素·西尼尔(Nassau Senior)和社会思想家埃德温·查德威克是委员会的成员。1834年《济贫法报告》(*The Poor Law Report of 1834*)主要就是由这两个人起草。委员会派26名助理委员，采用问卷调查的方式，对英格兰和威尔士约1.5万个教区和城镇中的3 000个教区进行有关《济贫法》制度实施状况的调查，最终形成了长达7卷的调查报告。

1800年，查德威克出生于一个衰败的商人家庭，通过自己的努力成了一名记者。他崇拜托马斯·潘恩(Thomas Paine)，是一个坚定的自由激进主义者，也是一位伟大的社会工程师。他认为经济自由与社会进步密切相关，而社会进步与明智的治国之才和合理的政府行动之间也有着不可分割

---

① Michael E. Rose, *The English Poor Law*, 1780-1930, pp.49-54.
② [英]克拉潘：《现代英国经济史》(上卷)，北京：商务印书馆，1974年，第436页。

的联系。只有政府的行动能够增进公民的美德,自由企业的优势和利益才能得到保障。整个社会才有可能享受到自由经济的好处。查德威克坚决反对那种极端的、要求废除一切贫民救济的观点。他指出,原有的济贫制度真正的缺陷不在于它增加了过多的人口,而在于它破坏了人的劳动本能。假如能迫使穷人回到劳动市场,而不是让其继续幻想靠救济过活,原有的济贫制度存在的问题就不难解决。①

查德威克在 1834 年英国皇家委员会关于《济贫法》的调查报告中提出了自己的观点:"我们提到的那些弊病中最迫切需要解决的是对那些健康的、有劳动能力者的救济……"但这并不意味着要消除这些弊端就应完全取消救济,"我们相信,在严格的规定和适当的强制下,这样的救济将不会产生危害而会带来好处"。② 根据边沁提出的人类具有的避苦求乐的天性,他提出应该以一种新的原则来重新修改《济贫法》,在这样的原则下,对勤奋工作的人来说,将会比目前获得更多的保证以避免遭受短缺和贫穷的烦恼,而乞丐和游手好闲者将会因他们丧失了恳求免受饥饿的权利而受到压制。③

报告奠定了英国贫民救济的三项原则:"劣等处置"原则、"济贫院检验"原则以及中央管理体制原则。④ 报告认为,新的《济贫法》制度"在一切情况下首要的、最根本的、应得到普遍认可的原则是……游手好闲者的整个状况不应明显好于独立劳动者收入最低时的状况。各种证据表明,任何贫困阶层的状况如果超过了独立劳动者,独立劳动者阶层的状况肯定是令人沮丧的;他们的勤奋精神受到损害,他们的就业变得不稳定,他们的工资

---

① 转引自陈晓律:《英国福利制度的由来与发展》,第 25 页。
② "Report of Poor Law Commissioners, 1834", *Parliamentary Papers*, 1834, XXVII, Cmd, 44, pp.127-128.
③ "Report of Poor Law Commissioners, 1834", *Parliamentary Papers*, 1834, XXVII, Cmd, 44, p.128.
④ Keith Laybourn, *Evolution of British Social Policy and Welfare State*, 1800-1993, p.22.

遭到削减。他们由此将受到极强烈的引诱,离开状况不佳的劳动阶层而进入状况反而较佳的贫困阶层,而当贫困阶层被安置于一个合适的、低于独立劳动者的水平上,则会出现相反的情况"①。西尼尔和查德威克相信,津贴制度消除了人们对饥饿的恐惧,而饥饿会使人勤勉。②《济贫法》不应当废除,但也不能放任自流,一切救济都应当放到济贫院。停止一切户外救济,将一切救济集中于济贫院进行。济贫院内应当纪律严明,劳动繁重,伙食粗粝,只有这样才能保证济贫院内接受救济的人的生活状况低于独立劳动者的生活状况。这就是所谓的济贫院检验原则。尽管济贫院检验原则成了后人批评的焦点,但它实际上只是在为"劣等处置"原则服务的机制。③

中央管理原则就是成立一个中央机构来代替地方机构来控制管理济贫法的运行。"我们建议指派一个中央委员会来控制济贫法的管理,并由助理委员来协助工作;并且委员们被授予了权力,并直接为济贫院的管理、济贫院支出的总数和贫民们的劳动量这些项目制定出规定,而这些规定应该全国统一。"④

很明显,查德威克试图通过惩治所谓的"懒惰"贫民,来根治贫穷。"劣等处置"和济贫院检验原则受到了英国上层人士和议会议员的广泛欢迎。1834年,在议会几乎是一致通过的新《济贫法》完全贯彻了查德威克的意图。

1834年4月17日,英国下院经过广泛讨论接受了草案,5月9日,下院以319票对20票的绝对多数通过第二议读案,7月2日,又以187票对50票通过了第三议读案,并把草案提交英国议会上院。议会上院绝大多

---

① S. E. Finer,*The Life and Times of Sir Edwin Chadwick*,p.74.
② Keith Laybourn,*Evolution of British Social Policy and Welfare State*,*1800-1993*,p.22.
③ Keith Laybourn,*Evolution of British Social Policy and Welfare State*,*1800-1993*,p.22.
④ G. M. Young and W. D. Handcock,eds.,*English Historical Documents*,Vol.7,London:Eyre and Spottiswoode,1956,pp.702-704.

数议员赞成该草案,只对某些不标准的条款做了修改。8月4日,英国国王批准了该法案,并于8月14日以法律的形式公布于众,这便是1834年《济贫法修正案》,也就是我们通常所说的新《济贫法》。

新《济贫法》的核心内容是关于建立济贫委员会、建立济贫院及其管理以及包括济贫法委员在内的各级济贫管理人员的产生、职责等方面的规定。法令规定:

(1)建立英格兰和威尔士济贫委员会(The Poor Law Commission for England and Wales),负责管理英格兰和威尔士的贫民救济事宜。济贫委员会有权制定或要求制定与贫民管理、济贫院管理、儿童教育、教区贫困儿童管理以及针对济贫监督官、教区委员会、教区济贫官等相关的法案、命令以及规定;制定关于保存、检查、审核和通过济贫账目的相关规定,签订或者参与济贫法管理和开支相关的协议,有权制定和执行工场管理的规章,规定工厂中发放赈款和索取劳动的性质和数量。

(2)济贫委员会有权命令或者指导没有济贫院的教区或者联合济贫教区的济贫监督官或者济贫监督员建立济贫院,购买或者租用土地建立济贫院,购买或者租用济贫院,购买或者租用任何建筑物用于改造成济贫院;济贫委员会有权要求或者指导有济贫院的教区,或者联合济贫教区的济贫监督员或济贫监督官,扩大或改造济贫院以实施《济贫法》,或者购买、建立、租用新增的济贫院,或者购买、建立、租用任何建筑物用于改造成新增济贫院。

(3)规定所有的救济必须通过济贫院院长、教区监事,任何想接受救济的健康的人,必须进入济贫院。济贫委员会有权命令或者指导没有济贫院的教区或联合济贫教区的济贫监督官或济贫监督员建立济贫院。[①]

法案还规定,任何教区都必须根据法令进行联合以建立联合济贫教

---

① Michael E. Rose, *The English Poor Law*, 1780-1930, pp.95-100.

区,联合济贫教区应该成立一个济贫法监督局以管理济贫法事务,济贫监督局由组成该联合教区的各教区纳税人、财产持有人选举产生。济贫法委员会将确定济贫监督局的数额及其职责,所在教区的每个治安法官都将成为济贫监督官,在济贫法监督官选举产生之前,由治安法官执行与《济贫法》相关的各种法令、条例与规定。

新《济贫法》的颁布在英国济贫法制度史上具有重要影响。新济贫法制度改变了英国自《伊丽莎白济贫法》颁布实施以来的230年历史中对贫民救济始终以实行济贫院外救济为主的传统原则,实行以济贫院内以救济为主的济贫法制度的新原则。1834年《济贫法》在以后的实施过程中虽有变化,但其基本特征和主要原则一直保持未变。它影响了维多利亚时代英国人的生活和劳动的几乎所有方面,包括就业与工资,住房与租金,移居与定居,医疗,婚姻,慈善与教育等。贫富之间的关系均被《济贫法》所确定。[1]

新《济贫法》的主题和基调是通过惩治"懒惰"贫民根治贫穷问题,主要特点是实行院内救济,贫困者必须进入济贫院中才能得到救济,接受院内救济者不再拥有选举权,这是对济贫者在政治上的一种惩罚,目的是让任何一个贫民都努力通过个人而不是政府与社会帮助来摆脱贫困。济贫院内救济意味着一切救济必须经过济贫院,其目的在于使济贫院成为一个个受约束的、令人生厌的地方。而院内救济在数量上非常有限,在管理上极为严格,在规定上异常苛刻,在条件上极其恶劣,从而去除了以往旧《济贫法》制度所提供的济贫院院外救济的随意性、无节制性及其他弊端。为了监督各地新《济贫法》的实施,英国还成立了济贫法委员会,在地方上成立济贫法监督局,法令规定任何教区都必须进行联合,以建立联合济贫教区,联合济贫教区应该建立一个济贫法监督局。这在英国行政管理机构上是一次革命。因为以前的济贫都是由地方负责的。由此看来,新《济贫法》带有浓

---

[1] David Englander, *Poverty and Poor Law Reform in Britain: From Chadwick to Booth*, 1834–1914, p.1.

厚的惩罚贫民的色彩,与 18 世纪末的工资补助相比实际上是一种倒退。

新《济贫法》与旧《济贫法》的一个重大区别是,新《济贫法》原则上不再允许无条件向有能力工作的人提供救济。这类贫民如果想接受救济必须进入济贫院。新《济贫法》颁布后,英国各地开始广泛建立起济贫院。在新《济贫法》颁布时,英国大约有 15 635 个教区各自为政进行济贫,那些联合起来的教区往往围绕一个中心城镇建立一所济贫院,组成一个联合济贫教区,教区数量不等。许多教区的人口数量不超过 300 人,有 1 907 个教区人数不足 100 人,737 个教区有的甚至不足 50 人。一个大的联合济贫教区可能包括 33 个教区,其他的联合济贫教区可能包括 15 个教区。[①] 到 1840 年,已经有 271 个联合济贫教区制订出了建立联合济贫院的计划,85 个联合济贫教区已经租用或者将旧的济贫院改造成新的联合济贫院,34 个联合济贫教区已经购买了用于建立联合济贫院的建筑物,24 个联合济贫教区已经将旧建筑改造成联合济贫院。[②]

1847 年,英国议会通过法案,用济贫法局(Poor Law Board)代替济贫委员会,其成员包括上院议长(Lord President of Council)、掌玺大臣(The Lord Privy Seal)、财政大臣(the Chancellor of the Exchequer)、内务大臣(Home Secretary)等[③],法令规定,原来归属济贫法委员会在济贫管理方面的所有权利以及义务,将全部转移给济贫法局及其委员,济贫法委员会的权利和权威随即终止,济贫法委员会所指定和雇佣的秘书、助理秘书、职员、信息员以及其他工作人员所从事工作即将终止。济贫法局每年应向政府递交关于其工作的总报告,每年的报告还将送到上下院。在济贫法局成立以前,原来由济贫法委员会所颁布的命令、规定和条例继续有效。1847

---

① 丁建定:《英国社会保障制度史》,第 158 页。
② M. A. Crowther, *The Workhouse System*, *1834 – 1929: The History of an English Social Institution*, London: Batsford Academic and Education, 1983, p.51.
③ Thomas Mackay, *A History of the English Poor Law*, Vol.3, London: P. S. King and Son, 1899, p.325.

年《济贫法》的颁布实施及济贫法局的建立,是 19 世纪中期英国《济贫法》管理体制的重大变革。① 英国《济贫法》管理机构终于成为中央政府下面的一个职能部门而非以前仅为议会中的一个委员会。1867 年颁布的《大都市济贫法》(The Metropolitan Poor Act)同意建立一项公共性贫民基金,用于建立和维持济贫院,每一个联合济贫教区都必须根据其纳税财产向该基金供款。通过这一法令,各地各自为政的教区济贫最终纳入了 1834 年《济贫法修正案》及经由选举产生的济贫监督官的管辖范围中。②

1834 年以后,英国开始大力兴建济贫院。1835 年到 1883 年,英格兰和威尔士共新建济贫院 554 所,购买济贫院 128 所,新建济贫幼儿园或学校 128 所。③ 但是,总的来说,各地建立联合济贫院的进程缓慢,其重要原因之一是建立新的联合济贫院的成本较高,此外,院内救济成本过高也是影响院内救济实施的重要原因之一。直到 1862 年,英格兰和威尔士用于院内救济的人均支出为每周 4 先令 8 便士,而院外救济的人均支出则仅为每周 2 先令 3 便士,前者超过后者 1 倍。④ 这直接导致新《济贫法》颁布的前 30 年里济贫开支以每年 0.5% 的速度增加。⑤

新《济贫法》并没有完全反映当时人们的贫困观念以及自由市场的初衷,为了保证院内救济原则的推行,必须大量修建济贫院,但济贫法委员会也没有被授予强迫地方修建新济贫院的权力。其结果便是新《济贫法》在不同地区实施效果各不相同。⑥ 19 世纪 30 年代中期,新《济贫法》在英格兰东南部农业区诸郡顺利实施,到 1837 年 7 月,英格兰东南部的 13 433 个

---

① Joel. H. Wiener, *Great Britain*, *The Lion at Home: A Documentary History of Domestic Policy*, 1689 - 1973, Vol.2, New York: Chelsea House Publishers, 1974, p.1975.
② Maurice Caplan, "The New Poor Law and the Struggle for Union Chargeablity", *International Review of Social History*, 1978, Vol.23(1978), pp.267 - 300.
③ Felix Driver, *Power and Pauperism: The Workhouse System*, 1834 - 1884, Cambridge: Cambridge University Press, 1993, p.88.
④ Michael E. Rose, *The Relief of Poverty*, 1834 - 1914, p.35.
⑤ Peter Wood, *Poverty and the Workhouse in Victorial Britain*, p.76.
⑥ Keith Laybourn, *Evolution of British Social Policy and Welfare State*, 1800 - 1993, pp.25 - 26.

教区中,只有1 300个还没有按新《济贫法》的规定进行改革,其余的教区都合并为联合教区,并建立了济贫院。而在英格兰北部和西北部,新济贫法制度的推行遭遇严重阻力,进展缓慢。在约克郡的西雷丁,兰开郡和威尔士部分地区,新《济贫法》推行受到强烈反对。直到1844年,新《济贫法》仍没有在利兹推行,1848年,布拉德福德济贫法联盟又重新进行组织。1859年,诺里奇地区仍没有一所济贫院,甚至到1870年,647个济贫法联盟中有1/5没有建一所新的济贫院。①

1834年的新《济贫法》确立了严格的济贫院内救济原则。但是,实际上,从新《济贫法》开始实施起,济贫院内救济并没有完全取代院外救济的传统做法。结束院外救济,引入济贫院检验原则被证明是困难的。新《济贫法》开始实施后,院外救济不仅没有被废除,反而还出现不断扩大的趋势,对于那些老弱病残幼等贫困者的救济仍然以院外救济为主,院内救济和院外救济相结合的救济体制继续存在。

1842年,英国议会又通过了《劳工检验法》(*The Outdoor Labour Test Order*),规定任何人如果想接受救济,必须为教区干活,这项规定在后来的法律中得到强化。1844年颁布《禁止户外救济法》(*The Outdoor Relief Prohibitory Order*)进一步规定,禁止对健壮男子实施救济,除非他进入济贫院。但对一些特殊情况,允许院外救济:① 由于突然和紧急需要者;② 因疾病、事故或者其他身体或精神原因受到伤害者及其家人;③ 急需支付家人的部分或者全部丧葬费用者;④ 成为寡妇最初六个月者;⑤ 有婚生子女依赖其养活而自己却无力挣得收入者;⑥ 守寡后无非婚生子女的寡妇;⑦ 正在服役的士兵、水手以及海军的妻子和孩子;⑧ 虽然不在服兵役期,也不住在联合济贫教区,但其妻子和孩子都住在该教区的身体健壮的男

---

① Geoffrey Alderman, *Modern Britain, 1700 - 1983: A Domestic History*, p.94.

子;⑨ 处于哺育期的孩子。① 这两项法案实际上是互相矛盾的。1847 年，73.6%的济贫法联盟使用 1844 年的法案，11.3%的济贫法联盟使用 1842 年的法案，15%的济贫法联盟两者都用。② 1852 年，英国又出台了《院外救济条例》(The 1852 Outdoor Relief Regulation Order)，明确规定济贫监督官对由于年老、疾病、事故或者身体与精神原因导致的贫困者，或者对于无力挣得收入养活其孩子的寡妇所提供的院外救济的三分之一应该是食品、燃料或者其他所需要的实物。而向身体健康的成年男子所提供的院外救济中的一半应该是食品、燃料或者其他所需要的实物。③

实际上，尽管新《济贫法》规定了严格的院内救济原则，但是，整个 19 世纪 50—60 年代，院内救济的规模和数额一直保持相对较低的水平。1840 年，接受院内救济的人数只占贫民总数 14.3%，1844 年为 15.7%，1849 年为 12.26%，1854 年为 12.91%，1859 年为 14%，1864 年为 13.17%，1869 年也只占贫民总数的 15.49%。④ 新《济贫法》实施后，院内救济的人数出现过短暂下降，但从长期来看，这一比例并没有太大变化。1860 年，英格兰和威尔士约 84.5 万人接受救济，其中接受院内救济的人约在 11—12.5 万人之间。⑤ 而院外救济一直保持上升的趋势。1840—1846 年，埃塞克斯郡、索福克郡、诺福克郡、剑桥郡、赫特福德郡和贝德福德郡 6 个郡中，约 70.4%的身体健康的成年贫民在冬季接受院外救济，其间整个英格兰和威尔士接受院外救济的成年健康贫民比例为 79.2%。19 世纪 50 年代，上述 6 个郡中，接受院外救济的身体健康的成年贫民比例达到 83.2%，19 世

---

① David Englander, *Poverty and Poor Law Reform in Britain: From Chadwick to Booth*, 1834-1914, p.97.
② Keith Laybourn, *Evolution of British Social Policy and Welfare State*, 1800-1993, p.28.
③ David Englander, *Poverty and Poor Law Reform in Britain: From Chadwick to Booth*, 1834-1914, p.101.
④ Derek Fraser, *The Evolution of the British Welfare State: A History of Social Policy Since the Industrial Revolution*, p.61.
⑤ [英] 克拉潘：《现代英国经济史》(中卷)，第 541 页。

纪 60 年代,提高到 86.5%,19 世纪 70 年代为 85.9%。①

表 2-1　1840—1890 年英格兰、威尔士济贫院内、院外救济情况表②

年　份	院内救济		院外救济		济贫总费用/千英镑
	人数/千人	支出费用/千英镑	人数/千人	支出费用/千英镑	
1840	169	808	1 030	2 931	4 577
1845	215	845	1 256	3 273	5 040
1850	123	914	886	3 155	5 395
1855	121	1 094	776	3 193	5 890
1860	101	912	695	2 863	5 455
1865	118	1 111	783	3 259	6 265
1870	141	1 503	838	3 633	7 644
1875	129	1 578	616	2 959	7 488
1880	159	1 758	582	2 711	8 015
1885	162	1 922	533	2 470	8 492
1890	166	1 900	530	2 454	8 434

可见,19 世纪 50—70 年代,成年健康贫困男子接受院内救济比例并不高,大部分贫民仍在接受院外救济。所以,1834 年以后,济贫院并不代表英国全部的社会救济制度,它只是 19 世纪英国济贫法制度的一部分。

新《济贫法》的颁布和实施很快在英国引起了强烈的反响,各种社会力量与政治团体从各自的利益出发,就新《济贫法》表明了自己的立场。辉格党认为新《济贫法》有利于托利党所代表的土地经营者利益集团,保守党则支持该法案。托利党反对新《济贫法》的理由一是有产者和政府有责任照顾穷人,谁也不能推卸;二是英国穷人有接受救济的权利,这是从伊丽莎白

---

① Anne Digby,"The Labour Market and the Continuity of Social Policy After 1834：The Case of the Eastern Counties",*The Economic History Review*,Vol.28,No.1(1975),pp.71-74.
② Karel Williams,*From Pauperism to Poverty*,London：Routledge and Kegan Paul,1981,pp.158-171.

一世时期就形成的传统,违背这个传统就是不人道的。实际上,新《济贫法》制度的推行遭遇极大阻力,由于新《济贫法》的主旨是取消院外救济,而进入济贫院后政治权利会被取消,大部分贫困工人和农民对新《济贫法》制度表示强烈不满,英国贫困工人与农业工人把新《济贫法》称为"对贫民掠夺的法案",并对剥夺其需要时可以从教区得到帮助的权利表示愤慨。[1] 1842年,英国宪章派协会(National Charter Association)向议会递交的有300多万人签名的请愿书中就指出:"请愿人认为根据济贫法设立的巴士底狱与警厅并立共存,其用意是相同的,就是说,一小撮不负责任的人处心积虑要压制和饿死人民大众。"[2]

在这种不满的形势下,1834年起,英格兰南部农业区与北部工业区都爆发了反对新《济贫法》的政治运动,该运动持续了5年左右的时间,其高潮是1837—1838年。1835年4月,在米尔顿地区,新《济贫法》官员已经接手了济贫事务,对成年人的补贴由实物转变为现金,却引发了骚乱。米尔顿的许多地方都发生了群众向前去开会的监管人扔石头的骚乱。1835年5月7日,一个村子的群众围攻济贫官员所在的教堂,向官员扔石头,最后一队士兵救下了这些官员,驱散了群众。1835年5月,贝德福德郡爆发反《济贫法》的抗议活动,民众高呼"面包或者流血"的口号,一些地方的贫民占领了济贫院,要求按照旧《济贫法》的方式对贫民提供救济。索福克郡随之发生了反对新《济贫法》的运动,一些地方的反新《济贫法》的民众运动还与政府军队发生了冲突。南方反新《济贫法》暴动的发生都是流言的传播引起民众慌乱导致的,来得突然,去得也快,只有在东萨福克,暴动发生之前民众的不满情绪酝酿已久,其他地方的暴动都是在联合济贫区建立三个月之内发生的。暴动没有目标,缺乏领导,愤怒的民众聚集起来,打击济贫官员,而且暴动过后立刻恢复平静。此后,新《济贫法》官员的势力不降反

---

[1] Edward Royle, *Modern Britain: A Social History, 1750 – 1985*, pp.123 – 124.
[2] 张芝联选译:《1815—1870年的英国》,北京:商务印书馆,1987年,第87页。

升,支持新《济贫法》的人越来越多,暴动期间做出的让步也很快废除了,新《济贫法》的实行非常顺利。[①] 在英格兰的北部地区,正在进行的工人争取工厂法的斗争很快转向了反新《济贫法》的运动。

反新《济贫法》运动领导人以已有的激进协会、十小时工作制委员会等组织为基础,将它们转化为正式的反新《济贫法》组织。新《济贫法》实行的最初两年,1835 到 1836 年,全国没有一个反《济贫法》组织,地方也没有组织起任何反对团体,反新《济贫法》没有形成统一的运动。1837 年上半年,约克西区和兰开郡同时建立起反新《济贫法》委员会。但是反新《济贫法》运动的一个特点是缺乏独立性,没有自己的领导人、组织、目标。夹在工厂改革运动和宪章运动之间的反新《济贫法》运动就像是一个过渡期,其领导人来自其他运动,委员会也不是独立组织起来的,而是从激进协会、缩短工时委员会转变而来。在英格兰北部组织起来的工人群众从争取工厂立法改革迅速转到反对新《济贫法》运动中来。反对新《济贫法》最激烈的地区正好是工厂法改革运动势力最强大的地区,这是济贫院外救济存在和扩大的主要原因。在哈德兹菲尔德,第一批选举出来的新《济贫法》监督官没有打算采取行动,第二批则受到了群众的围攻,直到 1838 年,新《济贫法》才开始在这里生效。在托德默登,发生了关闭工厂以抵制新《济贫法》制度的行为。在布莱德福,发生了严重的骚乱。即使已经实行新《济贫法》的地方,济贫院外的救济依然存在,且新《济贫法》制度的实施也付出了沉重的代价。

随着宪章运动的兴起,工人激进主义逐渐成为北方工业区乃至全国主流的运动思想。运动领导人转移到了宪章运动中。尽管工厂改革运动领导人和宪章运动领导人都还在发表反新《济贫法》的言论,反新《济贫法》会议仍然在召开,主流运动中,反新《济贫法》成为大宪章和十小时工作日法案的附属,在反新《济贫法》舞台上唱主角的变为纳税人、监督人和监护人

---

① C. Edsall. Nicholas, *The Anti‐Poor Law Movement*, 1834‐44, Manchester: Manchester University Press, 1971, p.41.

理事会,大规模的反新《济贫法》运动已经停止了。

对于这场反济贫法运动,恩格斯表达了支持的观点,恩格斯承认旧济贫法制度存在许多不合理之处,他指出:"从这里只能得出这样的结论:当前的社会关系是糟透了的;而决不能得出像马尔萨斯派的委员会那样的结论:贫穷就是犯罪,应当用威胁的手段来对付它。"恩格斯还指出,新《济贫法》是英国资产阶级对付无产阶级的手段,并同时认为,新《济贫法》制度也将唤起英国无产阶级新的斗争意识。"习艺所的建立比执政党的任何措施都更加激起了无产阶级对有产阶级的强烈的仇恨,而大部分有产者则因新济贫法而欣喜若狂。"①

《济贫法》下的济贫是一种综合性济贫方式,不管是什么样的因素导致的贫困都在这一制度下实施救济,因此,在《济贫法》下不仅济贫院中贫民的构成十分复杂,而且济贫机构类型很多,所实施的救济种类也很多。这就导致英国济贫费用一直居高不下。1844 年,英国全部支出为 699 万英镑,《济贫法》支出占全部支出的 72.69%,1854 年,英国全部支出为 732 万英镑,《济贫法》支出占 72.82%。但是,由于院外救济的减少,英国人均济贫支出与济贫税呈下降趋势。1831—1851 年,贝德福德郡人均济贫支出下降额和人均济贫支出下降率分别为 1.42 英镑和 50.1%,伯克郡分别为 1.67 英镑和 27.%,剑桥郡分别为 1.16 英镑和 21.6%。②

19 世纪 70 年代以后,英国工业革命已经完成,但贫困问题依然很严重。院内救济占英国贫困救济的很大部分,1870 年,15% 的贫民是在济贫院内得到救济的。特别是 19 世纪 80 年代以后,英国政府为了减少济贫开支,严格限制院外救济人数,使院外救济人数下降。从 1871 年 1 月 1 日到 1877 年 1 月 1 日,英格兰和威尔士接受院外救济的人数下降了 340 000

---

① [德]恩格斯:《英国工人阶级状况》,参见《马克思恩格斯全集》(第二卷),第 581 页。
② George R. Boyer, *An Economic History of the English Poor Law*, 1750 – 1850, Cambridge: Cambridge University Press, 1990, p.218.

人,从 917 890 下降到 571 892 人。①

这一时期,英国人的贫困观念发生很大变化。人们认为贫困不仅是个人的问题,而且是社会的问题。国内要求改革《济贫法》的呼声越来越高。19 世纪末期,英国贫困人口占总人口的比例不断下降。从 19 世纪 80 年代末的 2.7%下降到维多利亚时代末期的 2.5%。② 英国接受院外救济的人占总人口数的比例由 1870 年的 39.1‰下降为 1885 年的 22‰。1895 年又降至 20‰。与此同时,接受院内救济的人数占人口总数的比例由 1870 年的 7.1‰,降至 1885 年的 6.8‰。1890 年又降至 6.0‰。而院内济贫的开支费用却是院外济贫的开支费用的三到四倍。③ 院内救济人数的增加,主要是因为英国政府对院外救济的严格限制,同时也是由于一些特定群体,如老人、儿童、病患贫民的增加。实际上,由于济贫院内条件的改善,《济贫法》已经失去了其威慑穷人的作用。但是直到第一次世界大战前的 20 年,英国用于济贫的开支却以每年 3.5%的速度增长。④

针对这些情况,英国政府针对济贫问题又进行了一定的改革,除了改善济贫院内生活条件外,还对开始贫困的病人、老年人、儿童等不同的群体进行区别性救济。这种区别性救济不仅弥补了济贫法制度下所提供的综合性救济方式在满足不同贫民群体的不同需求方面的不足,而且为后来英国针对不同原因的贫困采取不同政策措施提供了实践经验。其中针对患病者所提供的医疗救助具有一定的典型性。1885 年《医疗救济法案》(*Medical Relief Act of 1885*)规定贫困的病人可以到济贫院的附属医院接受治疗而不至于使其接受贫民的身份。⑤ 1886 年的《张伯伦通告》

---

① Bernard Harris, *The Origins of the British Welfare State: Society, State and Social Welfare in England and Wales, 1800 - 1945* p.54.
② Peter Wood, *Poverty and the Workhouse in Victorian Britain*, p.172.
③ Michael E. Rose, *The Relief of Poverty, 1834 - 1914*, p.53.
④ Peter Wood, *Poverty and the Workhouse in Victorian Britain*, p.173.
⑤ Bernard Harris, *The Origins of the British Welfare State: Society, State and Social Welfare in England and Wales, 1800 - 1945*, p.56.

(Chamberlian Circular)要求济贫院院长委员会和其他地方官员考虑安排一些公共工作岗位给那些工匠以及迄今未接受《济贫法》救助的穷人安排一些临时救济。① 1894年的《地方政府法案》(Local Government Act of 1894)使政府在解决贫困问题上又前进了一步。该法案取消了济贫院院长委员会成员的财产资格限制,允许妇女作为候选人,并且将投票权扩大到所有有议会选举和郡议会选举资格的人。尽管这项政策没有使济贫法政策发生根本改变,但是为工人阶级选民进一步影响地方济贫政策制定提供了机会。② 劳动救济措施也是济贫法当局区别救济的重要措施。通常做法是向救济申请者发放印制的票据,票据的一面由申请人最近一次接受雇用的雇主填写对其雇用的信息,另一面由本地其他雇主填写,主要内容是证明此人曾在何时向其申请工作,因何原因不能继续雇用等并签字。然后申请人持此票在济贫监督官的指导下开始寻找工作,其间申请人的工资由教区检查员支付。19世纪中期英国《济贫法》制度下的区别性救济,是这一时期《济贫法》重要的积极性变化之一。

19世纪90年代,英国政府开始适度放宽对老年人的院外救济,并采取措施改善济贫院内的生活环境,以便为老年人提供比较满意的养老保障。议会多次成立有关老年贫民的调查委员会,1895年又专门成立皇家老年贫民调查委员会(Royal Commission on the Age Poor),委员会估计,除了20%—30%的老年人已经接受过救济外,因为《济贫法》的恶名,其余的人都不愿意申请救济。③ 因而委员会认为,济贫院不能办成被老年人痛恨的场所,而应该真正成为较之他们的家庭更为舒适的地方,使他们乐意进入。委员会建议,为了更加有效地实施对贫困老年人的救济,应对济贫

---

① Michael E. Rose, *The English Poor Law*, 1780–1930, pp.258–260.
② Bernard Harris, *The Origins of the British Welfare State: Society, State and Social Welfare in England and Wales*, 1800–1945, p.57.
③ J. Macnicol, *The Politics of Retirement in Britain*, 1878–1948, Cambridge: Cambridge University Press, 1998, pp.60–84.

院的管理加以改变,并对贫困老人提供应有的院外救济。

1896年,地方政府事务部(Local Government Board)发布文件,把院外救济的范围扩大到值得救济的老年贫民,这些老年贫民应该具有良好的品行、节俭的意识以及早期生活时养成的独立性。4年后,地方政府事务部又迈出具有决定意义的一步,宣布使为所有贫困而又值得救助的老年人提供经常充足的院外救济成为一种固定不变的政策。地方政府事务部还宣布,除非有下列原因,否则,老年人不能被要求进入济贫院中,这些原因包括:精神或身体残疾、没有居住处所、没有适当的可以为其照顾的人以及其他同样的原因。此外地方事务部还要求提高和改善济贫院中老年人的生活条件,包括扩大老年人白天活动的空间,给予起床与睡觉时间的自由,提供探访亲友的更大便利,并供应烟草、茶叶与糖。①

20世纪初,严重的失业问题使贫困人口迅速扩大,社会各界强烈要求放宽对院外济贫的限制,为失业者提供更加充分的院外救济。这样许多济贫区特别是失业和贫困问题比较严重的工业城市,济贫机关不得不根据形势需要,违背院内济贫的原则,放宽对失业者院外救济的限制,于是院外济贫人数逐步上升。这又导致济贫开支激增,多数济贫院入不敷出,要求政府增加济贫的投入,地方政府只能提高济贫税,这又引起了纳税人不满。

济贫支出不断增长,济贫效果却越来越不明显,社会上的贫困人口仍在增加。这除了与当时英国严重的社会问题有关外,还与济贫法制度有关。在《济贫法》下,最主要实行的是院内济贫的原则。由于院内济贫对贫民有严格的纪律约束,还要剥夺政治权利,这使得许多贫民不愿意进入济贫院。《济贫法》最大的缺点是它以救济为主,而不是预防为主,所以《济贫法》的实施,只是缓解了19世纪英国因为严重的贫困问题而引发的社会矛盾,并不能根本消除贫困。

---

① 丁建定:《从济贫到社会保险:英国现代社会保障制度的建立(1870—1914)》,第169页。

还应当指出的是，19世纪是英国贫富差距问题极度发展时期，由此引发了一系列严重的社会问题：失业问题严重、贫民大量存在、社会动荡不安、城市住房拥挤、公共卫生状况恶劣。而且教育问题、老年问题、妇女问题、儿童问题等都在不同程度地加剧。英国业已存在的济贫制度为贫民提供了最基本的生活保障，政府的一系列改革措施在一定程度上缓解了贫富差距剧烈扩大引发的社会矛盾，缓解了可能爆发的社会冲突。但是，工业革命期间，资本主义发展仍处于初期，最大限度榨取剩余价值是资本家的天性。在工人阶级没有任何政治权利的情况下，由于自由放任思想的指导，政府并没有很好地解决贫富差距问题，留下了深刻的教训。直到19世纪末20世纪初，英国才通过税收和福利政策，在财富分配领域中逐步实行国家干预。

二、19 世纪英国济贫院的发展

济贫院是为穷人提供工作和为弱者生计考虑的机构,它起源于《济贫法》。① 1601年《济贫法》将救济穷人的责任分配给各教区,后来教区建立济贫院。1834年《济贫法修正案》使院内救济制度成为整个英国《济贫法》的标准制度,成为新济贫法体系的核心。在新《济贫法》下,对有劳动能力者的户外救济遭到禁止,所有想得到救济的人必须生活在济贫院里。济贫院遵守"劣等处置"和"济贫院检验"两大原则,目的是使穷人更倾向于在院外自立生活。它试图成为救济穷人的唯一方式,但未能成功。19世纪末期,济贫院内的条件得到了改善。20世纪上半叶,社会福利政策和社会保障制度逐步取代了济贫院制度。

1. 济贫院的起源与发展

济贫院在英国历史上存在了较长时期,根据其发展的特点,大致可分为三个阶段。

---

① Peter Wood, *Poverty and the Workhouse in the Victorian Britain*, p.54.

(1) 17 世纪初期—1834 年

这一时期,济贫院一般倾向于救济穷人,而不是惩戒懒惰,统治者也仅把它作为一种权宜之计。但与院外救济相比,院内救济的比重较小。

中世纪以来,英国教区济贫多实行给予居家的穷人现金、衣服、食物和燃料等院外救济形式。17 世纪济贫院逐步发展。《牛津辞典》中第一次关于"济贫院"的记载可以回溯到 1652 年的埃克塞特"改造房子,以作为城市穷人的济贫院和城市流民、目无法纪者的矫习所"。然而,济贫院很早之前已经存在。1631 年,阿宾登的市长报告说:"我们在市镇建立了济贫院,让人们来工作。"[①]

英国的国家介入济贫常常追溯到伊丽莎白一世统治末期。1601 年通过的《济贫法》规定,各教区依法负责照顾教区内的穷人,其资金来源于地方财产所有者交纳的济贫税(这一税收现在仍存在,称为"议会税")。《济贫法》中仅简单提到济贫院,并建议为"没有劳动能力的穷人"建造房子。[②] 济贫院在当时被当作穷人中病人的收容所和健壮劳力的教改院。

18 世纪,英国济贫法制度的一个重要变化就是济贫院的广泛建立。1722 年通过的《济贫院检验法》(Workhouse Test Act),鼓励各教区在济贫院救济体格健壮的贫民,对于拒绝进入济贫院的贫民,可以不予救济。[③] 同时,允许各教区通过合并济贫院来尽力降低费用。[④] 在分布上,城市的济贫院要多于乡村的济贫院。

当时英国之所以选择济贫院体制是出于两个方面的动机:一是济贫院可以雇用穷人,18 世纪,济贫院试图通过雇用穷人来营利的做法很普遍,

---

① http://www.workhouses.org.uk.
② The 1601 Act for the Relief of the Poor,参见 http://www.workhouses.org.uk/.
③ George R. Boyer, An Economic History of the English Poor Law, 1750 – 1850, p.24.
④ Paul Slack, The English Poor Law, 1531 – 1782, p.47.

但都没有成功;二是出于财政方面的考虑,正如1732年的《济贫院报告》所指出的那样:济贫院"可以解决针对贫民的慈善救济的所有不足;可以兼顾贫民的身体与精神;同时也可以为增加我们的生产提供有效的办法,并减轻国家沉重的负担"①。

18世纪前期,英国济贫院仅为贫民提供有限的救济,不仅救济标准很低,而且标准经常变化,不同的人接受的救济标准不一,即使同一个人所接受的救济标准也经常变化。许多济贫院不仅规模小,而且条件恶劣,院内食品简单重复,基本上以面包为主,偶尔配点肉类或者布丁,新鲜蔬菜很难见到。

各教区希望通过一些令接受救济的贫民不愉快的条件,阻止穷人接受救济。② 许多济贫院不仅规模小,而且条件恶劣,大部分济贫院是混合型济贫院,贫民不分男女老少,健康与否混住在一起。18世纪后期,英国济贫院的数量有了进一步发展,1750—1800年,伦敦大约有20个教区成立了济贫院。当然,在1782年《吉尔伯特法》颁布之前,英国议会并没有取消院外救济。《吉尔伯特法》简化和规范化了教区建立和运营济贫院的程序,教区可以独立建立济贫院,或者教区联合起来建立济贫院,这被称为吉尔伯特联盟。在该方案下,有劳动能力的成年人不允许进入济贫院,但可以由他们所在的教区供养,直到找到工作。这一时期的济贫院规模都不大。1776年第一个官方报告列出了2 000个济贫院,平均每个济贫院在20人到50人之间。1802—1803年报告显示,14 611个教区有3 765个济贫院,平均每个济贫院有22人,其中有12个济贫院各1人。③ 到18世纪末期,大约五分之一的贫民永久性在济贫院接受救济。但是,济贫院的准确数目却很难确定,部分原因是一些地方的巡视员不愿意把一些非常小且不正规

---

① Paul Slack, *The English Poor Law*, 1531-1782, p.36.
② George R. Boyer, *An Economic History of the English Poor Law*, 1750-1850, p.22.
③ Peter Wood, *Poverty and the Workhouse in the Victorian Britain*, p.54.

的、仅居住了几个贫民的建筑称为济贫院。①"总的来说,在1820年之前的半个世纪里,济贫院体制无论是在雇用贫民还是威慑贫民方面,都是一种权宜之计。"②

(2) 1834年—十九世纪六七十年代

工业革命后,英国开始大规模使用机器,家庭手工业趋于没落,造成了大量无业流民的产生,群众骚乱不断发生,穷人甚至抢劫商店、夺取面包等食物。工业革命期间,《济贫法》还与英国人口的快速增长相联系。1760年,英格兰和威尔士总人口为6 664 989人,1801年增长到9 168 000人;1831年则飞速增长到13 897 187人。③ 贫困化加剧使得政府用于贫民救济的财政支出数额增加。1802—1803年,英格兰和威尔士的济贫税年均为530万英镑,1813年增长到860万英镑,1817—1818年达到前所未有的930万英镑。经过19世纪20年代的短暂低落,1831—1832年又达到第二个高峰(860万英镑)。从1802—1803年到1832—1833年,济贫税增长了62%。而同期土地的租金收入却没有同样地增加,1800—1830年只增加了25%,即从2 800万镑增长到3 500万镑。④ 显然,旧《济贫法》已经无法适应形势的需要。

随着工业革命的发展,人们的价值观念也发生了变化。而马尔萨斯的人口论和边沁的功利主义以及大卫·李嘉图的政治经济学思想为中产阶级的社会改革提供了理论基础。19世纪30年代,英国政府济贫制度改革就是在这种背景下进行的。1828年,诺丁汉首先建立了威慑性的济贫院。

---

① M. A. Crowther, *The Workhouse System*, 1834 – 1929: *The History of an English Social Institution*, p.24.
② J. R. Poynter, *Society and Paupersim*, *English Ideas on Poor Relief*, 1795 – 1834, p.16.
③ G. Talbot Griffith, *Population Problems of the Age of Malthus*, London: Frank Cass, 1967, pp.18 – 21.
④ Anne Digby, *The Poor Law in Nineteenth-Century England and Wales*, p.9.

对此,当时保守主义经济学家麦卡洛克(J. R. McCulloch)写道:"济贫院真正的用处是作为健壮贫民的收容所……济贫院内的贫民应当感到他的处境要比自食其力的工厂劳工要差一些。"①

1834年英国新《济贫法》颁布以后,济贫院的发展进入新阶段,院内救济成为整个英国《济贫法》的标准体系,也成为新《济贫法》体系的核心,济贫院的数量不断增加。英国各地的联合济贫教区开始建立联合济贫院。1840年,已经有271个联合济贫教区制订出了建立联合济贫院的计划,超过85个联合济贫教区已经租用或将旧的济贫院改造成新的联合济贫院,34个联合济贫教区已经购买了用于修建联合济贫院的建筑物,24个联合济贫教区已经将旧建筑改造成联合济贫院。② 1834—1839年,英国新修建的联合济贫院有337所;1840—1849年新修的联合济贫院有71所;1850—1859年,新修的联合济贫院有72所;1860—1869年,新修的联合济贫院有39所。③ 英格兰和威尔士的15 000个左右教区都形成了大小联合济贫区,都建立了自己的联合济贫院。

但总的来说,各地建立新的济贫院的进程缓慢,其原因之一便是建立新的联合济贫院成本较高。如1840年之前建立的联合济贫院中,有16个成本达2 000英镑,63个成本在2 000—4 000英镑,84个成本在4 000—6 000英镑,69个成本在6 000—8 000英镑,29个的成本在8 000—10 000英镑。还有6个成本更是高得惊人,如兰贝斯联合济贫院用于购买土地和建立济贫院的成本高达23 905英镑。④ 1840年,英国政府用于建立济贫院的支出为200万英镑,1850年超过300万英镑,1860年接近450万英镑。

---

① Derek Fraser, *The Evolution of the British Welfare State: A History of Social Policy Since the Industrial Revolution*, p.46.
② M. A. Crowther, *The Workhouse System, 1834 - 1929: The History of an English Social Institution*, p.51.
③ Karel Williams, *From Pauperism to Poverty*, p.220.
④ M. A. Crowther, *The Workhouse System, 1834 - 1929: The History of an English Social Institution*, p.51.

到 1868 年,用于建设新的济贫院的费用高达 600 多万英镑。据官方估算,1834—1870 年间,为平均每个贫民修建新的场所所花费的金额为 25 到 30 英镑。① 另外 1835 年到 1850 年,英格兰和威尔士共花费 603 000 英镑用于改造济贫院。②

19 世纪 50 年代开始,北部诸郡虽然没有停止对身体健康的人予以院外救济,但也开始妥协并修建新的济贫院。到 19 世纪 70 年代,在英格兰北方工业发达的富裕城市,济贫院往往是当地最宏伟的建筑,堪与当地的市政厅媲美。新修的济贫院建筑风格体现了《济贫法》基本理念,其设计蓝图经由政府机构批准,单体建筑都比较庞大。其中比较典型的有两种:一种是以四周有围墙的"Y"型建筑为主,贫民被安排在"Y"型建筑的两翼,楼上是宿舍,底层是贫民的日常活动室;厨房、餐厅、小教堂位于第三翼。济贫院院长的房间位于建筑的中心。第二种济贫院四周是围墙,内部空间被十字形建筑分割。这种济贫院可以容纳 200—500 名贫民,较上一种节约成本,在英格兰地区较为流行。

这一时期的济贫院的功能主要以惩治穷人为主,各方面限制十分苛刻,济贫官员甚至认为这样有助于完善穷人的道德并使懒汉勤奋起来。济贫院内供给的食物粗糙,劳动极其繁重,而且院内实行夫妻子女分居的隔离制度,居住条件也很恶劣,因而济贫院被穷人称为"巴士底狱"。1841 年,著名的《巴士底狱书》(*The Book of the Bastiles*)出版,其中收集了一些来自新闻报道、法院诉讼和通信的关于新《济贫法》和济贫院骇人听闻的故事。例如:"本周在罗彻斯特,治安法官接到了对霍(Hoo)联合济贫院管理者詹姆士·迈尔斯的几桩诉讼案,他粗暴地鞭打院内儿童……"③1843 年

---

① Karel Williams, *From Pauperism to Poverty*, p.81.
② Felix Driver, *Power and Pauperism*, *The Workhouse System*, 1834–1884, p.78.
③ M. A. Crowther, *The Workhouse System*, 1834–1929: *The History of an English Social Institution*, p.32.

讽刺杂志《庞奇画报》(*Punch*)报道,在贝斯纳格林,"一个5周大的婴儿和她妈妈分开,仅偶尔在哺乳时被带回来"①。再加上受经济萧条的刺激,反《济贫法》运动在英国南部兴起,英格兰北部组织起来的工人群众也从争取工厂立法改革迅速转到反对《济贫法》运动中来。在威尔士,特别是中部和东北部地区,人们强烈抵制建立济贫院。

(3) 十九世纪六七十年代—20世纪初

十九世纪六七十年代,随着经济社会的发展,人们对于济贫院的抱怨和指责逐渐增多。改革家们希望挽救不同类型的穷人,以维持更大限度的社会融合。工人运动的不断高涨,促使各阶层对社会问题进行思考并寻找解决问题的办法,于是出现了各种各样的社会理论。其中费边社会主义、新自由主义等对社会救济制度的影响越来越大。同时,人们对贫困的范围与程度有了新的概念,对贫困成因的看法也发生了重大变化。

在社会问题日益加剧、各界强烈要求对济贫院内的救济进行改革的呼声下,以及在诸多社会思潮的影响下,从十九世纪六七十年代起,济贫法当局不得不采取措施对院内济贫进行改革,济贫院的很多苛刻限制被取消。1867年,议会通过了《大都市贫困法》,它要求济贫院医院立即从济贫院中分离出来,成立大都市救济委员会(the Metropolitan Asylums Board,缩写为MAB),来收容治疗伦敦的患有传染病和精神病的穷人。由该委员会设立的治疗天花和发热病等疾病的医院最终向所有伦敦居民开放,并成为全国第一个国立医院,从而为1948年开始的国民保健制度(National Health Service)奠定了基础。

19世纪末,济贫院内的条件逐渐得到改善,特别是为老人、体弱多病者和儿童提供更适宜的条件。院内食物种类增加,一些小的奢侈品如书

---

① http://www.workhouses.org.uk.

本、报纸等出现,甚至短途旅游也可以被允许。儿童逐渐从济贫院中分离出来,被安置到特殊的学校或位于农村的乡村之家(cottage home)。1870年,有15%的贫民在济贫院中得到了救济,19世纪80年代以后,政府为了降低济贫支出,严格限制院外救济,院内救济的贫民数迅速增长,从1870年的156 800人增加到1914年的254 644人。① 1912年,英国济贫院中的贫民达到了28万人的历史最高峰。特别是在19世纪90年代,英国政府开始适度放宽对老年人的院外救济,并采取措施改善济贫院内的生活环境,许多济贫院被看成养老机构,那些无依无靠的老人只好进入济贫院度过自己的晚年生活。1871—1911年,老年人占济贫院内贫民的四分之一以上,有时甚至超过三分之一。② 据查尔斯·布思统计和皇家老年贫困调查委员会的报告,当时70—75岁的老人中,英国每1 000名老人中有88人在济贫院。③

20世纪,联合济贫院在许多地区成为当地最大和最重要的建筑,最大的济贫院能为1 000多人提供食宿。第一次世界大战和战后现实改变了19世纪的状况,真正有劳动能力的人不再返回济贫院。在1913年的官方文件中,"济贫法机构"取代了"济贫院"这一术语,但这一制度仍存在了很多年。一些济贫院建筑被卖掉、拆毁或荒废,然而许多建筑成为公共援助机构(Public Assistance Institution)所在地,并继续为老人、顽疾患者、未婚母亲和流民提供食宿。1929年,英国议会通过了对济贫法制度的命运具有决定性意义的《地方政府法》,法令要求各郡议会以及各自治市议会建立一个公共救助委员会,该委员会具有提供救济的权利。至此,英国济贫法制度宣告终结。

---

① Edward Royle, *Modern Britain: A Social History, 1750 – 1985*, p.179.
② 丁建定:《英国济贫法制度史》,北京:人民出版社,2014年,第243页。
③ M. A. Crowther, *The Workhouse System, 1834 – 1929: The History of an English Social Institution*, p.73.

2. 济贫院的管理与院内生活

要正确看待济贫院制度,还必须弄清楚济贫院的内部管理及其状况。济贫院的运行管理、院内生活和条件随着不同时代的立法、经济和社会状况而变化。1834 年实施新《济贫法》之前,济贫和济贫院的管理和财政大多是在教区层面上进行,这一状况最初是由 1601 年《济贫法》规定的。

1834 年新《济贫法》颁布后,对济贫院的管理和制定政策就由济贫法委员会(Poor Law Commission)执行[后由济贫法局执行],每个联合济贫区以济贫院作为提供救济的主要渠道,遵循"劣等处置"和"济贫院检验"原则。

在济贫院里,当新来的贫民洗澡、消毒时,管理人员收去他们的衣服,将其洗涤、熏制后保存起来,以备他们离开时再发还给他们。同时,管理人员发给他们济贫院的制服。

欲进入济贫院的贫民,必须经过严格的财产审查,在得到确切的证实材料证明其贫困不堪、毫无生活保障时,才被允许进入。如果申请人有孩子或父母等家属,一旦接受救济,整个家庭将进入济贫院。进入济贫院后,家庭私有财产将被没收,一些济贫监督官在执行这项法规上比较宽松,例如,考虑到救济者可能离开济贫院找到更有前途的工作,允许其保有自己的工具。[①] 进入济贫院的贫民会失去政治自由,其选举权被剥夺。不仅如此,还要脱下原来在家中穿的衣服,换上济贫院的统一服装。济贫院制服通常由很粗糙的布料缝制,新《济贫法》颁布初期,不同类型的院内居住者可以通过穿着或衣服的特殊颜色来加以区别。在一些联合济贫院,未婚妈妈被迫穿上黄色长袍,以表明她们的放荡;有些还被剪成平头,而且不许戴

---

① M. A. Crowther, *The Workhouse System*, 1834 – 1929: *The History of an English Social Institution*, p.194.

帽子。

从法律上讲,任何接受济贫税救济的人都会成为贫民,失去市民身份。院内贫民与依靠院外救济者有一个重大区别:虽然院内贫民在一些方面可能会比那些生活在家的劳动者更加舒适,但他们失去了所有独立性。他们不再是斗争的有效实体,相反他们放弃斗争,接受统治者们提供的"恩惠"。从经济角度看,他们像煤矿的童工或者血汗工厂的女工,是19世纪苦难生活的象征。

对于济贫院中的儿童,济贫法委员会建议将他们单独分离居住,并且派合格的人对儿童进行教育。① 由于一个济贫院的适龄男女儿童人数很难凑够50—60人,有的还不到30人,于是1840年以后,在一些人口稠密的地区,一些济贫院联合建立了学校。② 这些学校除了教授文化知识外,更多的是教授一些技术,使这些儿童将来能谋到一份好的工作。1846年,议会同意每年拨款30 000英镑给济贫院的教师。③

1847年,随着安多弗济贫院丑闻、其他负面宣传以及关于其内讧的报道的传播,政府希望成立更直接对议会负责的济贫法管理部门,济贫法局取代了济贫法委员会。1913年,济贫法机构条例颁布,其中最重要的规定是不再使用"济贫院"这一名称,所有的济贫院设施一律改称为"济贫法机构"。1919年,济贫法局被卫生部(Ministry of Health)取而代之。

为了对贫民进行威慑,济贫院内部的管理是十分严格的。1834年后,济贫法委员会颁布了管理联合济贫区和联合济贫院的具体条款,指导济贫院运行和管理。这些规章制度在济贫院中打印并张贴在显著位置,每周还

---

① Ray Pallister, "Workhouse Education in Country Durham", *British Journal of Education Studies*, Vol.16(1968), p.279.
② G. Nicholls, *A History of the English Poor Law: In Connection With the State of the Country and the Condition of the People*, Vol.2, London and New York: P. S. King and Son, 1898, p.313.
③ Ray Pallister, "Workhouse Education in Country Durham", *British Journal of Education Studies*, Vol.16(1968), p.280.

派人大声宣读,因此那些不识字的居住者也没有理由不遵守,这些规章制度甚至详细到诸如:不得擅自走出济贫院,否则要受到处罚;被允许临时外出的时候,必须在规定的时间内回来;不准任意违背济贫院内任何一位官员合法的命令;不准装病;不准玩扑克或其他赌博性质的游戏;不准在没有批准的情况下进入或试图进入其他贫民类型的房间或庭院;等等。违背济贫院规章制度的行为将受到严惩:目无法纪的行为(Disorderly Conduct),将以被没收奶酪或茶叶等奢侈食物作为惩罚;不服管束的行为(Refractory Conduct),将以被禁闭一段时间作为惩罚,而且违反此条将被认为是不合群的。济贫院的院长可以合法地惩罚扰乱秩序的贫民,可以在不超过 48 小时的时间内禁止他们吃饭,可以合法下令对任何行为狂躁的贫民实施惩罚,把他们关禁闭,有时罚他们不准吃饭;对目无法纪的行为不轨者和不合群的人,令其穿上不同于其他人的衣服,对其他贫民起到警示作用。①

济贫院内成员的待遇,随济贫区和委员会的不同而不同。一些济贫院的官员非常人道且有原则,另一些济贫院的官员则像《雾都孤儿》中好管闲事的班博先生一样。一些不道德的官员甚至挪用公款,将更少的钱花费在食物和燃料上,更多的钱流入管理者的口袋。许多人对院内生活的了解主要来自狄更斯著名小说《雾都孤儿》中的描写:新《济贫法》的监护人将奥列佛送入凄凉的济贫院,规定"每天发放三顿稀粥,每星期两次各发一个葱头,星期天多发半个面包卷儿"②。

而实际情况是,不同时期和不同地区的济贫院内生活存在很大差异。人们进入济贫院,通常是因为太穷、太老或者身体有病,不能养活自己。未婚母亲常常是被家庭遗弃的,济贫院成为她们生孩子期间和之后的唯一去处。19 世纪中期(或者更晚),在公共精神病院建立之前,精神病和精神障

---

① G.M.Young and W. D. Handcock, eds., *English Historical Documents*, Vol.7, pp.724-726.
② [英]狄更斯:《雾都孤儿》,黄雨石译,北京:人民文学出版社,2003 年,第 11 页。

碍者也往往被安置在济贫院。济贫院不是监狱,人们自愿进入,但这常常是个痛苦的决定,新成员要经历一段艰苦磨难。例如,进入伯明翰联合济贫院,要经过在当地以"哭泣的拱道"著称的拱门。贫民欲进入济贫院,必须经过严格的财产审查,在得到确切的证实材料证明其确实贫困不堪、毫无生活保障时,才被允许进入。入院申请首先递交给监护人委员会,正式进入济贫院需要监护人委员会在周会议上决定。申请者将接受体检医生的检查,以确定他们的健康状况。如果申请人有孩子或父母等家属,一旦接受救济,整个家庭将进入济贫院。进入济贫院后,家庭私有财产将被没收,一些监护人在这项法规上比较宽松,例如,考虑到救济者可能离开救济院找到更有前途的工作,允许其保有自己的工具。①

济贫院的贫民被分为7种类型:老年及体弱的男人,健康的男子及13岁以上的青年男子,7—13岁男孩,老年和体弱的妇女,健康的妇女和16岁以上的女孩,7—16岁的女孩,7岁以下的儿童。每种类型的人被安置在不同的房间或者建筑里。② 在这里,丈夫与妻子,孩子与父母都被拆散,隔离是济贫院体制的一个特征。③

在一些混合济贫院内,儿童与老人混住一起,男人和女人杂居一起,健康者与身患疾病者同室而居,品行端正与行为不轨者群居一处。20世纪初,H.赖德·哈格德(H.Rider Haggard)对英格兰东部一座济贫院做了生动的描述:"在用砖铺成的地面上到处是贫困的妇女和满脸肮脏四处乱爬的小孩。老妪躺在床上气喘吁吁、无法动弹,或围坐在火炉旁大声地咳着;

---

① M. A. Crowther, *The Workhouse System*, 1834–1929: *The History of an English Social Institution*, p.194.
② G. Nicholls, *A History of the English Poor Law: In Connection With the State of the Country and the Condition of the People*, Vol.2, pp.301–302.
③ David Englander, *Poverty and Poor Law Reform in Britain: From Chadwick to Booth*, 1834–1914, p.38.

老翁弓着背忙着活计,苟延残喘。"①居住者在被监视的情况下允许一周洗一次澡,男人一周刮一次脸。院内禁止抽烟和阅读,即使是《圣经》也在限制范围,外来者的参观也受到严密监视。

济贫院内贫民的状况也很糟糕,各种谣言四处传播。1839 年,一名济贫监督官写道:"不久前,这个郡到处流行传说,济贫院内的孩子被杀死用于做肉饼,而老人死后也被埋在济贫监督官管辖的土地里,据说是为了节省购买棺材的费用。"②

济贫院是一个独立的世界,高高的围墙将贫民与外边的世界分割开来,并由一批领薪的工作人员来管理。1834 年以前,济贫院的管理人员较少,一些小的教区的济贫院只有一个男院长和女看守,在曼彻斯特等城市的一些较大的济贫院,工作人员就相对多些。1834 年后,男院长和女看守承担了更大的职责,医疗官(Medical Officer)首次成了济贫院内低一级的职位。另外济贫院内还会有牧师、学校教师、护士、门房,等等。在一些较大的城镇联合济贫院中,院长往往会有一名助手负责整理济贫院的各类账目。总体来讲,济贫院的工作人员并不多,其中牧师和教师是不住在济贫院的。济贫院院长负责制定济贫院的相关规章制度,确定济贫院的经济状况,除非提前预约,济贫院院长有权拒绝任何人,包括济贫监督官进入济贫院。其他济贫院内工作人员工作强度比较大,工作环境较差,他们和院内的贫民一样,缺乏工作自由度,未经院长同意不能擅自离开济贫院。

除了体弱多病者和 7 岁以下儿童,济贫院要求所有的贫民都必须劳动。而济贫院中的劳动既单调又乏味,那些工作常常很折磨人。而为了避

---

① M. A. Crowther, *The Workhouse System*, 1834 – 1929: *The History of an English Social Institution*, p.73.
② M. A. Crowther, *The Workhouse System*, 1834 – 1929: *The History of an English Social Institution*, p.31.

免济贫院劳动影响正常的劳动力市场,济贫院中所安排的劳动都是没有太大经济效益的公共性劳动,有时还很危险,包括砸石头、用手碾碎玉米、扯麻絮(旧绳子的纤维,用来填补船板间的缝隙)、碾碎骨头以用于施肥或制造业、拣木头等。最乏味的莫过于从事磨坊推磨工作,所磨出的面粉供济贫院做面包所用。妇女还从事家务活动,如整理房间、清扫、帮厨、洗衣和编织等。院内工作的劳动强度很高,但贫民的食物却很糟糕,数量也很少。韦伯夫妇对济贫院的劳动做出了如下评价:"劳动变成一种威慑所在而非自尊,它所承载的文明的本质已被抛弃,作为一种自我实现的可能性也已减弱。"①

济贫院的饮食比较简单,规定很细。由济贫法局统一审定的6种食谱供各地济贫院参考,每周的食谱几乎没有变化。济贫院中的食品供应在男女之间有所区别,妇女与男子相比,分得较少的面包和肉食,院内居民就餐时必须排队,保持安静。男性居住者每星期中三天的日食谱包括1品脱半肉汤,1品脱稀粥,5盎司煮肉,12盎司面包,8盎司土豆;另外三天每日提供的食物是12盎司面包,1品脱肉汤,1.5品脱稀粥和2盎司奶酪;每周五提供12盎司面包,1.5品脱稀粥,14盎司板油或大米布丁和2盎司奶酪。②妇女得到的食物更少,9岁以下儿童的饮食由联合济贫院管理者料理。除了土豆外,食物里没有什么其他蔬菜、水果或鸡蛋,发放的稀粥也是可以任意稀释的。

济贫院内的生活单调,作息时间严格,每日打铃作息,生活枯燥无味。夏季起床时间为早上5点,起床后要锻炼1个小时,早餐前要祷告;开始工作时间夏季为早上7点,冬季为早上8点,12点到下午1点为午餐时间,下午1点到6点工作,下午6点到7点晚餐,其后是祈祷和锻炼,晚上8点上

---

① David Englander, *Poverty and Poor Law Reform in Britain: From Chadwick to Booth*, 1834-1914, pp.38-39.
② G.M.Young and W. D. Handcock, eds., *English Historical Documents*, Vol.7, p.710.

床睡觉。冬季作息时间往后推迟一个小时。济贫院中设施简陋,家具少得可怜,几乎没有什么娱乐活动,打扑克及玩游戏被严格禁止。

济贫院内严格的规章、惩罚性措施和院内的悲惨生活为新济贫院赢得了恶名:穷人的"巴士底狱"。当然,也有一些济贫院,拥有相对较好的条件,赢得了"穷人宫殿"的称号。济贫院和监狱的一个重大不同在于,居住者只要愿意可以随时离开,但这需要复杂的程序。如果他有家庭,那么他的家人必须全部离开。济贫院允许有劳动能力者短期离开去寻找工作,然而,很多居住者成为济贫院的长期居民。1861年议会报告表明,全国范围内有20%的居住者在院内生活5年以上,他们大多是老人、病人和精神病人。[①]

济贫院还为居住者提供简单的医疗服务,几乎所有济贫院都拥有一个照料病人的小医院。地方政府理事会要对迅速扩张的医疗系统负责,但考虑到新《济贫法》的主旨,它任命的医疗官从来没有超过2名。然而,除了医疗官外,济贫院早期护理大多是由院内女性来完成的,她们有的甚至没有受过教育。19世纪60年代,改善济贫院医疗状况的压力增大,南丁格尔(Florence Nightingale)等严厉指责院内医疗状况,《柳叶刀》详细报道了伦敦济贫院医院的糟糕条件。议会通过的《大都市贫困法》要求济贫院医院立即从济贫院分离出来,城市精神病人委员会照顾伦敦的患有传染病和精神病的穷人。

19世纪80年代,人们对贫困问题,尤其是对待失业问题的态度发生了很大变化。但这时的失业常被描述成社会问题而非个人的失败。[②] 同时,随着工人运动的发展,工人游行示威不再会引起革命,反而会引来慈善

---

① Sandra Spencer,*The Victorian Poorhouse*,参见 http://www.ucsc.edu/dickens/OMF/spencer.html.
② M. A. Crowther,*The Workhouse System*,*1834 – 1929: The History of an English Social Institution*,p.72.

的捐助。在这种背景之下,19世纪后期,济贫法当局不得不采取措施对院内济贫进行较大规模改革,济贫院很多惩戒性的苛刻限制被取消。所谓"巴士底狱"般的济贫院已不再是这一时期英国济贫院的普遍现象。

3. 19世纪后期济贫院的改革

19世纪后期,英国的社会问题相对突出,贫富悬殊、社会不公正现象随处可见。到19世纪60年代,济贫院的种种弊端充分显露出来,迫使济贫法当局在19世纪后期对院内济贫进行改革,这是多方面因素共同作用的结果。

促使英国对济贫院进行改革的首要推动力是英国人贫困观念的变化。19世纪70年代以后,英国经济出现衰退趋势,国民经济增长速度减缓,在国际市场上的竞争力逐渐下降,世界工厂的地位正在丧失。经济萧条必然会使贫困问题加剧。1873—1896年,是英国历史上失业率较高的时期。根据商业部的统计,1870—1914年,英国工人的失业率通常是3%—4%,最高时达到10%。① 因此,尽管工业革命给英国带来了巨大财富,但分配不均使许多人陷入贫困。新《济贫法》实行了几十年,贫民数量仍大得惊人。1873年,威尔士济贫监督官在报告中指出,威尔士5.7%的人口生活在贫困状态之中。1878年英格兰济贫监督官在报告中指出,3.3%的英格兰人口是贫困人口。1906—1907年内,一项报告认为,英国人口的3%—5%是贫困人口。② 许多中产阶级认为,当务之急是缩小穷人和富人之间的鸿沟。贫困成为19世纪后期英国主要社会问题之一,统治阶级对此异常关心,任命了一个皇家委员会对此进行调查。严峻的形势迫使许多民众

---

① Jose Harris, *Unemployment and Politics: A Study in English Social Policy, 1886–1914*, Oxford: Clarendon Press, 1972, p.374.
② 丁建定:《英国社会保障史》,第218页。

认识到,延续了一代人的自助精神并没有对解决贫困问题产生更好的效果。① 出于对国家命运的担忧和对社会下层的同情,一批知识分子纷纷深入贫民区,进行认真细致的社会调查。

1889—1903 年,查尔斯·布思对伦敦东部地区贫困问题进行了调查,发表了长达 13 卷的著名调查报告《伦敦人民的生活和劳动》(Life and Labour of the People of London)。他指出,伦敦东部大约 30.7% 的人口处于贫困状态。② 关于伦敦东部地区收入最低者的生活情况,布思做了这样的记述:"他们的生活是一种奴隶般的生活,极端贫困,食品极其粗糙,没有任何稳定职业,也难以创造任何财富,作为个人,他们无法改变这种现状。"③ 这些调查报告深刻地揭示了贫困在英国的广度和深度,这也引起了英国社会各阶层的震惊。一些社会改革家和政治家开始注意到严重的贫困和失业问题对资本主义经济和政治秩序的威胁。庞大的贫困人口也严重影响了资本主义社会的军事和经济效率。19 世纪后期,工业的发展越来越依赖于熟练工人,一些工业家意识到济贫乃至教育和卫生服务是经济繁荣的必要条件,保护工人免受贫困从经济上成为一种合理的行为。④ 救济穷人成为殖民扩张和资本主义生产的需要。因此,改革济贫院、救济穷人、进一步解决贫困问题成为缓和社会矛盾、维护统治秩序的需要。

此外,19 世纪英国三次议会改革使得政治民主势力日益扩大,从而推动了文化教育的普及。选举权的获得和受教育机会的增加,使工人阶级更加意识到经济上的不平等。从 19 世纪 80 年代起,工人阶级第一次作为一个整体行动起来,为争取真正平等的经济、政治及社会利益而共同奋斗。

---

① Derek Fraser, *The Evolution of the British welfare State: A History of Social Policy Since the Industrial Revolution*, p.124.
② Charles Booth, *Life and Labour of the People in London*, Vol.2, pp.20 - 21.
③ Eric Hopkins, *A Social History of the English Working Classes, 1815 - 1945*, London: Edward Arnold, 1979, p.144.
④ Tony Novak, *Poverty and the State: A Historical Sociology*, p.77.

日益高涨的工人独立运动使统治阶级两大政党充分体会到了来自下层的威胁。当政者日益认识到关心社会下层即对自己长远利益的关照,因为社会下层的生活状况及社会的态度最终决定英国的前途。因此,从19世纪70年代起,两党就竞相改革,迎合选民。保守党的著名政治领袖约瑟夫·张伯伦(Joseph Chamberlain)提醒保守党人注意:"贫民将会把国家当作争取他们利益的工具,那些受救济的人无疑将会利用他们的选票在下次选举中争得工作的改善。"[1]张伯伦还提出了一些具体的措施,如颁布《工厂法》、实行交费养老制度、减少劳动时间、实施最低工资制度、促进工人阶级住房条件的改善等。他认为,"当穷人对富人不再感到真正的嫉恨和不满时,财产的基础就会更加安全"[2]。保守党把改善劳工生活状况看作自己合法执政的基础之一。

在社会问题相对突出、社会各界要求对院内救济进行改革的呼声强烈,以及社会思潮影响等因素综合作用下,19世纪后期,济贫法当局不得不采取措施对院内济贫进行较大规模改革,这些改革主要有以下几个方面。

（1）增加济贫院的床位,改善济贫院的环境与待遇

19世纪70年代开始,许多地方改变混合济贫院的传统,把院内贫民划分为"值得救济者"和"不值得救济者"。对于被认为是不值得救济的贫民实行强制劳动制度,对于那些被认为是值得救济的贫民,则尽可能地改善他们的生活条件。多数济贫院逐步把儿童与成年人分开,进行区别对待,一些济贫院开始同意老年夫妻同室而居,有的济贫院还在院内增设了

---

[1] Metthew Fforde, *Conservatism and Collectivism*, 1886-1914, Edinburgh: Edinburgh University Press, 1990, p.79.
[2] Pat Thane, "The Working Class and State Welfare in Britain, 1880-1914", *The Historical Journal*, No.4(1984), p.881.

保暖设备。

济贫院的环境也逐渐改善。为缓解济贫院内拥挤状况,各地为济贫院增加了许多床位,还新建了一些条件比较好的济贫院。在伦敦,根据《济贫法》联盟的建筑计划,1868—1871 年,大约有 11 000 个新的济贫院建筑落成,其中一多半是为了缓解现存的过于拥挤的济贫院状况。[①] 到 19 世纪 90 年代,大多数济贫院的条件已经得到一定程度的改善,出现一些为年老贫民建立的新收容所,但是很有限,到 1908 年才为不到 1 000 人提供住所。联合济贫院也为传染病人和贫困病人提供单独的医院,甚至在海岸线胜地为康复病人提供住所。利物浦的济贫监督官给离开的品行端正的院内居住者提供寝具、工具和一小笔钱。总的来说,联合济贫院越小,它就越不可能为各阶层穷人(除了孩子)提供专门的供应。[②]

在常人眼中,贫民应当是居无定所、漂泊不定的人。但济贫监督官却默许他们拥有一定的财产,有时甚至纵容他们储藏家居用品。弗洛拉·汤普森(Flora Thompson)曾经成功地隐藏保存了一张鹅绒床,一套带椅子的真皮沙发。虽然很少有人能像弗洛拉一样储备那么多东西[③],不过以备不时之需,贫民常常偷偷地把他们的家具和衣物分散寄存在亲友那里。

此后英国政府又对新《济贫法》做过几次修改和补充,地方政府也开始注意工人的住房、卫生等问题。济贫院不再如"巴士底狱"一般,逐渐成为鳏寡孤独者的收容所,成了社会的慈善机构。但新《济贫法》废除院外救济、在济贫院内救济年老体弱、丧失劳动能力的穷人的宗旨一直保留下来。

到 19 世纪 90 年代,大多数济贫院的条件已经得到一定程度的改善。一位济贫监督官在谈到改进后的济贫院情况时这样写道:济贫院的生活已

---

① Peter Wood, *Poverty and the Workhouse in Victorian Britain*, p.134.
② M. A. Crowther, "The Later Years of the Workhouse, 1890–1929", *The Origins of the British Social Policy*, London: Croom Helm Ltd., 1981, p.41.
③ F. Thompson, *Lark Rise to Candleford: A Trilogy*, London: Century Publish Co., 1983, p.314.

经变得越来越舒适与富有吸引力,济贫院中的生活远没有外面的工作那么辛苦,伙食也变得可口起来,已经允许贫民抽烟,还提供茶叶与烟草,暖气和热水设备也已经安装,并开始提供报纸、杂志和书籍,如果有人需要还可以提供眼镜。圣诞节还有大聚餐,此外还有演奏会、魔术表演以及演讲等。① 当然,这位官员的记述可能有些夸张,并且也并不是所有济贫院都像他讲的一样,但是,19世纪90年代以后英国济贫院的条件得到改善的确是历史事实,昔日所谓的"巴士底狱"般的济贫院已经不多见了。

20世纪初,《济贫法》制度进一步改革,这主要体现在1911年的《救济条例》(Relief Regulation Order of 1911)和1913年的济贫法机构条例,前者放宽了院外救济的限制,要求济贫监督官对院外贫民提供较之以前更加充分的救济;济贫监督官要对济贫院外救济的接受者实行书面登记制度。后者要求各地济贫法机构要进一步改善济贫院的生活环境,特别是为济贫院内的儿童提供医疗保健服务,要求济贫法机构不能把3岁以上的儿童搁置在济贫院中6周以上,加强对院内贫民的管理,建立院内贫民的档案制度以及所有患病者的健康档案制度,允许济贫监督官在一些方面具有更多的行动自由,可以自行决定院内贫民的划分标准,自行规定休息和工作时间等。1913年的条例最后规定:济贫院的名称不再使用,所有济贫设施统改称为"济贫法机构"。② 这些改革使《济贫法》制度下的各类救济有所改进。

(2)放宽各项有关济贫院的限制,改善院内物质和文化娱乐条件

济贫法当局也开始逐步放松各项有关济贫院的规定,采取一定的措施改善济贫院的物质和文化娱乐条件。1891年后济贫监督官开始给老年贫民购买书籍和报纸,并为儿童购买玩具;还开始给成年贫民购买烟草,甚至

---

① Karel Williams, *From Pauperism to Poverty*, p.82.
② 丁建定:《英国济贫法制度史》,第277页。

允许进行短途旅游。① 1899 年曼彻斯特唱诗班给《音乐时代》(*The Music Times*)主编的信中提到,他们不止一次想在帕特里罗夫附近的济贫院开展音乐服务。这也是济贫院管理者的传统,每年两次邀请唱诗班到济贫院提供音乐服务。② 每一个济贫院甚至可以购买一台钢琴以供宗教活动或娱乐活动使用。

旁普勒地区的济贫监督官是这样改革济贫院的:把济贫院的管理人员一个个替换掉,抛弃济贫院里的制服,改善伙食,允许老年人喝茶、抽烟。有特殊需要的儿童住进特殊的房间,并能够到地方学校上学。"村舍小屋"对需要长期停留的儿童开放;而且,后来教区为年轻力壮的男性贫民开辟了一块农业移居地(Farm Colony)。③ 这些改革措施的本意不是惩戒而是教化。农业移居地作为一种新鲜事物,在那个时代早已流行开来。要求院内贫民统一时间起居、吃饭的规定也放弃了。品行良好的老年人和院内居民可以外出散步,探访亲友,星期天可以去他们自己的教堂做礼拜。④

(3) 提高济贫院内儿童待遇,兴办济贫院学校(Workhouse School)

自 1834 年以来,济贫院内儿童的命运一直为公众所关注。接受济贫法救济的总人数中,有 1/3 是 16 岁以下的儿童。⑤ 这些领取济贫法救济的儿童大部分属于院外救济对象,许多这样的贫困儿童是寡妇的子女。地方政府委员会敦促当地济贫监督官改善济贫院生活条件,因为在里边生活的

---

① http://www.workhouses.org.uk.
② "Musical Services in Workhouses", *The Musical Times and Singing Class Circular*, Vol.40, No. 672(1899), p.122.
③ George Haw, *From Workhouse to Westminster: The Life Story of Will Crooks*, London: Cassell, 1907, p.106.
④ Sidney and Beatrice Webb, *English Poor Law History*, Part Ⅱ, *The Last Hundred Years*, Vol.1, New York: Macmillan, 2003, p.360.
⑤ Sidney and Beatric Webb, *English Poor Law History*, Part Ⅱ, *The Last Hundred Years*, Vol.1, p.246.

还有儿童,他们更需要人性化的环境。不过,多数济贫官员长时间来一直认为,儿童应当生活在远离济贫院的独立机构里,因为一般济贫院里的氛围太压抑了。

19世纪中叶,一些济贫监督官对外宿儿童进行了试验:引入"家庭原则",让这些儿童受到寻常百姓人家的照顾,在这里维持着近似于正常家庭那样的成长氛围。以塞德卡普地区格林威治联合会提供的村舍小屋为例,那里的孩子们有一座占地58.5英亩的公园。在公园的入口处,有一座迷人的"村舍接待之家"。公园里星罗棋布地分布着专为15到53名儿童设计的"村舍小屋"。每一座小屋都设备齐全,由一名男性或女性抚育员管理。小屋里的摆设完全是按照正常百姓人家来布置,因此生活在一般济贫院或类似机构中的不适感得以避免——这一点对女孩未来的成长最为重要。公园主管、领班抚育员、劳动技能教师、乐队指挥、技能教练和所有女性抚育员都赞颂"村舍小屋"制度下学校和家庭的健康氛围。由于生活在如此优美的环境中,受到如此细心的呵护,那里的儿童都非常健康和强壮,很少有人生病。① 1870—1914年,地方管理者授权建立了将近200个这种类型的家庭。② 建设"村舍小屋"的同时,人们也在建设着"分散的家庭(Scattered Homes)"。1893年,谢菲尔德地区的济贫监督官率先建立起"分散的家庭"。它糅合了"村舍小屋"和"外宿之家"两者的优点:济贫监督官在不同城区租赁一定数量工人居住的房子,每一处房子里分配一定数量的儿童;这些儿童共同生活在一位女性抚育员的照顾之下。

对于这些连生存都难以保障的儿童群体来说,教育完全不是他们所能享受的待遇。为了使贫困儿童长大后能顺利找到工作,19世纪中后期,济贫院兴办了许多济贫学校。1839年以后,《济贫法》委员会建立了100所

---

① Michael E. Rose, *The English Poor Law*, 1780-1930, pp.256-258.
② Felix Driver, *Power and Pauperism*, *The Workhouse System*, 1834-1884, p.101.

社区学校,平均每所学校500人,共有5万名院内儿童有机会接受教育。① 接受院内救济的贫民儿童只占少数,19世纪中期,9—16岁的贫困儿童中,接受院内救济的大约有19%。② 但是一旦进入济贫院,这些儿童就会被强行与那些成年入住者(包括他们的父母)隔离开来,以防止他们受到那些成年贫民的"污染"。隔离的办法是几个济贫院联合建立济贫院学校,把这些儿童集中起来进行教育。济贫院内一般都设有教师,负责对院内儿童的教育。那些小的济贫院内则没有专职教师,里面的儿童由院内有文化的贫民负责。1870年前,约有82%的院内儿童在济贫院内接受教育。1871年,随着英国《教育法》的颁布,那些小的济贫院内的儿童开始被送到地方上的小学学习。到1908年,只有656名院内儿童(占总数的1%)仍在济贫院学校学习。③ 济贫法学校将"3R"教育(阅读、写作和数学),宗教教育与劳动训练结合在一起,因而使济贫院儿童将来能有谋生手段。但是,实际上,男孩们受到的技能训练通常是学木匠、烘焙面包、缝纫和制鞋,而这些行业对劳动力需求非常有限。有些学校把重点放在乐队音乐上,许多儿童成了造诣很深的乐器演奏家,后来参加了军乐队。济贫院学校教育的主要弱点是不能为学生们提供任何比非技术劳动更有价值的东西,这意味着他们以后所从事的将是收入很低的工作,在经济萧条时期更容易受到打击。④

随着19世纪后期教育法的颁布和义务教育制度的推行,越来越多的接受救济的儿童得以进入公立学校接受教育,济贫院儿童的教育问题逐渐得到解决。

---

① Sidney and Beatric Webb, *English Poor Law History*, Part Ⅱ, *The Last Hundred Years*, Vol.1, p.262.
② Sidney and Beatric Webb, *English Poor Law History*, Part Ⅱ, *The Last Hundred Years*, Vol.1, p.258.
③ M. A. Crowther, *The Workhouse System, 1834 – 1929: The History of an English Social Institution*, pp.204 – 205.
④ M. A. Crowther, *The Workhouse System, 1834 – 1929: The History of an English Social Institution*, p.220.

(4) 改善济贫院医疗条件

济贫院特有的医院是新《济贫法》的基本特征之一。19世纪中期,英国济贫法当局开始采取措施,建立贫民的医疗救济制度。每个新建的济贫院都设有专门的医院。为了保证"劣等处置"原则得以推行,必须对任何申请进入济贫院的有疑问的人进行身体检查,以免有人装病影响风气。① 医生的体检报告对院内居住者的生活影响很大,身体残疾或患病者将被送交医院进一步治疗,身体健康者将被强迫劳动。平日,济贫院医生还需为院内患者提供简单的医疗服务,但不必常住院内,院内人员生病或受到突发伤害需要救助时,医生接到院长通知后会即刻赶来。济贫院医生条件艰苦,任务繁重,报酬低微,专业医生对此不感兴趣,济贫院医生多由教区医生兼任。② 19世纪早期,济贫院医院的护士大多由院内的贫民妇女担任,也没有任何报酬。

济贫院医院还收容、治疗精神病患者。1842年的法令开始指定精神病患者委员对各郡已经建立的精神病院进行调查。到1844年,英格兰和威尔士已经指派了2 800名医疗官员,其职责是治疗由济贫官员提到的患病贫民。③

在新《济贫法》下,济贫院医疗官由济贫监督官来任命,是需要资格认证的。1854年前,济贫法医生的聘用合同是每年一签,济贫法监督官可以随意开除他们。1854年后,《济贫法》监督官仍可以操纵医生雇佣合同的签订,那些没住在本教区的医生是无法签订长期雇佣合同的。但是济贫院医院仍存在许多问题:首先是有些济贫院医疗官并没有很好地履行其职

---

① Brian Abel-Smith, *The Hospitals, 1800 - 1948: A Study in Social Administration in England and Wales*, Cambridge, Massachusetts: Harvard University Press, 1964, p.47.
② David Englander, *Poverty and Poor Law Reform in Britain: From Chadwick to Booth, 1834 - 1914*, p.36.
③ 丁建定:《英国济贫法制度史》,第211—212页。

责,通常是由没有什么专业知识的助手来照顾贫民;其次是济贫院医院的病床严重不足。1856 年,一位济贫院医生写道,设计了 30 个病床的医务室,却住了 60 个病人,病床挤满了济贫院,病人缺乏好的照顾。①

19 世纪中期以后,济贫法当局开始对济贫院的医疗改革。济贫院医院的床位不断增加,1861—1891 年,英国每年增加的病床有 1 000 张,其中 3/4 是为济贫院的医院增设的。② 从 1866 年开始,"国立医院"一词开始广泛用于指称济贫院医院。据估计,1861 年英格兰和威尔士的医院大约有 65 000 张病床,而 81%的病床在济贫院医院,其余的在慈善医院。③

1865 年,济贫法当局拟定通知,责令各地济贫监督委员会改革当地的济贫院医院,特别指出,要任命受过训练的护士来代替那些之前担当看护责任的院内居住者。④ 1864—1865 年,托马斯·沃辛顿(Thomas Worthington)在乔顿(Chorlton)地区根据医院分馆式病房的原则(Pavilion principle),为独立的济贫院医院设计了新的模式。这一医院可以容纳 480 位病人,病人们每人拥有 1 350 立方英尺的空间,这已经十分慷慨,但是仍没有达到理想中的 1 500 立方英尺。南丁格尔称赞这一设计"对于整个国家来说,都是个典范"⑤。其他济贫院医院都仿照乔顿地区的设计进行,包括圣乔治济贫院,它在首都拥有最多数量的病人——808 名。1867 年,议会通过了《大都市贫困法》,授权中央政府可以命令独立的医院为病人、体弱的贫民提供帮助。每个地区的联合济贫院和教区应联合起来,为这些医院机构提供所需,这些医院由济贫监督官中选举的委员会干事管理。法案

---

① M. A. Crowther, *The Workhouse System*, *1834 – 1929: The History of an English Social Institution*, p.160.
② Peter Wood, *Poverty and the Workhouse in Victorian Britain*, p.136.
③ Derek Fraser, *The Evolution of the British Welfare State: A History of Social Policy Since the Industrial Revolution*, p.92.
④ M. A. Crowther, *The Workhouse System*, *1834 – 1929: The History of an English Social Institution*, pp.156 – 158.
⑤ Joan Lane, *A Social History of Medicine: Health*, *Healing and Disease in England*, *1750 – 1950*, pp.61.

另为整个城市地区设立了穷人公积金,联合济贫院和教区按照可估价格提供资金。济贫法委员会主张地方的济贫监督委员会把医院从济贫院分离出来,并且改善它们的条件、制定原则,为生病贫民提供特殊照顾,并成立城市精神病人委员会,来照顾伦敦患有传染病和精神病的穷人。从济贫院医院到市政医院的演变拉开序幕,①1868年,英国济贫法当局开始为济贫院医院添置设备,并开始聘用经过训练的护士。

这一法案随后在各地产生影响,加速了将医院从济贫院中分离出来的进程。对生病的穷人来说,医疗需求取代了"劣等处置"的原则。19世纪60年代,诺福克郡的乡村联合济贫院开始为传染病人提供单独的医疗建筑或者病房。到1896年,在诺福克郡有8个联合济贫院有这样单独的医疗设施,作为济贫院的一部分。一些城市在提供特殊设施时的进程非常缓慢,比如考文垂济贫院,虽然有自己的医院,其中包括7个病房,容纳132名病人,但是直到1871年,济贫院才增加了治疗传染病人的设施。

1905年关于《济贫法》的调查表明,很多医院仍存在于济贫院内。到1899年,仍有463个英国地方当局(占总数的32%)每年仅为他们的医疗官员支付每人20—30英镑的费用。这些医疗官员的工作负担非常重,例如,据估计,1865年首都济贫院中有大约48%的院内居住者患有各种疾病。在各地的济贫院中,1869年院内患者占院内总人数的近30%。不过,到19世纪末,因为身体强健的院内居住者大幅减少,济贫院内有了更多建筑空间用来改造成济贫院医院的病房。②

到19世纪末,一些大的济贫院医院在各地建立起来,如在曼斯菲尔德(1883)、利奇菲尔德(1890)、迪斯伯里(1890)、森德兰(1893)、沃尔索耳(1894)和怀特黑文(1894)等地区。到1896年为止,大约有58 500名病人

---

① Michael E. Rose, *The English Poor Law*, 1780－1930, pp.160－162.
② Joan Lane, *A Social History of Medicine: Health, Healing and Disease in English*, 1750－1950, p.64.

待在济贫院医院或病房中。在英国的一些地方,济贫院医院实际上就是综合性医院。1905年《济贫法》皇家委员会提到,坎伯威尔济贫院医院就相当于一所一流的综合医院,它拥有160名工作人员、5名固定医生,可以容纳800名病人。① 济贫院医疗设施得到了较大改善。

经过改革,到19世纪90年代,大多数济贫院的条件已经得到一定程度的改善。用于济贫院医院的费用也在增加。1840年在450万英镑的《济贫法》总经费中,用于医疗服务只有15万英镑(3.3%),1871年医疗费翻了一倍增加到30万英镑,占总经费800万英镑的3.7%。②

4. 济贫院的影响及对其评价

19世纪新《济贫法》问世以来,人们对于济贫院制度评价的争论一直没有间断。《泰晤士报》从开始就斥责苛刻的"济贫院检验"成为《济贫法》的核心政策。它在评论中斥责这一"消极"的政策,它的专栏中连篇累牍地描述济贫院内的鞭笞、污秽和道德败坏,管理者和救济官员对老人和病人无情的忽视。从1837到1842年,《泰晤士报》成为《济贫法》罪行的汇编。这些年里,它用200多万字致力于阐述新《济贫法》的糟糕管理,列举了290个人的案例,真实的和虚假的故事共同存在。一位评论员写道:"先生,当您发现每天的报纸上都有一条或者更多关于饿死的报道,这是不是很恐怖的事情呢?"③

1865年,《社会科学评论》(*Social Science Review*)发表了对济贫院的尖

---

① Joan Lane, *A Social History of Medicine: Health, Healing and Disease in English, 1750 - 1950*, pp.64 - 68.
② Joan Lane, *A Social History of Medicine: Health, Healing and Disease in English, 1750 - 1950*, p.65.
③ David Roberts, "How Cruel Was the Victorian Poor Law?", *The Historical Journal*, Vol.6, No.1 (1963), p.98.

刻描述——"英国的巴士底狱"①。济贫院被认为没有其他机构的任何优点,而集所有短处于一身。评论谴责济贫院是种无可挽回的失败,甚至作为地方权力所在地的济贫院官员们宽敞的房间,也被描述成"一个古老城堡的法庭、小教堂和三等铁路候车室的混合体"②。

和同时代的许多人一样,英国很多历史学家对于济贫院的评价也不高。与监狱和医院相比,济贫院拥有的大多不是拥护者,而是激烈的抨击者。在维多利亚时代社会学家的批判中,济贫院过于刻板,并且不对人员加以区别,因此不能达到作为科学性、人道主义社会政策的目的。在对济贫院的普遍攻击方面,这些专家的抱怨更加一致。

济贫院在不同时期受到的评论也不尽相同。维多利亚时代后期的历史学家对济贫院的评价比较宽容,认为新制度并没有那么残酷,许多关于济贫院暴行的故事并不真实,济贫委员们希望院内居民在物质生活上比较舒服。如托马斯·麦凯(Thomas Mckay)认为当时对济贫法的暴行的报道是"错误的,夸大了的";H. D.特雷尔(H. D. Trail)认为,"新《济贫法》对农村贫民所做的和《工厂法》对工人所做的一样多"③。

20世纪的一些历史学家,认为济贫院是"异常残忍"和"可憎粗暴的",如詹姆斯·凯(James Kay)所说,新《济贫法》委员想把济贫院变成监狱。《泰晤士报》从新《济贫法》颁布后就刊登了大量谴责新《济贫法》的文章。1837年到1842年《泰晤士报》刊登的关于济贫院的故事中,有14篇是关于济贫院的隔离措施,32篇是关于院内的严酷虐待,14篇是关于院内拥挤环境,24篇是关于饮食难咽,10篇是关于疾病医疗条件,7篇是关于济贫院凶杀。④

---

① Anon, "The English Bastile", *Social Science Review*, Vol.3, 1865, p.193.
② Anon, "The English Bastile", *Social Science Review*, Vol.3, 1865, pp.195 - 197.
③ David Roberts, "How Cruel Was the Victorian Poor Law?", *The Historical Journal*, Vol.6, No.1(1963), p.101.
④ David Roberts, "How Cruel Was the Victorian Poor Law?", *The Historical Journal*, Vol.6, No.1(1963), p.98.

在狄更斯充满同情心的故事和《泰晤士报》等杂志报纸关于《济贫法》罪恶的记述中，英国历史学家发现了《济贫法》暴行的鲜活证据。而在大多数充斥着这些修辞的关于济贫院的画面中，济贫院成了福利机构中空前让人害怕的机构。历史学家普遍倾向于引用联合济贫院的官僚主义的办事程序来与其他如收容所等机构做对比。因此，济贫院被认为是英国在通往理性社会政策道路上所走的弯路。

笔者认为，对于济贫院作用的认识和评价，应放在时代背景中并根据它对后世的作用来公允地考察，不能被一些文学作品或者报纸的片面宣传所蒙蔽。

首先，19世纪上半期的济贫院，条件确实不尽如人意，但并不像狄更斯或者《泰晤士报》宣传的那样糟糕。19世纪70年代后，济贫院内部状况有了很大改善。

济贫院内苛刻的规定、拥挤的环境、粗糙的伙食都引起了人们强烈的不满，社会舆论不断予以谴责。毫无疑问，许多人对济贫院的印象主要是来自19世纪40年代的济贫院，穷人在济贫院遭到粗暴的对待。通俗印刷品，如单页报纸和中篇小说，常常用"恐惧""怜悯"之类的词语描述济贫院。到19世纪末，这种怜悯之情在中产阶级中得到更大范围的传播，尤其是狄更斯极大地影响了这一观点的形成。

最臭名昭著的是1845年的"安多弗丑闻"（The Andover Workhouse Scandal）。安多弗济贫院内条件太恶劣，居民不得不要求以他们碾碎的骨头上的腐肉为食。丑闻引起巨大社会反响，余波相当大。① 再加上受经济萧条的刺激，反《济贫法》运动在英国南部兴起，英格兰北部组织起来的工人群众也从争取工厂立法改革迅速转到反对《济贫法》运动中来。在威尔士，特别是中部和东北部地区，人们强烈抵制建立济贫院。1837年全国各

---

① Ian Anstruther：*The Scandal of the Andover Workhouse*，London：Bles，1973，p.134.

地的反《济贫法》运动让北方的领导者具有了发动一场全国运动的信心。除了北方工业区外,1837年其他地方都发生了反《济贫法》运动,如威尔士存在广泛的反对运动,北方工业区外也爆发了反对运动,谢菲尔德的反对者召开大会,递交请愿书,还发生了暴乱,甚至连伦敦也出现了监督官和教堂神父领导的反对运动,另外南方的一些乡村选出了反《济贫法》的委员会。

实际情况是不同时期和不同地区的济贫院内生活存在很大差异。实际上像安多弗济贫院那样的丑闻,只是很罕见的例外。济贫院内的伙食也达到了英国一般的水平,只是食品有些单调而已。① 况且济贫院内做饭的也是院内的贫民,他们所做出来的饭菜水平可想而知。

但是,1835年以后的济贫委员会报告却呈现出与《泰晤士报》的报道完全不同的景象。报告认为,济贫院不是"巴士底狱",院内的食物营养丰富,住所舒适,和院外的工人平均水平相当。② 议会新济贫法工作委员会的报告中,济贫委员会对于一些特殊案件的调查等都证明了,许多济贫院残酷的故事不真实,一些弊端并非由《济贫法》引起。③

实际上,人们强烈反对新《济贫法》,并不是由于济贫院内缺衣少食,也不是由于济贫院内的居民受到多少虐待。新《济贫法》实施后期,济贫院的肉体性惩罚已大大减少,济贫委员会坚决否认肉体体罚是济贫院的官方政策。他们声称济贫院需要的是秩序而不是惩罚。④ 1836年,济贫委员会公布了济贫院监护人可以选择的6道菜谱,这对大多数济贫院来说是适合的。对济贫院食品的抱怨大多是因为厨艺不精,难以下咽,而不是故意虐

---

① Eric J. Evans, *The Forging of the Modern State-Early Industrial Britain*, 1783 – 1870, p.225.
② David Roberts, "How Cruel Was the Victorian Poor Law?", *The Historical Journal*, Vol.6, No.1 (1963), p.100.
③ David Roberts, "How Cruel Was the Victorian Poor Law?", *The Historical Journal*, Vol.6, No.1 (1963), p.102.
④ Felix Driver, *Power and Pauperism: The Workhouse System*, 1834 – 1884, p.64.

待。① 因为济贫院内没有专门的厨师，饭菜都是由院内的贫民来烹制的，饭菜口味不佳也就可以理解。事实上，济贫委员会的官员们一直在试图提高济贫院内居民的生活水平。②

对于济贫院内贫民人身自由的限制以及羞辱，才是人们强烈反对济贫院的根本原因。在济贫院内，人们必须穿统一的制服，按时起床、吃饭、工作、睡觉。这一做法带有明显的人格侮辱与政治性惩罚，其目的是希望全体社会成员都依靠自助摆脱社会问题的困扰。正如迪格贝（Anne Digby）所说，"济贫院的残暴不在于物质的匮乏，而是心理的折磨"③。院内贫民失去政治自由，被剥夺选举权，不仅如此，还要脱下原来在家中穿的衣服，换上济贫院的统一服装。济贫院制服通常由很粗糙的布料缝制，新《济贫法》颁布初期，不同类型的院内居住者可以通过穿着或衣服的特殊颜色来区别。穿上这身制服，实际上就是对外宣布这是一个穷人济贫院内的制服，成了一个特定的符号，这种心理上的羞辱，对于具有根深蒂固的"生而自由"传统的英国人来说，是很难接受的。

19世纪中期，法国哲学家、批评家H.泰纳（H.Taine）参观了曼彻斯特一个模范济贫院，分析了多数人宁愿接受条件较差的院外救济的原因，他认为，一部分人是因为限制饮酒，另一部分人是因为失去自由和纪律约束。他得出结论："济贫院被看成监狱，穷人把不去济贫院看成自己名誉的转折点。或许应当承认，这种管理制度是愚蠢的专制，令人担忧。这是每一项管理制度的缺陷，每一个人在这里成了机器，他们仿佛没有情感，总是无意识地受到侮辱。"④

---

① Peter Wood, *Poverty and the Workhouse in the Victorian Britain*, pp.100 – 101.
② Derek Fraser, *The Evolution of the British Welfare State: A History of Social Policy Since the Industrial Revolution*, p.54.
③ Eric J. Evans, *The Forging of the Modern State-Early Industrial Britain*, 1783 – 1870, p.146.
④ Hippolyte Taine, *Notes on England*, Translated With an Introduction by Edward Hyams, London: Thames and Hudson, 1957. p.241.

当时，在济贫院内存在的对居住者的体罚，在家庭、学校和其他社会公共机构也普遍存在。在高犯罪率和雇用童工成风的时代，让人震惊的是，拥挤的济贫院并不是骇人听闻的。很多证据表明，新《济贫法》的集中管理减少了暴行的出现。这一事实使伦敦警察委员会委员理查德·梅恩得出结论："在新《济贫法》下，紧急事件得到更加迅速和有效的解决。"①

欧文·戈夫曼（Erving Goffman）颇具影响的著作表明，所有住宿院舍（Residential Institution）不管目的如何，都具有很多共同点，特别是需要使居住者的活动适应一般准则。人们经常将济贫院与监狱作比较，认为这一体制的抑制作用不是《济贫法》特有的，在同时代的其他机构中也可以发现，否定济贫院不仅是对《济贫法》的否定，也是对这类住宿院舍的否定。②

实际上，19世纪末期，济贫院状况有了很大改善。1905年英国官方组织了皇家济贫法调查委员会（The Royal Commission on the Poor Laws），目的是"调查在工业萧条时期国家《济贫法》的执行情况，以及在《济贫法》之外所采取的各种应对于失业所导致的贫困的办法"③。他们在近5年时间里前后共调查了200多个济贫区和联合济贫区、400多个济贫院。皇家调查委员会多数派和少数派都发现各地的济贫院存在较大差异。他们指出："我们访问了很多济贫院，发现它们之间的差别就像黑夜与白昼一样。这些济贫院之间的差别或者是因为济贫监督官的兴趣不同而不同，或者因济贫院管理者的习惯不同而不同，或者因地方济贫法管理机构政策的不同

---

① M. A. Crowther, "The Later Years of the Workhouse, 1890 – 1929", *The Origins of British Social Policy*, p.36 – 55.
② M. A. Crowther, *The Workhouse System, 1834 – 1929: The History of an English Social Institution, 1834 –1929*, p.4.
③ B. S. Green: *Knowing the Poor: A Case-Study in Textual Reality Construction*, London: Routledge and Kegan Paul, 1983, p.1.

而不同,或者由于地区之间特点的不同而不同。这种差距是如此之大,以至于对任何一个济贫院情况的阐述都不能适合于全部的济贫院。"①

但是对工人阶级来说,济贫院最恐怖之处在于,近一个世纪里,无论由什么原因导致的工人阶级的贫困失败,济贫院都成为对其陷入贫困的惩罚。所有的其他缓和的措施,例如友好协会、私人慈善、保险和养老金都没有完全消除这一机构的威胁。随着工人阶级政治、社会地位的上升,这一体制越来越让人难以忍受。在国立学校中,强化了家庭生活的首要地位和工作的重要价值。与之相对的是,济贫院体制将分裂家庭作为对社会衰退的反应,把工作作为一种惩罚。所以,即使济贫院物质条件很舒适,随着工人阶级的地位得到改善,工人阶级在济贫院里就会越来越感到处境难以忍受。②

其次,济贫院只是 19 世纪英国济贫模式中很小的一部分,大部分贫民仍然接受着院外救济。

尽管新《济贫法》规定贫困者必须进入济贫院中才能得到救济,但是院外救济并没有取消,院内接受救济的贫民在整个贫民群体中所占的比例并不很大(见表 2-2)。

表 2-2　1840—1858 年英国济贫院内、外救济情况③

年　份	济贫院内救济		济贫院外救济		总数	
	平均人数/千人	千人中所占比率/%	平均人数/千人	千人中所占比率/%	平均数/千人	千人中所占比率/‰
1840	169	11	1 030	66	1 200	77
1842	223	14	1 205	75	1 427	89

---

① M. A. Crowther, "The Later Years of the Workhouse, 1890 - 1929", *The Origins of the British Social Policy*, p.41.
② M. A. Crowther, *The Workhouse System*, *1834 - 1929: The History of an English Social Institution*, pp.270 - 271.
③ Karel Williams, *From Pauperism to Poverty*, p.158.

续 表

年 份	济贫院内救济		济贫院外救济		总数	
	平均人数/千人	千人中所占比率/‰	平均人数/千人	千人中所占比率/‰	平均数/千人	千人中所占比率/‰
1844	231	14	1 247	76	1 478	90
1846	200	12	1 132	67	1 332	79
1848	306	18	1 571	90	1 887	108
1850	123	7	886	50.4	1 009	57.4
1852	111	6.2	804	44.7	915	50.9
1854	112	6.1	753	40.9	865	47
1856	125	6.6	792	42.1	917	48.7
1858	123	6.4	786	40.8	908	47.2

从上述表格可以看出，整个维多利亚时代中期，接受院外济贫的贫民仍然占了绝大多数。济贫院并不代表英国的全部社会救济制度，它只是19世纪英国济贫制度的一部分。对此，历史学家罗斯(Michael E. Rose)写道："尽管1834年《济贫法》强烈谴责对能自食其力的健壮男子进行救济，但是(院外济贫)这种形式直到1860年还在北部工业城镇存在，在更多的乡村地区，则延续到20世纪。"[①]地方对于济贫还负有相当大的行动责任。实际上，济贫委员会的报告就是在废除济贫和保留济贫之间的妥协。[②]

从另一方面来看，设立济贫院的一个宗旨就是要通过种种威慑，通过严格的纪律，促使贫民自食其力。济贫院"所有条件中首要的就是(贫民)总体上不应当比最底层的独立工人更好"[③]。从某种程度上，它确实达到了这个目的。

虽然院内救济的人均支出比院外救济至少高出50%，但新《济贫法》

---

① Michael E. Rose, "The Allowance System Under the New Poor Law", *Economic History Review*, New Series, Vol.19, No.3 (1966). p.616.
② Peter Wood, *Poverty and the Workhouse in the Victorian Britain*, p.187.
③ S. G. Checkland, ed., *The Poor Law Report of 1834 Poor Law Commission*, Harmondsworth: Penguin, 1974, p.335.

却多少实现了减少济贫税的目标,接受户外救济的人数也大幅下降。由于人们害怕进入济贫院,宁可接受苛刻的条件到工厂去做工人。这样,起到了为工业资产阶级提供更多可供雇用的自由劳动力的作用,促进了工业的发展。另外,贫民为了不进入济贫院,尽量去工作,接受院内济贫的贫民人数在减少,这也使济贫开支大幅度减少。自 1834 年之后的 10 多年时间,济贫税一直保持在每年 450 万—500 万英镑之间。[1] 从中也看出,济贫委员会十分成功地建立了一种体制,这种体制并不是基于肉体的惩罚,而是基于心理的威慑,基于羞辱和恐惧。[2]

19 世纪 80 年代后,英国政府为了降低济贫支出,严格限制院外救济,院内救济的贫民数迅速增长。院内贫民的增长速度不仅经常与英国人口增长速度保持平衡,而且时常超过人口增长速度。1870—1914 年,院内贫民增长速度为 0.6%—0.8%,从 156 800 人增加到 254 644 人,这还不包括临时收容所收容的流浪者以及疯人院中的贫民。[3]

最后,济贫院在英国,乃至西方存在了 3 个多世纪,尽管它仍有着种种弊端,但是毕竟为衣食无着的穷人,尤其是那些贫穷的老弱病残、孤儿乃至精神病人提供了基本的生活保障。济贫院是工业化时期英国教区济贫和福利国家之间的过渡性制度,是慈善机构(Institutional Care)的第一次国家试验,为 20 世纪西方福利国家的建设提供了许多制度上的借鉴。

1834 年新《济贫法》的颁布是英国济贫法历史上的一个里程碑。之后的济贫院虽然有意无意地制造了许多错误,犯下了一些罪行,但在试图改正或弥补这些错误和罪行的过程中,国家逐渐建立起专门机构取代了济贫院。如果将济贫院体制放在更大范围内考察,它作为工业化初期社会服务

---

[1] Derek Fraser, *The Evolution of the British Welfare State: A History of Social Policy Since the Industrial Revolution*, p.49.
[2] M. A. Crowther, *The Workhouse System, 1834–1929: The History of an English Social Institution*, p.271.
[3] Edward Royle, *Modern Britain: A Social History, 1750–1985*, p.179.

机构的重要性也显而易见。济贫院为许多没有其他服务机构存在的乡村提供医疗,为没有依靠的弱者提供了一个避难所。19世纪末,它甚至为无助者提供了比独立家庭更高水平的照料。①

《济贫法》下的济贫为一部分贫困者尤其是老年贫困者以及别无其他生活依靠者提供了有用的帮助。根据1905年皇家济贫法调查委员会多数派的报告,截至1907年9月,83.7%的院内贫民一年之中接受1次院内救济,13.5%的院内贫民一年之中接受2到4次救济,2.8%的院内贫民一年之中接受5次以上的救济。从时间上看,1/3的院内贫民在济贫院内居住4周以上,18%的院内贫民在济贫院中居住13周以上。②

许多年里,济贫院兼备学校、精神病院、医院和老人之家等功能,同时,它还是无依无靠的人的最后避难所,而济贫院对儿童的教育引领了国家对学校的资助。在新《济贫法》实施的早期,济贫院学校目的在于提高贫穷儿童的适应能力,良好的教育可以使得儿童在劳动力市场中有很强的竞争力,而不会成为济贫院的负担,一些济贫院在这方面取得了成功。③ 为了治疗院中的病人,许多济贫院还建立了医院。这些医院为所有阶级提供服务,而不仅仅是服务穷人。因为当时还没有其他的公共卫生机构,可以说,20世纪英国国民保健制度直接起源于济贫法的医疗服务。④

不能断言这些职责都得到了很好的执行,但济贫院为今天管理更加专门化的公共机构提供了经验,许多机构发源于其中,为后来的地方管理的公共机构制度奠定了基础。济贫院具有连续性,即使在《济贫法》废除后,不只是济贫院建筑本身,包括与19世纪的济贫院相关的官职、管理岗位和

---

① M. A. Crowther, *The Workhouse System*, 1834 – 1929: *The History of an English Social Institution*, p.269.
② Karel Williams, *From Pauperism to Poverty*, p.231.
③ Anne Digby, *The Poor Law in Nineteenth-Century England and Wales*, p.34.
④ Ruth G. Hodgkinson, *The Origins of the National Health Service: The Medical Services of the New Poor Law*, 1834 –1871, Berkeley and Los Angeles: University of California Press, 1967, p.696.

许多习惯性做法,也在福利国家的建设中被很好地继承下来。《1929年地方政府法》(*The Local Government Act of 1929*)想逐步结束普通的混合济贫院,将专门公共机构的居住者交由各郡管理。因为郡政府无法立刻建立新的慈善机构,郡政府的委员们往往是以前的监护人,济贫院管理者变成医院管理者,护士和其他职员继续以前的工作,旧建筑也仍然存在。

总之,济贫院制度的存在,为那些无依无靠、穷困潦倒的人提供了最后的栖息场所,为他们提供了必要的生活条件。也为那些贫困老人、孤儿、精神病人提供了一个生活场所。尽管1834年新《济贫法》颁布后,济贫院数目急剧扩大,院内的贫民人数的增加,使得十九世纪三四十年代的济贫院出现了种种丑闻而遭到了民众的反对。但是19世纪后期,济贫院制度经过不断改革,院内条件也大大改善。因此它既不是穷人的"巴士底狱",也谈不上是穷人的"天堂"。济贫院是英国中世纪晚期以来最重要的济贫机构。20世纪英国福利国家建立后,济贫院融入福利国家制度。

济贫院救济的标准反映了它过分注重道德因素,忽视了导致贫困的经济、社会因素。"整个维多利亚时期,济贫法是个'教育机器',希望借此塑造公众道德。"[①]它试图通过惩治"懒惰"贫民的办法来根治贫穷,相信失业即使不是全部,也在很大程度上是自我堕落的结果,之后的经济萧条证明这一观点是错误的。

济贫院救济的根本缺点在于它以救济为主,而不是以预防贫困为主。《济贫法》下的任何救济都是在贫困成为一种事实后才提供的,而不是在可能出现济贫之前提供救济,防止贫困成为事实。因此从本质上说,它不能有效地解决贫困问题。尤其是随着工业社会的发展,社会问题越发复杂,贫困的原因更加多样化、社会化,这种制度显然无法满足社会发展和变化的需要。1867年利物浦慈善家威廉·拉斯博恩(William Rathbone)评论

---

① M. Wiener, *Reconstructing the Criminal: Culture, Law and Policy in England, 1830-1914*, Cambridge: Cambridge University Press, 1990, p.153.

道:"(济贫院)确实成功地阻止了贫民向教区申请支持,消灭了贫困,有效地制止了在《伊丽莎白济贫法》之下的道德败坏的趋势,但是作为公共慈善制度,它是失败的。"①

查德威克是1834年英国皇家委员会济贫法报告主要起草人之一,也是一位自由主义者。但是在他的报告里,在边沁的"劣等处置"的基础上,还加上了"济贫院检验"原则,认为这些严酷的措施有助于穷人道德的完善。查德威克认为,不需要废除公共救济,只需要使公共救济对大多数穷人来说没有吸引力即可。② 19世纪30年代英国政府济贫制度改革就是在这种背景下进行的。1834年英国颁布了新《济贫法》,主题和基调是,通过惩治"懒惰"贫民根治贫穷问题。这一时期的济贫院主要以惩治穷人为主,各方面限制十分苛刻,济贫官员甚至认为这有助于穷人的道德完善并使懒汉勤奋起来。济贫院内供给的食物很少,劳动极其繁重而毫无意义,而且院内实行夫妻子女分居的隔离制度,居住条件也很恶劣,济贫院因此被称为"巴士底狱"。

20世纪前期,英国济贫法制度的救济方式基本没有大的变化,济贫法当局不仅提供院内救济,而且提供院外救济,不仅提供贫困救济,而且提供老年、失业和医疗救济。但是,由于社会保险制度的实施为英国一部分贫民提供了较之《济贫法》制度更加稳定的救济,社会保险制度实施后,接受《济贫法》救济的人数明显下降。1913年《济贫法机构条例》规定,"济贫院"的名称不再使用。所有济贫机构一律改称为《济贫法》机构。条例要求进一步改善济贫法机构中贫民生活环境,加强对《济贫法》机构的管理。③ 1929年,英国《地方政府法》颁布,该法令规定:"自法令签署之日,各济贫

---

① William Rathbone, *Social Duties: Considered With Reference to the Organization of Effort in Works of Benevolence and Public Utility*, London: Macmillan, 1867, pp.48-49.

② S. E. Finer, *The Life and Times of Sir Edwin Chadwick*, p.45.

③ 丁建定:《英国社会保障制度史》,第264页。

法机构应当按照此法令规定将职责移交至济贫法机构辖区所在的郡或郡自治市议会,此法令有额外规定的除外,如果济贫法辖区并非完全位于某一郡或郡自治市,则其应将其职责移交至辖区所在任一郡或自治市,自签署日起所有的济贫法机构应当停止存在。"① 这标志着英国以济贫法局为基本机构的英国济贫法地方管理体制的终结。它与1919年《卫生部法》的颁布实施结合在一起,宣告了英国济贫法制度的终结。

---

① *Local Government Act*,1929,参见 http://www.legislation.gov.uk/1929? title=local%20government%20act.

第三章
《济贫法》体制下的贫民医疗救助

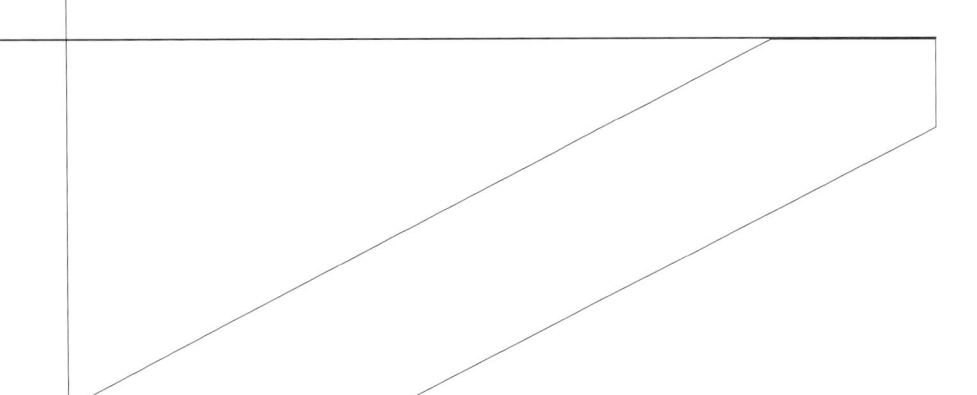

《济贫法》制度下的医疗救助体制是英国转型时期扶贫的一项重要制度。18世纪开始,随着工业革命的发展,城镇环境恶化,居民身体状况恶化,患病人数日益增多,许多人因病致贫。为了减轻济贫负担,英国济贫法当局开始对贫民进行医疗救助。新《济贫法》颁布后,各地济贫院先后建立起了药房或者联合医院。济贫院医院成了英国国立医院的开端,对英国战后国民保健制度发展起到了重要作用。

一、旧《济贫法》体制下的英国贫民医疗救济

医院在中世纪就已经在英格兰出现。到 13 世纪末，仅在英格兰已经有超过 500 家医院建立。但中世纪的医院不是专门为治疗疾病而设的机构。中世纪的医院履行的职责范围广大，有时作为一个专门的单位，更多时候则履行诸如收容、救济、隔离麻风病等多种功能。

从 1601 年《伊丽莎白济贫法》的颁布至 1834 年《济贫法修正案》通过，这段时间是英国济贫法制度史上的旧《济贫法》时期。17 世纪上半叶，劳动救济是英国济贫的重要内容，对医疗救济的关注度并不是很高。18 世纪中后期，随着工业革命的发展，贫困人口增加，环境恶化，贫民的医疗救济问题显得越来越迫切，贫民的医疗救济开始得到关注，英国开始以教区为单位向穷人提供医疗救济。

1. 旧《济贫法》体制下贫民医疗救济的发展

在近代早期的英格兰，医疗供应往往是商业形式，要付费才能获得相应的服务，看病对于贫民来说是一个很大的负担。1601 年《伊丽莎白济贫法》第 43 条规定教区要为"残疾人、体弱者、老人、盲人以及其他不能工作

的人"提供必要的救济。① 其基本原则是院外救济。但1601年的《济贫法》并未提及医疗救济,设立的诊所也非常少。1662年《定居法》同样涉及了对穷人的救济而没有谈到治疗病人。因为17世纪初期,英国医生人数很少,他们主要为富人服务。17世纪后半期,内科医生、药剂师、外科医生人数不断增加,城镇数量增长,使得对穷人的医疗服务成为可能。到1700年前后,在教区执事的账簿上,常常可以发现教区向医生支付诊疗费用的零星记录。②

实际上,按照《济贫法》理念,教区有责任帮助生病穷人及其家庭,即便由此产生一些额外费用。18世纪英格兰人口大幅增长,1630年近410万,1770年为640万,到1790年达到了880万。③ 同时接受救济人口的比例大幅上升,1696年英格兰和威尔士接受救济的穷人占总人数的3.6%,1776年便增至9.8%,1785年则为10.9%,1802—1803年达到了14.7%。④ 这意味着穷人的数量不断攀升。而贫民恶劣的居住环境、身体极度缺乏营养又导致疾病流行,患病的贫民人数大幅增加。医疗救济的观念虽未被系统性地提出,但在具体的实践过程中,各教区已根据自己的具体情况进行了不同程度的落实。在这种情况下,对患病的贫民进行治疗成了济贫执事职责必要的组成部分,而且在这一领域里,一些成功的措施得以传播采用。⑤ 教区内的贫民在其危急时刻,如患疾病或慢性病、残疾或死亡时,济贫官会为其提供医疗救济等服务。经过一个世纪的发展,济贫法制度下的贫民医疗救济已经从原来零星式支付医生医疗账单发展到规模庞大、领域

---

① John Woodward, *To Do the Sick No Harm: A Study of the British Voluntary Hospital System to 1875*, London and Boston: Routledge and Kegan Paul, 1974, p.4.
② Geoffrey W. Oxley, *Poor Relief in England and Wales, 1601 – 1834*, London: David and Charles, 1974, p.65.
③ [英]肯尼思·O.摩根:《牛津英国通史》,第398页。
④ P. Slack, *The English Poor Law, 1531 – 1782*, p.22, George R. Boyer, *An Economic History of the English Poor Law, 1750 – 1850*, p.29.
⑤ E. G. Thomas," The Old Poor Law and Medicine", *Medical History*, Vol.24, No.1(1980), pp.1 – 2.

广泛的救助制度。① 旧《济贫法》体制下的贫民医疗救助涵盖了初级保健的各个方面,也包括一些福利设施。

这一时期为贫民提供医疗救济,实际还是出于降低济贫费用的考虑。17、18世纪,英国天花、斑疹伤寒症、猩红热等传染病不断地在穷人中肆虐。这些传染病的爆发无疑会增加济贫费用。教区除了需要急剧增加医药费之外,还要支出房屋消毒费、清洗费、交通费以及更多的食物和丧葬费用。1769年班伯里爆发了天花疫情,使得当年的济贫费用激增至106万英镑。② 这显然不如为当地穷人接种疫苗更划算。同时,较早地治愈患病穷人可以缩短他们申请济贫法救济的时间,使其尽快恢复自力更生的能力,从长远来看减轻了教区负担。尽管济贫院已经成为《济贫法》臭名昭著的象征,但在1834年之前的数年里,济贫院只存在于少数教区,大部分是大的城镇中心,且提供最低限度的医疗服务。③

18世纪,《济贫法》的医疗救济水平逐渐提高,救助的范围也逐渐扩大。《济贫法》的医疗条款涉及了初级健康护理的各个方面,以及一些基本设施建设。但是在不同的地区、不同的教区,其医疗救济方式也不同。主要救济方式有:为贫民支付医疗费、与医生签订承包合同、就近利用当地医院、建立济贫院病房(Workhouse Ward)或济贫院医院(Workhouse Infirmary)以及建立药房(Dispensary)等。

(1)为贫民支付医疗费等费用

这是旧《济贫法》贫民医疗救济的第一种方式。当贫民患病求医时,教区委员会向医生支付诊金及药费,这笔费用来自该教区纳税人所缴纳的济

---

① Geoffrey W. Oxley, *Poor Relief in England and Wales*, 1601–1834, p.72.
② E. G. Thomas, "The Old Poor Law and Medicine", *Medical History*, Vol.24, No.1(1980), p.9.
③ Joan Lane, *A Social History of Medicine: Health, Healing and Disease in England*, 1750–1950, p.45.

贫税，因此教区的医疗总花费便和接受医疗救济的贫民数量紧密相关。有的教区可能为每个病人向不同的医生支付费用，还有的教区可能会任命一个教区医生为贫民患者服务，每年向医生支付其一年所有工作的费用。① 教区医疗救济支付的款项还包括购买食物、燃料、衣服和床褥等所需费用，涉及了初步健康护理的各个方面，以及一些基本设施建设的费用。② 有的教区对支付治疗费用比较贵的账单非常小心，一般是先支付一部分款项，等患者的疾病完全好后再支付剩下的部分。比如，1758年在伍德斯托克教区，教区委员会决定"支付给索瑟姆（Southam）夫人治疗詹姆斯·史密斯（James Smith）的腿病的2.5几尼诊金。其中1几尼的费用立即支付，剩下的1.5几尼则在完全治疗好后支付。事实上，剩下的钱3个月后才支付"③。而外科医生治疗赤贫患者的最便宜和最直接的方式是开药，有时只需要几便士。这些账单中医生所开药的名字都没有被记录下来，只记录了账单总额。如记录于1735年的一份账单只是写着"给约翰·泰勒（John Taylor）开了一些药，药费2先令6便士"④。如果动手术，费用就会比较高。1821年一个教区则付给为艾略特（Elliott）的妻子治病的两名外科医生11英镑11先令6便士，其中包括手术费、药费和路费，病人的丈夫额外又付了5先令。18世纪晚期出现了一些数额夸张的手术收费，例如给一位赤贫者实施乳房切除术的医生获得了8英镑8先令。⑤ 教区对于外科医生付费的方式不一，农村一些小的教区的济贫官一直到19世纪30年代，大多坚持着治疗一个病人付一次钱的方式；在城镇和一些大的乡村教

---

① Geoffrey W. Oxley, *Poor Relief in England and Wales*, 1601-1834, p.66.
② Joan Lane, *A Social History of Medicine: Health, Healing and Disease in England*, 1750-1950, p.45.
③ E. G. Thomas, "The Old Poor Law and Medicine", *Medical History*, Vol.24, No.1(1980), p.2.
④ Joan Lane, *A Social History of Medicine: Health, Healing and Disease in England*, 1750-1950, p.46.
⑤ Joan Lane, *A Social History of Medicine: Health, Healing and Disease in England*, 1750-1950, p.47.

区,在 18 世纪中叶起,与医生签订一年期的合同就很常见了。

除了提供医疗救助,教区还会承担假肢、拐杖和眼镜等病人所需工具的费用。较有特色的是,《济贫法》医疗救济还包括为患病贫民提供食物、酒、衣物、燃料、床褥等生活必需品,从而保障贫民的身体能够尽快恢复。教区还要承担穷人的洗礼和下葬费用,以及举行这些仪式最基本的招待事宜所需费用。如在 1832 年,教区认为自己有责任花费 5 先令买一些肉类来使生病的儿童强身健体。18 世纪各种类型的酒和糖被当作治疗疾病和缓解痛苦的药物,因此酒和甜食是最常供应给患病贫民的物品。为患病贫民购买酒的种类也不断增多,济贫官的账簿中经常有麦芽酒、白兰地、杜松子酒、朗姆酒、葡萄酒等。根据记录,1747 年 9 月,圣玛丽教区为在济贫院待产的妇女购买了糖和麦芽酒,圣十字教区为成年病人提供糖果和杜松子酒,儿童则可获得饼干、苹果和水果馅饼,几乎所有教区都会为病人专门购买白面包和糖。[①] 麦芽酒主要向哺乳期妇女提供以增加乳汁,白兰地(在 1787 年每品脱的价格是 1 先令 6 便士,到了 1807 年涨到了 2 先令)主要供给病情危急或者濒临死亡的人,杜松子酒也是提供给病情严重之人。当有婴儿降生或者教区穷人去世之时,济贫官会为举办洗礼或葬礼仪式购买一些简单的招待物,经常是为参加者准备麦芽酒、面包和奶酪,花费几先令。下葬穷人的花费自然更多,例如在 1757 年教区要为下葬一名名为约翰·费里曼(John Freeman)的人准备的物品费用为:一夸脱葡萄酒 1 先令,肉 1 先令 6 便士,面包 3 先令 6 便士,葬礼上的面包、麦芽酒和奶酪 4 先令 6 便士,寿衣 4 先令,棺材 8 先令,总共 1 镑 2 先令 6 便士,其中也包括购买煤炭的费用。这些开支,尽管都不属于医疗费用,但却是旧《济贫法》体制下供应生病穷人的重要部分。[②] 此外,教区会雇用当地的妇女(多是教区内

[①] Alannah Tomkins, "Paupers and the Infirmary in Mid-Eighteenth-Century Shrewsbury", *Medical History*, Vol.43, No.2(1999), p.216.
[②] Joan Lane, *A Social History of Medicine: Health, Healing and Disease in England, 1750 - 1950*, p.53.

的穷人),去照顾需要家庭护理、卧床不起和奄奄一息的人(多为单独居住者),为其提供最基础的医疗保健服务。这些未经培训的女性承担着侍者或街道清洁工的角色,而非护士的职责,她们的报酬在18世纪是每周2先令,到了19世纪涨到了4先令。她们经常像仆人一样承担一些家务活儿。事实上,旧《济贫法》机构几乎在所有地区都承担了医疗或者福利供应,像现代福利国家那样提供从摇篮到坟墓的服务,尽管服务对象只有那些严格意义上的教区穷人。①

(2) 签订医疗合同

随着贫民人数的增多,教区为贫民支付的医疗费也大幅上升,济贫官的负担也越来越重,原有的付费方式越来越难以推行。18世纪40年代开始,一些教区发现,根据教区病人总数,同医生签订医疗服务合同是一项比较方便且相对廉价的形式。② 具体办法是将本地穷人的医疗承包给当地一名或数名医生,并支付医生固定薪酬。合同的具体内容则视各教区的具体情况而定。有些教区的合同规定医生负责治疗病人并提供药物,有些合同则只要求医生负责诊治,有些医疗合同不包括接种天花疫苗和治疗流行病,教区需为此额外付费。③ 为控制医疗费用,斯托尼·斯特拉福德(Stony Stratford)的教区济贫官在1752年还特别下令,如果没有济贫官的指示,外科医生不能私下问诊,否则不向其支付任何报酬。④

大部分情况下医疗合同都要求医生提供药物以及患者所需的其他辅助工具,薪酬则视教区的富裕程度以及所要负责的穷人数量而定。弗雷德

---

① Joan Lane, *A Social History of Medicine: Health, Healing and Disease in England, 1750 – 1950*, p.54.
② E. G. Thomas, "The Old Poor Law and Medicine", *Medical History*, Vol.24, No.1(1980), p.7.
③ George Rosen, "Medical Care and Social Policy in Seventeenth Century England", *The New York Academy of Medicine*, Vol.29, No.5(1953), p.432.
④ Joan Lane, *A Social History of Medicine: Health, Healing and Disease in England, 1750 – 1950*, p.50.

里克·莫顿·伊登爵士在18世纪90年代中期调查穷人的生活状况时，注意到了教区外科医生每年按合同可取得的收入：在彼得斯菲尔德和兰开斯特低至每年10英镑，在沃灵顿较高一些，每年为30英镑，布拉德福德则高达54英镑。① 19世纪，城镇合同医生的报酬一般在50英镑以上。1820年，北约克郡地区许多大的城镇还将医疗与济贫院穷人管理结合起来，统一治疗规则，根据济贫院贫民数量与医生协商订立协议，给予院内外贫民病人以不同性质的医疗救济服务。②

医疗合同的签订一方面减轻了教区负担，签订合同后教区委员和济贫监督官就无须在医疗费用上费心，教区可以提前知晓下一年度的济贫医疗开支额度，这样一来，一方面，一年中无论是否有流行病，贫民数量是否增加，付给医生的薪水都固定不变，也不会增加纳税人负担；另一方面，医生们的收入也有了保障，合同保证了他们这一年的收入，不需要再挂念那些小额收入，也无须再详细记录每个病人的诊金及药费以便向教区济贫管理者索要，工作量减轻，因此合同制受到了各教区的推崇。医疗合同的签订通常由教区委员或济贫法监督官与当地医生谈判，随着医生人数的不断增多，医生间的竞争也增强，为此医生在与教区委员会谈判时，其医疗服务合同的金额一般要被砍去一些。③ 当然，那些执业医生为了获取更多的收入，通常会和多个教区签订医疗合同。沃里克郡纳尼顿的威廉·宾德利（William Bindley）就同意与布金顿以每年6镑6先令以及与纳尼顿以每年14镑14先令的价格签订契约，布金顿和纳尼顿是两个较大的工业教区，在布金顿，宾德利的合同支出占当地用在穷人身上的开销的1.5%，而在纳尼顿仅占1.1%。在同一个郡，伯纳德·吉尔里·斯诺（Bernard Geary

---

① Joan Lane, *A Social History of Medicine: Health, Healing and Disease in England, 1750-1950*, p.18.
② R. P. Hastings, *Poverty and the Poor Law in the North Riding of Yorkshire, 1780-1837*, p.14.
③ E. G. Thomas, "The Old Poor Law and Medicine", *Medical History*, Vol.24, No.1(1980) p.8.

Snow)与4个教区签订契约,每个都在6到10几尼之间,在这个基础上他还要照顾另外四个村子,他还在一个教区里为穷人接种疫苗,报酬为每年20镑。①

(3) 医院治疗

将贫民送往志愿医院或济贫院药房治疗,也是当时贫民医疗救济的重要方式。一般而言,贫民患者希望到医院治疗,以避免在济贫院内受煎熬之苦。当时医院稀少,但发展很快。1700年,伦敦有两所医院,整个英国也只有5所医院。到1780年,伦敦已有7所医院,地方医院总数达到30所。② 地方医院建立的高峰时间是1735年到1775年,其间共有21所医院建立。③ 但是,从18世纪开始,贫民的就医渠道发生了变化,首先,英国最大的两家皇家医院圣托马斯医院和圣巴特罗缪医院(The Hospital of St. Thomas's and St. Bartholomew's)开始收取床位费用,还规定病人入院前必须存上足够支付其葬礼的费用,床位费的标价远远超出了贫民的支付能力。其次,18世纪初期,志愿医院(Voluntary Hospital)这种新型医院开始在英国建立。18世纪30年代初,教区开始把贫民病人送往志愿医院。这些志愿医院属于慈善性质,一般依靠捐赠或遗产建立,每年还有持续的捐款。其建立的目的是帮助贫困病人,收费很少或不收费。但这些医院规定穷人必须首先获得一位医院股东的推荐,还要进行一个所谓的道德测验,以供医院决定其是否值得进行慈善救助。

在教区济贫管理者的帮助下,一些患急性病或者需要手术的穷人往往会被送到附近的地方医院或志愿医院接受医治。18世纪初,由于病人增

---

① Joan Lane, *A Social History of Medicine: Health, Healing and Disease in England, 1750 – 1950*, p.50.
② Brain Abel‐Smith, *The Hospitals, 1800 – 1948*, p.4.
③ John Woodward, *To Do the Sick No Harm: A Study of the British Voluntary Hospital System to 1875*, p.36.

多，各教区还制定了贫困病人入院标准。教区委员会一般都会向医院支付一些贫困患者的治疗费用。如瑟顿·加农教区送一名女病人进入盖伊医院(Guy Hospital)住院治疗，病人住院63天，教区共支付了1英镑11先令的清洗费和交通费。而许多教区采取每年向志愿医院支付一定费用的方式，以便获得把本教区需要住院治疗的贫民患者送往志愿医院的提名权。牛津郡的80个教区和伯克郡的30个教区，每个教区每年向拉德克利夫医院(Radcliffe Infirmary)支付6几尼费用，就可以把本教区贫困患者送往该医院治疗。[①] 但有的志愿医院也会拒绝一些教区的捐赠，拒绝接收济贫院内的患者。如洛克医院(Lock Hospital)委员会就拒绝了教区把济贫院内患者送到医院治疗的要求。有人认为，捐献"对教区来说是个好买卖"，但允许济贫院把病人送入医院这件事只会"减轻富人的负担"。[②]

志愿医院接收病人时有诸多限制。除了需要有捐赠者的病人推荐信外，性病、传染病等患者概不接收。另外运送病人还需要额外的雇马车费用、过路费等花费，贫民病人住院时还要缴纳一笔保证金。这使得送往志愿医院这种贫民医疗救济的方式难以推广。

济贫院医院和药房的建立使得《济贫法》体制下的医疗救济有了专门的场所。18世纪起，各教区开始建立济贫院，最初济贫院内并没有设立专门向贫民提供医疗救济的机构，随着济贫院内贫民数量的增多以及济贫对象结构的变化，院内贫民的医疗需求增加，有的济贫院开始设立医院，以满足本院患者的需求。如1725年，伦敦威斯敏斯特教区的圣玛格丽特济贫院(St. Margaret's Workhouse)建立。一年后，在济贫院外科医生的不断要求下，教区委员会吝啬地建了一小间医院，这间房子实际上是由原来接收院内的发热病人、精神病人的房间转化而来的。早期的计划中，济贫院医

---

① E. G. Thomas,"The Old Poor Law and Medicine", *Medical History*, Vol.24, No.1(1980), p.4.
② Jonathan Reinarz and Leonard Schwarz, eds., *Medicine and the Workhouse*, Rochester: University of Rochester Press, 2013, p.26.

院并不完备,只是把以前有其他用途的房间改建成了收容病人、性病患者、"精神病人"、小儿科患者和传染病患者的病房,并且为这一崭新的医疗空间提供医疗服务,任命护理人员。在不到两年的时间内,圣玛格丽特济贫院有可能会将用作马厩的闲置33间房间中的14间用于建医院。伦敦区内汉诺威广场圣乔治教堂(St. George's Hanover Square)和圣塞珀克尔教堂(St. Sepulchre)的济贫院里也出现了类似彻底的医学化过程(Medicalization)。① 当时在其他一些济贫院也建立了类似的医院。1733年,伯明翰耗资1 173英镑建设了一所济贫院医院。在1785年5月,这家济贫院医院容纳了369名(住院)病人。② 更多的教区则是将济贫院的一间房改造成医院,并配备了相关医疗设备、药物以及医护人员。随着济贫院病人数量的增多,济贫院内越来越多的房间被改造成了病房。医治的贫民患者人数逐渐增加。1734年,圣玛格丽特济贫院的外科医生的报告中讲道:该济贫院医院治好了约200名病人。③ 这使得教区委员会充分认识到了济贫院医院的重要性。18世纪济贫院医院开始在英格兰的一些大城镇及富裕教区建立,此后在设立了济贫院医院的地区,济贫院医院便承担了为贫民提供医疗救济的绝大部分工作,当地教区也拥有了为贫民提供医疗救济的固定场所。患病贫民只需递交申请,待济贫官审核之后便可得到济贫院医院医生的诊治并获得相关药物以及护理,不必再耗时等待志愿医院的床位或等待某医生的治疗。当时人们之所以愿意放弃自由进入济贫院,很大程度上是由于疾病,在最初几年,圣玛格丽特济贫院几乎有38%的申请者都会把生病或者受伤作为申请的理由。④

药房最初是为无钱支付内科医生诊疗费用的穷人设立的,其没有病

---

① Jonathan Reinarz and Leonard Schwarz, eds., *Medicine and the Workhouse*, p.20.
② Jonathan Reinarz and Leonard Schwarz, eds., *Medicine and the Workhouse*, p.142.
③ Jonathan Reinarz and Leonard Schwarz, eds., *Medicine and the Workhouse*, p.21.
④ Jonathan Reinarz and Leonard Schwarz, eds., *Medicine and the Workhouse*, p.20.

房,只提供门诊服务,主要由药剂师提供医治建议,低价或免费提供药品。1697年医师学院(The College of Physicians)在伦敦建立了3个药房,这些药房免费为上门求医的患者进行诊断。① 这几所药房到1725年就关闭了,但是却促进了英格兰"药房运动"(Dispensary Movement)的萌发。1750年,在伦敦格洛斯特郡的斯特劳德药房(Stroud Dispensary)建立。这家药房在19世纪中期发展成了一家全科医院。1769年,乔治·阿姆斯特朗在伦敦的红狮广场成立了一所阿姆斯特朗药房(Stround Amstrong),专为贫困的婴儿服务。这时的药房只为一类病人准备,通常来说是被志愿医院排除的那类。1770年,莱特森(John C. Lettsom)在伦敦奥尔盖斯特街创建了第一所综合药房。伦敦的"药房运动"才真正开始。此后,全科药房在英国纷纷建立,1800年伦敦设立的这类药房有16家,地方建立的全科药房有22家。② 这类药房只进行免费门诊治疗,提供免费药物,没有病房。每周开放6天,由内科医生、外科医生和药剂师坐诊,有时也上门对药房附近的病患者进行诊治。一些教区的济贫法委员会也建立了一些药房,主要是为了给接受院外救济的穷人提供医疗救济,患病穷人可以在此获得免费治疗和药物。综合药房由定期捐款人捐资筹建,为"在贫困线附近徘徊,没有办法接触到医生,又拒绝接受济贫法救济的穷人提供免费医疗和药品"③,通过这些方式,贫民得到了最低限度的医疗救济。到18世纪末,每年约有5万贫困病人在公共药房得到救助,其中1/3是居家接受医疗,每年用于居家医疗救济的费用为5 000英镑。④

---

① Zachary Cope,"The History of the Dispensary Movement", in F. N. L. Poynter, *The Evolution of Hospital in Britain*, London: Pitman Medical Publishing Company,1964,p.74.
② I. S. L. Loudon,"The Origins and Growth of the Dispensary Movement in England", *Bulletin of the History of Medicine*,No.55(1981),pp.323-324.
③ Ruth G. Hodgkinson, *The Origins of the National Health Service: The Medical Services of the New Poor Law*,1834-1871,p.205.
④ Edward Royle, *Modern Britain: A Social History*,1750-2011,London: Bloomsbury Academic,2012,pp.219-220.

2. 旧《济贫法》体制下医疗救济的对象及范围

旧《济贫法》体制之下，教区济贫监督官会向他们的教区的贫困居民、一些处于危急状态的贫民以及其他患有慢性病、残疾或者将要死去的人提供医疗服务，并且为病人购买食物、燃料、衣服和床褥等对病人来说至关重要的东西。[①] 医疗救济的对象还包括那些负担不起医药费、一旦患病便会沦为贫民的穷人。

疾病往往是穷人沦为贫民并申请教区救济的重要原因，昂贵的医疗费对于普通穷人家庭来说是一大笔花费。如1768年牛津郡惠特利教区一病人治疗腿部骨折，所花费用高达4几尼。[②] 普通穷人家庭中一旦有一人患病，尤其当病人是家庭主要劳动力时，整个家庭都会逐步贫困化，最终成为教区负担。为了使因患病而接受教区救济的穷人能够尽快恢复自立，教区济贫法当局必须为其提供医疗救济。以18世纪的什鲁斯伯里为例，在其济贫监督官的记录中可以看出，仅在生病时接受救济的穷人数量也十分庞大，爱德华·卡特莱特（Edward Cartwright）、玛丽·约曼斯（Mary Yeomans）、玛丽·卡顿（Mary Caton）等都是在生病时接受了所在教区提供的医疗救济，身体恢复之后便自力更生，停止了对教区救济的申请。[③] 因此旧《济贫法》之下的医疗救济是减少患病穷人对教区救济的依赖性的一种经济措施，从长远来看，这会减轻教区的经济负担。

从接受医疗救济性别比例来看，以女性居多。18世纪英国志愿医院和药房逐步建立和发展起来，成为患者的就医选择项，但医院昂贵的治疗

[①] Joan Lane, *A Social History of Medicine: Health, Healing and Disease in England, 1750-1950*, p.45.
[②] E. G. Thomas, "The Old Poor Law and Medicine", *Medical History*, Vol.24, No.1(1980), p.2.
[③] Alannah Tomkins, "Pauper and the Infirmary in Mid-Eighteenth-Century Shrewsbury", *Medical History*, Vol.43, No.2(1999), pp.222-224.

费是穷人接受诊治的障碍。虽然志愿医院提供免费医疗,但需要医院赞助者的推荐信,同时还有一个道德评价测试决定穷人是否有资格接受慈善捐助,女性和性病患者都被志愿医院拒收。因此在济贫院药房的病人中,3/4是女性患者,而其中 4/5 患的是传染病或难以启齿的疾病。①

从患病类型和性别比例来看,旧《济贫法》之下医疗救济的对象大部分是传染病、慢性病、性病、皮肤病、精神病患者及发烧患者。当时的医院规模较小,没有有效的隔离防范措施,交叉感染现象比较严重,传染病和发烧患者的入住会给其他病人带来威胁,因此这类病人一般都会被志愿医院拒收。而慢性病患者短时期内难以被治愈,占据床位的时间较长,阻碍了更多人就医,在医院管理人员看来这影响了医院资源的最大化利用。伦敦医院强调:"患有无法治愈或传染性瘟热的病人不得受到院内慈善救助。"这些条令给予医院职员拒绝接收多种病人的权利。②

旧《济贫法》时期,医疗救济的范围较广,其首先考虑救济的是断肢、接生、眼病等。③ 其次还包括治疗各种内外科疾病、职业病、传染病、性病等。外科医生兼药剂师会为患病穷人接骨、截肢、包扎伤口、切除脓包。同时教区还会雇用助产士为怀孕的女贫民助产,当出现难产等危险状况时,教区医生会出手相助,并由此获得额外的薪酬。教区也会为教区穷人提供各种各样的护理服务,教区委员多雇用女贫民从事护理工作,负责照顾那些卧床不起的贫民或独居的老人,并付给她们一些薪水。根据圣玛丽教区济贫监督官的记录,教区每年会付给每个根据教区委派去照顾贫民的助产士 5 先令④,教区甚至会付费给护理患病贫民的家属。

精神病人的收治也是旧《济贫法》医疗救济的重要工作。《伊丽莎白济

---

① Joathan Reinarz and Leonard Schwarz, eds., *Medicine and the Workhouse*, p.24.
② Joathan Reinarz and Leonard Schwarz, eds., *Medicine and the Workhouse*, p.23.
③ E. G. Thomas, "The Old Poor Law and Medicine", *Medical History*, Vol.24, No.1(1980), p.1.
④ Alannah Tomkins, "Paupers and the Infirmary in Mid-Eighteenth-Century Shrewsbury", *Medical History*, Vol.43, No.2(1999), p.215.

贫法》并没有单独的条款涉及此类病人。1714年前,人们对贫民中的精神病人、流民、流氓等的定义还没有明显的区别。18世纪济贫院和矫正院(House of Correction)中收容了大量贫民精神病患者。① 在旧《济贫法》时期,精神病患者的家属负有照顾病人的义务,但当家属照看不了时,教区就会担负起看护的职责。这一时期英国私人精神病院开始兴起,报纸上随处可见相关广告,但收取的费用较高,穷人负担不起这笔费用,便向教区寻求帮助。② 精神病人是教区的沉重负担。精神病院的住院费用十分昂贵,当病人需要住在精神病院几个月甚至几年时尤甚。如在1698年5月,凯尼尔沃思的一个教区为贫穷的精神病人理查德·奈特(Richard Knight)提供帮助,包括询问邻居"他吃些什么"。教区为奈特提供了饮食、衣物和居所,还对他进行照顾。教区的花费为3镑17先令11便士,还为奈特花费了10镑,使其在贝尔彻(Mr. Bellcher)经营的一所疯人院寄宿12个月。一年后奈特死于疯人院。③ 多彻斯特教区济贫监督官档案记录了为安置一名叫安妮(Anne)的女精神病人花费的巨款及遇到的麻烦。1759年安妮被送到伦敦贝特莱姆皇家医院(Bethlem Royal Hospital),耗费了5几尼,1761年被转送到圣卢克(St. Luke)医院,1762—1763年,又被安置在霍克斯顿(Hoxton)医院,1763年又被送回贝特莱姆皇家医院,教区累计为此病人支付了225英镑。④

当时除了收费高昂的私人精神病院之外,普通医院并不接收精神病患者,一方面是因为当时的医疗水平无法有效地治疗精神病,另一方面是因为精神病患者的存在会影响其他病人的休息和恢复。于是收容这些无处

---

① E. G. Thomas, "The Old Poor Law and Medicine", Medical History, Vol.24, No.1(1980), p.6.
② [英]罗伊·波特主编:《剑桥插图医学史(修订版)》,张大庆主译,济南:山东画报出版社,2007年,第187页。
③ Joan Lane, A Social History of Medicine: Health, Healing and Disease in England, 1750-1950, p.98.
④ E. G. Thomas, "The Old Poor Law and Medicine", Medical History, Vol.24, No.1(1980), p.7.

可去的精神病患者便成为教区的责任。起初,济贫监督官一般会在济贫院里找一间房子看管这些精神病人,偶尔也会把这些精神病人送往私人精神病院或者伦敦的贝特莱姆皇家医院治疗。当时人们对精神病人的境况不理解,对精神病人的态度常常是恐惧、憎恨,而不是怜悯、同情。因而济贫院的精神病人常常被用链条拴住,关在地下室里。① 根据旧《济贫法》的救济理念,患病穷人无论患何种疾病都在《济贫法》医疗救济的救治范围之内,当时医学实践中还没有对精神病患者进行药物治疗的方法,教区一般只是采取隔离管制的方法对待精神病患者,将其安置在济贫院或看管精神病人的专门机构。18世纪下半期,一些专门收治精神病人的公共医疗机构在各地纷纷建立。1751年,圣安德鲁斯精神病院成立,1777年,约克精神病院成立。这些机构大多属于慈善性质的机构,筹款渠道不一,但对病人仍然收费。《济贫法》机构不一定非要把病人送到这里。1808年,根据《郡精神病院法令》(County Aasylum Act of 1808),地方当局应当修建精神病院,那些没有把有危险的病人送到精神病院的人会被济贫监督官罚款。② 总的来讲,这些精神病院条件仍比较差,对患者的照料也十分有限。

天花、伤寒、霍乱等传染性疾病的防治也是旧《济贫法》医疗救济的重要部分。天花是传统的传染病,一旦爆发就会造成大量人员死亡,碰到这种病,教区的济贫监督官必须寻找医生治疗。18世纪中后期接种疫苗的技术和牛痘接种逐渐成熟,教区济贫监督官便把注意力由治疗转到预防方面,③开始为所有教区居民接种疫苗,其中包括接受《济贫法》救济的贫民。传染病的治疗花费巨大。如1741年,多彻斯特教区治疗天花的费用为9英镑,其医疗总经费为90英镑。1774年天花再度爆发,该教区的治疗费上升为18英镑,其总的医疗经费为96英镑。1769年班伯里爆发严重的天

---

① Geoffrey W. Oxley, *Poor Relief in England and Wales*,1601–1834, p.69.
② Geoffrey W. Oxley, *Poor Relief in England and Wales*,1601–1834, p.70.
③ Geoffrey W. Oxley, *Poor Relief in England and Wales*,1601–1834, p.71.

花传染病,该教区一年总花费为106英镑。① 18世纪20年代,天花疫苗接种开始使用。1760年到1768年,丹尼尔·萨顿(Daniel Sutton)家族为55 000名穷人免费接种。② 19世纪牛痘接种技术开始使用,接种费用下降。同时出于经济因素考虑,教区为穷人接种疫苗的做法更为普遍,效果也比较明显。1829年,伦敦天花爆发,伦敦23名天花患者5个月后全部康复,这大概是推广牛痘接种的结果。③

伤寒和霍乱等瘟疫在19世纪才开始大规模流行。伤寒、霍乱的爆发主要与城市人口激增、居住环境恶化有关,主要在穷人人口密集的地区爆发,并进一步传播给同一教区居住的其他居民,造成了大量人口死亡。1832年牛津郡德丁顿教区,1/5的穷人因霍乱蔓延而患病。④ 对这类传染病进行救济并非济贫法当局的主要职责,济贫监督官的主要工作是购买清洗、消毒材料,组织人员在瘟疫爆发地区隔离、消毒。19世纪中期,英国公共卫生改革之后,伤寒、霍乱等疾病才逐渐消退。

3. 旧《济贫法》体制下贫民医疗救济的效果及评价

18世纪是英国医学的黄金时代,医学的快速发展为《济贫法》医疗救济范围的扩大提供了可能。首先,专业医生队伍规模的扩大为开展医疗救济提供了人力资源。17世纪前半叶,英格兰受过专业训练的医生很少,其社会地位不断上升,且诊费很高,普通穷人根本负担不起。⑤ 18世纪初普

---

① E. G. Thomas, "The Old Poor Law and Medicine", *Medical History*, Vol.24, No.1(1980), pp.8-9.
② E. G. Thomas, "The Old Poor Law and Medicine", *Medical History*, Vol.24, No.1(1980), p.9.
③ E. G. Thomas, "The Old Poor Law and Medicine", *Medical History*, Vol.24, No.1(1980), p.14.
④ E. G. Thomas, "The Old Poor Law and Medicine", *Medical History*, Vol.24, No.1(1980), p.15.
⑤ R. H. Gretton, *The English Middle Class*, London: G. Bell and Sons Press, 1919, pp.146-149.

通医生的数量快速增长,他们不仅为上层阶级治病,也开始为普通民众治疗,一大批无法立即开设私人诊所的医学院毕业生为《济贫法》医疗救济体系服务,他们与教区签订医疗合同,为穷人治病。虽然这份工作收入不高,但胜在稳定。其次,新的药物和治疗方法不断出现,医学专业化程度增强,医学实践水平也有所提高,使得《济贫法》医疗救济的范围不断扩大。在17世纪,放血和清洗是标准的治疗方式,穷人们主要在家接受亲属或有相关经验的邻居的治疗,或是向教士求助。当出现严重疾病或者流行病时,他们只能束手无策。随着科学技术的进步,实验方法的兴起、显微镜的发明和应用以及度量观念的普及,医学、生理学等生命科学步入科学的轨道。[①] 18世纪起,英格兰医学发展逐渐摆脱古典医学的影响,医学的专业化程度增强,对于药物的利用也更为充分,外科手术不断发展,其作用得到了广泛认可。医学界对于流行病的防治也有了更多的经验,发明了通过接种疫苗来预防天花的方法。

旧《济贫法》时期的贫民医疗救济为穷人提供了基本的、初步的治疗,使其不至于在疾病缠身时陷入孤立无援的境地。由于各教区是开展医疗救济的基本单位,在消费社会取代人情社会之前,各教区居民之间彼此熟识,患病穷人能够得到较及时的治疗,医生与病人大多相识,治疗也较为尽心,因此患病穷人得到了较为人性化的照顾。

旧《济贫法》时期的医疗救济作为一种政府行为,在一定程度上满足了穷人们的医疗需求,体现了家长制社会的关怀和统治阶层的社会责任意识,在社会动荡和从农业社会向工业社会转型的过程中维系了社会稳定。英国政府较早地关注到了社会底层贫民的医疗需求,这种做法领先于同时期的其他国家,是政府为人民提供医疗服务的开端,为新《济贫法》时期医疗救济的系统开展打下了基础。因此有学者认为,"在1834年前,通过现

[①] 彭瑞骢等主编:《医学科技与社会》,北京:北京医科大学、中国协和医科大学联合出版社,1999年,第68页。

存的大量医疗账单以及教区医疗合同可以看出,济贫法医疗服务体系已经形成"①。英国政府在旧济贫法时期开展医疗救济活动中产生的为穷人提供免费医疗服务的意识,以及随后在新《济贫法》时期积累的医疗救济实践经验,使得英国能够率先建立向全民提供免费医疗服务的国民健康服务制度(NHS)。

旧《济贫法》时期医疗救济的开展以教区为单位,这也深刻体现了英国的地方自治传统。医疗救济是各教区在济贫过程中根据实际需要开展的,教区在救济方式和救济范围上有极大的自主权,同时医疗救济的费用也来自各教区居民交纳的济贫税,因此整个开展医疗救济的过程是教区自发且自主的行为,英国政府没有统一政策,也没有对地方医疗救济行为进行干涉。但这种做法也存在着大量的弊端,各教区医疗救济水平相差较大,对于存在的问题不能及时解决,影响了医疗救济的效果。这些问题在新《济贫法》时期开始得到重视和解决。

旧《济贫法》时期教区为穷人提供的医疗救济虽然范围很广,但英格兰整体医疗水平较低,为穷人所提供的医疗救济水平更低。首先,医生的医疗水平和问诊时间的限制决定了这一时期的医疗水平不会太高。与教区订立合同的医生多是外科医生或药剂师,甚至还有经验主义派医生、江湖医生、接骨师等,他们的医术大多不是很高且位于行业底层。18世纪之后,随着专业医生人数的增加,《济贫法》医疗体系下又接收了一批开不起私人诊所也没有从医经验的医学院毕业生。为穷人提供医疗救济的教区医生同时也会为当地富人进行诊治,治疗方式大同小异。与教区签订合同的医生工作量都比较大,如在1747年切姆斯福德教区,5名合同医生要为方圆两英里内的贫民病人上门服务;在北牛津郡德丁顿,一份医疗合同涵

---

① Anne Digby, *Making a Medical Living: Doctor and Patients in the English Market for Medicine, 1720-1911*, Cambridge: Cambridge University Press, 1994, p.224.

盖了周围十个教区的贫民。① 因此这些医生没有过多的时间为每位贫民进行认真的治疗,有时也会出现医生们安排自己的助手或实习医生代替自己为贫民治病等不负责任的行为。而且此时在《济贫法》医疗救济体系下任职的医生并不全部是全职,大部分人都还开设有私人诊所或担任其他工作,而且经常出现一位医生拥有两个或两个以上教区的医疗救济合同的现象。1811年贝德福德郡的外科医生麦克格拉斯(Mr. Mac Grath)与七个教区签订了合同。② 这就使得他们不能把全部注意力放在为穷人治病上,影响了对患病穷人的救治。其次,由于受到医疗费用的限制,有些教区与医生所订立的合同只付给医生年薪,病人所需药物和治疗则由医生负责,因此教区医生也不可能为穷人开出昂贵的药物,所开药物大多是便宜的草药或是报纸广告上常见的专利药,他们总是尽可能地节省开支,治疗效果也就大打折扣。

这一时期济贫院医院大多数是在济贫院内设立诊所,极个别的富裕教区会另建专门的房子用于为贫民提供医疗救济。济贫院内卫生条件较差且十分拥挤,通风不畅,空气污浊,病房也不例外。而且受条件所限,很多济贫院病房不能实现对传染病患者的隔离。济贫院病房及济贫院医院没有对病人进行分类,患各种疾病的病人混居在一起,各种交叉感染十分严重,流行病肆虐。③ 由于新建和维持济贫院和济贫院医院所需费用较高,很多教区便对原来教会所用的房子或是当地空置的建筑进行改造,这些建筑中许多已经破败不堪,或是通风或采光条件不佳。这时教区委员更多考虑的并不是患病贫民的利益,而是想方设法地将这些贫民移出富人的活动范围。因此许多济贫院医院的选址不科学,附近多是屠宰房、坟场、工厂或

---

① E. G. Thomas, "The Old Poor Law and Medicine", *Medical History*, Vol.24, No.1(1980), p.8.
② Irvine Loudon, "The Nature of Provincial Medical Practice in Eighteenth-Century England", *Medical History*, Vol.29, No.1(1985), p.27.
③ Joathan Reinarz and Leonard Schwarz, eds., *Medicine and the Workhouse*, pp.62–63.

是垃圾堆,环境十分不利于病人恢复健康。床位较为紧张,由于病人数量较多,甚至出现两三个病人共用一张病床的情况。病房十分拥挤,每名患者所拥有的空间一般在350—500立方英尺,而正常标准为每人1 200立方英尺。① 椅子、洗漱用品、毛巾等物品都极度缺乏。因此,济贫院有了诸如"拥挤、疾病的肮脏窝"等不好的名声。济贫院和疾病传染的联系紧密,所以每所济贫院都有自己的"专属疾病"。在处理济贫院儿童死亡率问题时,威廉·巴肯(William Buchan)宣布,"对儿童来说,最具毁灭性的事物是封闭和不卫生的空气。这就是在医院或在济贫院的婴儿很少能存活下来的原因。这些地方通常满是年老有病或身体虚弱的人;这里的空气由此被认为是十分有害的,可以说无异于毒药"②。

总的来说,旧《济贫法》时期医疗救济的条件仍旧很差。18世纪英国济贫院数量并不太多。1732年,英国总共有115所济贫院,其中50所在伦敦,只有1所在苏格兰的格拉斯哥。③

虽然18世纪后期为穷人提供医疗救济开始得到重视,医疗救济体系开始形成,但旧《济贫法》时期的医疗救济呈现一种不均衡状态,城乡之间、富裕教区和贫穷教区之间的差异较大。直到19世纪30年代,大多数小教区的乡村监管者仍旧继续按照病人的数量给医生付薪;而在较大的城镇和教区,在18世纪中期年薪制就普遍存在了。④ 在较为富裕的教区或大城镇,与教区签订合同实施《济贫法》医疗救济的医生不止一人,而在贫穷的教区或乡村,一名医生可能要负责多个教区,方圆几十英里都是其服务范围,极大地影响了穷人的及时就医。从地域分布来看,人口密集且较为富

---

① Derek Fraser, *The New Poor Law in the Nineteenth Century*, London: Macmillan, 1976, p.32.
② Joathan Reinarz and Leonard Schwarz, *Medicine and the Workhouse*, p.27.
③ John Woodward, *To Do the Sick No Harm: A Study of the British Voluntary Hospital System to 1875*, p.4.
④ Joan Lane, *A Social History of Medicine: Health, Healing and Disease in England, 1750–1950*, p.49.

裕的英格兰中部以及东南部地区为穷人提供医疗救济的做法较早出现且相对普遍,西北部地区则很少出现。

旧《济贫法》时期英格兰医疗救济为患病穷人提供了最后一根救命稻草,但这一时期的医疗救济存在着大量问题,医疗救济只是基本的、低水平的,且地区分布不均衡;开展医疗救济的固定场所较少;没有实现对医疗救济的有效监督等。医疗救济的开展仍有很大的进步空间,但其作为一次有益尝试仍具有进步意义。

二、新《济贫法》时期的英国济贫院医院

济贫院医院最初以依托济贫院病房的形式存在,十九世纪三四十年代在英国普遍建立。十九世纪六七十年代后济贫院医院逐渐从济贫院中独立出去,医疗条件也得到初步改善,此后济贫院医院便逐步向公共医院转化。虽然在新《济贫法》时期的大部分时间内济贫院医院体系一直是英国最庞大的医院系统,但济贫院医院的医疗水平远远落后于同时期的志愿医院,直至19世纪末20世纪初,济贫院医院开始向公共医院转化,才开始摆脱"二流服务"的名声。

1. 英国济贫院医院的建立

旧《济贫法》时期,济贫院医院便零星出现在个别富裕教区;新《济贫法》颁布后,随着济贫院的建立和济贫院规模的扩大,济贫院医院也以依托济贫院病房的形式普遍建立。

旧《济贫法》时期济贫院医院的建立只是个别地区的个别现象,多以在济贫院内设立病房的形式出现,极个别的富裕教区会另建专门的房子用于为贫民提供医疗救济。此时济贫院医院的建立是教区为满足患病贫民的医疗需求,使其尽快自力更生而开展的一种自发且自主的行为。

新《济贫法》颁布后，英格兰和威尔士各教区纷纷按照法令规定组建联合济贫区，并修建新的济贫院。

济贫院的广泛修建为济贫院医院的普遍建立提供了机构依托，济贫院规模的扩大则为济贫院设立病房单独安置患病贫民提供了空间保障。此外，大量济贫院的建立使得接受院内救济的贫民人数增多，为及时解决院内贫民的患病就医问题，从而使其能够尽早恢复自力更生的能力，避免造成更多的花费，教区或联合济贫区的管理人员便在济贫院内设立病房。1835年《济贫法》委员会在第一次年度报告中提出，建立带有医务室和育婴室的模范济贫院，并给出了能容纳300名贫民的济贫院平面设计图。① 图纸中的济贫院呈"Y"形，安置患病贫民的两间病房处在两翼的顶端，每间有16个单独床位，患病贫民按照性别分开居住在两间病房中。桑普森·凯姆索恩（Sampson Kempthorne）的"Y"形设计是为200到400名穷人设计的，各有12张床位分别供男、女病人使用，还有备用的12张床为分娩专用，11张供其他妇科疾病病人使用，12张供男病人使用；计划中还有护士房/护理房和一个外科手术室。这种济贫院后来成为各地贫民救济委员会建立济贫院的模板之一。1835—1838年，桑普森·凯姆索恩按照此设计在伯克郡、埃塞克斯郡、格洛斯特郡、赫特福德郡、牛津郡、萨里塞特郡、萨里郡、苏塞克斯以及伍斯特郡9个郡建立了12所新济贫院。② 这些济贫院都带有病房，并雇用了医生和贫民护士负责治疗和照顾院内的患病贫民。虽然并非所有联合济贫区都建立了这种模范济贫院，但济贫院病房的建立在此时是一种普遍现象。

在1835—1866年，英格兰和威尔士共建立、购买了606所济贫院，其中108所济贫院有普通病房，60所有发烧病房，4所有精神病房，6所有康

---

① Joan Lane, *A Social History of Medicine: Health, Healing and Disease in England, 1750–1950*, p.58.
② Joan Lane, *A Social History of Medicine: Health, Healing and Disease in England, 1750–1950*, pp.58–59.

复病房。① 因此,英格兰和威尔士将近1/3的济贫院内建立了济贫院医院。此外,还有一些济贫院虽然没有为患病贫民专门设立病房,但也雇用了济贫院医生或医疗官为院内的患病贫民治病,如斯特普尼联合济贫区的四所济贫院和怀特查佩尔地区的济贫院即属此种情况。② 一些条件较好的联合济贫区会在济贫院内专门建了一座建筑供济贫院医院使用,例如韦斯特汉姆联合济贫区的济贫院内便建立了一座独立的医院,可以容纳40人;极个别联合济贫区会建立独立于济贫院的济贫院医院,1841年斯托克利波特耗资8 000英镑建立了一座大济贫院,其中有一个独立于济贫院的宽敞医院。③ 总之,新《济贫法》实施的初期,济贫院医院有济贫院病房、济贫院内独立建筑和济贫院外独立建筑三种形式,但绝大多数济贫院医院以依托济贫院病房的形式存在。

此时济贫院医院的规模较小,一般只能容纳几十人,而且这些济贫院医院的医疗水平层次不一,一些较大的工业城镇,如曼彻斯特和利物浦,其济贫院医院的医疗条件相对较好:有多间病房,对患病贫民进行了基本的分类隔离,甚至有手术室和领薪护士。但从整体状况来看,此时济贫院医院在医疗条件以及管理体制上普遍存在着大量问题。

19世纪30年代中叶专门为穷人建造的这些机构,不可否认地比1834年以前的济贫院更加干净整洁、更符合卫生要求,许多日间病房都有热水管加热保温,房间有八英尺高。然而,有很多旧济贫院由新《济贫法》下的监督人董事会接管并运营,地区差异是很大的。各郡济贫院为病人提供的设施变化很大,例如在诺福克,直到19世纪60年代,农村地区的郡济贫院

---

① Felix Driver,"The Historical Geography of the Workhouse System in England and Wales,1834 - 1883", *Journal of Historical Geography*, Vol.15, No.3(1989), p.279.
② Ruth. G. Hodgkinson, *The Origins of the National Health Service: The Medical Services of the New Poor Law*, 1834 - 1871, pp.152 - 153.
③ Ruth. G. Hodgkinson, *The Origins of the National Health Service: The Medical Services of the New Poor Law*, 1834 - 1871, p.159.

才开始为传染病人提供单独的诊疗所或病房。至1896年,诺福克才只有八个联合教区的济贫院有类似单独的设施。有些城市提供留院住宿的进程也很缓慢,例如在考文垂济贫院,直到1871年才为传染病人准备病房。①直到19世纪末,一些地方才建立起一些大型的济贫院医院,例如曼斯菲尔德(1883年)、利奇菲尔德和迪斯伯里(1890年)、森德兰(1893年)、沃尔索耳和怀特黑文(1894年),截至1896年,共有58 550名病人在济贫院医院或者病房中接受治疗。在英国一些地区,济贫院医院发挥着相当于地区内总医院的作用。当时的济贫院医院是唯一向贫民开放的公共医疗机构,这一点在全国都是一致的,尽管各地的情况有所不同。它们在19世纪的大众医疗服务体系中具有重要地位。

2. 济贫院医院建立初期出现的问题

新《济贫法》实施初期,济贫院医院建立的主要目的是满足济贫院内贫民的医疗需求,使各贫民救济委员会不必在贫民生病时将其送往志愿医院或其他医疗机构就医,从而节省济贫开支。因此降低费用而非治愈病人是济贫院医院的首选项。而且济贫院医院位于济贫院内,济贫院的管理体制和所实行的"劣等处置"等惩罚性原则同样适用于济贫院医院,致使此时济贫院医院在医疗条件、管理体制和监督体系上出现了一系列问题。

(1)医疗条件差

当时济贫院医院的周边环境普遍较差。从选址来看,大部分济贫院在建立的时候没有考虑周边环境,在克勒肯维尔、斯特兰德、圣詹姆斯和威斯敏斯特,济贫院附近就是市场,骨头、油脂和肠线制造商在济贫院周围叫

---

① Joan Lane, *A Social History of Medicine: Health, Healing and Disease in England, 1750 – 1950*, p.61.

卖,吵闹的环境极大地影响了院内病人的休息,济贫院周围的建筑较高,阻碍了济贫院的通风。此外,为追求便宜的土地或方便济贫院医生查看尸体,一些济贫院甚至位于坟场或垃圾场附近,腐烂的尸体味以及垃圾的恶臭飘散在济贫院的病房。由于新《济贫法》规定济贫院内的身强力壮者需要在济贫院中参加劳动,一些济贫院便承包了敲打地毯的生意,飞扬的灰尘和毛絮弥漫在空气中,济贫院医院的病人们多因灰尘而患上咳嗽。噪声也严重影响了病人的休息,斯特兰德济贫院敲打地毯的工作甚至直接就在病房窗户下进行,约瑟夫·罗杰在担任该济贫院医疗官期间向贫民救济委员会提议停止该活动,但被拒绝,这一活动继续开展了十几年,因为这会为该联合济贫区每年带来600英镑的收益。[①] 总之,大部分济贫院医院的内外环境都不利于病人的健康恢复,甚至会使其身体状况变得更糟。

从建筑条件来说,新建济贫院耗资巨大,建立一所济贫院需要花费几千甚至上万英镑,许多联合济贫区负担不起这一开支。考虑到实际情况,新《济贫法》第23条规定,各教区或联合济贫教区可以购买或租用土地建立新的济贫院,或租用济贫院,也可以购买现成的建筑改造成济贫院或改造和扩大旧济贫院。[②] 按照后三种形式建造的济贫院在当时占大多数。这些济贫院多数较为破旧,不适合病人居住,而且其设计并不适合作为医院。这些济贫院大多通风条件较差,"为了阻止院内贫民的不当沟通",济贫院墙上的窗户都设计得非常高而且比较小,使得下面的病人没办法感受到外面的空气,也看不到外面的世界。有些济贫院通风口设计不合理,会使大量充满煤烟的气体进入房内。[③] 通风不畅使得病房内的空气不能及时流通,这对于病人的身体健康是一个重大的威胁。此外由于不重视卫

---

① Ruth. G. Hodgkinson, *The Origins of the National Health Service: The Medical Services of the New Poor Law*, 1834-1871, p.473.
② http://www.workhouses.org.uk/poorlaws/1834act.shtml.
③ Brian Abel-Smith, *The Hospitals*, 1800-1948: A Study in Social Administration in England and Wales, p.51.

生,厕所位于病房中或者病房的上风向,下水道经常堵塞而无人修理,厕所、尿壶、下水道等散发的恶臭充斥着病房,这些因素使得济贫院内的病房中空气质量得不到保证。洗漱设施也极不完善,病人们经常共用毛巾、牙刷、肥皂、脸盆等。《柳叶刀》的调查委员们称,一位梅毒患者的病房中有8位患病贫民共用一条毛巾,而且毛巾一周才换一次;据济贫法监督员(Poor Law Inspectors)调查,肯辛顿和帕丁顿的济贫院医院中的一些病人每天用尿壶里的水洗脸。[①] 对于卫生条件的不重视增加了疾病发生的风险。

  济贫法医院条件较差且没有独立的病房,每个房间都是一个综合病房,没有对病人进行分类,也没有合适的地方安置传染病患者。斯皮塔福德的济贫院被认为比较健康,因为居住的人较少,但是克莱斯特彻奇的济贫院十分拥挤且疾病盛行。一些病房甚至设置在地下,天花板很低,只有6.5英尺高。它拥有一个安置发烧患者的病房,但同时也收容了傻子、疯子和精神病患者,因此他们中很多人开始发烧。病房内十分拥挤,也不注意对患病贫民的分类隔离。病床通常被挤在一起,两三个病人挤在一张病床上是常态,病床与病床之间也打着地铺。1866年欧内斯特·哈特(Ernest Hart)医生曾说:"每名生病的罪犯可拥有至少1 000立方英尺的空间,生病的战士拥有1 200立方英尺,但是患病贫民所拥有的空间则被限制在350—500英尺。"[②]这种过度拥挤的状况极易传染疾病,而此时济贫院医院对于隔离病人的忽视加剧了这种可能性。济贫院医院收容的多是慢性病、传染病、性病、精神病以及发烧患者,由于不重视分类隔离,各种类型的病人杂居在一间病房甚至一张病床上。1836年诺福克和萨福克济贫院的医生凯(Dr. Kay)在向济贫法委员的报告中称:"在这些济贫院中,老年人、体弱者、婴儿、智障、身强力壮者和病人混居在一起,呈现出一幅悲苦的图景。

[①] Brian Abel‐Smith, *The Hospitals,1800‐1948: A Study in Social Administration in England and Wales*, p.52.

[②] Derek Fraser, *The New Poor Law in the Nineteenth Century*, p.55.

病人们鲜能得到关注和同情,浑浑噩噩地耗尽余下的生命。"① 即使在被称为"模范济贫院医院"之一的西汉姆联合济贫区济贫院医院,患有肺结核的病人和拆棉絮的身强力壮者共处一室的现象也经常出现。② 这就加剧了疾病传染以及交叉感染的危险,使得此时的济贫院医院成为各种流行病、传染病的滋生地。

  济贫院医院建立初期的护理水平也着实令人担忧,护士们办事效率低下、玩忽职守、行为粗暴,喝酒误事、虐待病人的状况时有发生。当时,济贫院医院的护士主要由在济贫院内居住时间较长的院内贫民担任。大部分贫民护士不识字,她们只能通过外形来分辨日常用药,或者向院内识字的其他贫民求助,③因此她们无法成为医生们的有力助手。此外她们也常常不遵守医疗官的嘱托,如不按时发放药物、不及时汇报病人病情进展、不改善病人卫生条件等,为此医疗官们十分头疼。根据《柳叶刀》的调查,肖尔迪奇区济贫院医院的贫民护士大多没有按时发放药物,甚至一位护士公开承认她只是随意地发放药物,从来不按照医疗官的指示。④ 大多数济贫院医院的贫民护士都没有薪水,照顾病人被视为她们的义务,只是会向其发放一些食物或酒作为对其工作的奖励,因此她们工作的积极性也不是很高。管理这些贫民护士也非常难,她们还会私吞病人们的食物、药物以及营养品,甚至向病人索要钱财。1843 年伍德布里奇(Woodbridge)联合济贫区的纳克顿济贫院(Nacton Workhouse)内一位护士玛丽·邓恩(Mary Dunn)告诉卧床不起的患病贫民威廉·加罗德(William Garrod),如果他

---

① Ruth. G. Hodgkinson, *The Origins of the National Health Service: The Medical Services of the New Poor Law*, 1834 – 1871, p.149.
② Ruth. G. Hodgkinson, *The Origins of the National Health Service: The Medical Services of the New Poor Law*, 1834 – 1871, p.154.
③ Brian Abel‐Smith, *The Hospitals, 1800 – 1948: A Study in Social Administration in England and Wales*, p.57.
④ Brian Abel‐Smith, *A History of Nursing Profession in Great Britain*, London: Heinemann Educational Books Ltd. Press, 1960, p.12.

给她一些钱,她就会照顾他。当威廉·加罗德的妻子来看望他时,便给了这位护士 6 便士,但是此后这位护士仍旧没有给他提供任何应有的照料,大小便不能自理的威廉·加罗德只能每天躺在自己排出的粪便中。① 这种情况的存在并非少数,但是当时并没有相关有效的监督措施以遏制这些行为。即使情况如此,《济贫法》委员们也不赞成为贫民护士发放薪水,甚至在 19 世纪 50 年代,中央当局仍旧认为护理病人是院内贫民的责任,因而抵制雇用专业护士。② 直到 19 世纪末,贫民护士一直是济贫院医院护理队伍的主力,领薪护士只存在于一些条件较好的济贫院医院,受过系统训练的专业护士则鲜少出现。

综上,济贫院医院初建时医疗条件较差,医院选址时未考虑周边环境,院内卫生和通风不受重视;病房拥挤,无法对病人进行分类隔离;护理工作由贫民护士负责,护理水平低下。

(2) 外行的管理

济贫院医院建立初期,对济贫院医院运作管理具有最高决定权的是各联合济贫区的贫民救济委员会,他们掌握着财政大权,负责济贫院医院的建立、日常花费以及医疗官和济贫法医生的雇用。济贫院医院的日常管理则由济贫院院长主管,他们对整个济贫院的设计布局和条件改善、院内人员的任命、病人的安置和就医、财产的保存和物资的购买等拥有绝对话语权。舍监主要负责院内病人的衣食住行、济贫院医院的卫生打扫以及贫民护士的管理。济贫官负责审核患病穷人的申请并安排其住院就医。在济贫院医院运作过程中,唯一具有医学知识、受过专业医学训练的医疗官无

---

① *First Report From the Select Committee on Medical Poor Relief Together With Minutes of Evidence* (1844), House of Commons Parliamentary Papers Online, p.7.
② M. A. Crowther, *The Workhouse System, 1834 – 1929: The History of an English Social Institution*, pp.165 – 166.

法在医院管理上占据核心地位,反而往往受制于更加关注济贫费用而不是治愈患病贫民的《济贫法》相关管理人员。

从病人申请审核的程序来看,患病贫民需要先向济贫官提交申请,等待济贫官审核通过之后,才能够前往济贫院接受医疗官的医治。济贫官们往往没有相关医学资格证书或者从医经验,他们无法判断这些申请人病情的轻重缓急或者是否在装病,只是单纯地从申请人的道德品质、经济状况以及教区经济负担等方面入手,衡量申请者是否具有进入济贫院以及接受医疗救治的资格。这就耽误了一些病人的治疗时间,使其病情加重,治疗难度加大,加重了医疗官们的负担。

在病人的日常管理中,医疗官的实际影响力低于济贫院院长和舍监,虽然医疗官负责为病人开药、制订特别的饮食计划以及照顾病人的具体要求,但实际管理病人的是济贫院院长、舍监以及受其管理的贫民护士。济贫院院长没有经受过专业的医学训练,多是一些退伍军人或者曾担任过管家的人;舍监一般由济贫院院长的妻子担任。这些外行管理人员不了解医疗相关事务,也不重视济贫院医院医疗条件的改善。因此,医疗官和济贫院院长、舍监在处理济贫院医院相关问题时经常会发生摩擦。伍德布里奇联合济贫区的纳克顿济贫院的医疗官威尔金要求护士为该济贫院病房的一位卧床不起的患病贫民约翰·加罗德每天更换床单,但是护士回答说她不敢向舍监索要干净的床单,因为他的床单才刚换了两周,而按照规定至少使用一个月以上的时间才允许换新床单。医疗官建议其家人向贫民救济委员会主席反映这一情况,结果舍监因此与医疗官大吵一场。[①] 医疗官为病人安排的特殊饮食和药物往往都得不到充分供应,病房以及病人个人卫生条件的要求通常得不到执行,因为这些要求在谨遵新《济贫法》的"劣等处置"精神并致力于节省开支的济贫院管理人员看来都是不必要的。

---

① *First Report From the Select Committee on Medical Poor Relief Together With Minutes of Evidence*(1844), House of Commons Parliamentary Papers Online, p.8.

从行政管理来看，贫民救济委员会拥有济贫院医院的最高管理权。大部分贫民救济委员是由济贫税交纳者选举产生，只有伦敦的少数教区由教区委员直接任命。因此他们将保护纳税人的利益而不是贫民的利益看作自己的职责，他们更加关注的是如何减少花费以降低济贫税而不是满足患病贫民的医疗需求。为了保住自己的职位，他们通常采用拖延战术，漠视济贫院医院出现的这些问题。在一些贫民救济委员们看来，患病贫民的生命和健康根本不值一提，远不如节省几英镑济贫税重要。[1] 此外，贫民救济委员的当选者大部分是小店主、商人、农民或地方长官，基本上都没有什么医学知识，受教育水平也不高，因此认识不到医疗官所提的改善济贫院医院建议的重要性。正是这些人掌握了济贫院医院事务的最终决定权，拥有专业知识、了解济贫院医院实际状况并且有意改善患病贫民医疗状况的医疗官们却不得不服从他们的领导。

联合济贫区对于医疗官的雇佣制度也往往使医疗官在改善济贫院医院医疗状况上力不从心。新《济贫法》实施初期，医疗救济的开展仍旧是以承包合同制的方式开展，贫民救济委员会往往与医生签订教区承包合同、任命其为医疗官，由其负责对院外患病穷人以及济贫院医院内的患病贫民进行诊治。薪酬视各教区的具体情况而定，或是付给他们固定薪酬，或是按照他们治疗的病人数量而定，但基本上都要求医疗官负责提供药物。[2] 此时专业医生数量大增，教区往往又通过公开竞标的方式招聘这一职位，由于竞争激烈，医疗官们的薪水往往很少。这种情况下医疗官们只能给济贫院医院的病人们开一些十分便宜的药。此外，对于医疗官们来说，济贫院医院的工作只是兼职，他们大多有自己的私人诊所，还要负责治疗申请

---

[1] "Treatment of the Sick Poor in the Workhouse of St. Mary, Islington". *Association Medical Journal*, Vol.2, No.102(1854), p.1109.
[2] Joan Lane, *A Social History of Medicine: Health, Healing and Disease in England, 1750–1950*, p.63.

院外救济的病人,因此他们只能在济贫院医院停留很短的时间,而且往往处于疲劳状态,极大地影响了其对济贫院医院病人的治疗质量。在 1854 年之前,医疗官的合同期限为 1 年,而且贫民救济委员会还可以随时解雇医疗官,即使在 1854 年之后,如果医生没有住在济贫院医院所在的联合济贫区,贫民救济委员会仍然可以拒绝与其签订长期合同。① 贫民救济委员会对于医疗官劳动合同的随意操纵使得医疗官不得不屈服于他们的专制。

(3) 缺乏有效监督

新《济贫法》时期虽然存在对济贫院医院的相关监督,但整个监督体系不够完善,而且监督力度及效果也往往会大打折扣。此时主要的监督者为中央的济贫法监督官,但是其数量较少,平均每位监督官需要负责 55—60 个济贫院。② 这就意味着济贫法监督官们检查济贫院的间隔时间很长,而且只能粗略地看看,不可能了解详细情况。此外,19 世纪 30 年代要求各联合济贫区成立访查委员会(Visiting Committees),成员由贫民救济委员会任命,无薪,负责每周检查一次济贫院,并向贫民救济委员会提交相关报告,其内容也包括医疗官是否定期来为病人治病,病房内的病人是否得到了恰当的照顾,护士是否尽责等。③ 但是并非所有联合济贫区都执行了这一要求,有些地区直到五六十年代才成立这一组织。这两个监督体系开展检查工作的有效性是十分有限的:首先,济贫法监督官或访查委员会的成员大部分没有从医经验,也不了解济贫院医院的具体运作,看不出济贫院医院医疗条件中需要改进之处;其次,没有统一的检查标准,合格与否全凭

---

① M. A. Crowther, *The Workhouse System, 1834 – 1929: The History of an English Social Institution*, p.158.
② Ruth. G. Hodgkinson, *The Origins of the National Health Service: The Medical Services of the New Poor Law, 1834 – 1871*, p.461.
③ Ruth. G. Hodgkinson, *The Origins of the National Health Service: The Medical Services of the New Poor Law, 1834 – 1871*, p.461.

个人判断,监督官们都秉承多一事不如少一事的原则敷衍了事;此外,监督官们的侦查能力都不太强,容易受到蒙蔽。他们一般在济贫院院长的带领下检查济贫院,院长们会带领他们到干净的地方视察,或者提前通知各房间将窗户打开,甚至暂时将一些病人移至他处。① 因此,这两种监督起不到应有的作用。

医疗官的监督是济贫院医院监督体系的核心。根据 1847 年《医疗合并法案》(Consolidated General Order)第 207 条的规定,医疗官有责任对济贫院医院以及整个济贫院的管理状况进行监督,并向贫民救济委员会反映其所发现的问题。② 医疗官们具有医学知识,受过专业的医学训练,并且了解济贫院医院的实际状况,本应该成为监督济贫院医院的重要力量,但是实际情况是,贫民救济委员会委员很少会对医疗官的意见做出积极的回应,通常情况下会漠视医疗官的报告或者站在济贫院院长的角度反驳医疗官。1854 年伊斯灵顿的圣玛丽教区的济贫院医院医疗官森普尔向前来调查的济贫法局监督员反映了济贫院医院糟糕的卫生状况,并且如实汇报了济贫院医院的患病贫民所处的境遇,结果就被贫民救济委员会解雇了。③ 类似的事件经常出现,为了保住自己的工作和薪水,医疗官们不得不保持缄默。

《济贫法》委员、贫民救济委员会委员、济贫院院长以及舍监这些《济贫法》官员之间官官相护,无法起到上下级之间的监督作用。《济贫法》委员会以及贫民救济委员会等《济贫法》上层管理部门大致了解济贫院医院的恶劣状况以及患病贫民遭受的待遇,但是他们通常选择睁一只眼闭一只眼;即使有人投诉济贫院院长和舍监,他们也总是尽力为其开脱。1844 年

---

① Ruth. G. Hodgkinson, *The Origins of the National Health Service: The Medical Services of the New Poor Law*, 1834–1871, p.461.
② http://www.workhouses.org.uk/gco/gco1847.shtml.
③ "Treatment of the Sick Poor in the Workhouse of St. Mary, Islington", *Association Medical Journal*, Vol.2, No.102(1854), p.1109.

一位曾在伍德布里奇联合济贫区的纳克顿济贫院内居住过的贫民托马斯·金(Thomas King)向《济贫法》委员会控诉济贫院内的《济贫法》管理人员虐待病人,说在其居住期间,与其同病房的两名患病贫民因没有得到应有的治疗和照顾而死在病床上,许多患病儿童遭到虐待,济贫院院长以及舍监漠视甚至纵容这些情况的发生。《济贫法》委员会要求该地贫民救济委员会调查此事,于是该济贫院院长夫妇立马改善济贫院医院的各项条件,并赶走托马斯·金的证人,接收了一批新病人以应对调查。毫无疑问,调查显示济贫院院长和舍监康斯特布尔夫妇在济贫院医院中深得人心。于是《济贫法》委员会委员便将他们视为管理经验丰富、成绩卓著的《济贫法》管理人员,是当地贫民救济委员会的骄傲,结果所有的过错都被推到一位贫民护士身上,最后这一事件只是以那位贫民护士被开除而告终。①《济贫法》委员会委员和当地贫民救济委员会对济贫院院长和舍监的庇护使其逃脱了应有的惩罚。

从根本上说,监督不力是因为从中央到地方的《济贫法》管理部门都没有真正想落实监督,相反他们还惧怕公开调查,害怕因调查产生的丑闻会影响公众的支持,为保住自己的职位,他们会采用各种手段应付或逃避调查。

总之,济贫院医院成立初期出现的这一系列问题严重影响了济贫院医院的医疗水平。此时的济贫院医院传染病蔓延、病人死亡率极高,许多患病贫民在此度过了人生的最后时光。十九世纪五六十年代起,这一状况逐渐引起了社会各界的关注,济贫院医院在各界力量推动下进入改革时期。

---

① *First Report From the Select Committee on Medical Poor Relief Together With Minutes of Evidence* (1844), House of Commons Parliamentary Papers Online, pp.3 - 29.

三、济贫院医院的改革

自十九世纪三四十年代济贫院建立以来,英国社会上陆续出现过一些关于济贫院条件恶劣的相关报道,《泰晤士报》甚至开辟专栏斥责济贫院内的脏乱和道德败坏,以及《济贫法》管理者对老年人和病人的忽视。[1] 十九世纪五六十年代起,济贫院医院恶劣的医疗条件开始引起社会大众以及《济贫法》管理部门的特别重视。社会活动家们最早对此表示关注,此后随着《柳叶刀》对济贫院医院恶劣的医疗条件的揭露和相关社会组织的奔走,济贫院医院恶劣的医疗条件开始引起社会普遍重视,人们对患病贫民的态度也发生了转变。在公共舆论的推动下,济贫法局开始对此展开调查,议会先后通过了《大都市济贫法》和《济贫法修正案》,对全国济贫院医院进行改革,此后济贫院医院开始独立于济贫院,其医疗条件也得到初步改善。

1. 济贫法局的调查与济贫院医院的独立

为了应对公共舆论要求改革的压力,1866 年 4 月济贫法局任命《济贫法》监督官法内尔(Farnall)和爱德华·史密斯(Edward Smith)医生对伦敦

---

[1] David Roberts, "How Cruel was the Victorian Poor Law", *The Historical Journal*, Vol.6, No.1 (1963), p.98.

济贫院医院的管理状况进行调查。两人的调查报告一致认为,现存的济贫院过度拥挤,而且济贫院未能为患病贫民提供有效治疗。① 法内尔建议在伦敦建立独立于济贫院的济贫院医院,济贫院医院的建筑费用和日常开销则由伦敦统一征收的税收支付;无论各贫民救济委员会同意与否,济贫法局应该为济贫院医院配备数量充足的医疗官和专业护士以及所需的药物和医疗设备。② 史密斯医生的调查显示,大部分济贫院医院采光较差、通风不畅、空间不足且卫生条件较差,他建议贫民救济委员会应该提供所有的药物、更好的食物,并且提高医务人员的薪水。③ 两位具有医学经验的监督官坦诚地反映了伦敦地区济贫院医院存在的实际问题,并给出了实际可行的建议,推动济贫法局开始了下一步行动。

1867年济贫法局任命医疗官对特定区域的48家各种类型的济贫院医院进行调查,以便大致了解全国各济贫院医院的基本状况。调查结果显示,各地济贫院医院的具体情况相差较大,从已经分类安置患病贫民,甚至可以开展手术治疗的济贫院医院到各类病人混居、基础设施较差的济贫院医院,医疗条件各异的济贫院医院共存于当时的英格兰和威尔士。病人较多的大城镇济贫院医院的医疗条件和水平要优于乡村地区。但总的来说,大部分济贫院医院的医疗水平较低,无法为患病贫民提供有效的治疗。④ 济贫法局的调查结果印证了之前社会活动家们、《柳叶刀》以及相关社会组织所言非虚,济贫法局的管理人员们意识到,不得不对济贫院医院进行改革。

1867年2月8日,济贫法局主席格桑·哈第(Gathorne Hardy)在议会下院发表演讲,介绍其改革措施,他表示改革对伦敦地区《济贫法》的有效

---

① R. Cecil Austin, *The Metropolitan Poor Act*, 1867, London: Butterworths and Knight, 1867, XIV.
② R. Cecil Austin, *The Metropolitan Poor Act*, XIV-XV.
③ "Report on the Metropolitan Workhouse Infirmaries and Sick Wards", *British Parliamentary Papers*, June 26(1866), LXI:372.
④ Ruth. G. Hodgkinson, *The Origins of the National Health Service: The Medical Services of the New Poor Law*, 1834-1871, pp.526-534.

管理至关重要,1867年3月29日《大都市济贫法》正式通过。根据法案规定,伦敦地区各贫民救济委员会将建立独立于济贫院的济贫院医院;伦敦地区的各联合济贫区或教区自由结合成立"收容区"(Asylum District),并在各收容区设立收容院(Asylums)负责救济病人、精神病患者和体弱者。①法案颁布后成立了一个新的中央管理部门"大都市收容局"(Metropolitan Asylums Board,MAB),负责统一管理这些新建的收容院以及为发烧、天花以及精神病患者分别建立的医院;并设立了"公共济贫基金"(Common Poor Fund),由伦敦各联合济贫区或教区按照自己的税额总数合理缴纳。"公共济贫基金"的资金用于MAB管理下的各医院的各项医疗开支,包括药物、医疗设备、医务人员的工资以及病人们的各项开支。②

《大都市济贫法》的颁布率先开启了伦敦地区济贫院医院的独立进程。各教区或联合济贫区的贫民救济委员会按照法令规定,将济贫院医院搬出济贫院,到1881年,伦敦已有18所独立于济贫院的济贫院医院,其床位数从200—1000不等,分别设立在沃尔沃思的圣萨维奥尔、圣乔治、怀特查佩尔、伦敦市、朗伯斯、霍尔本、伊斯灵顿、肖迪奇、旺兹沃思和克拉珀姆、圣奥拉夫、肯辛顿、哈克尼、东部圣乔治、切尔西、格林威治、坎伯威尔、伍利奇和圣马里波恩。③ 此外,便是由各济贫单位自由组合成的"收容区"成立的病人收容院(Sick Asylums),1881年伦敦有三个"收容区",其病人收容院建立在海格特、克利夫兰和布鲁姆利,分别拥有523、281和586个床位。此时仍有6个联合济贫区或教区仍将患病贫民安置在济贫院中,分别是贝斯纳尔格林、汉普斯特德、路易舍姆、帕丁顿、富勒姆和麦尔安德,但后三个济贫区正在准备建立独立济贫院医院。④ 1883年中央机构宣布,伦敦地区

---

① R. Cecil Austin, *The Metropolitan Poor Act*, pp.3-4.
② Brian Abel-Smith, *The Hospitals, 1800-1948: A Study in Social Administration in England and Wales*, pp.78-79.
③ Lane-Poole, "Workhouse Infirmaries", *Stanley Macmillan's Magazine*, Vol.44(1881), p.221.
④ Lane-Poole, "Workhouse Infirmaries", *Stanley Macmillan's Magazine*, Vol.44(1881), p.221.

的三十个教区或联合济贫区中只剩三个没有建立独立济贫院医院,基本上完成了1867年《大都市济贫法》的计划。① 较大的联合济贫区或教区建立了独立的济贫院医院;较小的联合济贫区或教区也通过加入"收容区"建立了收容院;MAB又为发烧和传染病患者建立了热病医院、天花医院和隔离医院,为精神病患者建立了精神病院,这三种形式的济贫院医院并存于伦敦地区。

伦敦地区领导了济贫院医院的独立进程,但地方上却进展缓慢。1868年议会颁布的《济贫法修正案》(Poor Law Amendment Act)将《大都市济贫法》实施的一些原则应用于地方,要求各地贫民救济委员会建立独立的济贫院医院,只是没有要求各济贫单位合并,也没有建立共同基金。② 一些人口稠密的大城镇率先效仿伦敦建立了独立于济贫院的济贫院医院,包括伯明翰、南安普顿、普利茅斯、牛津和加的夫。1887年伯明翰开始建立一个床位数超过1 000的新济贫院医院;在约克郡,塞尔比建立了一个新的济贫院医院,赫尔济贫院则为病人建立了一座新楼,可容纳100个床位。③ 1888年考文垂济贫院建立了独立的济贫院医院,拥有7间病房和132位病人;到1896年诺福克联合济贫区已有8个济贫院建立了独立的建筑作为济贫院医院。④ 但总的来说,由于建立独立济贫院医院耗资巨大,地方上济贫院医院的独立进程缓慢,直至1905年《济贫法》皇家委员会调查时,仍有许多地区没有建立独立的济贫院医院。

济贫院医院的独立进程在19世纪后期和20世纪初一直持续进行,19世纪80年代后期独立济贫院医院的床位数仍未超过未搬出济贫院的济贫

---

① Brian Abel-Smith, *The Hospitals*, 1800-1948: A Study in Social Administration in England and Wales, p.94.
② Derek Fraser, *The New Poor Law in the Nineteenth Century*, p.65.
③ Brian Abel-Smith, *The Hospitals*, 1800-1948: A Study in Social Administration in England and Wales, p.94.
④ Joan Lane, *A Social History of Medicine: Health, Healing and Disease in England*, 1750-1950, p.61.

院医院,1900—1905年,独立济贫院医院的床位数增加到2 272,开始超过未搬出济贫院的济贫院医院的床位数(1 893)。① 到1911年,独立济贫院医院的床位数已经达到了41 000,占济贫院医院总床位数(80 000)的一半;其中伦敦占有16 300个床位,伯明翰、利兹、利物浦、曼彻斯特和谢菲尔德这些大城市共占有10 000个以上。② 因此独立济贫院医院的建立呈现出地区发展不均衡的状态,主要集中在伦敦以及人口密集的大城市。此时济贫院医院的独立只是形式上搬出了济贫院或者在济贫院内设立独立建筑,其管理仍旧属于《济贫法》体系。

2. 济贫院医院医疗条件的初步改善

公共舆论的压力以及对患病贫民认识的改变推动了这一时期济贫院医院医疗条件的初步改善,主要体现在济贫院医院医疗服务设施的改善、对病人分类与隔离的重视和医务人员数量的增多与专业化程度的增强。

与济贫院医院独立进程相伴随的是新建筑的建立,这些新建筑往往按照医院需求进行专门设计,因此从建筑条件来讲,相比于济贫院医院初建时要优越很多。1864—1865年,托马斯·沃辛顿在乔尔顿设计了一种新模式的独立济贫院医院,这种设计基于隔离原则,能够容纳480名病人,使得人均空间占有量达到了1 350立方英尺,尽管距离理想的1 500立方英尺仍有一定差距,但已经十分宽敞了。弗洛伦斯·南丁格尔称赞这种设计是"整个国家的典范",此后,许多济贫院医院按照托马斯·沃辛顿的设计建立,包括位于富勒姆的圣乔治医院(St. George's Hospital)。③ 即使由于

---

① M. A. Crowther, *The Workhouse System*, *1834 - 1929: The History of an English Social Institution*, p.62.
② Steven Cherry, *Medical Services and the Hospitals in Britain*, *1860 - 1939*, Cambridge: University of Cambridge Press, 1996, pp.48 - 49.
③ Joan Lane, *A Social History of Medicine: Health*, *Healing and Disease in England*, *1750 - 1950*, p.61.

经济原因没能建立新建筑,许多济贫院医院也在原有建筑的基础上进行了扩建,尽可能地使其满足医院的标准。1866年每名病人的空间占有量是500—600立方英尺(休息室除外),到1883年情况得到改善,达到了850英尺。虽然这没有达到综合医院的人均空间占有量,但对于济贫院医院的慢性病患者来说已经足够了。[①] 人均空间占有量的提高降低了疾病传染的风险,有利于病人身体更好地恢复。

济贫院医院病房的墙壁被刷成了明亮的颜色,病房窗户的面积变大、位置变低,相对两侧的墙壁上都安有窗户以便于病房内的通风和采光。此时济贫院医院的病房宽敞明亮,而且摆放有花和画,显得生机盎然。一些条件较好的济贫院医院,如西约克郡基思利地区的济贫院医院甚至在病房内铺上地毯,放置带有软垫的扶手椅,以便院内病人过得更加舒适。[②] 病人们的床垫也更加厚实暖和,普遍使用的是毛屑床垫、草垫和弹簧床垫,达勒姆煤矿区毕晓普奥克兰主教区、赫特福德郡毕晓普斯托福德等地区的济贫院医院还为常年卧床不起或有特殊需要的病人提供了气垫或水垫。[③] 病房内的供暖也得到重视,一般是在病房的中央安置壁炉,并且根据病房的大小决定壁炉的数量,病房内还安装了暖气管确保房内均匀供热。当时许多济贫院医院内还安装了电话,可以通向济贫院院长的住处,以便出现问题时能够及时沟通,兰开郡的奥尔德姆济贫院医院(Oldham Workhouse Infirmary)甚至在每间病房都安装了电话[④],病房与病房之间、济贫院医院和济贫院院长之间都可以保持联系,便于济贫院医院工作的开展。

---

① Jeanne L. Brand,"The Parish Doctor: England's Poor Law Medical Officers and Medical Reform,1870-1900", *Bulletin of the History of Medicine*, Vol.35, No.2(1961), p.109.
② "Report on the Nursing and Administration of Provincial Workhouses and Infirmaries". XVII. Keighley. The *British Medical Journal*, Vol.2, No.1760(1894), p.650.
③ "Report on the Nursing and Administration of Provincial Workhouses and Infirmaries". VII. Bishop Auckland. The *British Medical Journal*, Vol.2, No.1750(1894), p.80.
④ "Report on the Nursing and Administration of Provincial Workhouses and Infirmaries". XXXVI. Oldham, Lancashire. The *British Medical Journal*, Vol.1, No.1779(1895), p.263.

卫生条件的改善是这一时期济贫院医院医疗条件改善的重大一步，从贫穷的农村济贫院医院到发展较好的城镇济贫院医院基本都保证了医院的干净整洁。济贫院医院内铺设了进水管道，保证了供水充足和用水方便，冷热水的供应都能够满足病人的需求；厕所安装了抽水马桶，很大程度上解决了原来臭气熏天、细菌滋生的问题，而且基本上每层楼都会有厕所，靠近病房且数量充足；洗漱条件也得到了改善，多人共用一套洗漱用具和毛巾不再是普遍状况；浴室内冷热水同时供应，洗澡更加方便。床单、衣物的清洗更加频繁，病房每天也会有人定时打扫以保证清洁，卧床不起的病人也能享受每天清洗身体、换洗床单和衣物的服务。

病人的分类和隔离在这一时期得到重视，此前病人的分类主要按照性别，男女病人被安置在不同的病房，此时病人的分类主要是按照疾病类别。伦敦地区济贫院医院病人的分类和隔离措施更加到位，《大都市济贫法》实际上秉承的是"分类安置贫民"的原则：传染病患者、精神病患者和智力障碍者被安置在收容院中；患病贫民被送入独立济贫院医院，普通贫民仍留在济贫院。这就减轻了济贫院医院的压力，有利于改变此前济贫院医院过度拥挤和交叉感染的不良状况。在条件允许的情况下，大部分济贫院医院试图将精神病患者、智力障碍者和传染病患者隔离安置在不同的病房，即使是诸如巴顿·里吉斯（Barton Regis）这样的农村济贫院医院和医疗条件较差的达勒姆济贫院医院也能做到这一点。[①] 此外，各济贫院医院普遍设立产房，用于安置分娩前后的妇女和婴儿，便于对其进行看护，防止产褥热等产妇高发病的发生。条件较好的济贫院医院还会分设儿童病房或将老年人和体弱者单独安置，如兰开郡的奥尔德姆济贫院医院。虽然并非所有济贫院医院都能做到对病人进行合理的分类和隔离，但这一时期济贫院医院在这方面做出的努力还是有目共睹的。

---

① "Report on the Nursing and Administration of Provincial Workhouses and Infirmaries". XXI. Barton Regis. *The British Medical Journal*, Vol.2, No.1764(1894), p.879.

济贫院医院医生的数量增多,且医生在济贫院医院停留的时间变长。1872—1906 年间济贫院医院医疗官的数量增加了 36%,护士数量增加了 4 倍。① 驻院医生(Resident Infirmary Doctors)开始出现,1900 年 44 个联合济贫区中出现了驻院医生。② 领薪护士和专业护士也开始被雇用。由于病人数量较多、护理负担较重,伦敦地区或较富裕的联合济贫区最早开始雇用领薪护士。地方政府事务部曾建议贫民救济委员会雇用数量充足的领薪护士,并要求她们必须拥有在相关医疗机构工作一年的经历。③ 虽然这一建议没有得到各贫民救济委员会的广泛支持,但仍有很多济贫院医院雇用了领薪护士。1896 年《英国医学杂志》对各地方济贫院医院的调查报告显示:威辛顿、布莱克本、雷丁、米尔希尔和利物浦的济贫院医院的护理水平和综合医院基本持平。剩下的 46 个济贫院医院中有 25 个雇用了专业护士负责白天的护理工作,10 个有夜间值班护士。④ 领薪护士的人数也不断增多,1909 年皇家委员会的报告显示:伦敦地区领薪护士的人数从 1866 年的 111 人增长到了 1883—1884 年的 784 人,1901 年达到了 1 246 人。1901 年英格兰和威尔士其他地区的领薪护士人数为 1 924 人。除了这些领薪护士之外,还有 2 000 名实习护士。⑤ 领薪护士人数的增多有利于减轻济贫院医院护士们的工作负担,使病人们能够得到更多的照顾,从而提升护理服务的质量。

　　这一时期在南丁格尔的帮助下,济贫院医院开始出现专业护士。1865 年 4 月在慈善家威廉·拉斯伯恩(William Rathbone)的资助下,南丁格尔

---

① Steven Cherry,*Medical Services and the Hospitals in Britain*,1860-1939,p.48.
② M. A. Crowther,"Paupers or Patients? Obstacles to Professionalization in the Poor Law Medical Service Before 1914",*Journal of History of Medicine and Allied Sciences*,Vol.39,No.1(1984),p.42.
③ Brian Abel-Smith,*A History of Nursing Profession in Great Britain*,p.43.
④ "On Nursing in Workhouse Infirmaries",*The British Medical Journal*,Vol.2,No.1865(1896),p.857.
⑤ Brian Abel-smith,*A History of Nursing Profession in Great Britain*,p.51.

为利物浦济贫院医院提供了一批专业护士,这批护士曾在圣托马斯医院接受过专业训练,艾格尼丝·琼斯(Agnes Jones)为护士长。① 这是济贫院医院拥有的第一批专业护士。虽然吝啬的贫民救济委员会不愿负担训练和雇用专业护士的费用,但在路易莎·特文宁(Louisa Twining)和南丁格尔等人的极力推动下,一部分济贫院医院拥有了专业护士。"济贫院医院专业护士促进协会"(Association of Promoting Trained Nursing in Workhouse Infirmaries)成立后便一直资助济贫院医院专业护士的训练,1885年,53位专业护士受雇为济贫院医院提供服务,到1898年该协会训练并送往济贫院医院的专业护士已经超过800人。② 这些护士拥有专业知识,注重卫生条件,她们进入济贫院医院之后,给济贫院医院的贫民护士和领薪护士起到了带头示范作用,对改善济贫院医院的医疗服务发挥了重要作用。19世纪90年代起,一些济贫院医院甚至开始建立学校专门训练专业护士。

总的来说,这一时期济贫院医院医务人员数量的增多和专业化程度的提高有利于这一时期济贫院医院医疗服务的初步改善。虽然济贫院医院中医生的数量增多,但他们的工作量仍旧远远超过同一时期志愿医院的医生,而且他们的薪水仍旧较低,1899年仍有463个官方机构(大约32%)付给他们的医疗官的薪金是年薪20英镑到30英镑。③ 由于医疗官们需要提供药物,低薪金和高强度的工作仍旧影响着他们对济贫院医院病人的治疗效果。一些医生也开始全职服务于济贫院医院,但这并不是这一时期的普遍现象,大部分济贫院医院的医生仍然是兼职,每天在济贫院医院的时间有限。济贫院医院护士队伍仍以贫民护士为主体,除了发展较好的济贫院

---

① McDonald Lynn, "Florence Nightingale as a Social Reformer", *History Today*, Vol.56, No.1 (2006), pp.10–11.
② Brian Abel-Smith, *A History of Nursing Profession in Great Britain*, p.45.
③ Joan Lane, *A Social History of Medicine: Health, Healing and Disease in England, 1750–1950*, p.64.

医院护士队伍专业化程度较高之外,普通济贫院医院一般只能雇用1—2个专业护士统筹医院的护理工作,领薪护士的人数比专业护士稍多,但主要护理工作仍由贫民护士承担。此时济贫院医院护理服务的进步之处在于,贫民护士需在领薪护士和专业护士的指导下开展工作,护士队伍的整体风貌更加积极向上,此前醉酒和虐待病人的现象已不常见。

济贫院医院医疗服务的改善还体现在医院管理中的人性化色彩增强,对病人的惩戒色彩逐渐淡化。这一时期济贫院医院的管理者开始关注病人的需求,试图尽量改善院内病人的生活,使其能够保持身心愉悦。大多数济贫院医院都设置了休息室供病人休息娱乐,休息室中摆放了扶手椅,便于年迈或虚弱的病人舒适地就座,此外还摆放了花草,提供了书刊和报纸。一些有条件的济贫院医院,如西约克郡基思利地区的济贫院医院还在院外修建了一个花园,供病人们散步和呼吸新鲜空气。[①] 为了保证病人们能够吃上热乎的食物,济贫院医院使用带有外罩的餐盒或在将食物从厨房运至病房的过程中用热水温热食物。这些细微的改变都体现了济贫院医院对于病人的体贴和关怀。达勒姆的毕晓普奥克兰济贫院医院甚至为其病人创造了类似于家或者养老院的氛围,该济贫院医院的一间病房中住了四位老妇人,一位患有偏瘫,一位是盲人,第三位年纪已经十分大了,第四位患有心脏病,她们互相帮助,组成了一个幸福的家庭。心地善良的舍监允许她们摆放个人物品,将她们的画挂在房中,使这里看起来像是养老院而不是济贫院病房。[②] 并非所有济贫院医院都有如此和谐的氛围,但不可否认的是,随着济贫院医院惩戒性色彩的淡化,济贫院医院逐渐成为能够使病人安心养病的场所。

---

① "Report on the Nursing and Administration of Provincial Workhouses and Infirmaries". XVII. Keighley. *The British Medical Journal*, Vol.2, No.1760(1894), p.651.
② "Report on the Nursing and Administration of Provincial Workhouses and Infirmaries". VII. Bishop Auckland. *The British Medical Journal*, Vol.2, No.1750(1894), p.80.

总的来说，伦敦地区济贫院医院医疗条件的改善较快且效果显著，到 1879 年伦敦监督员报告中诸如"没有病人的休息室和独立厨房、通风条件差、厕所不足、无领薪护士、无热水、无传染病房或病房简陋"等类似控诉不再出现，地方政府事务部对此十分满意。① 虽然各地济贫院医院医疗条件的具体水平参差不齐，但不可否认的是，这一时期济贫院医院的医疗条件普遍得到了改善。这一时期医院基础服务设施等硬件设备的改善、病人的分类与隔离以及医院管理中人性化色彩的增强等方面效果较为显著。但就医务人员而言，虽然进步性的改革开始了，但要等到济贫院医院发展的下一阶段才逐渐取得显著效果。

虽然这一时期济贫院医院的医疗条件得到初步改善，但与志愿医院相比，济贫院医院的医疗服务仍被视为"二流服务"②。治疗的病人也大部分是慢性病患者、老年人、传染病患者等没有其他治疗途径的贫民。《济贫法》的中央管理部门此时在改善济贫院医院医疗条件上表现较为积极，但各贫民救济委员会仍受制于节省开支、惩戒穷人等对新《济贫法》的指导观念不肯积极配合。随着济贫院医院向公共医院的转化，这一情况也开始发生改变。

---

① Jeanne L. Brand, "The Parish Doctor: England's Poor Law Medical Officers and Medical Reform, 1870-1900", *Bulletin of the History of Medicine*, Vol.35, No.2(1961), p.109.
② Alysa Levene, "Between Less Eligibility and the NHS: The Changing Place of Poor Law Hospitals in England and Wales, 1929-1939", *Twentieth Century British History*, Vol.20, No.3 (2009), p.325.

四、济贫院医院向公共医院的转型

19世纪末,随着贫困观念和医疗观念的转变,济贫院医院也开始"脱贫",逐渐向公共医院转型。济贫院医院向公共医院的转型主要体现在医院医疗条件的现代化、医院病人身份和结构的变化,以及医院管理和名称的变化。济贫院医院向公共医院的转型推动了20世纪30年代英国国民保健制度的构建。

1. 济贫院医院的"脱贫"

济贫院医院的"脱贫"主要指医院医疗条件的现代化、病人身份和结构的变化,以及医院管理与名称的变化。19世纪中后期济贫院医院医疗条件的初步改善为济贫院医院的"脱贫"奠定了基础,"一战"的爆发为济贫院医院的"脱贫"提供了机遇,1929年《地方政府法案》的颁布则促使济贫院医院完成"脱贫",转型为公共医院。

(1)医疗条件的现代化

19世纪末以来,医学自身的发展为济贫院医院医疗条件的现代化奠定了基础。麻醉术和杀菌术的推广推动了外科手术的发展和医院卫生条件的进一步改善。19世纪90年代,李斯特(Joseph Lister)的杀菌术得到了重视,细菌感染致病的说法得到普遍认可,医院开始注重院内的杀菌和消毒措施,包括采取适当的清洁和通风措施,将患传染病的病人隔离在医院特殊的区域里,而且要求医院的医务人员在接触这些病人后洗手和更换衣服。① 此外,医院还努力创建无菌手术室,从而降低了院内感染的发生率。医生们需要穿戴特殊的手术衣、帽子、口罩,一些外科医生甚至剪掉了自己漂亮的胡子。② 器械、药品、手术衣和手套都需要加热或煮沸消毒,手术观察者只能站在远处或透明玻璃之后,不能进入手术室。③ 20世纪初,所有外科医生开始使用各种各样的防腐剂和防腐术。④ 此外,20世纪上半叶医学最大的进步是X射线的发明和应用。20世纪初X射线开始应用于内科、外科和其他医学各科,成为诊断和治疗方面最有效的手段。⑤ X射线使医生能够看到人体内部从而做出准确的诊断,大大提高了疾病的治愈率。随着战争的爆发和地方政府对济贫院医院的接管,这些医学发展的成果在20世纪上半叶逐步应用于济贫院医院。

第一次世界大战促进了济贫院医院医疗条件的进一步改善以及医疗水平短时间内的迅速提升。战争对英国医院影响巨大,济贫院医院同样如此。济贫院医院及其医务人员成了战时医疗服务系统的一部分,大批济贫院医院医护人员走上了前线,即使那些接受过训练的贫民护士也成了宝贵的财富。"一战"期间,大批济贫院医院被改造成军事医院,归陆军部统一调配,这一点可从济贫院医院为军队提供的床位数上得到证明,1917年济

---

① [美]威廉·考克汉姆:《医疗与社会:我们时代的病与痛》,高永平、杨渤彦译,北京:中国人民大学出版社,2014年,第205页。
② [美]洛伊斯·N.玛格纳:《医学史》(第二版),刘学礼等译,上海:上海人民出版社,2009年,第430页。
③ [意]阿尔图罗·卡斯蒂廖尼:《医学史》,程之范、甄橙译,南京:译林出版社,2013年,第908页。
④ [英]罗伊·波特主编:《剑桥插图医学史》(修订版),第149页。
⑤ [意]阿尔图罗·卡斯蒂廖尼:《医学史》,第998页。

贫院医院为军队提供了 35 000 个床位,伦敦济贫法局管理下的医院提供了 4 000 个床位,志愿医院仅提供了 20 000 个床位。① 这些被军队征用的济贫院医院基础条件相对较好,但仍未达到军用标准。为了尽快提升被征用济贫院医院的医疗水平,使得受伤士兵能够得到迅速有效的治疗,陆军部给这些医院配备了先进的医疗设备,如 X 光设备以及除菌和病理诊断所需的设备,极大地改善了济贫院医院的医疗设施。此外,为改变济贫院医院医务人员不足、工作负担繁重的状况,当局又增加了济贫院医院医务人员的数量。此前济贫院医院平均每 500 个床位拥有一位医疗主管和三位医疗官,当其成为军用医院之后,其医务人员便增加为一位医疗主管、一位专科住院医师、四名全职助理和一名兼职助理、一位放射科医师、一位麻醉师、一位眼科医生、一位病理学家和一位牙医。② 医务人员的数量不但增多了,而且分工合理、各司其职,改变了过去由一位医疗官应付所有类型疾病的混乱状态。先进医疗设备的配备以及各科专业医生的齐全使得被征用的济贫院医院能够自如地应对紧急状况,开展手术,医疗水平大大提升。

战争还使得济贫院医院医务人员的薪水普遍得到提升。在被军队征用的济贫院医院中,医务人员的薪水大大高于战前水平,这给当时英国的医学从业者带来了极大的诱惑,而此时战争的爆发造成了医务人员的紧缺,未被征用的普通济贫院医院为了能够留住院内的医生和护士,也不得不提高其薪水。例如 1914 年 10 月,圣潘克拉斯的贫民救济委员为了留住一位高级院长助理,将其薪水从年薪 175 英镑增加到了 225 英镑,结果仍未成功。③ 普通济贫院医院医务人员薪水的上涨使得他们能够有更多的

---

① Brian Abel‐Smith, *The Hospitals, 1800 – 1948: A Study in Social Administration in England and Wales*, p.267.
② Brian Abel‐Smith, *The Hospitals, 1800 – 1948: A Study in Social Administration in England and Wales*, p.260.
③ Brian Abel‐Smith, *The Hospitals, 1800 – 1948: A Study in Social Administration in England and Wales*, p.278.

资金和精力治疗院内的患病贫民,无疑有利于此时院内医疗水平的提高。

1919年,英国议会颁布《卫生部法》(Ministry of Health Act),成立卫生部(Ministry of Health),使卫生和医疗管理事务从地方政府事务部中脱离出来,开始了专门化管理。卫生部的权利和职责包括四个方面:管理公共卫生、地方事务及地方税收,负责住房与城市规划,负责对《济贫法》等的管理,负责国民卫生保险。1919年《卫生部法》的颁布与卫生部的成立,结束了长期以来一直由地方事务部负责《济贫法》管理的历史,实现了英国《济贫法》中央管理方面的重大变革。卫生部成立后便积极采取措施,理顺英国现行医疗服务机构的关系。第一次世界大战对济贫院医院医疗条件的改善被很好地继承下来,战后志愿医院因资金短缺而逐渐衰落,政府开始重视利用济贫院医院,继续改善济贫院医院的医疗条件,使得济贫院医院在地方医疗体系中扮演着越来越重要的角色。济贫院医院的医疗服务真正摆脱"二流"的名声则始于1929年的《地方政府法》(The Local Government Act of 1929)。法令颁布后,地方政府开始接管原本由各济贫委员会管理的济贫院医院,并致力于将其打造成一流的综合医院,因此地方政府更加注重济贫院医院医疗条件的改善。地方政府投入大量资金推进济贫院医院的医院建筑以及相关医疗设施的现代化进程,促进院内医生的全职化以及护士队伍的专业化。在这一进程中,伦敦再次走在前列。20世纪30年代,伦敦郡议会花费了300万英镑升级由其接管的济贫院医院,建立了24个新手术室、14个放射室和10个情报室,医院的设施、设备以及就诊和护理的程序都实现了标准化。① 各郡以及自治市议会也投入了大量资金用于改善被其接管的济贫院医院。不过,济贫医院的归并持续了很长一段时间,直到1937年,公共救济委员会(Public Assistant Committees)

---

① Stephanie Kirby, "Splendid Scope for Public Service: Leading the London County Council Nursing Service, 1929-1948", Nursing History Review, 2006, Vol.14(2006), p.34.

掌握的济贫医院仍然有466家,只有111家济贫医院归地方政府管理。①

医疗队伍也趋向全职化和专业化,更多的全职济贫法医生和医疗官被雇用,贫民护士也逐渐被领薪护士和专业护士所取代,而且医务人员的待遇大大改善。卫生部虽然没有详细地记录济贫院医院全职医生的数字,但从1905—1923年间,伦敦的全职《济贫法》医生已经从77位增加到了117位,较大的济贫院医院中的医生便很少再开设私人诊所。② 根据1929年《英国医学杂志》(*British Medical Journal*)的报道,当时已经有大量的全职医务人员就职于英国的济贫院医院,这种现象在伦敦以及各省会城市医疗条件较好的济贫院医院中表现得尤为明显。③ 济贫院医院护士的待遇开始优于志愿医院,主要体现在薪水的上涨和工时的缩短上。"一战"后济贫院医院护士的薪水已经赶上志愿医院,20世纪20年代,济贫院医院护士的薪水超过了志愿医院。直到1937年,尽管所有医院护士的薪水都上涨了,地方政府支付给济贫院医院护士的薪水仍旧比志愿医院多5英镑。1930—1937年在地方政府管理下的医院工作的护士的工时要比志愿医院的护士短5—6个小时。④ 医务人员薪水的上涨和工时的缩短有利于提高他们工作的积极性、减轻他们的工作负担,再加上医务人员的全职化和专业化,这些都有利于济贫院医院医疗水平的提升。

总之,这一时期济贫院医院的医疗条件朝着现代化的方向发展,医院配备了先进的X光设备和手术设备,采用了先进的除菌消毒技术,更加注重医院内部卫生和手术室无菌环境的创造;医疗队伍也逐渐全职化和专业化,医务人员的待遇大大改善,甚至超过了志愿医院。

---

① 丁建定:《英国社会保障史》,第290页。
② M. A. Crowther, *The Workhouse System, 1834–1929: The History of an English Social Institution*, p.183.
③ "Poor Law Medical Service", *The British Medical Journal*, Vol.2, No.3582(1929), p.435.
④ Brian Abel-Smith, *A History of Nursing Profession in Great Britain*, pp.120–122.

(2) 病人身份与结构的改变

病人身份的变化主要指"非贫民患者"和"付费病人"的出现。最早开始接收"非贫民患者"和"付费病人"的济贫院医院是大都市收容局(MAB)管辖下的济贫院医院。地方政府事务部第六次年度报告显示,1871—1872年天花肆虐时期,大都市收容局所管理的医院已经普遍向"非贫民患者"提供治疗。此时这些医院中大约有 1/3 的病人不是贫民,他们没有向济贫官递交申请便来此就医,有一些病人还向医院交了治疗费。① 1876—1877 年流行病爆发时期,相似的情况又再次出现。虽然这样的做法不符合《济贫法》的相关规定,也没有得到相关法律政策的支持,但大都市收容局仍旧坚持接收"非患病贫民"和"付费病人",这一做法最终得到了地方政府事务部的认可。1891 年政府颁布《伦敦公共卫生合并法案》(The Public Health London Law Consolidation Bill),规定伦敦的每个市民都有权得到大都市收容局旗下医院的免费治疗。② 这一法案将大都市收容局旗下医院的入住权扩展至所有伦敦居民,意味着官方打破了济贫院医院接收病人时的贫民身份限制,并用立法保障了伦敦公民获取免费医疗的权利。大都市收容局旗下的济贫院医院在接收病人时率先打破了贫民身份的限制,开始面向社会各阶层,将病人的医疗需求而不是贫民身份作为接收的衡量标准,迈出了"脱贫"的重要一步。

1885 年《医疗救济免除政治权利剥夺法案》(Medical Relief Disqualification Removal Act)通过,法案规定:"在联合王国的任何地方,如果一个人为自己或家人申请了《济贫法》体系下的医疗、手术或药物救助,

---

① Brian Abel‐Smith, The Hospitals, 1800‐1948: A Study in Social Administration in England and Wales, p.123.
② Brian Abel‐Smith, The Hospitals, 1800‐1948: A Study in Social Administration in England and Wales, p.123.

那么除了无权参与贫民救济委员会或其他《济贫法》管理部门的选举之外，这个人将不会被剥夺作为议会选举人、市区选举人和议会议员所拥有的选举权，并且在此法案通行之地的任何选举办公室内拥有投票权。"① 即只接受《济贫法》医疗救济者在议会和市政府选举中不再被剥夺选举权。这一法案打消了人们不愿接受《济贫法》医疗救济的顾虑之一，越来越多没钱向私人医生寻求治疗的病人进入济贫院医院接受治疗，这就使得济贫院医院的病人身份普遍发生改变，开始出现非贫民的普通穷人。但这种情况只出现在大都市收容局旗下的济贫医院和一些医疗条件较好的济贫院医院，因为济贫院医院此时仍隶属于《济贫法》管理体系，进入济贫院医院仍会被打上贫民化的烙印。真正的改变出现在1929年《地方政府法》颁布之后。

第一次世界大战以及战后济贫院医院医疗条件的大幅改善也使得越来越多的"非贫民患者"进入济贫院医院接受治疗，尤其在战后志愿医院陷入财政危机、医院资源紧缺的情况下，医疗条件已经得到改善、医疗水平得到大幅提升的济贫院医院便成为一些需要医院治疗的中产阶级的选择。1918年韦伯夫妇在对地方政府的调查中称，在志愿医院不足以满足当地民众住院需求的地区，济贫院医院成为整个工薪阶层甚至一些富裕中产阶级的选择，他们通常会付一部分甚至全部的治疗费用，这种现象在当时普遍存在。② 20世纪20年代，许多联合济贫区的济贫院医院在未经卫生部许可的情况下接收了付费病人，如博尔顿、埃德蒙顿、帕丁顿等。③ 1929年《地方政府法》颁布后，一些条件较好的济贫院医院开始向公共医院转化，

---

① "Medical Relief Disqualification Removal Bill", *The British Medical Journal*, Vol.2, No.1281 (1885), p.110.
② William E. Hart, "Hospitals as Affected by the Local Government Act, 1929", *The Journal of the Royal Society for the Promotion of Health*, Vol.50, No.7 (1929), p.470.
③ M. A. Crowther, *The Workhouse System, 1834 - 1929: The History of an English Social Institution*, pp.184 - 185.

医院接收的病人也涉及了社会各阶层人士。在医院接收病人的过程中，主要衡量标准是病人的病情而不是其是否具有贫民身份。

病人的结构也逐渐发生变化，急性病患者和手术患者人数增多。济贫院医院"脱贫"之前，医院病人的主体是慢性病患者和老年人，他们常年占据济贫院医院的床位，使得医院的病人流动性和治愈率远低于志愿医院。1891年伦敦志愿医院病人平均的住院时间是25.3天，同时期伦敦最好的济贫院医院病人的平均住院时间达到了63.7天。① 虽然在"脱贫"进程中慢性病患者和老年人在济贫院医院仍占有较大比重，但随着济贫院医院医疗条件的改善，急性病患者的人数也逐渐增加。一些医疗条件较好的济贫院医院早在十九世纪七八十年代便已开始接收急性病患者，尤其是在伦敦地区。此后随着济贫院医院医疗条件的改善，急性病患者的数量不断增多，病人停留在医院的平均时长也逐渐缩短。这种情况在1929年地方政府开始接管济贫院医院之后表现得更加明显。以伦敦地区为例，1901年伦敦地区济贫院医院病人平均的住院时间是56.9天，1921年仍是56.4天，1938年公共医院病人平均的住院时间降低到了31.6天。② 手术患者也逐渐增多，济贫院医院开展的手术数量大幅提升。如1876—1877年布伦特福德的西米德尔塞克斯医院（West Middlesex Hospital）只做了30台手术，但到1929年手术数量达到了452台。③ 1929年之后，随着地方政府对济贫院医院的接管，他们对济贫院医院的病人也进行了分类安置，慢性病患者和老年人被转移到条件相对较差的济贫院医院或者未被接管的济贫院医院。因此，济贫院医院转型成公共医院后，仍有一部分被接管的济贫院医院中有大量的慢性病患者，未被接管的济贫院医院中慢性病患者和

---

① Robert Pinker, *English Hospital Statistics*, *1861 - 1938*, London: Heinemann Educational Books Ltd. Press, 1966, pp.121 - 135.
② Robert Pinker, *English Hospital Statistics*, *1861 - 1938*, p.135.
③ M. A. Crowther, *The Workhouse System*, *1834 - 1929: The History of an English Social Institution*, p.183.

老年人仍占据主体地位。

(3) 管理与名称的转变

1929年英国政府颁布《地方政府法》,这是济贫院医院发展进程中的一个重要转折点,法案颁布的直接影响是去除了济贫院医院管理与名称上的《济贫法》色彩,促使济贫院医院向公共医院转化。《地方政府法》规定:将济贫法机构的管理权由各贫民救济委员会转交给各郡以及自治市议会(Council of the County or County Borough),取消一切现有的济贫法管理部门。① 各郡以及自治市议会需成立公共卫生委员会(Public Health Committees)负责接管原本由各贫民救济委员会以及大都市收容局管理的济贫院医院;若某济贫院医院不完全归属于某个郡或自治市,那么相关郡或自治市议会需在1930年2月1日卫生部大臣下达指令之前尽快达成协议解决该济贫院医院的归属问题。② 法案颁布后,伦敦及其他较富裕地区或济贫院医院基础条件较好的地区快速地完成了济贫院医院管理权的移交。据卫生部第12次年度报告,1931年4月1日伦敦郡议会已经成功地管理了24所济贫院医院;据卫生部第13次年度报告,1932年4月1日,大都市收容局之下的所有机构以及除了12个独立济贫院医院之外的其他济贫院医院都已经被收归伦敦郡议会管理。③ 总之,通过1929年《地方政府法案》,伦敦郡议会从25个贫民救济委员会和大都市收容局手中接管了141所医院和26 000名医务人员。④ 1932年76所自治市的济贫院医院完

---

① *Local Government Act*, 1929,参见 http://www.legislation.gov.uk/1929? title = local%20government%20act, pp.1 - 2.
② "Transfer and Appropriation of Poor Law Institutions, *Local Government Act*, 1929", *The British Medical Journal*, Vol.2, No.3595(1929), p.240.
③ Brian Abel-Smith, *The Hospitals, 1800 - 1948: A Study in Social Administration in England and Wales*, p.368.
④ Stephanie Kirby, "Splendid Scope for Public Service: Leading the London County Council Nursing Service, 1929 - 1948", *Nursing History Review*, Vol.14(2006), p.33.

成了其管理权的移交。这些已经被接管的济贫院医院和地方政府建立的其他医院一起被称为市立医院。其他地区则由于资金不足、地方政治集团反对、济贫院医院原有条件差而缺乏改造价值或已有的志愿医院和地方医院足以满足当地医疗需求等原因而进展缓慢。截至20世纪30年代末,仍有大量济贫院医院未被公共健康委员会接管,这些未转型为公共医院的济贫院医院被纳入公共救济委员会管理之下。1939年公共医院提供了大约130 000个床位,未被接管的济贫院医院所提供的床位数达60 000个[1],数量将近公共医院床位数的一半。

已由郡议会或自治市议会接管的济贫院医院则转型成公共医院,在医院资金来源和内部管理上都发生了变化。被接管济贫院医院的经费不再依赖济贫税,而主要依靠地方政府的税收,中央政府的拨款和少部分病人诊金起到了补充作用。1929年《地方政府法》颁布后,"一揽子拨款"(Block Grants)体制确立,中央政府为地方政府提供资金用于支持对济贫院医院的接管、医院的日常运作、医疗设备的改善以及医务人员薪水的增加等。此外,病人的诊金也在医院经费来源中占了一定比重。1934—1935年伦敦郡议会从这些转变后的济贫院医院中得到了近200 000英镑的病人诊金。[2] 医院经费来源的改变使得已被接管的济贫院医院从根本上摆脱了济贫法体系,成为向公众开放的公共医院。

济贫院医院内部管理也相应发生改变,医院的最高管理者不再是外行的济贫院院长,而是具有医学知识的医疗主管(Medical Superintendent);护士队伍也不再归舍监而是专业护士长管理,这使得医院的一切医疗活动能够以专业、高效的方式开展。病人申请入院的方式也发生变化,济贫官不再握有病人申请进入医院的审核权,其权力被移交给普通执业医生、健

---

[1] John S. Morgan, "Pauper Medical Care, Health Insurance, or National Health Service: The British Experiment", *Social Service Review*, Vol.21, No.4(1947), pp.449-450.
[2] Brian Abel-Smith, *The Hospitals*, 1800-1948, p.374.

康保险主治医师、医疗卫生官和门诊医生。当时有句笑话生动地反映了这一情况:除了生病住院之外,济贫官不会再因为别的原因出现在已被接管的济贫院医院。① 济贫院医院转型成公共医院后不再免费向所有入院病人提供治疗,而是根据病人的实际经济情况酌情处理。已转型成公共医院的济贫院医院往往会雇用医务社工(Medical Almoner)检测病人的经济状况,若证实这位病人无力负担治疗费用,同时地区医疗官又认为他和普通执业医生都无法治疗这位病人,医院可免费为其提供治疗。② 这种双重检测机制既使得真正需要医院治疗的穷人能够得到免费治疗,又可以避免被贫民化,打上耻辱的烙印。若该病人经济条件较好,能够负担医院的治疗费用,那就需要按照其经济能力交纳相应的费用。济贫院医院被接管后还设立了门诊部,病人即使不住院治疗,也可以去门诊部求医问药。1935年这些被接管的济贫院医院门诊患者的会诊数量达150万次,1937年增长到了200万次。③ 被接管的济贫院医院真正成了社会大众愿意前往的公共医院。

为了显示自己完成了"脱贫"进程,已被接管的济贫院医院极力想要抹去自己所带有的一切《济贫法》色彩,因此它们便有意地改掉自己的名字。例如1874年建立的利兹联合济贫医院(Leeds Union Infirmary)改名为圣詹姆斯医院(St. James' Hospital),坎伯威尔济贫院医院(Camberwell Infirmary)变为圣贾尔斯医院(St.Giles' Hospital),索尔福德济贫院医院(Solford Infirmary)改名为希望医院(Hope Hospital)和圣乔治医院(St. George's Hospital),富勒姆济贫院医院(Fulham Infirmary)变为圣斯特芬

---

① Stephanie Kirby, "Splendid Scope for Public Service: Leading the London County Council Nursing Service, 1929 – 1948", *Nursing History Review*, Vol.14(2006), p.34.
② Brian Abel‐Smith, *The Hospitals*, *1800 – 1948: A Study in Social Administration in England and Wales*, p.380.
③ Brian Abel‐Smith, *The Hospitals*, *1800 – 1948: A Study in Social Administration in England and Wales*, p.379.

医院(St. Steghen's Hospital)。① 类似的例子有很多,医院名称的改变,一方面显示了医院性质和管理部门的改变,另一方面也表现了它们想要摆脱《济贫法》"二流"医疗服务的恶名、给自己一个新的发展起点的意图。它们希望自己能够以公共医院的新面貌面向社会大众,赢得他们的支持和信任。这些医院在未来的1948年国民保健制度中发挥了重要作用,直到1960年,地方当局的医疗系统中,原济贫院医院仍占了51%的床位。②

"脱贫"进程主要发生在医疗条件较好的济贫院医院,地方政府在接管济贫院医院时主要会考虑济贫院医院原有的医疗条件,以便尽可能地节省翻修的开支,以最小的代价完善地方医院系统。因此,并非所有的济贫院医院都在这一时期完成了"脱贫"进程,那些未被接管的济贫院医院仍旧是慢性病患者的聚居地,医疗条件迟迟得不到改善;而被接管的济贫院医院则在地方政府的资金支持下进一步改善了自身医疗条件,发展成为面向社会大众、接收急性病患者、开展手术治疗和门诊治疗的公共医院。济贫院医院之间差距在"脱贫"进程中进一步扩大,发展的不均衡性加剧。

2. 济贫院医院与公共医院服务体系的构建

20世纪初英国共有三类医院系统:第一类是志愿医院,第二类是济贫院医院,第三类是地方政府建立的医院。志愿医院是18世纪出现、19世纪迅速发展的慈善医院,慈善捐助是其资金的主要来源,医院治疗的病人不仅包括能够拿到捐助者推荐信的穷人,还有工人阶级和富有的捐助者。志愿医院的医疗条件较好,较早地关注卫生状况,积极消毒、除菌,采用先

---

① Joan Lane, *A Social History of Medicine: Health, Healing and Disease in England, 1750-1950*, p.65.
② Joan Lane, *A Social History of Medicine: Health, Healing and Disease in England, 1750-1950*, p.65.

进的医疗设备和手术设备,医务人员的数量较多,素质较高,并且主要接收急性病患者,因而志愿医院的病人治愈率较高,其提供的治疗被称为"一流的医疗服务"。地方政府所建的医院则开始发展于 19 世纪 60 年代,主要是一些专科医院,如传染病医院、产科医院、儿童医院、眼科医院等。济贫院医院则为没有其他医疗途径以及被志愿医院等其他医疗机构拒收的社会下层民众提供基本的医疗救治,是穷人们最后的救命稻草。但从整体来看,此时志愿医院的医疗水平最高,地方政府所属医院的医疗水平都赶不上最好的志愿医院,济贫院医院的医疗水平最差。

济贫院医院、地方政府所建医院和志愿医院三类医院体系互不统属,多种医院系统的存在造成功能的重叠和混乱。于是,政府试图整合医院资源,将济贫院医院体系和地方政府所建医院体系进行合并,从而更好地满足大众的医疗需求。早在 1909 年,《济贫法》皇家委员会少数派报告中便提出过这种设想,但当时遭到了强烈反对,最终 1929 年《地方政府法》颁布,实现了济贫院医院管理权的转移,被接管的济贫院医院以及地方政府所建医院同时被置于郡及自治市议会的管辖之下,共同构建了公共医院服务体系,便于社会各阶层对医院资源的利用。20 世纪 30 年代以前,济贫院医院系统一直是英国最庞大的医院系统,其床位数远远超过志愿医院以及 19 世纪中后期地方政府所建的医院,在英国医院体系中占据着主体地位。1861 年英格兰和威尔士共有 6.5 万张医院床位,其中超过 80%(约 5 万张)由济贫院医院提供,其余则由志愿医院提供。[①] 19 世纪中后期虽然英格兰和威尔士的医院迅速发展,地方政府受政策引导逐渐建立了一些专门医院,志愿医院也持续发展,但济贫院医院仍旧保持了其主体地位。1861—1891 年,英格兰和威尔士的医院床位总数从 65 000 增加到了

---

① Derek Fraser, *The Evolution of the British Welfare State: A History of Social Policy Since the Industrial Revolution*, p.92.

112 800，其中65%的床位属于济贫院医院。① 1911年英格兰和威尔士的总床位数达到近200 000，其中61%属于济贫院医院，22%属于志愿医院，17%属于地方政府所建的医院；1921年济贫院医院所占比例为53%，地方政府所建医院的比例上升为23%。② 从床位数来看，虽然地方政府所建医院发展快速，但济贫院医院仍旧占据英国医院系统的主体地位。1929年《地方政府法》颁布后，济贫院医院开始被地方政府接管并向公共医院转型，这使得地方政府控制的公共医院数量大增。1938年公共医院所占比例达到47%，取代济贫院医院成为医院主体。③ 因此济贫院医院为公共医院数量的增多和公共医院服务体系的构建做出了重要贡献，是地方公共医院服务体系的重要组成部分。

在这一公共医院服务体系的构建过程中，政府也考虑了与当地志愿医院进行协调，尽量避免医院功能的重叠和医院资源的浪费，尽可能地完善各地的医院服务体系。1929年《地方政府法》第一部分第13条规定：各郡及自治市议会在接管济贫院医院时，应该与各郡及自治市地区志愿医院的管理层和医务人员就济贫院医院的接管数量以及接管之后的用途进行协商。④ 被接管之后的济贫院医院大多成为综合医院，一些济贫院医院根据自身特点和当地需求转变为专科医院，尽量与当地志愿医院形成互补关系。但20世纪30年代公共医院服务体系的构建只是在郡及自治市范围内实现了公共医院资源的整合，未能实现对志愿医院系统的合并以及对全国范围内医院资源的统一协调，尤其是忽视了对医院不均衡发展现状的改变。

济贫院医院医疗水平的不均衡状态自其诞生之日起便一直存在，而且

---

① Robert Pinker, *English Hospital Statistics*, 1861 – 1938, p.63.
② Robert Pinker, *English Hospital Statistics*, 1861 – 1938, pp.64 – 65.
③ Robert Pinker, *English Hospital Statistics*, 1861 – 1938, pp.62 – 68.
④ *Local Government Act*, 1929, 参见 http://www.legislation.gov.uk/1929? title = local%20government%20act, p.11.

随着济贫院医院的发展而不断扩大。富裕的教区或志愿医院缺乏的教区较早便设立了济贫院病房,并在六七十年代公共舆论的推动下将济贫院医院搬出济贫院,推动其走上了独立进程,并逐步改善济贫院医院的医疗条件;还有一些教区从一开始便建立了独立的济贫院医院,这些医疗条件较好的济贫院医院在"一战"时期被征用,配备了先进的医疗设备和手术设备,成为能够接收急性病患者和手术患者的综合医院;20世纪30年代,地方政府接管了这些医疗基础较好的济贫院医院,并投入大量资金对其进一步改造,使其摆脱了《济贫法》医疗救济的"二流"恶名,成为面向社会大众的公共医院。但在广大农村教区、较为贫穷的城市教区或是志愿医院基本能够满足当地穷人医疗需求的教区,济贫院医院在建立后的近一个世纪内一直维持了最初的状态,依托济贫院病房存在,病人主要是慢性病患者和老年人,医院治疗效果不明显,相比于治疗,其收容的特征更加明显。总之,能够提供一流医疗服务的济贫院医院和仍旧是患病贫民临终之地的济贫院病房并存于20世纪的英格兰和威尔士地区。

20世纪初英格兰西北部以及伦敦地区济贫院医院的发展水平已经足以和志愿医院媲美,但是300个农村济贫院医院仍旧缺乏手术装备和基本的医疗设施。到1901年,只有1/5的农村济贫院医院任命了护士长。① 但1928年卫生部表示,英格兰东部仍有一些地区的济贫院医院仍在使用1834年之前所建的建筑。② 即使在1929年《地方政府法》颁布后,一些地区的济贫院医院仍旧没有多大发展。"二战"爆发前夕,南威尔士和蒙茅斯郡的22个济贫院医院主要治疗的仍是慢性病患者,而且医院建筑老旧,9个济贫院医院的使用年份已经超过了100年,8个超过了55年,2个超过

---

① Steven Cherry, *Medical Services and the Hospitals in Britain, 1860-1939*, p.48.
② Bernard Harris, *The Origins of the British Welfare State: Society, State and Social Welfare in England and Wales, 1800-1945*, p.232.

了 40 年,只有 2 个分别新建于 1904 和 1908 年。① 由此可以看出,医疗基础较好的济贫院医院发展较快,紧跟济贫院医院发展进程的每个阶段;但医疗条件较差的济贫院医院在此后的发展进程中慢慢落后,甚至停滞不前。从地区来看,尽管个别地区有所不同,但总的来说,伦敦地区济贫院医院的发展水平普遍高于地方济贫院医院;英格兰和威尔士南部以及自治市地区的医院发展要优于北部和各郡。② 公共医院服务体系的构建未能调整济贫院医院发展的不均衡状态,反而导致了这种发展不均衡状态的扩大。

20 世纪 30 年代以郡和自治市为基本单位,通过合并济贫院医院和地方政府所建医院而构建的地方公共医院服务体系的发展最终被战争打断。1939 年紧急医疗服务系统(Emergency Medical Service,EMS)成立,允许中央政府集中协调志愿医院和市立医院③,并且将医务人员的薪资标准化,扩大接受医疗服务的途径,减少医院的地区差异。④ EMS 的这种做法为"二战"后国民保健制度勾勒了蓝图。国民保健制度中的医院体系推翻了战前以地方政府为主导的公共医院服务体系,整合了志愿医院、公共医院以及私人医院,建立了一套由中央到地方的国家免费医院服务体系,从而有利于解决医院系统混杂和医院发展不均衡的问题。20 世纪 30 年代建立的地方公共医院体系在这一新的医院体系中占据核心地位。

---

① Brian Abel-Smith,*The Hospitals,1800 - 1948: A Study in Social Administration in England and Wales*,p.383.
② Nick Hays,"Did We Really Want a National Health Service? Hospitals,Patients and Public Opinions before 1948",*English Historical Review*,Vol.127,No.526(2012),p.631.
③ 市立医院包括地方政府所建医院以及被地方政府接管的济贫院医院,笔者按照医院性质在文中将其统称为公共医院。
④ David Sturgeon,"There and Back Again: A Short History of Health Service Reform in England From 1909 - 2012",*International Journal of Arts and Sciences*,Vol.6,No.2(2013),p.20.

第四章

社会经济改革与贫富差距问题化解

  作为世界上第一个工业化社会,英国在尽情享受工业文明带来的成果的同时,也最先尝到了工业化急速发展带来的苦果。贫富悬殊拉大,贫困问题加剧,公共卫生状况恶化,国民身体素质下降,环境污染严重,这些负面作用严重影响了英国政治经济的发展。19世纪下半期,英国国内对贫困问题的态度发生了很大变化。面对日益严峻的贫困与贫富差距问题,英国政府采取不断改革的政策,通过改革财税政策,加大对富人征税力度;通过教育改革,使工人阶级素质得到提高,为其更好的发展创造条件;通过公共卫生和住房改革,改善工人阶级居住生活环境,从而逐渐化解贫富差距问题急剧发展带来的恶果。

一、19 世纪末期英国贫困观念的变化

19 世纪末期,随着英国工业革命的完成,英国政治、经济、社会结构发生了巨大变化,英国人的贫困观念也随之发生了巨大变化,人们不再将个人道德堕落视为贫困的根源。英国政府也不得不适当加强对贫困问题的干预,从济贫、教育、卫生、住房等几个方面改善穷人生存状况,化解日益严重的贫富差距问题。

1. 社会调查与 19 世纪后期英国社会对贫困问题的反思

19 世纪大部分时间里,在英国,贫困并没有被看成一个问题,而被看成相当比例的人口生活中一部分。当时人们常把懒惰这一恶名同穷人混淆起来。认为如果是自愿的(贫困),懒惰就是邪恶的,如果不是自愿的(贫困),那它就是社会的负担。①

19 世纪中期以后,英国的经济发展水平已经在世界上居于无可争议的领先地位,直至 1880 年它始终是世界上最富裕的国家,享有"世界工厂"的盛誉。按不变价格计算,1851 年,英国国民收入为 5.5 亿英镑,19 世纪

---

① J. R. Poynter, *Society and Pauperism: English Ideas on Poor Relief*, 1795 – 1834, p.29.

80年代,英国国民收入翻了一番,1914年,更是达到了20亿英镑。尽管1911年以前,英国人口以每10年10%的速度增长,英国人均收入仍有很大增长,在60年里从人均20英镑增长到50英镑。① 总的来说,19世纪后期英国社会物质生活水平有了明显提高。1860年到1914年,英国劳动人口的实际工资也增长了一倍,1868年至1874年,工资增长速度尤其快,19世纪80年代,英国历史上第一次有大量的人开始去休闲度假。②

但是,尽管19世纪60年代,英国经济实力雄踞世界第一,国力强盛,人民生活水平大大提高,但是其财富分配不公现象更加明显。中上层阶级家庭占全社会的25.6%,但是他们所占有的国民收入却达到60.9%,而体力劳动者家庭占了全社会的74.4%,但是他们所占有的国民收入只有39.1%。③这说明英国贫富差距大的现象比19世纪初期更加严重。社会财富分配不均是造成19世纪英国贫困与贫富差距问题极度发展的根本原因。

19世纪大部分时间,贫困问题并没有被看成是一个社会问题。从1875年开始,英国维多利亚时代经济发展的黄金时期结束,一个工业与贸易的大萧条时期出现,这种经济萧条的结果,就是工人阶级就业状况恶化,使经济顺利时期所掩盖的社会矛盾再度激化起来,造成新的社会动荡。1870—1914年,英国工会成员的失业率通常为3%—4%,最高时达到10%。④ 就业不充分在临时工和季节工中表现最为明显。1891年皇家劳动委员会的一份报告显示,1891年伦敦码头雇用了7 000人,而上一年码头雇用了8 000到9 000人。这些被雇用的人可分为四类,第一类是充分就业者,约1 015人;第二类为4/5时间充分就业者,约1 750人;第三类为

---

① Peter Mathias, *The First Industrial Nation*, *An Economic History of Britain*, 1700 - 1914, London: Methuen, 1969, p.365.
② Kenneth O. Morgan, *The Oxford Illustrated History of Britain*, Oxford: Oxford University Press, 1984, p.481.
③ Harold Perkin, *The Origins of Modern English Society*, 1780 - 1880, p.420.
④ Jose Harris, *Unemployment and Politics*, *A Study in English Social Policy*, 1886 - 1914, p.374.

2/3 时间充分就业者,约 876 人;剩余的人只能有一半时间就业。这表明伦敦码头工人中绝大多数处于就业不充分状态。① 失业问题又加剧了贫困问题的发展,19 世纪后期,贫困再次成为社会公众的焦点,社会政策改革又成了热门的话题。这一社会潮流的巨大变化导致在英国政治舞台上消失了几十年的社会主义运动重新高涨,同时也冲击了原有的自由主义思想,并由此产生了新自由主义思潮。

在这种背景之下,19 世纪后期,许多知识分子对贫困问题进行了大量的社会调查,人们对于贫困的概念、标准以及贫困的根源开始有了比较科学的认识。贫困不再被看成个人的问题,而成了必须解决的社会问题。实际上,经过几十年的经济迅猛发展,社会财富的总量成倍增长,英国已经成为世界头号工业强国、最大的殖民帝国。但其国内仍存在着一支近百万人的贫困大军这一事实,就不能不令人深思了。从 19 世纪 60 年代开始,许多中产阶级人士感到,必须打破横亘于贫民和富人之间的鸿沟,他们认为:"富裕阶级有责任通过居住在不幸的穷人中间帮助他们。"②

同时,因贫困、疾病导致英国国民身体素质下降等一系列健康问题在 19 世纪末 20 世纪初成为困扰全国的一个问题,③成了关系到全民族命运的大事,许多人都意识到了这一点。早在 1838 年,曼彻斯特皇家医院(Manchester Royal Infirmary)的外科医生理查德·霍华德(Richard Howard)就写道:"虽然直接因饥饿而死的人也许不多,但毫无疑问,劳动阶级中很大一部分人死亡的一个主要原因还是由于食物匮乏。再加上长时间的劳动和连续劳顿,衣食不足,挨冻受饿及穷人常有的匮乏。"他还说,"穷人是(热病)最常见的受害者","由于食物匮乏而健康状况受到损害的

---

① B. J. Clapp, H. E. S. Fisher and A. R. J. Jurica, eds., *Documents in English Economic History: England Since 1760*, pp.344-345.
② Carl Chinn, *Poverty Amidst Prosperity: The Urban Poor in England*, 1834-1914, p.110.
③ Helen Jones, *Health and Society in Twentieth Century Britain*, London/New York: Longman, 1994, p.22.

劳动者特别容易遭受传染病感染"①。约翰·爱德华·摩根(John Edward Morgan)是萨尔福德一家医院的医师,曼彻斯特和萨尔福德卫生协会名誉书记,曾负责起草当地居民健康状况的周报告和季报告。1865年,他在社会科学大会提交了一份名为《大城市飞速发展,国民身体状况面临恶化的危险》(The Danger of the Deterioration of Race From the too Rapid of Great Cities)的报告,他认为城市里的穷人明显"缺乏耐力、肌肉发育不良、贫血、神经系统发展不平衡,牙齿肿烂,皮肤干裂,蓬头垢面"②。他把城市穷人体质下降的原因归咎于城市生活。

摩根的观点引起了人们的兴趣,但并没有使更多的人感到忧虑,因为当时英国正处于巅峰阶段。但是19世纪80年代后,英国霸权地位受到威胁,对英国人体质下降的担忧开始变得明显,并且影响了许多英国人。1884年,苏格兰经济学家约翰·雷(John Ray)根据大量官方文件,发表评论指出:在这个世界上最富裕的国家里,差不多20个人中就有1个乞丐;根据《济贫法》报告,社会上五分之一的人衣不蔽体;根据上呈枢密院的医疗报告,农业工人和城镇的大批劳动者食不果腹,乃至患上众所周知的饥饿症而命丧九泉,英国绝大部分居民过着枯燥无味和劳作不停的生活,年老时毫无希望,赤贫如洗,唯有靠教会救济。③ 为查尔斯·布思社会调查做出贡献的卢埃林·史密斯(Llewellyn Smith)认为:体质孱弱的城市市民往往占据着零工市场的主力,这些人极可能是穷人。④ 1870—1914年,英国人口死亡率是15‰—20‰,婴儿死亡率是100‰。⑤ 使全民对国民素质担忧的催化剂是布尔战争(Boer War)。1901年,曼彻斯特市在布尔战争

---

① H.J. Dyos and M. Wolff, eds., *The Victorian City: Images and Realities*, Vol.2, p.626.
② John Edward Morgan, *The Danger of the Deterioration of Race From the Too Rapid Increase of Great Cities*, New York: Garland Pub., 1985, pp.2 - 9.
③ D. Hussey, *British History, 1815 - 1939*, Cambridge: Cambridge University Press, 1984, p.217.
④ Carl Chinn, *Poverty Amidst Prosperity: The Urban Poor in England, 1834 - 1914*, p.113.
⑤ B. R. Mitchell, *Abstract of British Historical Statistics*, pp.36 - 37.

爆发的 10 个月期间内为部队征召的 11 000 名志愿者中,有 8 000 名体格不适合扛来复枪和服从军纪,3 000 名可以征入军队,而其中只有 1 200 人的胸肌和肺活量符合军队的标准。①

这一数据在英国引起了强烈的反响,国民素质关系到民族的生存与发展,而国民素质低下的根源是贫困问题的发展。正是在这样的氛围之下,英国社会对于贫困问题有了新的认识,贫困问题开始被看成社会问题,关系到国家民族的兴亡。与 1834 年相比,这次对贫困的探讨有两个重要的变化:一是更多地从经济增长和社会秩序的角度来考虑贫困和与之相关的社会问题;二是从谴责穷人的懒惰和无能转向经济结构本身缺陷的问题,从"道德"原因变为一种"经济诊断",②即通过强调穷人通过自助和艰苦工作摆脱困境转向强调政府有必要干预以支持穷人摆脱经济困境。

一些知识分子和人道主义者目睹社会上不合理现象和阶级对立,深入社会调查走访,发表了一些切中时弊的著作,披露英格兰穷人的物质、文化、道德、生活状况。主题集中于工人为何贫困、贫困的程度以及如何解决这些人的贫困问题。这些调查一方面有助于当时的英国人了解工人阶级的生活状况,另一方面促进了 19 世纪后期的社会改革。其中著名的人物有亨利·梅休、查尔斯·布思以及西博姆·朗特利。

亨利·梅休是较早进行贫困问题调查访问的社会学者,早在 19 世纪 40 年代,亨利·梅休就开始进行社会调查。那个时代的城市生活对几乎所有的工人而言都是极其艰苦的,1849 年起,梅休持续在《晨报纪实》(*The Morning Chronicle*)发表关于工人阶级生活状况的文章,1851 年,他将这些文章集结起来,加上自己另外对伦敦的调查,出版了《伦敦劳工与伦敦穷人》(*London Labour and London Poor*)一书。梅休采访了伦敦街头的各类穷

---

① Carl Chinn, *Poverty Amidst Prosperity: The Urban Poor in England*,1834 – 1914,p.114.
② Pat Thane, *Foundations of the Welfare State*, London and New York: Longman,1982,p.12.

人,包括乞丐、街头艺人、游商、妓女、工人、拾荒者等,描述了这些人的衣着、居住环境、生活娱乐和习俗,探讨了工人阶级贫困的原因。梅休认为,1848年,英国约有187万人接受过贫困救济,另外有225万人,约占总人口14%的人根本没有可靠的职业。① 在工业化时期的英国,仅有1/3的工人能充分就业,另外1/3的工人只能半就业,剩下1/3的工人则完全失业。②

梅休对于当时伦敦社会状况的调查方式以亲身访谈为主,没有使用过多的数据和其他资料,研究内容也大多是梅休本人在伦敦的所见所闻。虽然说梅休在研究中没有将自身社会调查家、记者和作家的三重身份做妥善区分,在研究中有过多夸张的内容,但他无疑是19世纪中叶最伟大的社会调查者,观察敏锐、言辞辛辣、立场超然、极富同情心。③ 梅休的工作是极有意义的,无奈他的工作进行得太早了,不符合那个时代的潮流,所以其成果在当时并未得到人们应有的重视,只是40年后,通过查尔斯·布思等人的工作,人们才再次想起了他。

1870年以后,随着英国社会经济发生的重大变化,社会问题在英国逐渐变得突出起来,贫困问题便是当时首要的社会问题。19世纪末,贫困开始被看成社会问题,这种意识伴随着对贫困问题的社会调查而加强。④ 19世纪80年代以后针对贫困问题的社会调查令英国社会各界极为震惊,深刻地影响了英国各阶层对贫困问题的观念。

即使到19世纪末期,英国贫困人口的规模依然十分庞大。1889—1903年,查尔斯·布思对伦敦东部地区的贫困问题进行了调查,发表了多卷本《伦敦人民的生活和劳动》。布思是一位富有的船主,他试图在拯救人们的灵魂时拯救人们的躯体,并打算在对立的穷人和富人之间架起一座可

---

① Michael E. Rose, *The Relief of Poverty*, 1834–1914, p.17.
② J. F. C. Harrison, *The Early Victorians*, 1832–1851, p.73.
③ E.P. Thompson, *The Making of the English Working Class*, New York: Pantheon Books, 1964, p.250.
④ Peter Wood, *Poverty and the Workhouse in Victorian Britain*, p.7.

以沟通的桥梁。布思的这些著作按其内容可分为三部分:第一部分是对贫困的调查,第二部分是对各种行业所挣得的收入进行比较,第三部分则是对穷人的道德状况进行分析。

布思之所以选择伦敦东部地区作为调查的范围和对象,是因为"伦敦东部包含了英格兰最贫困的人口,而且是贫困问题的焦点,贫困困扰着许多人,因此,这一地区存在的问题可能是英格兰这类问题中最重的"①。布思指出,在伦敦东区,约有35.2%的人处于贫困状态,如果把伦敦作为整体,贫困人口仍占总人口的30.7%。②

布思是第一个提出"谁是穷人?"这个问题的人,他用数量分析调查的方法,以真实的答案代替人们固有的偏见。他把每周18—21先令作为一对夫妇三个子女的家庭的贫困标准,按照这一标准,他把伦敦东部地区的人口分为八个类型:A. 最低阶层,打零工的以及无业游民和半罪犯;B. 非常穷的人,偶尔有收入;C 和 D. 穷人,无固定职业、收入很少的人和虽然有固定工作,但报酬很低的人;E. 有固定的标准收入,生活在贫困线之上的人;F. 收入很高的工人;G. 中产阶级下层;H. 中产阶级上层。全伦敦各类人员的人口总数以其数量在其总人口中所占的比例如下:A(最低阶层). 37 610人,占0.9%;B(非常穷的人). 316 834人,占7.5%;C 和 D(穷人). 938 293人,占22.3%。全伦敦总计30.7%的人处于贫困状态。其中住在各种慈善机构里的99 830人未列入伦敦总人口之中。③

布思以可靠的统计数字显示出,在伦敦这个富甲天下之国的心脏地带仍有30%的人处于贫困之中,这不能不使整个英国感到震惊。作为英国大规模社会调查的先驱,布思的调查结果不仅引起了人们对伦敦东部地区

---

① E. P. Hennock,"The Measurement of Urban Poverty: From the Metropolis to the Nation, 1880-1920", *The Economic History Review*, No.2(1987), p.210.
② Charles Booth, *Life and Labour of the People in London*, Vol.1, p.35,62.
③ Charles Booth, *Life and Labour of the People*, Vol.2, p.21.

贫困问题的关注,而且引起了人们对整个英国贫困问题的关注,激发了一些有责任感的学者对经济学界长期流行的自由放任主义和功利主义原则的批判,从而引发了许多关于不同地区贫困问题的社会调查。

布思的著作问世后,虽然引起了英国社会震动,但是仍有一些慈善组织不相信布思的"约 30%的人处于贫困线"以下的结论,认为这只是伦敦的特殊情况,并不能代表整个英国。于是继布思之后,西博姆·朗特利等人的约克等大工业城市的社会调查就具有特别的意义。朗特利是一位精力充沛、注重在实际的企业管理活动中应用科学方法改善工人生存状况的专家。

1899 年,西博姆·朗特利、鲍利(Bowley)等人在工业城市进行了大量的调查,对各种贫困问题做了量化分析,探讨了工人阶级贫困的根源。朗特利是一位精力充沛、注重在实际的企业管理活动中用科学的方法改善工人生存状况的专家。他从 1899 年开始,在不到两年的时间里,几乎访问了约克城的全部工作家庭,共 11 560 家,46 754 人,约占人口的三分之二。1901 年,朗特利出版《贫困:城镇生活研究》一书,此书成了经验主义社会学中的名著。他确认生活在贫困中的穷人人数为 20 302,约占约克城总人数的 27.84%。生活在"次级贫困"中的人数为 13 072,约占总人数的 17.93%。[①]他认为,约克城贫困人口中约 51.96%是由低工资造成的。22.16%是因为子女过多,15.63%为家庭主要工资收入者去世。根据朗特利对英国贫困问题的调查,在所有致贫因素中,工资过低是主要因素,其次是家庭孩子过多(一般超过 4 个孩子),然后是家庭主要劳动力突然去世。但是失业、半失业也占了相当大的比例。

郎特利在约克城调查贫困的基础上,提出了民众贫困标准的"贫困线"的概念,证实了伦敦之外的其他地区同样存在广泛的贫困现象。而且他首

---

① B. Seebohm Rowntree, *Poverty: A Study of Town Life*, p.298.

次令人信服地提出贫困的原因在于社会经济结构本身的问题，而不是人们的行为方式。他调查的动机在于，他认为贫困已成为主要的社会问题，成了威胁国家经济效率和政治稳定的大事。

他认为贫困的界定关键在于家庭的周工资收入是否能够"满足家庭的基本需要，保证家庭成员拥有一个健康的身体营养结构。具体包括家庭的原料和照明需要、房租缴纳、衣食需求、家庭常用必备物品和个人生活基本需求"。朗特利把1个人每周收入7先令，一对夫妇每周收入11先令8便士，一对夫妇1个孩子每周收入14先令6便士，一对夫妇2个孩子每周收入18便士10先令，一对夫妇三个孩子每周收入21先令8便士，一对夫妇4个孩子每周收入26便士定为贫困线。① 郎特利的"贫困线"设置充分考虑到了处于社会底层的工人阶级实际情况，"能够合理根据工人的家庭结构，咨询当时的营养学家来限定社会成员达到身体营养结构基本正常时的食物和能量摄入，并调查当时的约克城民众工资状况和基本食物价格，来推算民众是否足以维持基本生活的需要"②，具有切实的权威性。通过这样的设定，郎特利明确指出贫困的标准，从而给贫困下了一个科学的、可以实际考量的定义。

大部分人是由于"低工资"和"没有固定的劳动"陷入贫困的，其中"关于贫困是由低工资导致的论断对当时社会影响很大，极大抨击了那些认定贫困完全是个人原因导致，个人应为自己的贫穷负责思想观念的人"③，提醒人们贫困并不是单纯由个人的懒惰和个人思想的堕落所导致的。

朗特利对社会调查的第二个贡献是，他划分了两类不同类型的穷人。在约克城调查的贫困人群分为两种，一种是基本贫困（Primary Poverty），

---

① B. Seebohm Rowntree, *Poverty: A Study of Town Life*, p.110.
② http://en.wikipedia.org/wiki/Benjamin_Seebohm_Rowntree.
③ Joseph Rowntree Foundation Centenary, *Poverty*, 参见 http://www.jrf.org.uk/media-centre/century-sees-changing-causes-deprivation-fight-against-poverty-goes.

即纯收入水平不足以维持最低生活必需品的家庭;另一种是次级贫困(Secondary Poverty),即其收入足够维持其生活,但是由于别的开销或者浪费而陷入贫困的家庭。统计了两种贫困状态的人数后,他发现,约克城工薪阶层的 15.46%,即总人口的 9.9% 处于基本贫困状态。① "将近 27.84% 的人处于贫困状态,多达 17.93% 的民众处于次级贫困状态。"②对于导致次级贫困的因素,朗特利认为主要是一些不良的生活习惯,如"饮酒、赌博、大手大脚以及其他一些挥霍的花销"③。朗特利指出:"这种贫困的生活仅能维持生存。这意味着一个家庭完全不能花 1 便士乘坐火车或公共汽车,他们永远无法到乡下去,除非步行。他们甚至不能给离家的孩子写一封信,因为他们支付不起邮资。他们没有积蓄,也无法加入工会和医疗俱乐部,因为他们没钱缴纳会费。不能给孩子买玩具或零食,父亲不能抽烟喝酒,母亲不能为孩子买衣服,除了维持生存必需的东西外,什么都不能买,所买的必需品也一定是最普通、最便宜的。"④他把约克贫困人口的贫困原因归纳为:家庭主要劳动力死亡;家庭主要带动力年老或生病;家庭主要劳动力失业、低薪。

朗特利提出的补救办法是,保障充分就业,稳定的最低工资,必要的家庭补助以及较高的养老金。他在自己的公司里进行了多项改革,建立了工人养老金,实行每周 5 日工作制,建立了药房诊所,开办了职工学校等,其中许多是开创先河的做法。这些做法对劳合·乔治(David Lloyd George)进行的社会改革,以及贝弗里奇(William Beveridge)起草的著名的《社会保险及其相关服务》(*Social insurance and Allied Services*)都产生了深远的影响。当时新当选的议员温斯顿·丘吉尔(Winston Churchill)及时发表评

---

① B. Seebohm Rowntree,*Poverty: A Study of Town Life*,p.111.
② B. Seebohm Rowntree,*Poverty: A Study of Town Life*,pp.112 - 117.
③ Carl Chinn,*Poverty Amidst Prosperity: The Urban Poor in England*,1834 - 1914,p.29.
④ B. Seebohm Rowntree,*Poverty: A Study of Town Life*,pp.133 - 134.

论,盛赞《贫困:城镇生活研究》对下层民众的关怀,他认为失业是造成贫困的主要原因,因此贫困不再是个人问题,而是结构性的、社会性的问题,更是政府的责任。他慨叹,如此庞大的英国,竟然有人无家可归,在贫困线上挣扎。①

布思等人对贫困问题的调查以及原因分析在社会政策与福利制度发展史上是一个重要的转折点。对贫困问题的调查与反思,标志着自由放任的时代的终结。这样,朗特利等人的社会调查表明,公众原来的那种认为贫困仅仅只是个人的原因的观念是错误的,其产生有着社会性和结构性的原因。调查促使英国社会公众开始认真思考民众之所以陷入贫困的制度性原因。经历了维多利亚时代中期的繁荣之后,英国仍然存在严重的贫困现象。工人辛辛苦苦日夜劳作,但仍处于贫困深渊,这种状况使人们抛弃了之前社会上认定的贫穷只是个人道德问题的错误认识。理论界也在思考:国家是不是应该对大范围的社会贫困和不安负责?这种思考形成了强大的社会舆论,促使民众和国家对贫困问题加强干预,以求最终解决。

2. 19 世纪后期英国贫困观念的变化

关于贫困问题的争论一直持续到了 19 世纪最后 30 年。19 世纪 70 年代以来,资本主义经济进入了漫长的萧条期,工业部门投资锐减,失业率攀升,这又加剧了贫困现象。据估计,英国的失业率从 1872 年及 1873 年的约 1% 上升到 1879 年的超过 10%。② 很显然,这一时期工人阶级的贫困问题已经不是自身道德的原因了。在此情况下,英国社会各界对待贫困的看法都发生了巨大变化。新自由主义、社会主义、集体主义等各种关于消除贫困问题的思潮纷纷出现,一致主张国家有干预并解决贫困现象之必

---

① Martin Gilbert, *Churchill's Political Philosophy*, Oxford: Oxford University Press, 1981, p.28.
② Roy Douglas, *Taxation in Britain Since 1660*, Basingstoke: Macmillan, 1999, p.74.

要性。

新自由主义是19世纪后期发展起来的一种新的理论体系。以自由放任为主要特征的自由主义思想曾经是英国政治生活的主要理论支柱,但其弊端也日益显露。19世纪后期,托马斯·海尔·格林(T. H. Green)对自由主义思想发起强大攻势,掀开了新自由主义思潮序幕。格林最杰出的贡献是弥补了自由放任主义的弱点。他在反思传统自由主义思想时强调:个人权利不能脱离社会而存在,任何人不可能带着某种非社会的权利进入社会,"没有对社会成员的共同利益意识就没有权利"[1]。同时,社会中的任何人都不可无视他人而为所欲为,任何人的自由都不应该以破坏他人的自由为代价,国家与法律同样有权维护和限制自由。[2] 关于传统古典自由主义思想认为的国家干预会引发个人束缚这一问题,格林指出:"国家权力的增加并不意味着对个人自由的损害,相反的是,只有国家行使更多更大的权力,为国家中全体成员谋求更多更好的利益,促进全体社会成员所拥有的能力和力量的发挥,社会中存在的自由才能得到增长,每个成员的自由才得到增长。"在社会思想方面,格林认为,既然自由是有限的,是可以与人共享的,那么社会本身应该关心每一个人的利益,使他们获得与他人同样的权利和自由。格林认为,为了社会全体成员的利益,社会本身应该对社会生活进行干预,近代英国那些涉及劳动、教育和健康的立法是完全必要和合理的,因为这些正是国家的职责。格林的思想已经具备新自由主义思想的主要方面,诸如有限制的自由、国家应该积极干预社会生活,主张制定和实施社会立法等。[3]

伦纳德·霍布豪斯(Leonard Hobhouse)、约翰·霍布森(John A.

---

[1] T. H. Green, *Lectures on the Principles of Political Obligation*, Ontario: Batoche Books, 1999, p.9.
[2] Robert Eccleshall, ed., *British Liberalism: Liberal Thought From the 1640s – 1980s*, London: Longman, 1986, p.181.
[3] Robert Eccleshall, ed., *British Liberalism: Liberal Thought From the 1640s – 1980s*, p.182.

Hobson)等人进一步推进了新自由主义思想的发展。到19世纪90年代,新自由主义理论体系正式形成,其内容十分丰富和复杂,但重新解释"自由"的概念,强调自由的有限性,提倡自由的共享性是其基本内容。新自由主义重要内容是重新认识国家职能,强调国家对社会生活的干预。

19世纪以来英国社会不断发展,人民生活水平逐渐提高,但是工资的增长与财富的总增长不相称,英国的工业竞争制度显然不能满足人们的需要,许多人并没有过上富足的生活,因而霍布豪斯认为,这种制度出了问题。他说:"在一个像联合王国那样富裕的国家里,每个公民都应该有充分办法以对社会有用的劳动来获得经验证明过一种健康文明生活所必不可少的物质支援。如果在工业制度的实际运行中,办法供应不足,他就可以不是以慈善而是以权利的名义要求用国家资财来弥补。"[①]"作为一个公民,他应该享有社会遗产的一份。这一份遗产当他遭受无论是经济失调、伤残还是老年造成的灾难、疾病、失业时应该给他支持。他的子女享有的一份遗产则是国家供给的教育。这些份额是由社会的剩余财富负担的。只要财政措施得当,这不会侵害其他人的收入。"[②]

新自由主义思想家积极探索社会问题的根源,呼吁重视和建立有效的保障制度。霍布森认为,"贫困的基本原因有两个,一个是人力资源的浪费,一个是机会的不公平分配"[③]。而贫困的主要原因是"机会不平等",因为这种"机会不平等一方面意味着生产力的浪费,另一方面也意味着分配不合理或消费能力浪费"[④]。贫困来自工人获取土地、工具、工厂和资本等方面的不平等条件。

---

① [英]霍布豪斯:《自由主义》,朱曾汶译,北京:商务印书馆,1996年,第94页。
② [英]霍布豪斯:《自由主义》,第106页。
③ Robert Eccleshall, ed., *British Liberalism: Liberal Thought From the 1640s – 1980s*, p.206.
④ Robert Eccleshall, ed., *British Liberalism: Liberal Thought From the 1640s – 1980s*, p.207.

关于如何解决严重的贫困问题,新自由主义思想家主张国家应该采取措施。霍布森提出了他称为新时期"人民宪章"的六项主张:给土地估价并使之为民所用;将铁路、公路、电车道和运河等各种交通设施改为公有;变信贷、保险等现代金融机构为公有;实现教育充分自由,为所有公民提供同样的文化和知识教育机会;公共法律为所有公民免费利用;确定公共课税并控制垄断企业和不公平行为,使高效的民主制取代现有的"阶级政府"。①

霍布豪斯则明确指出:"国家的职责是为公民创造条件,使他们能够依靠本身努力获得充分公民效率所需要的一切。国家的义务不是为公民提供食物,给他们房子住或衣服穿。国家的义务是创造这样一些经济条件,使身心没有缺陷的正常人能通过有用的劳动使他自己和他的家庭有食物吃,有房子住和有衣服穿。"②他进一步指出,在一个社会里,如果诚实正直的人无法依靠有效劳动养活自己及家人,那么这个社会制度肯定出了问题。因而"国家的职责是为正常健康的公民创造自食其力的条件。履行这个职责可以从两方面着手,一方面是提供获得生产资料的机会,另一方面是保证个人在共同库存中享有一份"③。对于贫困与济贫,霍布豪斯指出,我们不仅仅应该注意到救济穷人,而且应该力求使得避免贫穷的人都能够做到。他认为,要做到这一点,途径有三个:一是"为个人提供一个可据以脚踏实地去干的基础",二是举办国家援助的社会保险,三是用《济贫法》制度对寡妇、孤儿及单身母亲进行救济。④

霍布森深刻分析了贫困问题加剧的原因,他指出,"贫困的主要原因是机会的不平等"。财富的创造来自于对土地、工具、工厂以及资本的使用和占有,普通工人在这一切方面都没有平等的获得,所以,他们必须通过廉价

---

① Robert Eccleshall, ed., *British Liberalism: Liberal Thought From the 1640s – 1980s*, p.211.
② [英]霍布豪斯:《自由主义》,第80页。
③ [英]霍布豪斯:《自由主义》,第89页。
④ [英]霍布豪斯:《自由主义》,第91页。

出卖个人劳动力来维持生活。因此,"贫困来自普通工人取得土地、工具、工厂以及资本等方面的不平等条件"。他指出,国家的重要职责之一是帮助民众解决贫困等社会问题。①

总之,新自由主义思想家摈弃以旧自由主义思想为指导的一贯做法,认为自由是有限的,应该以大多数人的自由为目标,积极主张国家对社会经济生活的干预,通过国家的力量,解决贫困问题。

费边社会主义(Fabian Socialism)是19世纪后期在英国出现的又一种社会思潮,并对20世纪英国政治经济社会生活产生了重要影响。关于社会发展与社会福利的主张构成了费边社会主义的重要内容。费边社会主义者认为,社会和国家都是有机体,都有其生长、发展、患病和死亡的过程。有机体在患病时必须要及时医治、调整,使之通过不断的改造而保持健康状态,而贫穷现象就是这种有机体的病态表现形式,必须对其加以治疗,如果不治疗或者治疗不及时的话,"贫困现象就会导致酗酒、偷盗、犯罪等坏现象并会像坏细胞一样扩散,先破坏家庭,再破坏社会有机体的其他健康部分"②。所以,他们认为当穷人们忍饥挨饿的时候,这个社会就正在变坏,富人的日子也不好过。因而帮助穷人、消除贫困是一个社会中所有人共同利益的体现,是全社会的责任。在此基础上,他们认为,"建设理想社会必须扫除下层贫困,只有这样才能保证整个社会有机体不受侵害,健康发展"③,并警告那些不受贫困侵害的人们,如果他们继续坚持对贫困不负责任的传统观念,对穷人不闻不问,就一定会走向共同灭亡。人们必须要转变观念,社会中的每一个人都要尽一分力量,集中全力消除贫困问题。

关于贫困的原因及解决贫困的办法,费边社会主义者认为,"只要是资

---

① [英]霍布森:《帝国主义》,纪明译,上海:上海人民出版社,1960年,第60—73页。
② Sidney and Beatrice Webb, *The Minority Report of The Poor Law Commission*, p.326.
③ Sidney and Beatrice Webb, *The Minority Report of The Poor Law Commission*, p.328.

本掌握在一小撮人的手中,贫困就必然是多数人的命运"。为了阐述政府干预、全面清除贫困问题的必要性,费边社(Fabian Society)还提出了社会有机体的效率概念,认为当人们对于自我利益的追求符合社会利益的发展、人们的努力增加了社会利益时,有机体就会有效率;反之,如果为了追求个人利益忽视了社会整体利益的存在,那么就是没有效率。他们举例指出:德国之所以在普法战争中战胜法国,不在于每个德国人与法国人相比显示出了优势,而在于法国的社会有机体没有德国那样有效率,因此,社会有机体的存在和发展是个人获得自由和利益的先决条件。[①] 费边社的这种社会有机体的效率理论明确指出了社会整体的重要性,因而将整个社会有机体的健康抬到个人利益之上的高度,让人们了解到要得到个人的最大利益和自由,必须充分保证社会有机体的健康,这就决定了人们必须关注贫困、消除贫困这一社会有机体的病态,以确保有机体的健康发展,这是所有人的责任,也是提高民族效率的保证。

针对19世纪后期英国社会出现的日益严重的贫困现象,韦伯夫妇和费边社会主义知识分子倡言:"英国所需要的政府,是管得更多的政府,而非传统意义上所认为的是管得更少的政府。"[②]他们认为贫困问题的解决、济贫任务的重担需要全社会的关注,而有能力在全社会范围内进行有效调控和管理的只有国家,因此贫困这个巨大的社会问题只能由国家出面进行控制、管理和协调。他们明确指出,"我们必须由一个全国统一的机构来管理贫困问题"[③]。在他们看来,只有国家出面对全社会的贫困问题进行统一协调,才能确保对贫困问题干预的有效性和全面性。而且即便"这种责任政府并不能完全履行,但是它已经不可能拒绝处理

[①] [英]肖伯纳主编:《费边论丛》,袁绩藩译,北京:生活·读书·新知三联书店,1958年,第115—116页。
[②] 张明贵:《费边社会主义思想》,台北:五南图书出版股份有限公司,2003年,第383页。
[③] Beatrice Webb, *My Apprenticeship*, Harmondsworth: Penguin Books, 1938, p.358.

此事"①。

国家责任和贫困问题就这样第一次在理论上被牢牢地捆绑在一起，在以后的岁月里，无论国家愿意与否，它都将不得不处理社会中日益复杂严峻的贫困问题。

3. 由惩戒到政府救助——英国政府济贫政策理念的变化

前文述及，1834年英国颁布了新《济贫法》。新《济贫法》的主题和基调是，通过惩治"懒惰"贫民根治贫穷问题。因此，这一时期的济贫院主要以惩治穷人为主，各方面限制十分苛刻，济贫官员甚至认为，这有助于穷人的道德完善并使懒汉勤奋起来。济贫院内供给的食物单调难咽，劳动极其繁重而毫无意义，而且院内实行夫妻子女分居的隔离制度，对于院内居民人身自由加以限制，人们必须穿统一的制服，按时起床、吃饭、工作、睡觉，济贫院因此被称为穷人的"巴士底狱"。这样做带有明显的人格侮辱与政治性惩罚，人们为了避免进入济贫院，不得不做出其他努力。

与公众贫困意识的增长相伴随的是英国重要的政治进展，从长期来看，贫困救济成了一个重要的政治问题。在反思以往济贫政策的基础上，人们对于国家如何济贫也提出了更高的要求，由原来的惩戒原则，变为以政府救助为主，在济贫思想上更加兼顾对救济者的物质帮助和精神激励。而19世纪中后期，英国政府进行了一系列的行政、司法、政府机构改革，这些改革极大地扩张了政府的权力，客观上使得政府有能力来解决日益严重的贫困问题。19世纪70年代后，工人阶级获得了选举权，其政治影响力越来越大。同时，工会运动的发展、工党的崛起都对英国政府的社会救助政策产生了重要影响。工会是英国工人阶级重要的互助组织，工会斗争的

---

① Norman Mackenzie, ed., *The Diary of Beatrice Webb*, London: Virago Press, 1982, p.327.

经济性特征十分明显,1874年英国工会主义者劳埃德·琼斯(Lloyd Jones)[1]就指出:"工会当局之首要任务,即决定一种最低工资,并认定此后雇主所给之工资,永不得低于此……此最低限度之工资,应能为工人担保食物之充足及个人生活与家庭生活之相当舒适;换言之,非令人饿死之工资,而乃可借以活命之工资。"[2]

这样,英国贫困问题加剧、工人阶级政治势力的崛起以及中产阶级有关贫困问题的调查引发人们进行反思。许多英国人不再把贫困看成个人的问题,而将贫困问题视为影响国家发展、社会进步和民族奋进的障碍。政府济贫政策的理念也发生了变化。国家干预贫困问题,已经由知识分子思想上的争论变成了政府执政议题。在贫困问题上,国家开始采取更为积极的措施,来医治贫困这个疾病。

《济贫法》制度是19世纪英国政府采取的最主要的济贫措施。在《济贫法》制度下,穷人如果要接受救济,就必须进入济贫院。19世纪70年代之后,虽然在《济贫法》制度下英国政府实施严格限制院外济贫的政策,以减少济贫开支,但是院外救济人数仍然大大高于院内救济人数(见下表)。

表4-1 1871—1893年英国接受救济人数表[3]

年份	院外救济人数/千人	院内救济人数/千人
1871	843	140
1876	567	125
1893	505	169

院外济贫人数居高不下,说明传统的《济贫法》制度与原则受到严重挑

---

[1] 劳埃德·琼斯是英国工会运动最干练、最忠实的朋友之一,1811年生于爱尔兰,曾当过剪布工,后成为一小店主,热心于用户合作运动,与工会领袖交往密切,1861年《蜂巢》创刊后,经常为此刊物撰稿。被韦伯夫妇称为"最有思想的工人领袖"。
[2] [英]韦伯夫妇:《英国工会运动史》,陈建民译,北京:商务印书馆,1959年,第244页。
[3] Karel Williams, *From Pauperism to Poverty*, p.102.

战。19世纪70年代以后,英国政府对《济贫法》制度进行了一些改革。政府采取措施,改善济贫院内部的环境条件,增加了济贫院医院的床位,1861年到1891年,英国每年增加的1 000张病床中,有3/4是在济贫院医院。[1] 政府还建设了一批条件较好的济贫院,改善济贫院伙食,采取一定措施改善济贫院的物质与文化条件,以吸引穷人进入济贫院。1891年后,《济贫法》官员开始为老年贫民购买书籍报纸,为儿童购买玩具。1892年,开始为成年男子购买烟草,1893年开始为那些值得救助的人提供茶叶等。种种措施,使济贫院内条件大为改观。90年代后,英国所谓的"巴士底狱"般的济贫院已经不多见了。

政府在工人阶级的住房、教育、公共卫生方面干预力度越来越大。1875年,本杰明·迪斯累利(Benjamin Disraeli)政府制定的《工匠住宅法》(*Artisans Dwelling Act*)正式生效,其内容包括地方当局负责规划那些不卫生的区域;对所管辖地区进行卫生评估,针对不卫生地区的改造和规划形成议案,然后提交政府制定改善住房的法案。[2] 1875—1888年的14年间总共完成了16项贫民窟的改造工作,被清除的贫民窟面积超过42英亩,迁出人口22 868人。取代贫民窟的是政府负责监督修建的众多整齐的多层楼房,这批楼房总共安置27 780人。[3] 此后,在政府及慈善机构的努力下,贫民的住房条件逐渐得到改善。在贫民的教育方面,政府也加大干预力度。自《1870年教育法案》(*The Elementary Education Act*, 1870)规定向10岁儿童提供初级教育以来,英国政府又于1880年开始推行《义务教育法》,将初等教育视为民众必须遵守的国家义务,1876年英国政府规定家长必须将自己的子女送去小学学习。家长要承担一部分教育费用。1891

---

[1] R. Pinker, *English Hospital Statistics*, 1861-1938, p.50.
[2] George M. Young and W. D. Handcock, eds., *English Historical Documents*, Vol.7, pp.614-615.
[3] John Nelson Tarn, *Five Per Cent Philanthropy: An Account of Housing in Urban Areas Between 1840 and 1914*, Cambridge: Cambridge University, 1973, p.83.

年，政府拨款 200 万英镑用于发展教育，[①]初级教育做到了完全免费，英国国民教育制度正式形成。而教育的普及，对于消除工人阶级的贫困意义巨大。

实际上，19 世纪末 20 世纪初，英国政府的角色已经发生了很大变化，已经逐渐放弃了自由放任的政策，开始对社会经济问题进行干预。1905 年皇家《济贫法》委员会组织人员对有关《济贫法》制度的各个方面进行了调查，最后形成了一份长达 47 卷的调查报告。报告实际上由两部分组成，一份是由 14 名委员签名的所谓"多数派报告"，一份是由韦伯夫妇等提出的"少数派报告"。两份报告都接受了对老年贫民给予津贴的方案，都赞同对贫困问题采取前所未有的政府干预措施，并对失业工人提供工作及帮助。[②]这说明，到 20 世纪初期，政府在贫困问题上的执政理念已经发生很大变化，由原来的自由放任变为政府承担更多的责任。

19 世纪中后期以后，由于英国面临经济萧条、农业衰退、贸易衰落、工业走下坡路的社会现实，长期以来被经济繁荣发展的乐观景象所掩藏的社会问题开始露出水面，失业率大增，社会贫困状况日益恶化。中产阶级的社会调查更使得人们深深震撼于英国社会贫困问题的严峻和糟糕，并认识到贫困不单纯是个人问题所造成的，而是社会造成的，英国人的贫困观念发生了巨大变化。与此同时，当时以新自由主义、社会伦理学和有机体理论以及费边社会主义思想为代表的社会思潮也从理论角度论述国家和社会干预贫困问题的必要性，改变了人们之前将贫困归结于个人、可以对之不管不问的看法，逐渐认识到贫困问题关系到经济发展和社会进步，是阻碍社会前进的重要障碍，必须予以解决。而在具体解决贫困问题的社会实践中，面对着如此严峻的贫困现象和传统济贫方式——慈善活动的缺陷和

[①] Roy Douglas, *Taxation in Britain Since 1660*, p.78.
[②] Sidney and Beatrice Webb, *English Poor Law History*, Part Ⅱ, *The Last Hundred Years*, Vol.2, p.531.

政府在此时期权力的逐渐扩大的事实，使得人们转变了传统意义上以慈善为主、倡导个人自助的济贫原则，在济贫方式上更加看重国家主导和干预，并在以往济贫政策的缺陷基础上对国家提出了更高的济贫要求，在济贫原则上同时注重对贫困者精神和物质的双重救护，显示出了济贫思想的发展和英国社会的进步。

二、"向富人征税"
——19世纪后期英国的财税制度改革

19世纪后期,随着议会选举制度的改革,英国开始步入民主国家行列。政党政治在国家生活中发挥着日益显著的作用。在经济领域内,英国对于传统的税收政策有所变革,初步形成了对世界各国现代化税收体系影响极大的征税机制和原则,重新征收所得税,开始征收遗产税,并对教育、住房等公共事业部门加大拨款力度。以此来缓解穷人的压力,提高穷人的素质,从而在一定程度上缓解了当时普遍存在的严重的贫富差距问题。

1. 19世纪后期英国财税改革的背景

工业革命使英国主要工业部门生产率和产量大大提高,国民生产总值持续增长,英国凭借强大的工业实力获得了"世界工厂"的美誉。19世纪60年代以来,英国已经完成工业革命,经济实力雄居世界第一,但是由于不合理的财富分配,社会财富集中到了少数人手里,整个社会贫困与贫富差距问题极其严重。19世纪末期,英国社会舆论普遍认为当务之急是用税收的手段调节,向富人征税,化解日益严重的贫困与贫富差距问题。

（1）19世纪后期新自由主义思想的发展以及人们对贫困问题观念的变化是促使英国政府进行税收改革的重要原因

从19世纪中期开始，针对工业化引起的日益严重的贫困与贫富差距、公共卫生等问题，英国政府逐渐改变自由放任的政策，对许多方面开始进行政府干预。19世纪70年代以来，资本主义经济进入了漫长的萧条期。欧美廉价商品的冲击使英国经济危机加剧，工业部门投资锐减，失业率攀升，这又加剧了贫困现象。据估计，英国的失业率从1872年及1873年的约1%上升到1879年的超过10%。[1] 很显然，这一时期工人阶级的贫困问题已经不是自身道德的原因了。这种情况下，英国社会舆论对于贫困问题的态度大大改变。一些社会改革家和政治家开始注意到日益严重的贫困贫富差距问题对资本主义经济和政治秩序的威胁。工人阶级一直在辛苦地工作，但是仍无法摆脱贫困的境地，这种局面激发了一些有责任感的经济学家对长期流行的自由放任主义和功利主义的原则加以质疑和批判，产生了新自由主义思想。

新自由主义思想的重要内容是重新认识国家的职能，强调国家对社会经济生活的干预。新自由主义者主张运用国家的立法力量和行政职能，去调整社会财富分配和消费。换言之，就是利用政府的力量实行社会财富再分配，去"剥夺有产阶级不劳而获的收入，用来增加工人阶级的工资收入或增加公共收入"，以提高社会的消费水平。[2] 新自由主义的代表人物霍布豪斯明确指出："国家的职责是为公民创造条件，使他们能够依靠本身努力获得充分公民效率所需要的一切。"他认为，"在一个社会里，一个能力正常的老实人无法靠有用的劳动来养活自己，这个人就是受组织不良之害，社

---

[1] Roy Douglas, *Taxation in Britain Since 1660*, p.74.
[2] 阎照祥：《英国政治思想史》，北京：人民出版社，2010年，第373页。

会制度肯定出了毛病,经济机器有了故障"①。新自由主义者将社会不公平的原因,归于社会劳动者和生产资料的分离,并呼吁政府正视并设法减少社会的不公。新自由主义者努力探索社会问题的原因,呼吁重视和建立有效的社会保障制度,主张国家积极干预社会经济与生活。新自由主义的理论宣传激起了普遍的社会反响,他们的论著启发了自由党人从理论上开始反省,推动政府实施社会改革。②

(2)美国人亨利·乔治于1879年出版的《进步与贫困》对英国采取财税手段调节贫富差距产生了重要影响

1879年美国人亨利·乔治(Henry George)出版了《进步与贫困》(*Progress and Poverty*),这本书是资本主义正在蓬勃发展之时对资本主义社会普遍存在的贫困问题的反思。他在书中提出了这样一个问题:"在促进富裕的过程中是什么造成了贫穷?"他认为当时的土地所有制是贫困加剧的根源。乔治明确说:"财产增加而贫困加深,生产能力增长而工资被迫下降,原因就在于全部财富的来源和全部劳动的场所——土地被垄断。"③他说:"财富分配不平等主要是土地所有权不平等。土地所有权是最后决定社会、政治以及与之相应的人民知识和道德水平的最重要基本事实。""物质进步不能减少对土地的依赖,只能增加人从土地上生产财富的能力,因此,当土地被垄断时,即使物质有无限的进步,也不会增加工资或改善仅具有劳动力的人们的生活条件。"④

的确,由于物质水平的提高,19世纪末最贫困的人也可能在某些方面享受到一个世纪前最富裕的人也不能得到的东西,但是这些人获取生活资料的能力并没有提高。乔治认为,要解决这个问题必须通过征税手段,将

---

① [英]霍布豪斯:《自由主义》,第80页。
② 阎照祥:《英国政治思想史》,第370—371页。
③ [美]亨利·乔治:《进步与贫困》,吴良健、王翼龙译,北京:商务印书馆,1995年,第278页。
④ [美]亨利·乔治:《进步与贫困》,第250页。

征税对象从传统的一般消费品和性质不同的各类非实体中解脱出来,将征税的目标确定在"自然物品"——土地上。也就是说,对土地征收土地税。他说:"我作为简单而最有效的纠正办法而提出的建议将提高工资,增加资本收入,消灭穷人,清除贫困,给愿工作者众多的就业机会,为人的能力提供自由发展的天地,减少犯罪,提高道德、情操和知识,纯洁政府,和把文明推向更高的境地——它就是把地租化作国家的税收。"①"地价税在所有税中最为公平和平等。它只落在从社会得到一种特殊和巨大利益的那些人头上,并根据他们所得利益的大小按比例征收……当全部地租被征为税收以供社会需要时,那时才实现自然规定的平等。"②他实际上主张要将社会发展过程中增加的财富统一分配给全社会,防止出现贫富差距扩大化的现象,只有这样才是真正的进步。亨利·乔治主张要对他们的实物性财产——土地征收重税,并用之补偿下层贫苦民众,对那些拒不缴纳税收的富裕人士,他警告道:"只要现代进步所带来的全部增加的财富只是为个人积累巨大财产,增加奢侈和使富裕之家和贫困之家的差距更加悬殊,进步就不是真正的进步,它也难以持久。这种情形必定会产生反作用。塔楼在基础上倾斜了,每增加一层只能加速它的最终崩坍。对注定必然贫穷的人进行教育,只是使他们骚动不安。把理论上人人平等的政治制度建筑在非常显著的社会不平等状况之上,等于把金字塔尖顶朝下竖立在地上。"③

亨利·乔治的著作在英国引起了巨大的轰动,据说在19世纪80年代初期的英格兰,除格莱斯顿之外最受瞩目的人物就是亨利·乔治。④ 1881年至1884年之间,《进步与贫困》在伦敦发行了10版,一时间《进步与贫困》"像一种新天道约书一样地(传布流行)。会社组织起来了,为宣传它的

---

① [美]亨利·乔治:《进步与贫困》,第340—341页。
② [美]亨利·乔治:《进步与贫困》,第354页。
③ [美]亨利·乔治:《进步与贫困》,第17页。
④ Elwood P. Lawrence, *Henry George in the British Isles*, East Lansing, 1957. 转引自 Roy Douglas, *Taxation in Britain Since 1660*, p.75.

救世学说也筹办了杂志,忠实信徒们并为阅读和阐释集结成小组,举行定期集会"①。

乔治的理论在英国起了一种酵母的功能,它使人们想到了英国普遍存在的贫富差距现象。"进步激进派"开始希望政府更多地干预经济,希望更多的"积极自由主义"者能够注意到每个人都能最充分地发挥其能力。这势必要花钱,自由党认为这笔钱应当通过增加直接税来征收,特别是遗产税和累进所得税,以在征收税的同时实行重新分配的措施。② 受此影响,当时开明的基督教徒、历史学家、激进主义者阿诺德·汤因比鼓励人们,为了解决时下的贫困问题,第一,知识分子要亲自投身到对工人阶级问题的现场观察中去;第二,承认自发努力本身不能解决那些问题。"进步激进派"开始希望政府更多地干预经济,希望更多的"积极自由主义"者都能最充分地发挥其能力。

约瑟夫·张伯伦也深受亨利·乔治的理论影响。张伯伦在1883—1885年发表了一系列文章,形成了所谓的《激进纲领》(Radical Program)文件,文件中正式提出了"建设性税收"(Constructive Taxation)的概念。这份文件"包罗万象,对于一切社会改良的建议应有尽有,包括完善的初等教育,土地改革(具体措施分别为制定政策尽量增加有能力占有耕作土地的自由持有农数量、向那些运动场地没有开发和利用过的土地进行征税、由当地政府给予小土地所有者和小块园地经营者适当补助),给予租地者以选举权,对大地产所有者征收重税,并提出按照土地占有数量的多少对个人征收累进税。除此之外,他还制定了很多财政政策,以损害富人的利益为代价来救济穷人,例如,他反对征收间接税,强调征税时应该考虑实际的

---

① [英]克拉潘:《现代英国经济史》(中卷·自由贸易和钢,1850—1886年),第610页。
② [英]肯尼迪·O.摩根主编:《牛津英国通史》,第531页。

产业和财富"①。张伯伦说:"对于这个国家更为贫困的阶层来说,社会是要负有一定的责任的,我们必须清楚这一点……我仅仅只是想给有产者的权利和社会地位的稳固奠定一个牢不可破的社会基础,我相信对于有产者来说,最大的威胁就来自社会(贫困者)的诅咒"②。1885年1月5日,张伯伦在伯明翰市的讲话更加表明了他想通过税收调节社会矛盾,缩小贫富差距,寻求国家稳定的理想信念。他指出:"肮脏的家,不健康的居所,过分拥挤的环境,这些都是致使大城市死亡率上升、犯罪情况不断的根本性原因。如果听任这种趋势发展,其直接后果就是阻碍个人利益和理想在社会环境中得到实现,这种条件下的有产阶级财产丝毫不能得到保障,他们的身体健康会恶化,舒适的生活会被搅乱,甚至财富也可能毁于一旦。"③他认为要保证有产者和整个社会的稳定发展,利用税收调节贫富差距、防止两极分化的方式就一定要坚持下去,为此,他向有产者发出呼吁:"我认为将来我应该会更多地听到有产者承担社会义务和责任的话题,而不是老生常谈的有产者的权利问题。"④他倡导有产者更多地承担社会责任,改变过去传统观念中的一切从权利出发的初衷,全力保障社会公正,配合政府在财政方面"劫富济贫"的取向。

(3)社会舆论对贫困问题观念的变化,中产阶级的社会调查,也影响了英国政府的政策

19世纪后期,英国舆论对贫困问题发生了很大变化,贫困不再被看成个人道德问题,而是社会问题,政府对此应该负起责任。这些观念深刻影响了英国政府的执政思路,为19世纪中后期英国政府的税收改革提供了

---

① Denis Judd, *Radical Joe*, *A Life of Joseph Chamberlain*, Cardiff: University of Wales Press, 1993, p.117.
② Denis Judd, *Radical Joe*, *A Life of Joseph Chamberlain*, p.118.
③ Alexander Mackintosh, *Joseph Chamberlain: An Honest Biography*, London: Hodder and Stoughton, 1906, p.445.
④ Alexander Mackintosh, *Joseph Chamberlain: An Honest Biography*, p.444.

基本导向。国家开始越来越多地干预社会经济的发展。1894年一家激进主义者杂志曾发表一篇题目为《向国家社会主义前进》的文章,文章伤感地写道,工人久已把国家看作"所能得到的最大的和整个说来最可靠的工会"。他们所要求于它的越来越多,"而同时统治阶级既碰巧满怀同情,国家本身又正值富足之际",所以它就"以普遍干涉者的角色自任了",它监督一切工厂和一切船舶,严密控制一切互济会的管理,检查一切食品,并管理一切民众教育①。"国家社会主义"的说法虽然有点言过其实,但实际上也反映了19世纪后期英国已经开始调整政府职能,由"守夜人"逐渐转变为"家长",开始对社会生活进行调控。因而19世纪中期以后,政府逐渐在公共卫生、教育等方面增加开支,致使政府公共开支负担增加。再加上军费这一传统的公共开支项目开始日益高昂,使得英国财政捉襟见肘。"国家支出和国家责任的结构像一座珊瑚岛一样,一点一滴地,年复一年地,一个细胞加于一个细胞地建筑起来。"②

随着19世纪后期英国议会选举制度改革的推行,工人阶级逐渐获得了选举权,英国社会中下层人民的政治影响力大增。两党为了争取选民支持,开始了"竞相改革",而查尔斯·布思等中产阶级人士关于贫困问题的调查,也促使人们对贫困问题展开反思,这一切使得英国中央政府和地方政府不得不开征新的税种,增加政府收入。同时,认为政府组织能够也应当采取积极的措施来避免因贫困引起的骚乱的信念日益增长。③ 政府在制定税收政策时应该认真考虑社会中下层民众的真实需要和利益诉求。在这种情况下,英国政府在19世纪末期进行了旨在增加政府收入、调节贫富差距的财税制度改革。

---

① [英]克拉潘:《现代英国经济史》(下卷·机器和国与国的竞争,1887—1914年),第484页。
② 《论"国家的干涉"》,《经济学家周刊》1895年5月25日,转引自[英]克拉潘《现代英国经济史》(下卷),第485页。
③ Roy Douglas, *Taxation in Britain Since 1660*, p.72.

1880年以后,英国许多人认识到,现存的财富分配制度有严重缺陷,现有的局面必须改正,而改革税收制度在改善现存局面过程中将起到重要作用。社会各界针对这一构想提出了一系列方案,尽管它们有各种差异,但有一点是一致的,那就是这些方案都认为"税收方案应该成为一个重要的武器——或许还是唯一的武器,能够为我们带来理想的改变"[①]。人们开始将税收作为缓解社会危机的一种灵丹妙药,一种能够逐渐消除社会贫困、缓解贫富差距和两极分化局面、匡正时弊的有效利器。议会也不再仅仅将税收看作财政收入的一部分,而是指望它"能够影响经济的发展,或者通过对不同物品征税原则的确立在一定程度上合理调节社会不同阶层所拥有的财富"。从19世纪80年代开始,"越来越多的人意识到了现有的财富分配机制是让人极度失望的,必须要对这一状况进行变革,而税收应该在这种变革中发挥重要作用"[②]。

2. 财税改革的措施

1688年以前,税收收入占英国正常国民收入的1.3%—4.4%。1689年到1697年间,随着威廉三世(William Ⅲ)的继位以及对法战争的需要,税收收入占国民收入比重提高到7.3%—9.5%,整个18世纪一直维持在平均8%—10%之间。[③] 总的来说,在英国自光荣革命一直到19世纪初期,由于盛行地方自治,中央政府权力不大,开支较少,许多公共职务都是社会精英无偿承担的,除政府大臣和王室侍从外,议会议员没有报酬,地方官也大抵如此。英国的薪俸开支一向不大,因而议会征税不多,没有什么

---

① Roy Douglas, *Taxation in Britain Since 1660*, p.75.
② Roy Douglas, *Taxation in Britain Since 1660*, p.75.
③ Patrick K. O'Brien and Philip A. Hunt, "The Rise of the Fiscal State in England, 1485-1815", *Historical Research*, Vol.66(1993), p.175.

完全固定的税收,"临时性税收"较多,并且主要是为了应对当时的战争开支,战争一结束,议会就会废除这些临时性的税收,税收并不是调控社会财富分配的一种手段。然而,19世纪中叶随着政府管理职能的日益扩大和公共开支的急剧增加,英国的财政开支不断增长。工业化社会的来临,从乡村社会向城镇社会的转型,贫困与贫富差距问题的加剧,使传统的统治方法已难奏效,许多原先由个人和地方无偿承担的职责被纳入公共财政领域,这一切都需要国家加大财政支出,除了传统的税收外,国家必须建立正常的税收制度,通过税收手段来调节财富分配。

(1) 征收个人所得税

自18世纪以来,英国税收长期以间接税为主,主要包括货物消费税、关税和印花税等;其中消费税可分为对食物的征税和对饮品的征税。对食物所征税种有:盐税、糖税、葡萄干税、黑加仑税、胡椒粉税和醋税。对饮品所征税种有:啤酒税、白酒税、烈性酒税、茶税和咖啡税。这些食物和饮品与百姓生活密切相关,且这类税收占了国家税收很大比例,直到1842年,英国财政制度比其他欧洲国家更依赖间接税。间接税的长期征收加重了普通劳动人民的负担,那些有产者、富裕的资本家们可以通过提高间接税征税对象的价格,将赋税重担转移给下层贫苦民众。在这种情况下,有见识的政治家和下层民众都强烈要求废除间接税、征收以财产为主要征税对象的直接税,在他们看来,"直接税和间接税的差别,就跟对工资征税还是对财富征税的差别是一样的"①。十九世纪四五十年代,科布登(Richard Cobden)和财政改革协会(FRA,Financial Reform Association)采取了一种更为教条的无端观点,认为有必要降低甚至废除间接税。"在这样一个压榨性的税收负担下,穷人靠什么追求舒适和幸福?住房、食品、燃料,所有

---

① Bruce K. Murray, *The People's Budget*, 1909/10: Lloyd George and Liberal Politics, Oxford: Oxford University Press, 1980, p.1.

的东西都要被征税,除了地球上几乎天然存在的产品——土豆、水和泥土之外,所有的东西都不是他触手可及的。"① 在这种情况下,19世纪中期,英国逐渐开始征收所得税,英国政府间接税收入占比也从维多利亚女王执政初期(1837—1840年)的78.9%,下降到维多利亚女王执政晚期的48.8%。②

所得税最早是在1799年由首相小皮特(William Pitt the Younger)提出的,目的是缓解英国政府在拿破仑战争期间日益增长的财政压力。其税收方案是:个人年收入超过200英镑的,每英镑征收2先令税收;凡年收入在200英镑以上者,纳10%的税;年收入在60—200镑之间者则相应递减;低于60镑者免税。③ 实际上,这项税收是一项战争税,在法国大革命和拿破仑战争期间为英国政府提供了28%的额外税收收入,但是由于利益集团的反对,1802—1803年这项税收便被废除了。虽然乔治·汉密尔顿·戈登(George Hamilton Gordon)任首相时再次征收所得税,但是战争结束后,这项税收便被废除。

19世纪40年代皮尔(Robert Peel)任首相时,再次提出了征收所得税议案。19世纪30年代,面对贫困问题急剧发展、工人运动风起云涌、政治动荡不安、政府财政预算赤字不断增加的局面,皮尔把降低"人民的必需品"税收作为一种维护社会稳定的手段。1842年皮尔再次提出征收所得税的议案:对年收入达150英镑的人收取7便士的税,税率不到3%。这个税收的起征点高于绝大多数工人阶级的收入,但是影响到大多数中产阶级,所以这种税收的对象实际上是中上层阶级。④ 皮尔的税收方案受到人

---

① Martin Daunton, *Trusting Leviathan*, *The Politics of Taxation in Britain*, 1799 – 1914, Cambridge:Cambridge University Press, 2001, p.164.
② Martin Daunton, *Trusting Leviathan*, *The Politics of Taxation in Britain*, 1799 – 1914, p.225.
③ Martin Daunton, *Trusting Leviathan*, *The Politics of Taxation in Britain*, 1799 – 1914, pp.44 – 45.
④ Roy Douglas, *Taxation in Britain Since 1660*, p.53.

们欢迎。人们的观点是:每种具体的间接税都被认为是恶魔们在剥夺诚实的市民,《谷物法》拿走了近乎一半的面包;烈性酒税剥夺了人的精神;烟草税损害了人的健康;糖税拿走了人们所必需的糖。所有这些都暗示着直接所得税是更理想、更合适的税种。①

皮尔征收所得税是为了从两个方面平衡财政预算:一方面平衡辉格党政府的财政亏空,重构稳定规范的财政系统;另一方面在不同财富和收入的各个社会阶层间保证社会公平。② 出人意料的是,这项提议在当时的议会中没有多少人进行反对,人们认可了所得税的征收,并将之由临时性税收转变成为固定化的税收。这是一项非常重要的成就,对于促进英国社会稳定起了一定作用。1846 年,皮尔进一步废除了对农业的保护,废除了《谷物法》。他的政策被后来的格莱斯顿(William Ewart Gladstone)沿用。1852 年,格莱斯顿任财政大臣,1853 年 4 月 1 日,他提出了财政预算案,提出继续征收所得税(期限七年),最初两年,税率为每英镑 7 便士,所得税的税基下降,包括每年所得在 100—150 英镑都要纳税。进一步降低或废除间接税,同时继续征收所得税。③ 皮尔和格莱斯顿政府确立了这样的原则,即政府不应该保护特定经济利益集团,税收应该是一项精心设计的收支平衡制度。

1894 年,财政大臣哈考特(William Harcourt)再次对所得税的税率进行调整。他也是"建设性税收"(Constructive Taxation)的推动者。1880 年以前,150 英镑以下的收入是免税的,哈考特把免税的起点进一步提高到 160 英镑。但是所得税税率由原先的 2.9% 提高到 3.3%,即每英镑提高了 7 到 8 个便士。④ 这项措施扩大了低收入者减免的范围,中下层居民的负担进一步减轻,而国家的税收却有明显增加。税收这一调节社会财富分配

---

① 滕淑娜:《税制变迁与英国政府社会政策研究,18 世纪—20 世纪初》,北京:中国社会科学出版社,2015 年,第 161 页。
② Martin Daunton, *Trusting Leviathan: The Politics of Taxation in Britain,1799–1914*, p.177.
③ 滕淑娜:《税制变迁与英国政府社会政策研究,18 世纪—20 世纪初》,第 163—164 页。
④ Roy Douglas, *Taxation in Britain Since 1660*, p.79.

的杠杆作用日益明显。

(2) 征收遗产税、继承税等税种

皮尔税收制度改革之后,英国政府继续减免间接税。为了维护下层民众的利益,政府大量废除了对于普通民众生活影响甚大的基本消费品间接税。于1850年取消了砖块税,1851年废除了窗户税,并减少了印花税。19世纪40年代后,英国政府征收的间接税所占比例开始逐渐下降,而直接税所占比例逐渐上升(见表4-2)。

表4-2　1841年到1901年英国中央政府征收的直接税、间接税[①]

年　份	间接税/%	直接税/%
1841	73.0	27.0
1861	62.2	37.8
1881	59.5	40.5
1901	47.5	52.6

到了格莱斯顿时期,他在1853年提出的第一个财政预算方案中,继续实行减免间接税政策,如对工人阶级来说特别沉重的肥皂税就被废除,同时废除的还有100多项相关的税收,一些和普通民众生活联系紧密的食品税也大大减少。到1870年,英国政府已经废除了大部分基本消费品的间接税,仅仅保留对烈酒、食糖、茶叶、咖啡和葡萄酒等5种商品的消费税,并将大众消费比较普及的咖啡税在1872年减半征收,而所有的这些税收占到了整个消费税的95%。到1874年,英国政府又废除了另一项对普通民众影响比较大的糖税[②]。

[①] Martin Daunton, *Trusting Leviathan*, *The Politics of Taxation in Britain*, 1799-1914, p.166.
[②] Anthony Howe, *Free Trade and Liberal England*, 1846-1946, Oxford: Oxford University Press, 1997, p.114.

废除这些税收还不足以调整财富的分配。在英国,土地及不动产是贵族的经济基础,也是贫富差距问题极度发展的根源。1861年,约翰·布莱特(John Bright)等人为了反驳保守党领袖德比伯爵(The Earl of Derby)否认英国土地过分集中的事实,根据大量新材料,发表了论战性论著,说明全英国的土地被3万人所占有,而其中不到150人竟占有了一半的土地,土地集中程度几乎超过了欧洲所有的国家。① 19世纪初,李嘉图宣扬自由贸易,揭露土地贵族的寄生性。1832年议会改革以后,英国要求废除大地产制,制定新的土地立法的呼声越来越高。亨利·乔治也主张用征收高额地税的方法来消除土地垄断和社会分配不公,主张对地租征税。而对不动产征收遗产税则是调节财富分配的有效的办法。对此,格莱斯顿认为,"传统以国债形式满足国家现实需要的陈腐做法备受争议并不可取",因此,"尽管有很多反对声音,我们也有必要继续保持对所得税的征收,和个人财富一样,遗赠所得也是在所得税征收范围内"。

遗产税最早征收于1694年,最初它只是固定税率的印花税,到18世纪,由于战争财政的压力,这种税收演变成根据财产总额而定的浮动税率的税收。1780年,诺斯勋爵(Frederick Lord North)任首相,再次征收这一税种,但这只是对个人遗产征收印花税,并不是全面的遗产税,据人们乐观的估计,每年征收的此类印花税只有21 000英镑,1796年,小皮特开始对遗产继承全面征税,每年所征的税额为250 000英镑。② 这项遗产税由个人的财产受益人承担,税率根据其与死者的关系远近而定。即便如此,个人财产遗赠税还是受到人们攻击,尤其是受到了小皮特的政治对手查尔斯·詹姆斯·福克斯(Charles James Fox)的猛烈攻击。

1815年,寡妇的财产遗赠税被免除,一些地主也想方设法逃避税收。如把油画、壁挂毯作为房屋结构一部分,或者把一些重要财产作为传家宝

---

① 阎照祥:《英国贵族史》,第305—306页。
② Martin Daunton, *Trusting Leviathan*, *The Politics of Taxation in Britain*, *1799-1914*, p.226.

来逃避税收。1853年,格莱斯顿政府做出了一项重大变革,那就是将对土地和实际财富的遗赠正式纳入征税对象,这项政策可以描述为在阶级和利益之间尽可能实现公平的财政政策,将遗产税扩展到了不动产方面。另外他还创立了继承税。"这种变革虽然对当时没有产生什么影响,但却对土地贵族的势力产生了长远的消极影响"①,为之后英国遗产税、继承税中遗赠所得税的征收奠定了基础。

1888年保守党上台后,财政大臣乔治·戈申(George Goschen)便着手新的税收改革。1889年,他提出一项新的遗产税(Estate Duty)方案,对个人继承的价值超过1万英镑的个人动产和不动产,加征1%的税收。② 戈申的遗产税税率并不是很高,但是意义巨大,这个税收代表了"英国正式在累进个人直接税的征收上迈出了实质性步伐,并为其他税的征收奠定了基本的原则"③。英国政府开始将财富作为主要征税对象,而不是像以前那样采取征收间接税的方式将税收压力转移到社会中下层民众身上。这项措施对于调节收入分配,缩小贫富差距意义重大。1891年,英国财政预算盈余了200万英镑,这笔钱被用在教育方面。最初,英国强制推行义务教育时规定父母也要出一部分钱,现在国家财政有了盈余,家长出的这部分钱就给免掉了。

在此基础上,1894年继任的自由党财政大臣威廉·哈考特对财税制度继续进行重大改革。哈考特放弃以前的所谓动产与不动产继承的多种税收及对同一物品的多重税收(如立遗嘱人动产税、遗产税、继承税等),改按统一的原则进行征收,取消动产与不动产的区分,对动产和不动产遗产税进行调整,实行累进税制。这项方案被称为"1894年预算"(1894 Budget)。该方案规定:将对个人去世时的动产和不动产总的价值征收遗

---

① Roy Douglas, *Taxation in Britain Since 1660*, p.57.
② Martin Daunton, *Trusting Leviathan*, *The Politics of Taxation in Britain*, 1799–1914, p.236.
③ Roy Douglas, *Taxation in Britain Since 1660*, p.78.

产税。财产在100英镑至500英镑之间的只征收1%的税收,而财富在100万英镑以上者就要征收8%的税收。① 这项税收是一项累进税制,根据财产的多寡和财产继承者受益幅度的大小将征税级差累进至11级之多。而小额的财产所有者则免税。

哈考特的改革,不但简化了税收征收的程序,更重要的是它确立了累进税制原则,即税收应该依据纳税人财产的增多而累进增加。遗产税的累进制,很明显将大部分税赋落到富裕者身上,就同间接税是落在穷人身上一样。正如当时人评论:"多少年来,这些预算或多或少是富人的预算,现在我们有了穷人的预算。"②因而,哈考特的方案被自由党描述成"一个伟大的民主预算",被称为公平的预算,"这个预算是公平的预算,是诚实的预算——它实现了收支平衡。它建立了具有深远意义的原则——多出来的税收应当由那些最有支付能力的人负担。它消除了地主阶层过去拥有的一些不公平特权。"③哈克特从中产阶层入手,向较低收入阶层的所得税纳税人提供优惠,体现了社会公正。

这次税收改革意义重大,它开创了一种新的征税原则,"哈克特本人或许都不了解他做出的这项改革的巨大意义"④。这些税收制度的改革,得到了各党派的认可。到19世纪末,几乎所有党派都接受了累进税制这一重要原则⑤,并且逐渐提高了累进税制的税率。1907年,阿斯奎斯(Herbert Henry Asquith)政府将遗产税税率提高到11%,而劳合·乔治政府更是把遗产税税率提高到15%,并征收2%的世袭遗产税。⑥ 政府用新征收来的税款,加大对教育、济贫、国民保险等方面的投入,这些措

---

① Martin Daunton, *Trusting Leviathan*, *The Politics of Taxation in Britain*, 1799-1914, p.248.
② Martin Daunton, *Trusting Leviathan*, *The Politics of Taxation in Britain*, 1799-1914, p.246.
③ Martin Daunton, *Trusting Leviathan*, *The Politics of Taxation in Britain*, 1799-1914, p.252.
④ A.G.Gardiner, *The Life of Sir William Harcourt*, London: Constable, 1923, pp.280-281.
⑤ Roy Douglas, *Taxation in Britain Since 1660*, p.80.
⑥ Martin Daunton, *Trusting Leviathan*, *The Politics of Taxation in Britain*, 1799-1914, p.255.

施,一定程度上化解了因贫困与贫富差距问题极度发展而形成的社会矛盾。

3. 财税改革的意义及对其评价

19世纪,随着工业革命的发展与完成,英国政府的职能日益扩大,为缓解日益严重的贫困与贫富差距问题,除了颁布济贫法,建立济贫院,进行住房、教育、公共卫生等方面改革外,英国政府的财税制度改革也是重要内容,财税制度改革意义重大。

(1) 19世纪英国的财税制度改革,对于增加国家收入,缩小日益严重的贫富差距,具有重要的意义

从皮尔政府恢复征收所得税制度以后,英国政府的财税制度已经开始向现代税收制度迈进。19世纪80年代以后遗产税征收制度改革以及所得税税率的调整,大大充实了英国国库,减轻了下层人民群众的负担。19世纪末期的这些税收制度,被称为"建设性税收"。

所谓"建设性税收",是利用税收来实现社会财富重新分配的一种形式。通过地方教区征收的济贫税、沃尔波尔(Robert Wallpole)时期的杜松子酒税以及1840年以后从间接税向直接税转变都有很强的建设性税收因素。真正的"建设性"也许体现在人们的态度上,越来越多的人认同了以税收作为杠杆重新分配社会财富、匡正时弊的做法。英国议会不仅仅是在寻求增加国家财政收入的办法,而且通过改变征税制度,影响经济发展的动力,进而在某种程度上缩小英国社会长期存在的贫富差距。

而所得税、遗产税、财产税等建设性税收的征收,大大增加了英国中央和地方政府的财政收入,增加了政府用于社会救济的财力。

从表4-3我们可以看出,1870年到1899年,英国的关税和货物税收

入总额上升,但在整个国家税收总收入中的比例却在下降,这主要是由于财产及所得税、遗产税收入的大幅度增加。这一期间这两项税收收入平均增长到原先的两倍多。1876—1877年英国地方政府税收收入第一次超过2 000万英镑,1892—1893年,地方政府税收收入增加到3 000万英镑,1899—1900年更是增加到4 000万英镑。① 据估计,单单乔治·戈申的遗产税计划,每年可以为英国政府增加839万英镑的收入。②

表4-3 1870—1899年英国公共财政年均(每10年)收入表③

年份	关税和货物税		土地及直接税		财产及所得税		遗产税		其他		总计	
	税额/百万英镑	百分比/%	税额/百万英镑	百分比/%	税额/百万英镑	百分比/%	税额/百万英镑	百分比/%	税额/百万英镑	百分比/%	税额/百万英镑	百分比/%
1870—1879	46.1	61	2.7	4	6.7	9	5.4	7	14.1	19	75.0	100
1880—1889	45.8	53	2.9	3	12.3	14	7.3	9	17.8	21	86.1	100
1890—1899	51.5	49	2.5	2	15.2	15	12.1	12	23.0	22	104.3	100

运用建设性税收的目的在于以此对社会和经济加以调节。中央政府的财政开支,除传统的应付战争消耗外,还可以将更多的钱投入教育、公共卫生和基础设施建设等方面。就教育领域来说,1876年英国政府规定家长必须将自己的子女送去小学学习。家长要承担一部分教育费用。1891年,政府拨款200万英镑用于发展教育④,初级教育做到了完全免费,英国国民教育制度正式形成。而教育的普及,对于提高工人阶级的素质,消除工人阶级的贫困意义巨大。

---

① Roy Douglas, *Taxation in Britain Since 1660*, p.82.
② Martin Daunton, *Trusting Leviathan*, *The Politics of Taxation in Britain*, *1799-1914*, p.234.
③ Peter Mathias, *The First Industrial Nation*, *An Economic History of Britain*, *1700-1914*, p.462.
④ Roy Douglas, *Taxation in Britain Since 1660*, p.78.

(2) 从整个 19 世纪中后期来看,我们不可过高估计税收改革在缓解贫困与缩小贫富差距方面的作用

19 世纪中后期的英国税收制度改革充其量还只是一个过渡和最终确立原则的阶段,是英国社会由先前的间接税过渡到直接税,将征税主体从中下层民众转向真正有产阶级的开始。而在 1889 年之前,由于古典自由主义思想对财产权的过分重视以及有产者主导着政治领域的客观形势,这一时期的税收改革效果并不乐观,直接税税收虽然呈现逐年递增的趋势,但是很长时间内英国的财政收入还是以间接税税收为主,中下层民众仍然承受着较大的纳税压力。据统计,在 19 世纪中后期英国历届政府资金支出中,间接税比例一直高于直接税,直到 20 世纪初,直接税才首次超过间接税,占到支出资金比例的 51.2%,以后逐年递增。[①]

1870—1914 年英国经济的发展,使人们物质生活水平得到一定程度的提高,1875—1905 年,英国国民收入从 11.13 亿英镑增长到 17.76 亿英镑。人均收入从 33.9 英镑增长到 41.3 英镑。[②] 但是由于财富分配的不合理,社会财富和收入大部分集中在少部分人手中,从而出现严重的贫困与贫富差距现象。1870 年以后,社会经济发生巨大变化,政治民主化进一步发展。政府税收制度改革增加了政府财政收入,减轻了工人阶级生活负担,但是当时英国贫困问题仍然十分突出,贫困问题成了当时首要的社会问题。虽然说 19 世纪中后期英国政府税收制度改革在一定程度上减轻了下层群众的负担,政府在教育、公共卫生等公共事业方面的投资在一定程度上缓解了因贫困与贫富差距问题极度发展而造成的社会矛盾,但是这些措施并没有从根本上解决当时十分严重的贫困与贫富差距问题。大规模

---

① H. C. G. Matthew, "Disraeli, Gladstone and the Politics of Mid-Victorian Budgets", *The Historical Journal*, Vol.22(1979), p.638.

② Peter Mathias, *The First Industrial Nation, An Economic History of Britain, 1700 – 1914*, p.457.

贫困人口的存在,说明当时英国政府的调控手段效果并不明显。直到 20 世纪初期以后,英国政府进一步加大遗产税、所得税等累进税征收力度,加大对社会福利事业的投资,贫富差距问题才得以逐渐缓解。

总之,19 世纪是英国历史上近代社会转型的完成时期,为应付国家政府管理职能日益扩大,公共开支日益增加,政府财政负担逐渐加重的局面,也是为了通过税收手段,调节财富分配,缓解日益严重的贫困与贫富差距过大等问题,英国政府在 19 世纪中后期进行了以所得税、遗产税等为代表的财税制度改革。通过这些改革,英国财政收入大大增加,政府也有了富裕的资金投入教育、公共卫生等公共事业,在一定程度上减轻了工人阶级的负担,缓解了贫富差距较大等问题。虽然直到第二次世界大战后,随着福利国家的全面建设,英国才比较好地解决了贫富差距问题,但 19 世纪英国征收所得税、遗产税等直接税,使税收征收对象从对普通民众,转到了以财富为主的中上层人士,这是走向现代税收制度的第一步。以财富的多寡、收入的高低为衡量指标的累进税收制度的建立,是英国通过财税手段实现社会公平的重要措施,体现了向现代社会以税收为杠杆调节社会财富的重要转变,为 20 世纪英国走向福利社会打下了良好的基础。

三、19世纪英国贫民子女的基础教育

19世纪是英国工业革命完成并称雄世界的世纪,也是英国教育大发展的世纪。在这一世纪中,英国政府对教育进行了一系列改革,采取干预措施、发展教育,使教育从宗教和慈善组织手中转到了国家主导的体制之下。由于国家的干预与支持,更多的工人阶级适龄子女可以得到相应的教育。大力发展教育,既是英国政府社会控制的一种手段,也是工人阶级摆脱贫困的一条路径。为英国现代化的发展奠定了基础。

1. "自由放任"与政府干预

工业革命的发展,使英国生产力大大提高,城市人口激增,英国社会结构发生了巨大变化。但是在19世纪30年代以前,英国政府在教育上仍沿袭传统,采取的是"自由放任"的政策,很少过问教育。政府既没有创办任何学校,也没有在教育上进行投资。所有学校都是私立的,主要由教会创办。国家没有相应的教育政策,没有统一的教学大纲和毕业标准,私人、教会、慈善机构甚至企业都可以开办教育机构,招生办学,国家对此不管不顾。所以,全国国民教育多半都掌握在贵族和教会手中,带有极其浓厚的宗教色彩。1559年,伊丽莎白女王颁布命令,规定未经过相关的主教考核并领取执照的人不能够从事教学工作。1662年,英国议会通过一项教育法令,规定教师必须宣誓效忠于国教,并规定初等学校的开办权一律属于教会。

17世纪末开始,英国陆续出现了另一种初等学校——慈善学校(Charity School),这种学校主要是由宗教团体募捐创办的。慈善学校的教育除了灌输宗教知识外,也教一些初步的读写算知识,教女孩一些裁缝知识,并进行道德习惯的训练与说教。18世纪中叶以前,英格兰和威尔士的慈善学校已达两千余所。[1] 17世纪90年代,在伦敦等较大型的城市还为穷人家的儿童建立了贫民习艺所和工厂学校,对儿童进行职业教育。但总的来说,贫苦家庭出身的子女难以就学,文盲非常多。

19世纪之前,贵族、资产阶级子弟就读于公学、文法中学,这类学校经费充足,教学质量有保证,英国政府的首相、大臣、官员大多出身于这类学校。而对于家境不太富裕的男孩来说,他们在家庭之外接受教育的渠道主要有:针对技术工匠和新兴中等阶级的文法学校、都铎或斯图亚特时期的慈善家们创立的慈善学校、18世纪后期兴起的主日学校和部分贫民私立学校等。实际上1850年以前,在英格兰和威尔士,还没有人认真讨论过国家为中上层阶级的子女提供教育的事情。在中上层阶级的子女的教育问题上,自由放任政策被奉为圭臬。[2]

在教育问题上,政府的长期缺位,致使英国教育问题在19世纪初期成了一个严重的社会问题,其中最主要的就是占人口绝大多数的工人阶级受教育水平低下。工人阶级子女的教育,大多由教会和慈善机构负责,通过遍布全国的慈善学校、主日学校等,劳动人民有可能接受最低限度的教育。这类学校设备条件简陋,师资水平低下,而且学校容量有限,即使是对贫苦儿童也只能收容一部分。第一份涉及教育的官方数据中显示:1816年,在

---

[1] 滕大春主编:《外国教育通史》(第三卷),济南:山东教育出版社,1990年,第2页。
[2] F. M. L. Thompson, ed., *The Cambridge Social History of Britain, 1750 - 1950*, Vol.3, Cambridge: Cambridge University Press, 2008, p.132.

伦敦有儿童完全没有接受过任何形式的学校教育。1820年,在大量使用童工的兰开郡,24个居民中只有1个人上过学;在米德尔赛克斯,26个居民才有1个人上过学;在全国14或15个居民中,平均只有1个人上学,上学儿童的修业期不超过一年半到两年。① 当时英国只有三种人可以享受国家提供的教育:军校学生、济贫院的贫民和罪犯。而19世纪英国政府所进行的初等教育方面的改革惠及的绝大多数是工人阶级子女。

18世纪中期,有产者对劳动群众学习文化常常持怀疑态度,认为穷人读书会对社会造成危害,因而反对他们学习文化。18世纪末19世纪初,英国中上层阶级一些观察家表达了对工人阶级子女教育的不同意见。有产者担心普遍的教育会使工人阶级对不平等的财富分配制度不满。在他们看来,如果对贫困家庭子女提供教育,将会很容易使他们不满足现状,激起他们的反抗意识,进而威胁到现存的社会秩序,影响工业化、城市化的进程。现行社会制度的存在有赖于大量劳动者和仆人的服务,而教育将使他们认识到自己的地位,最终会导致他们的不满并试图改变自己的命运,从而引起社会的动乱。而且在当时自由放任主义的指导下,政府游离于国家经济活动之外,教育也不受国家干预。许多人认为,国家干预教育会侵犯个人做慈善的行动自由。既然市场这只"无形的手"能够调节资源的配置,那么政府的干涉会侵犯正常的经济活动。教育只有自由竞争,才能让那些适应性强的机构生存下来。"校长就是经理,为取得商业的成功,他必须拥有管理下属的全权。"②一些人甚至对政府集权心怀恐惧,担心强制教育会扩张政府权力,导致政府暴政。因而1807年,萨缪尔·惠特布雷德(Samuel Whitbread)提出在全国建立贫民学校、促进贫困儿童教育的议案,但是由于遭到强烈反对,该议案未能通过。正如议员戴维斯·吉迪

---

① 滕大春主编:《外国教育通史》(第四卷),第136页。
② R. L. Archer, *Secondary Education in the Nineteenth Century*, Cambridge: Cambridge University Press, 1921, p.149.

(Davies Giddy)所说:"该计划对劳工阶级的道德和幸福是个偏见,该计划会使他们对其生活中许多事情感到厌恶,而不是在与他们社会地位相当的农业和其他行业做好服务……这会使他们能阅读煽动性的传单和反对基督教的邪恶出版物,会使他们对上级傲慢无礼。"①

政府对教育问题的放任,导致占英国人口绝大多数的工人阶级整体缺乏教育。在贫困家庭中,父母大多未受过教育,他们以自己的经验和意愿规划孩子的教育,只要求孩子受教育的程度与家庭的社会等级地位以及孩子未来的职业身份相适应。许多父母对政府插手初等教育持冷淡态度,认为孩子受不受教育无关痛痒,去工厂做童工挣几个便士反倒有利于改善家庭经济状况,或者降低贫困所带来的压力。

这种观点未能持续多久,伴随着工业革命的发展,英国人口剧增,贫困现象加剧。而工人阶级中绝大多数人明显缺乏教育,这已经影响到了社会的稳定。大批贫民儿童每日在大街上游荡,他们没有教育机会。这对上层社会的人身和财产安全都构成了威胁,引起了上层人士极大的不安。

19世纪初,新的工业社会带来了教育组织问题,人们对此看法仍不一致。低教会派成员(Low Churchmen)汉纳·莫尔(Hannah More)认为,要反复灌输宗教,但要保持秩序,儿童就应该读书,而不必学写作。亚当·斯密害怕劳动分工会使工人阶级智力降低,企图用国家教育来弥补。② 一些有产者逐渐改变了上述看法,认为劳动者没有文化易染上酗酒、寻衅闹事等恶习,愚昧无知才是对社会和谐与安宁最大的威胁。为了维护自己的安全,维持社会秩序,把教育当作自己特权来享受的上层社会不得不考虑向下层社会打开教育的大门,希望适当的教育能让下层社会儿童明白事理,摆脱无所事事的状态。他们认为,教育有利于维护社会稳定,对贫困家庭

---

① M. Sturt, *The Education of the People: A History of Primary Education in England and Wales in the Nineteenth Century*, London: Routledge and Kegan Paul, 1967, p.5.
② [英]肯尼迪·O. 摩根主编:《牛津英国通史》,第469页。

子女灌输"服从权威""勤奋工作"等教育思想是必要的,这样就会使这些子女习惯并尊重他们所生活的社会。到 1800 年左右,包括国王乔治三世（George Ⅲ）在内的一些有识之士认为,教育是预防革命的手段。一些中产阶级人士开始积极支持教育运动的发展,以期训导工人树立"正确的"态度和价值观。① 许多学校宣称其办校宗旨是对那些被遗忘的贫困儿童进行感化,使他们享受到良好的基督教福音主义的教育。教育作为社会控制的一种手段,其作用越来越被有关人士重视。正如当时一个名叫列奥纳多·霍纳（Leonard Horner）的商人所言:"适当教育工人阶级子弟的最起码的原因是,教育能管束他们,可以阻止许多不道德和邪恶的事情发生,可以防止那些生活在我们周围的没有受过什么教育的人的子弟变成害群之马。为了使工人阶级的大多数归化受礼,教育不可或缺。"② 教育可以"把犯罪现象终止在萌芽阶段,阻止邪恶行为发展并危害社会"③。

19 世纪上半期,英国政府在基础教育领域采取的是自由放任的政策,政府不支持任何种类的学校。绝大多数工人阶级子女的教育是在基督教以及慈善机构兴办的学校进行的。这类学校包括自愿捐助全日制学校（Voluntary Day School）、主日学校（Sunday School）,以及一些针对特殊少年儿童教育的贫民免费学校（Ragged School）、感化学校和工业学校等。这类教育最主要的目的在于教授工人阶级道德准则,而当时英国道德的基础是基督教,因而宗教训令成了各类初等教育核心。社会差异、基督教道德以及自愿捐助主义成了 19 世纪早期慈善社会提供的教育的三大特征。④

---

① Derek Fraser, *The Evolution of the British Welfare State: A History of Social Policy Since the Industrial Revolution*, 2009, p.79.
② [英]安迪·格林:《教育与国家形成:英、法、美教育体系起源比较》,北京:教育科学出版社,2004 年,第 271 页。
③ C. J. Montague, *Sixty Years in Waifdom: or, The Ragged School Movement in English History*, London: Woburon Press, 1969, p.163.
④ Derek Fraser, *The Evolution of the British Welfare State: A History of Social Policy Since Industrial Revolution*, p.79.

1811年,英国国教教徒成立国民协会(National Society),1814年,非国教徒成立了不列颠和海外教育协会(British and Foreign School Society),这两个协会的宗旨都是为工人阶级提供便宜的教育,它们经过不懈努力,建立了遍布全国的学校教育网络。1813年国民协会兴办的学校有230所,在册儿童40 484人;1831年,国民协会兴办的学校达10 965所,在校学生740 000人。①

主日学校在19世纪早期的工人阶级教育中也发挥了重要作用。主日学校是指通常为儿童,偶尔也为青少年和成人进行道德和宗教教育而创办的学校。主日学校运动起始于18世纪80年代,由格洛斯特郡的一位报纸经营者罗伯特·雷克斯(Robert Raikes)发起。他利用星期天,把一些贫困的孩子召集到主日学校,参加宗教仪式,学习宗教条文,并传授一些粗浅的读写知识。一般认为,主日学校的目的是"训练那些下层民众,使他们养成勤奋和宗教虔诚的习惯"②。主日学校不仅可以防止受雇佣的孩子在星期天满街跑,制造混乱;还可让下层民众形成秩序观念,培养他们对宗教和上层社会的尊重。因此,宗教和道德教育在其中占据了主要地位,教育学生聆听上帝的教导并理解其中简单的道理构成了主日学校的主要任务和教育的一项主要内容。许多主日学校依托教堂建立起来,由牧师和他们的妻子、儿女负责管理。主日学校出现之后,在英国迅速发展,各阶层人士纷纷加入这一运动。主日学校在校人数增长迅速。1788年为59 980人,1801年为206 100人,1818年为452 325人,1821年为730 000人,1833年为1 363 170人。③ 据皇家国民教育委员会(The Royal Commission on Popular Education)估计,到1861年,主日学校

---

① G. M. Young and W. D. Handcock, eds., *English Historical Documents*, Vol.7, p.845.
② F. M. Thompson, *The Rise of Respectable Society: A Social History of Victorian Britain, 1830-1900*, Cambridge: Harvard University Press, 1988, p.140.
③ Thomas Walter Laqueur, *Religion and Respectability: Sunday Schools and Working Class Culture, 1780-1850*, New Haven and London: Yale University Press, 1976, p.44.

在校学生达 2 411 554 人。① 据统计,工人阶级子女中有 3/4 的人的名字曾出现在主日学校的名册上。这足以说明主日学校在工人阶级教育中的巨大贡献。

实际上,尽管主日学校的教育质量不高,许多教师自己,尤其是在偏远地区,文化水平非常低,但是在没有其他教育手段和教育资源能够向贫民子女敞开大门的时候,正是这些主日学校为工人阶级子女提供了唯一的学习文化的机会。这样的教育尽管有很强的宗教性,但其为提高贫民子女文化水平所做出的贡献仍然是弥足珍贵的。如果没有这些学校,工人阶级的文化水平会低得多。1850 年,一位《晨报纪事》(Morning Chronicle)的调查员曾引用了一句他不断听到的话来描述主日学校的作用,"如果没有主日学校……兰开郡将成为一座人间地狱"②。一个当年受雇用的儿童,谈起去主日学校的原因时说,"当我们不得不工作的时候,我们没有时间上学;当我们没有工作时,我们无钱付学费,所以主日学校是我们仅有的资源"③。

主日学校的兴起,反映了英国工业革命时期一种典型的贫民教育观,即在星期日将贫困家庭子女汇集起来,一方面可以减少和防止社会的混乱,另一方面也可以使他们得到教化,从而达到社会改革的目的。主日学校的兴起唤起了人们普及初等教育的意识,开创了英国普及贫民教育的先河。

尽管 19 世纪早期慈善学校为工人阶级教育提供了珍贵的教育机会,但应该看到,这一时期的慈善教育仍存在不少问题。首先,工人阶级

---

① Bernard Harris, *The Origins of the British Welfare State: Society, State and Social Welfare in England and Wales, 1800-1945*, p.138.
② Jules Ginswick, *Labour and the Poor in England and Wales, 1849-1951*, Vol.1, London: F. Class, 1983, p.67.
③ Phillip McCann, ed., *Popular Education and Socialization in the Nineteenth Century*, Abingdon: Routledge, 2007, p.45.

子女受教育人数极少。这些学校所惠及的只是工人阶级子女中很少的一部分。布鲁厄姆(Brougham)1818年的调查报告显示,当时只有7%的人接受了教育。[①] 而据1861年纽卡斯尔委员会的报告,当时只有13%的人受过教育,比1818年只增长了1倍。[②] 其次,师资奇缺。慈善学校快速发展,但学校的师资问题很快成了慈善教育发展的瓶颈。一名观察员注意到:食品杂货商、亚麻布商、裁缝、律师、粉刷工、德国及意大利难民、面包师、寡妇、外科医生、家庭女佣和制造女装及童装的裁缝都纷纷加入了教师的行列。任何一个失业工人或残疾工匠,只要识几个字,又能找到学生,就可以开办一所"初等学校"。造船工汤姆森也曾回忆说:"我办了个学校,这没有什么好大惊小怪的。人人都能当校长。人得活下去,办学校和干其他任何事情都一样。"[③]教师成为"最开放、最自由"的职业,本身就说明了师资的短缺。这样的低水平的教师,教学质量可以想象。正是由于缺乏教师,产生了"导生制"(monitorial system)这样的教学方式。

"导生制"也称"级长制",1810年左右形成,曾在主日学校实行过。由国教会教士安德鲁·贝尔(Andrew Bell)和公理会教士约瑟夫·兰开斯特(Joseph Lancaster)率先开创,主要是指教师利用数名年长及学习能力强的学生担当导生,指导其他学生进行学习。"导生制"教学一般在一个大教室进行,以便教师对整个学校的教学进行监督。教室中的学生被分成不同的班级,每班人数不超过10人,且学习能力相当。每个班级任命1名导生,由班中较为聪明的学生担任。导生之间也有等级之分,导生每天很早到校,先接受教师的指导,然后将从教师那里刚学到的内容传授给班里其他

[①] Keith Laybourn, *Evolution of British Social Policy and Welfare State, 1800-1993*, p.106.
[②] Derek Fraser, *The Evolution of the British Welfare State: A History of Social Policy Since the Industrial Revolution*, p.85.
[③] Christopher Thomson, *The Autobiography of an Artisan*, London: J. Champman, 1847, p.207.

学生,并对这些学生进行检查和考试。除有专门负责教学的导生外,还有专门负责其他管理工作的导生,如负责收作业的、负责检查学生出勤率的、负责升级的,等等。这种方法使学校节省了大量教育资金和师资的投入,使教育成本大大降低。"导生制"学校主要面向贫困儿童,"3R"几乎构成了学校的全部教学内容。学校中所教的内容是以这样一种简单的方式分解的:导生们根据卡片来教课,每一课分解成能够让学生们用心记住的几个部分,导生们的讲解不能超出卡片的范围。实际上,由于导生自己知识水平有限,他们也不可能超出卡片的范围。当孩子们学会了一模块内容后就可以升到另一个班。

费用低廉是"导生制"的一大特征,也是"导生制"学校快速发展的重要原因。"导生制"学校的办学目的和主日学校一脉相承,尽管它存在各种各样的缺陷,但在经济因素处于绝对主导地位的时代,它成为成千上万的贫困儿童获得一定程度的教育的比较可行的方式。它给广大贫困儿童以基本的文化道德和职业技能教育,使他们成为守法的公民和合格的劳动力。据全国贫民教育促进会统计,至1830年,英国"导生制"学校达3 670所,在校学生达346 000人。[①]

"国民学校"(National School)也对穷人进行基础教育。1811年创立的全国穷人教育学会(National Society for Education of Poor)负责这方面的工作。到1851年,已经有1.7万多所国民学校,穷人学校还有妇孺学校(Dame's School)、济贫院学校、茅屋学校(Cottage School)等。这些学校虽然都面向工人,但都不免费,一般每个学童每周要付1—9便士,所以赤贫儿童仍得不到教育。

维多利亚时期还存在一个特殊的贫民子女教育机构,即贫民免费学校。这类学校希望为那些衣衫褴褛的贫寒儿童提供最基本的教育机会。

---

① James Bowen, *A History of Western Education*, Vol.3, London: Methuen, 1981, p.297.

这些儿童要么由于衣衫破烂根本达不到普通学校的要求，要么因为父母过于贫困根本付不起哪怕一周1便士的学费而被拒于校门之外。这样的儿童也不适合去为普通穷人办的学校，这些学校也拒绝他们进校，因为他们"不仅社会地位低下，而且在做坏事方面显得更加有智慧"。尽管从法律角度来说，他们还不是罪犯和流浪者，但是从社会地位来看，罪犯和流浪者主要来自这个群体。① 正因为如此，19世纪30年代起，人们想方设法为这类人群提供教育和资助，由此掀起了一场贫民免费学校运动。

1835年，第一所贫民免费学校是由伦敦城市布道团（London Mission Society）建立的，该布道团是一家致力于向城市贫民传播《新约》的福音派组织。1835年该组织成立后便在伦敦贫民窟地区为贫困儿童设立了免费学校。这些学校成了后来贫民免费学校的最初模型。第一所以"贫民免费学校"命名的学校是菲尔德大道主日学校（Sunday School）。这所学校建立于1841年。1843年，为解决办学经费问题，学校决定在《泰晤士报》做一则寻求资助广告，该校司库给这个学校加上了"Ragged"这一词汇。自从"Ragged School"这一词语出现后，一些原有的学校也在它们的名字上冠上了"Ragged"。1844年7月，伦敦的19所贫民免费学校团结起来，结成联盟，即"伦敦贫民免费学校联盟"（Ragged School Unions）。随着联盟的成立，贫民免费学校数目日益增加。1847年，附属于联盟的学校已经达到80所，在校学生共有4 776人，教师450人；其中全日制学校16所，夜校31所（每周上3—5次课），33所是主日学校。1844年到1869年，贫民免费学校的数目处于稳定增长之中。1869年，伦敦地区便有195所全日制学校，209所夜校，272所主日学校附属于贫民免费学校联盟。② 在利物浦、曼彻

---

① H. W. Schupf, "Education for the Neglected: Ragged Schools in Nineteenth-Century England", *History of Education Quarterly*, Vol.12, No.2(1972), pp.162-163.
② Claire Seymour, *Ragged Schools*, *Ragged Children*, London: Ragged School Museum Trust, 1995, pp.6-7.

斯特和萨尔福德等地也建立了类似的联盟。1870年《教育法》颁布后，贫民免费学校便开始走向衰落。来自公立学校的竞争，资金的匮乏以及政府加强对贫民免费学校标准的管理等因素，使得许多贫民学校不得不停办。1906年，最后一所贫民免费学校关门。

贫民免费学校存在了60多年，对社会最底层贫民儿童的教育做出了巨大贡献。从教学内容上看，贫民免费学校以宗教知识为主，"3R"教育为辅。教育学生阅读《圣经》，理解其中简单的道理是学校的主要任务，但也进行了一些最基本的"3R"教育，少数学校还增加了历史、地理或音乐课程，但这些都处于基本课程之外的次要地位。教育方式上采取知识传授和劳动训练相结合的教育模式，这种方式不仅为贫寒儿童提供了接受教育的机会，也使他们掌握了一定的谋生技能。贫民免费学校在为儿童提供免费教育的同时，还为他们提供必要的物质救助，如提供饮食和衣物。这其实为19世纪末20世纪初英国学校儿童福利政策的实施拉开了帷幕。从这个意义上来说，贫民免费学校无论是行动上还是理念上都比英国社会和英国政府早了半个世纪。

19世纪70年代以前，在国家还没有承担起大众教育职责的情况下，宗教团体、慈善组织和慈善人士、社会力量为下层儿童的教育发展做出了不可磨灭的贡献。在下层贫民子女的基础教育方面，主要推动者是宗教，这也使这一时期的下层儿童教育深深打上了宗教的烙印。不可否认的是，宗教同样也成了政府干预教育、支持教育的主要障碍。不论是英国国教还是非国教教会都不同意国家在提供教育方面发挥重要作用，因为这会危及教会在教育方面的垄断地位。各教派都把教育看作争取信徒的有效手段，看成自己的世袭领地，担心政府干涉教育会导致不同教派的此消彼长。此外，同其他教派相比，国教可谓一家独大，天主教和非国教派还担心政府干预教育有可能进一步增强国教的统治地位，这是他们不愿看到的。同时，一些志愿者和非国教徒坚决反对国家干预教育发展，他们认为，这会导致国教控制国家教育。① 1841年格雷厄姆(Graham)评论道:"在这个国家,宗教这块教育的基石,已经成了教育进步的障碍。"②在这种情况下,国家采取任何发展教育的有效政策都会受到强烈的反对。

到19世纪30年代,随着工业革命的深入以及第一次议会改革后选举权的扩大,针对国家是否应该干预教育,是否要建立国民教育体系的问题,英国各阶层从自身利益出发,体现出一种犹豫不决的心态。教会势力害怕国家干预教育后,他们会失去在教育领域所拥有的特权;上层保守势力害怕国民教育会使受教育的下层群众更加不满于自己的现状;工厂主也极力反对国家干预教育和全社会普及初等教育,因为发展国民初等教育意味着工厂将失去大量童工;中产阶层担心英国的传统势力会凭借国民教育加强思想专制,剥夺他们来之不易的民主权利;而工人阶级也对国家办学疑虑重重。

19世纪30年代,工人阶级教育主要代言人是辉格党大法官亨利·布鲁厄姆(Henry Brougham)。他是国家干预教育主要的思想奠基者。1810年,他在担任《爱丁堡评论》(*Edinburgh Review*)编辑时,教育思想逐渐成熟,提出四个方面的建议:调查教育的资金,国家对志愿教育协会予以支持,鼓励父母为其子女教育付费,以及检查对穷人教育的慈善捐款是否合理使用。③ 1816年,布鲁厄姆通过对伦敦的初等教育现状进行调查之后撰写了一份报告,指出绝大多数穷人的孩子完全没有接受任何形式的教育,仅靠捐助的学校完全不能解决这些地区贫困儿童的教育问题。④ 布鲁厄姆的思想对志愿者和家长都产生了深远的影响。在教育方面,政府的缺位

---

① Keith Laybourn, *Evolution of British Social Policy and Welfare State*, 1800–1993, p.108.
② Derek Fraser, *The Evolution of the British Welfare State: A History of Social Policy Since the Industrial Revolution*, p.82.
③ David Gladstone, *Poverty and Social Welfare*, Vol.3, pp.5–35.
④ J. Stuart Maclure, *Educational Documents: England and Wales*, 1816–1967, London: Chapman and Hall, 1968, p.18.

和19世纪上半期政府在其他领域的自由放任有所不同。19世纪初众多自由主义思想家如马尔萨斯、穆勒(John Stuart Mill)等人强调国家不干预经济领域,但对于教育问题的态度却不像经济问题那么强硬。许多人也逐渐意识到,国家对教育的援助是合理的也是必需的。尽管困难重重,19世纪30年代以后,政府还是不断克服重重阻力,开始越来越多地介入公共教育。宗教、社会和政府的角逐成了这一时期工人阶级教育发展的主要特征。

实际上,国家对教育的关注始于间接干预。1802年,英国议会通过了罗伯特·皮尔提出的《学徒工健康与道德法案》(Health and Morals of Apprentices,1802),在教育方面,法案规定:在学徒头四年,所有学徒都要学习读、写和计算,每天用在功课上的时间应占规定的劳动时间。宗教教育也必须进行,但应在星期天。从教区牧师和治安法官中选派工厂视察员,(他们)有权随时入厂察看并对违法的老板课以罚金。① 尽管这项法案收效甚微,但这毕竟是英国社会立法的开始,也是从自由放任走向国家干预的开端。

1833年,议会通过第一个《教育拨款法》(The 1837 Education Act),要求政府拨款2万英镑用于建造和修缮小学校舍。② 改革者们解释这么做是为了"帮助私人捐助建立校舍的不足,是为了全英国贫困阶层子女的教育利益"③。这个拨款是英国政府首次对国民教育承担起责任,首次以国家名义以金钱资助教育的法案,意义重大。此后30年,国家基础教育的干预力度逐渐加大,国家对教育的资助数额快速增长,教育不再仅仅归属于教

---

① [法]保尔·芒图:《十八世纪产业革命——英国近代大工业初期的概况》,杨人楩等译,北京:商务印书馆,1983年,第383—384页。
② Bernard Harris, The Origins of the British Welfare State: Society, State and Social Welfare in England and Wales, 1800–1945, p.140.
③ Denes G. Paz, The Politics of Working-Class Education in Britain, 1830–1850, Manchester: Manchester University Press, 1908, p.12.

会统管,政府的力量已经介入其中。申请这笔资助必须通过国民协会和不列颠和海外教育协会两个机构,这意味着只有国教徒控制的学校才能够得到资助,但后来到1846年和1851年,卫斯理宗和罗马天主教徒控制的学校也得到了资助的资格。由于政府的资助和政府对学校的控制和监督联系在一起,这个新的变化使政府在教育问题上获得了越来越多的主动权。

1833年通过的《工厂法》(The 1833 Factory Act)规定纺织厂9岁以上14岁以下的童工每天实际工作时间不得超过8小时,同时规定,工厂内劳动的童工每天必须保证有两个小时的教育。必须进其父母或者监护人为其选择的学校。① 学习内容是读、写、算基本知识,宗教知识和一定的道德教育;童工教育由《济贫法》委员会监管。为了确保《工厂法》的实施,政府任命了四位工厂巡察员,对工厂主是否履行其法律义务进行监督。1833年开始,许多工厂为了应对检查,纷纷设立工厂学校,工厂学校开始在英国普及,但是这类学校没有得到政府的资金支持。当然,大多数所谓的学校不过是将工厂里的一些房间变成了教室,任命一位略识几个字的工人担任教师来教育儿童而已。尽管工厂学校教育质量不如人意,但是在19世纪中期,它在很大程度上承担了对下层儿童的教育职责,尤其是那些为了增加家庭收入而必须去工厂做工的贫苦儿童。

从此,按法律规定,1839年起,国家每年都对初等教育拨款,拨款数额呈日渐增长的趋势。1833年拨款额为20 000英镑,1840年为10 641英镑,1850年为193 026英镑,1860年为724 403英镑,1870年为894 561英镑。② 1843年后,学校的设备也可以由国家资助。国家资助逐渐成为初等教育办学经费的一个重要来源。政府对教育的干预的范围和力度不断加

---

① G. M. Young and W. D. Handcock, eds., English Historical Documents, Vol.7, p.949 - 952.
② Bernard Harris, The Origins of the British Welfare State: Society, State and Social Welfare in England and Wales, 1800 - 1945, p.141.

大,青少年和工人受教育的情况有了改善,学校在增加,文盲在减少。1851年到1861年间,英国男性文盲率从30.7%下降到24.6%,女性文盲率从45.2%下降到34.7%。[①] 在此后的时间,英国居民受教育的情况持续好转。

1839年,政府专门成立第一个中央教育行政机构——枢密院教育委员会(Committee of Privy on Education),以监督基础教育款项的分配和使用,詹姆斯·凯-沙特尔沃斯(James Kay‐Shuttleworth)爵士被任命为该委员会首任主席,他在10年任期内的为英国之后一个多世纪的初等教育制度奠定了基础。这表明,政府已经充分认识到大众教育体制的重要性,并主动承担起为所有民众,包括下层民众提供教育的职责,教育不再是中上等阶层的专利。枢密院教育委员会成立以后,接受议会拨款的初等学校逐渐从全国贫民教育促进会与不列颠和海外教育协会两大机构下属学校扩大到全部捐助学校。1856年,枢密院教育委员会改名为教育部(Education Department),其行政职能进一步扩大,1899年,教育部又通过法案决定中央政府正式成立教育部,明确这个部门属于内阁部级机构。至1902年,议会进一步通过法案宣布成立地方教育局,取代原先的地方学务局,其行政活动既归地方政府管辖,又接受中央教育部的指导,这样一来,国家充分加强了自己在教育领域内的宏观调控作用。至此,英国中央和地方基本形成了统一协调的教育行政机构。

2. 双重教育体制的确立

1833年,英国政府拨款20 000英镑,资助各类学校新校舍的建设。这笔拨款虽然杯水车薪,但却是国家干预教育的开始。19世纪中期以后国家对大众教育的支持力度不断增强,国家干预范围也逐渐扩大。促使国家

---

① G. D. H. Cole, *A Short History of the British Working-Class Movement*, 1789 – 1947, London: G. Allen and Unwin Ltd., 1948, p.150.

加大支持教育力度的因素有三个。

(1) 英国工人阶级教育水平低下与英国工业迅猛发展极不相称

19世纪中期,英国工业革命已经完成,英国城市人口超过了农村人口。尽管从19世纪30年代以来,政府资助教育的力度不断加大,但是工人阶级的教育水平仍然低下。根据1861年纽卡斯尔委员会《关于国民教育状况的调查报告》(*Report of the Commission on the State of Popular Education in England*),1858年,英格兰和威尔士人口为19 523 103人,当时应当入学的儿童有2 655 767名,而实际入学的人数为2 535 462人,120 305名儿童则没有受过任何教育。而且,在初等学校日校学习的2 213 694名穷人孩子中,有573 536名就读于私人学校。根据报告,英格兰和威尔士儿童就学人数与儿童总人数比为1∶7.7;而这时普鲁士已经实行强制教育,儿童就学人数与儿童总人数比为1∶6.6,英国只比荷兰(1∶8.11)略高。① 初等教育的落后局面已对工业大生产造成不良影响。统治阶级认识到,普及初等教育是当务之急。

1851年,在伦敦水晶宫召开的首次世界博览会向来自全世界的600万人展示了英国在工业革命期间取得的巨大成就,英国经济发展达到辉煌的顶峰。但在1867年巴黎国际博览会上,其他国家在工业发展方面获得多项金牌,法、德等国展出的工业品充分反映出他们的劳动者的技术和文化素质,相比之下,英国工人阶级的文化教育水平明显低下,已成为机器生产的严重障碍。

英国工人阶级教育状况与英国经济地位明显不相符,英国的霸权地位正在消失,这一切都刺激着英国工业家们去满足普遍义务教育的需求。英国各界指出了发展工人阶级教育的重要性。工业化的发展对工人素质提

---

① G. M. Young and W. D. Handcock, eds., *English Historical Documents*, Vol.7, p.892.

出了新的要求,新的时代要求工人有时间观念,要遵守纪律,改变农业社会自由散漫的习惯,只靠严厉的惩罚机制来约束工人治标不治本。有识之士开始认识到教育才是标本兼治的最好方法,能够从根本上给劳工子女灌输工业社会劳动者所必需的素质,将他们培养成工业社会需要的那种劳动者。正如1870年《教育法》的提案人威廉·福斯特(William Forster)所言:"我们决不能再拖延下去。我们工业的繁荣取决于我们发展初等教育的速度。没有初等教育,为工匠提供的技术教育就无法施展;没有受过教育的工人——我们的许多工人从未受过任何教育——绝大多数也是非熟练工人;如果我们听任这种状况继续存在,即使他们身强力壮、精力充沛,他们也将在世界的竞争中落伍。同样,我们的宪政机制的良好安全运转也有赖于迅速发展初等教育。"[①]

(2)1867年议会选举制度改革以来,大批中下层没有受过国家教育的民众正式获得了选举权,开始对英国的政治生活产生巨大影响

通过与工人阶级的政治交往,英国政府才震惊于他们具有选举权的国民教育水平如此落后。1840年,英格兰及威尔士有1/3的男性及1/2的女性在结婚时,只能以画押来代替签名。1867年改革使一部分工人阶级获得了选举权,这样,摆在英国政府面前一个重要问题就是,选民连自己名字都不会写,又如何承担起国家的责任呢?这些工人无论是从提升工作能力的角度,还是从更好地行使政治权利的角度,都会对教育提出要求,尤其是初等教育。教育普及成了一项严肃的政治任务。

一些曾经坚决反对扩大议会选举权的人士成了国家干预教育的支持者。当时的枢密院教育委员会副主席罗伯特·洛(Robert Lowe)就说:"我坚持认为,教育我们的主人绝对是必要的。我过去反对中央管理教育,我现在准备接受;我过去反对征收教育税,现在我也准备接受……从你们把

---

① G. M. Young and W. D. Handcock, eds., *English Historical Documents*, Vol.7, p.914.

权利交给民众之日起,他们的教育就成为迫切需要了。你们既然把国家政府交到民众手中,你们就必须让他们接受教育。"①许多工人阶级也开始追求普遍教育,工会激进分子认为,无知和犯罪之间存在着一种必然的联系。19世纪中后期流行的大众出版物上的报道都让他们产生了这样一种信念:未受过教育的人更加容易犯罪,而且比其他人更有可能陷入贫困境况。技术工人由于本身的工作原因对这一观点最为认同,他们最支持在工人阶级中推广教育,并视之为广大中下层民众摆脱贫困生活的唯一方式。在这种思想的支配下,以技术工人为代表的工会激进分子极为看重教育事业,认为它是扩展工联主义、合作运动以及其他集体自助企业的首要手段。②他们极为看重自己的基本文化素质,并认为这对于他们自己和下一代来说是极为必要的,而更具有雄心大志的技术工人们则期望国家能够给予一种更长时间的正规教育,以使他们获得更多的社会晋升的机会。③

(3) 教会及大众态度的转变也是国家得以大力支持、干预大众教育的重要因素

长期以来,教会是国家干预教育的最大的障碍。国家不应该干预宗教事务一直是公理会、浸礼会以及其他新教的传统观念。许多新教徒建立了自己的学校,并不寻求国家的援助。1839年罗素(John Russell)政府在确认各宗教团体拥有教育控制权的前提下,试图通过政府的指导建立一个不分教派的大众教育体制。应该说这是英国政府第一次正式对教育进行的干预,但它遭到的反对程度之激烈令罗素始料未及,最终这一尝试以失败而告终。这一事件说明教会在英国教育中拥有根深蒂固的势力,以至于政府想要对教育加以一定的干预时必然会遭到教会的顽强抵抗。这种情况

---

① Peter Lane, *Success in British History*, 1760-1914, London: J. Murray, 1978, p.373.
② Eugenio F. Biagini, *Liberty Retrenchment and Reform*, p.193.
③ J.S. Hurt, *Elementary Schooling and the Working Classes*, 1860-1918, London: Routledge and Kegan Paul, 1979, p.30.

到 19 世纪 50 年代后开始变化,尽管一些非国教徒仍然反对国家对教育的控制,但是许多英国国教徒的观念已经开始发生变化。他们已经接受"大众教育应当是国家的事务之一"这一观念,认为"教师应当成为公务员,应当有一定的任职资格,应当适当控制"①。

在这种背景下,1870 年 2 月 17 日,下院议员、教育署署长威廉·福斯特提出了《初等教育法案》(*The Elementary Education Act*,也被称作"福斯特法案"),8 月,法案被议会通过,并经女王批准予以颁布,这一法案适用于英格兰和威尔士。法案规定将英格兰和威尔士划分为若干学区,整个伦敦为一个学区,由地方教育委员会统管;每个学区应当保证本学区现有的小学应有"适合于居住在该区所有儿童的充足设施"。在英格兰和威尔士学校稀少的地方,建立由选举产生的学校委员会(School Board),以补其不足。学校委员会有权征收教育税,兴办本地的公立小学,法案要求父母督促 5—12 岁的儿童上学,穷人子女可免交学费。② 对于原有的教会学校、慈善学校,国家继续给予经济资助,但是要依据其教学效果而定。

根据法案,在不触动原有的教会、慈善学校教育体系的前提下,地方政府承担起了教育的责任。该法案在英国教育史上最重大的意义在于,国家第一次正式充当教育的承办人,不再把国民教育的职责推给社会上的民办教育机构(包括宗教团体)。这项法案是英国初等教育史上的一个大转折,标志着英国国有教育体制的正式创建,它扭转了大众教育不受国家重视而受制于教会的局面,在一定程度上推动了英国教育的发展,对于工人阶级的脱贫,具有重要历史意义。

初等教育改革为英国工人阶级子女提供了更多的受教育的机会,有助于增强英国在海外经济竞争中的实力。这次改革,在英国确立了"双

---

① Keith Laybourn, *Evolution of British Social Policy and Welfare State*, 1800 – 1993, p.109.
② George Burton Adams and H. Morse Stephen, *Select Documents of English Constitutional History*, London: Macmillan, 1937, pp.538 – 539.

重控制"的教育体系,即政府机构和慈善组织共同负责提供经费,维持学校运营。一方面,法案允许原有的慈善学校继续存在,由国家根据其教学效果给予资助。另一方面,国家对英格兰和威尔士所有地区都要检查,教学力量不足的地区都要建立学校委员会,每个学校委员会由5到10人组成,监督本区的教育,学校委员会有权征收教育税,还可以接受国家资助。这实际上是国家与教会以及保守势力妥协的结果。该法案虽然没有规定免费的或义务的初等教育,但是却给未来实行免费义务教育打下了基础。它既体现了改革的需要,促进教育与社会发展相适应,同时也在一定程度上保障了教会的利益。它保留了慈善学校以及私人学校,并对它们进行考核、资助,使政府花最少的钱却获得了最大的教育控制权。这两种教育体系相互独立,又相互竞争,构成了未来英国教育体制的基本特征。[①] 法案实际上是在试图调和各种利益集团的主张,在国家与教会之间、保守主义和自由主义之间以及各教派之间寻求一种平衡。

尽管福斯特法案没有建立全面的国家支持的教育,也没有实施强迫教育和免费教育,但是由于国家对公立学校财政支持力度不断增大,公立学校数目和入学人数大大增加。到1900年,将近一半(46.95%)的学生进入公立小学,而这个比例在1870年还是零。[②] 到1890年,英格兰和威尔士成立了2 500个学校委员会,伦敦最大的学校委员会管理了1 400所学校,雇用了13 500名教师。[③] 到1902年,共有2 600个学校委员会。学校委员会提供的小学教育所占总人口比例也由1880年的16%上升到

[①] G. M. Young and W. D. Handcock, eds., *English Historical Documents*, Vol.7, pp.911-915.
[②] Bernard Harris, *The Origins of the British Welfare State: Society, State and Social Welfare in England and Wales, 1800-1945*, p.145.
[③] Derek Fraser, *The Evolution of the British Welfare State: A History of Social Policy Since the Industrial Revolution*, p.87.

1900年的54%。①

后来,英国又出台了一些法律,制订了关于学生义务入学的细则,1876年迪斯累利内阁通过的《桑登法》(The Sandon's Education Act)规定:每位父母均有义务使其子女接受足够的"3R"(即读、写、算)初等教育,违反者将受到处罚;禁止招收10岁以下童工,否则雇主将受到处罚。1880年,英国议会又通过了一部教育法,即《芒代拉法》(The Mundella's Education Act of 1880),开始在全国推行义务教育,授权地方当局自行制定地方法规,在本地区推行义务教育,规定5—10岁儿童无条件入学,11—13岁儿童只有达到一定的成绩要求或已连续五年正常入学接受教育,方可免除义务入学要求。如果地方当局没有执行该法,教育部有权制定法规。② 1891年的《拨款法案》(Fee Grant Act)确立了小学免费教育体系,全英500万小学生中只有1/6仍在缴纳学费。学校委员会的免费教育使穷人的孩子更容易进入普通教育体系中。③ 这一系列法案的颁布标志着英国义务初等教育体系的正式确立。在教育管理层面上,1839年成立的枢密院教育委员会是英国第一个国家教育监管机构,标志着由教会控制教育向国家管理教育的开始。1858年,教育委员会下设教育行政部,加强对普通教育的管理。1899年,成立教育部。政府和议会展开教育调查和立法活动,体现了国家对教育的直接领导。

3. 工人阶级与19世纪英国基础教育的发展

教育是消除贫困的重要措施。英国革命前,贵族阶层的人士顽固地认

---

① G. Sutherland, *Elementary Education in the Nineteenth Century*, London: Historical Association, 1971, p.28.
② Bernard Harris, *The Origins of the British Welfare State: Society, State and Social Welfare in England and Wales, 1800 – 1945*, p.145.
③ Derek Fraser, *The Evolution of the British Welfare State: A History of Social Policy Since the Industrial Revolution*, p.88.

为,下层平民不应接受教育,因为教育会使他们不满足于现状。18世纪早期,一位学者在谈到劳动人民教育时还说道:"如果马知道的像人一样多,我肯定不喜欢再骑它。"①

工业革命后,英国社会发生了巨大变化,生产方式和生产场所的转变对工人的文化素质和道德素质提出了新的要求,使得他们必须具备比工业革命以前从事手工业生产的工人高得多的素质。工业革命时期,通过遍布全国的慈善学校、主日学校等劳动群众可以得到最低限度的教育。恩格斯在对英国工人阶级作了调查后,得出了工人在工业革命中应该具备科学文化素质的结论:"做某些工作,几乎包括工业中的一切工作在内,都需要有相当的文化程度……由于现代英国工业很复杂,工人需要文化方面的平均水平很难确定,而且我们已经知道,不同种类的工人的平均水平也是各不相同的。但是工业中的大多数工作中都需要一定的技能和常规性,而要达到这一点就要求工人具有一定的文化水平。"②要使工人具备这种水平,最好的途径是教育。英国教育家安迪·格林(Andy Green)也认为:"虽然工厂生产并没有要求工人掌握新技能,但却要求工人形成新的行为习惯,要求服从日常作息时间,单调的工作,严格的纪律,所有这些只有通过教育来实现。"③为此,只有给工人提供受教育的机会,使他们具有读、写、算的基础知识,才有可能让他们掌握一定技能,以满足大机器生产的需要。这首先就需要提高劳动者的识字水平,这是进行机械化生产的最基本的要求,同时也是职业性技能的更广泛的需要。

工业革命的成果之一就是工人阶级登上历史舞台。工人阶级自身力量的壮大,工人阶级的斗争,促进工人阶级的教育发展。工业革命时期,工

---

① Derek Fraser, *The Evolution of the British Welfare State: A History of Social Policy Since the Industrial Revolution*, p.78.
② [德]恩格斯:《英国工人阶级状况》,参见《马克思恩格斯全集》(第二卷),第118—120页。
③ [英]安迪·格林:《教育与国家形成:英、法、美教育体系起源之比较》,王春华等译,北京:教育科学出版社,2004年,第62页。

人阶级经济状况恶化,大批贫苦儿童处于教育缺失状态,他们几乎没有学校的概念,他们只知道工厂和家,他们普遍没有识字能力,文化程度极低。主日学校的最基本教育,唤起了人们对知识的渴求,越来越多的工人意识到了教育的重要性,他们不仅在社会上大声疾呼以期待引起社会关注,同时也在寻找适当的教育方式。主日学校教的那点知识已经不能满足他们的要求。许多主日学校学生都在自学的阶梯上奋力攀登,工人出身的领袖基本上都有过这样的自学经历。

工人阶级政治力量的壮大,使资产阶级统治者日益认识到初等教育普及的必要性。整个 19 世纪,英国工人阶级争取经济、政治权利的斗争风起云涌。1832 年英国进行了第一次议会改革,接着就发生了世界工人运动史上著名的以要求实现普选权为中心内容的宪章运动(The Chartist Movement)。尽管议会改革的方案是保守的,改革所涉及的工人阶级的政治权利变化是有限的,但是必须承认,工人运动是资产阶级政治改革的原动力,工人阶级的力量在政治斗争中不断壮大。面对这样的现实,资产阶级统治者逐步把初等教育看成维护资产阶级统治、保持资本主义国家机器运转的润滑剂。正如议员 T.埃利斯(T. Ellis)所说:"相对于他们的收入,工人阶级对帝国的财政收入贡献比其他阶级更大,只有适当的教育才有可能使他们从帝国财政中获得一定的资助,父母也可以卸掉一个沉重的负担。"①

教育的现状令工人阶级强烈不满,他们开始为自身的教育权利而斗争。1851 年 3 月 31 日,在伦敦召开的宪章派代表大会上通过的《宪章派鼓动纲领》(The Chartist Advocacy Programme)就教育问题发表了见解。《宪章派鼓动纲领》指出,"因为每个人有权拥有物质生活的手段,所以也同样有权拥有精神生活的手段。扣压智力需要的精神食粮,如同不发给身体所需

---

① Bernard Harris, *The Origins of the British Welfare State: Society, State and Social Welfare in England and Wales*, 1800 - 1945, p.147.

的食品一样,都是不合理的。所以,教育必须是国有的、普及的、免费的,以及在某种程度上是强迫的"。宪章派还详尽地提出了他们的具体要求:"第一,凡受国家资助的学校、学院和大学,必须向全体公民免费开放,并且强迫父母使孩子接受普通教育。第二,在高等学校受教育是免费的,但是按自愿原则。第三,开办工业学校培训青年掌握各种行业的技术,以便逐渐取代学徒制度。"①

19世纪80年代的议会改革使英国成年男子获得了选举权,工人阶级对开始对教育改革施加自己的影响。19世纪80年代,英国马克思主义的政党社会民主联盟(Social Democratic Federation)就强调工人阶级教育的重要性。1893年,英国独立工党就宣称其对大众教育的关注。1900年以后的工党委员会也不断对教育改革施加影响。

免费义务教育使工人阶级的子女可以得到相应的教育,但是,由于贫困问题的普遍存在,入学儿童还面临着营养不良的问题。自19世纪90年代开始,布拉福德独立工会(The Bradford Independent Labour Union)一直在强调提高工人阶级子女生活质量问题,尤其是关注儿童学校午餐问题,他们认为,"饿着肚子的教育就是浪费钱"②。1904—1907年,对学校伙食问题的关注成了布拉福德独立工会的政策特征。1904—1906年,他们推动地方当局引入了一项学校伙食计划,对确有需要的儿童实行免费政策。而学校免费食物的供应,使那些贫困家庭的儿童可以更好地接受教育。这样,到19世纪末20世纪初,经过工人阶级不懈斗争,免费义务教育和免费午餐问题终于解决,这大大减轻了工人阶级的负担。

总之,19世纪大部分时间,政府在教育问题上的自由放任政策使英国工人阶级子女的教育长期处于宗教和慈善机构的控制之下。19世纪英国教育经历了从私人到公共、从地方化到中央干预的发展过程,在这个进程

---

① 转引自李冈原:《近代英国教育特征初探》,《杭州师范学院学报》,1997年第1期,第19页。
② Keith Laybourn, *Evolution of British Social Policy and Welfare State, 1800－1993*, p.119.

中充满了政府、宗教与慈善机构的博弈。随着工业革命的发展与完成,英国在工人阶级教育问题上的缺陷越来越明显,教育的混乱导致英国发展速度放缓,迫使英国政府正式承担起在教育问题上的职责。免费义务教育的推行,受惠的绝大多数是工人阶级子女,而工人阶级随着阶级力量的壮大、政治权利的获得,也为争取改善自身教育状况进行了不懈的斗争,取得了一定成效,其结果是民众整体文化素质提高了,两性间的文化差距缩小。1851年英国男性文盲率是51%,女性是81%。到1871年,根据统计局的记录,有80%的男性和73%女性能读写,到1897年英国文盲率下降到3%。[1] 英国大众教育终于确立下来,教育的发展为英国现代化奠定了基础。

---

[1] Francois Bedarida, *A Social History of England*, 1851 – 1990, New York: Methuen, 1979, p.157.

四、19世纪英国住房政策的变革与工人阶级住房的改善

工业化、城市化的急速发展,使英国城市住房问题日益严峻。工人住房紧张,贫民窟面积不断扩大。贫民窟内人口拥挤,环境肮脏,污水横流,疾病频发,成了英国社会代化转型过程中的一颗毒瘤。面对日益严峻的住房问题,19世纪中期开始,英国政府也逐渐放弃了自由放任政策,在工人阶级住房问题上采取了一系列措施,如进行公共卫生改革,清理贫民窟,兴建工人住房等。这些措施在一定程度上缓解了工人阶级的住房问题,在缩小贫富差距上,做出了重要贡献。

1. 从自由放任到政府干预

随着工业革命的迅猛发展,大量人口涌入城市,英国城市人口急剧增加,而"劳动人口快速增加,没有任何相应的住房提供给他们"[①]。外来人口大量涌入,造成英国城市工人阶级住房严重短缺。但是当1830—1840年英国出现住房短缺和过于拥挤的局面时,许多英国人认为这只是一个暂时的情况。但是,随着贫民窟出现在英国大大小小的城市之中,并且面积

---

① Edwin Chadwick, *Report on the Sanitary Condition of the Labouring Population of Great Britain*, p.5.

不断扩大，人们才意识到贫民窟就是一颗颗城市毒瘤，是疾病的摇篮。而且，住房是居民日常饮食起居场所，其状况好坏直接关系到整个社会的面貌。对维多利亚的卫生改革家和统治阶级来说，过于拥挤的住房还成为许多不可容忍的罪恶的根源，它造成许多失业或流浪人口露宿街头，无处容身，增加了社会不稳定的因素，治安状况恶化。清理贫民窟、改善居民住房条件是预防疾病、减少社会问题的重要一环。

而这一时期在住房问题上，英国的贫富差距过大现象更加明显。贵族居住在乡间城堡，资本家居住"别墅小屋"，穷人住房拥挤不堪，许多人甚至租不起住房。而在住房问题上，19世纪70年代以前，像对待许多社会问题一样，英国政府奉行的是自由放任政策，认为提供住房以及改善住房环境并不是他们的责任，而是和市场以及个人因素息息相关的。政府甚至把住房问题归于经济问题，政府认为经济的问题应由市场来解决。内政大臣乔治·格雷（George Grey）认为："贫民住房的改善不应该归政府所管，而是依靠个人和社会团体的努力，他们应该在广大的人民群众当中寻求最大的改进。"

英国政府长期以来没有对城市住房的规划、建设以及资金来源等进行干预，它所通过的住房立法大多是规劝性的、建议性的，而不是强制性的，也没有采取措施直接去建造工人阶级住房而干预住房的供应状况，工人阶级的住房主要靠市场和慈善团体去自发地解决。自由主义者对国家干预公共社会事务持反对态度，他们认为政府应立足于消除对现有经济和政治活动的限制，而不是通过干预解决社会生活中的不合理现象以及社会问题，如住房问题、公共卫生问题、教育问题以及贫困失业问题，等等。自由放任的鼓吹者认为，经济活动中的自由竞争能解决所有问题，物价会下跌，工人将由此改善生活条件，包括住房条件。

从19世纪40年代到19世纪末期，在工人阶级住房问题上，英国的慈善组织和个人慈善家发挥了巨大作用，他们试图通过修建慈善住房缓解工人阶级住房紧张的局面，并且在这方面做了许多工作。较为著名的民间住房组织为模范住房(Model Dwelling Association)与希尔制度(Octavia Hill System)，这些慈善组织成为当时除私人建筑商力量之外的解决城市住房问题的主角，而政府则采取了支持和鼓励慈善住房发展的政策，给予其划拨土地、贷款等方面的方便。

模范住房也可以被称为"百分之五慈善"(Five Percent Philanthropy)，是19世纪民间住房组织的一种，其狭义上指追求5%利润为的目的模范住房。需要指出的是，模范住房应该算作一种"半慈善性质"的住房，夹杂着慈善信念，他们乐观地认为通过建造适合工人阶级居住的模范住房是可以获得可观的租金收入的；并且试图使社会和政府认识到，如果私人建筑商能够很好地经营和受到指导，那么，住房拥挤和不卫生等问题是可以得到很好解决的。第一个慈善住房组织是1841年在伦敦成立的"大都市改进产业阶级住房协会"(The Metropolitan Association for Improving the Dwellings of the Industrious Classes)，其宗旨是"为工人阶层尽可能地提供舒适和便捷的生活条件，同时尽可能地对投资者做出补偿"。另一个是1844年建立的"改善劳动阶级状况协会"(The Society for Improving the Condition of the Labouring Classes)。该协会成立之初有自己明确的奋斗目标，那就是希望通过一系列的尝试，为各种有不同住房需求的人提供不同类型的模范住房。① 这两个慈善住房组织在伦敦和地方上都建造了模范住房。英国政府、议会和社会公众对它们的出现表示欢迎，并且在其后的40年都乐观地认为它们能够很好地解决住房问题。改善工人住房协会工作重点在伦敦，其第一个模范住房项目是位于伦敦市中心的贝格尼基韦尔斯(Bagnigge Wells)。1862年，他们在伦敦修建了127幢房屋和公寓。

---

① David Owen, *English Philanthropy*, 1660 – 1960, London: Oxford University Press, 1965, p.375.

"首都改进产业阶级住房协会"最后修建了1 200套房屋。① 由于房屋利润有限,只能拿出少量利润回报给投资人,房屋投资建设的速度在19世纪70年代后迅速降低。19世纪后期,伦敦大约有30家模范住房公司。模范住房运动对于缓解城市住房紧张局面,发挥了重要作用。1885年,根据英国皇家委员会的统计数据,模范住房运动在伦敦大约投资65万英镑来修建贫民住房,而且有29 700个家庭,大约147 000人居住在遍及伦敦的254处模范住房中。②

在伦敦这些市中心区域,模范住房运动缓解了贫民住房危机,通过清拆贫民窟,以及整修贫民住房来改善贫民的住房环境,甚至在模范住房中配有完善的生活设施。对租房的穷人而言,这些住房的条件还算不错,每幢房子都有独立的卫生间和厨房,当然房屋的租金对于穷人来说太贵了。许多贫民住房仍然很困难。

还有一种慈善住房是专门针对贫民的。1884年成立的"伦敦东区住宅公司"(East End Dwellings Company)为最穷的非熟练工人和季节工提供最低标准的住宅,其第一个工程是斯特普尼的凯瑟琳住宅(Katharine Buildings),提供了281个单人房间、公用盥洗间和厕所。③ 女慈善家和社会活动家奥克塔维亚·希尔(Octavia Hill)通过改造旧住宅为工人提供廉价住所。她所创建的住房管理制度在1881年被"慈善组织协会"(Charity Organisation Society)住房委员会誉为"奥克塔维亚·希尔制度"。希尔的贫民住房改造工作开始于1864年,希尔在约翰·罗斯金(John Ruskin)的资助下,在伦敦一个地区买下三所房子,开始了她的住房改革实践。"到19世纪80年代,她已经为个378个家庭约2 000人建造了价格低廉的住

---

① Peter Malpass, *Housing Association and Housing Policy: A Historical Perspective*, Basingstoke: Macmillan, 2000, pp.34-35.
② David Owen, *English Philanthropy, 1660-1960*, p.178.
③ John Burnett, *A Social History of Housing, 1815-1985*, p.178.

房,另外她还管理另外她管理了大约价值 70 000 英镑的房地产,在她的事业结束时,她所建的住房最多能容纳 3 000—4 000 人。"①需要强调的是,希尔没有解决不定期雇佣的劳工阶层的住房,尽管她提供的两人居(每周大约 4 先令)的租金低于临近住房的单居的租金,但是对于每周的常规收入低于 16—18 先令的人来说,仍旧负担不起,因而她所解决的仍然不是最穷的工人的住房问题。但总的来说,这一时期的模范住房和希尔制度体现了社会对贫民住房问题普遍而全面的关注,慈善住房提供的住房总量比政府兴建的廉价住房要多许多,在 19 世纪末、20 世纪初解决贫民住房问题上发挥了不可替代的作用。

但是,随着工业革命的完成,城市化的发展,自由放任政策产生了十分严重的后果,造成许多社会问题。工人阶级住房困难的问题成了困扰英国社会发展的一个难题,贫民窟的蔓延导致城市公共卫生状况恶化、城市污水横流、瘟疫频繁爆发,严重影响了人民的身体健康。这时个人和慈善团体的局限性也逐渐显露出来,仅仅依靠模范公司和个人来解决住房问题能力有限,并不能有效地解决住房问题,需要国家的立法和行政干预。到 19 世纪中后期,随着维多利亚时代中期开始的经济大繁荣结束,英国经济进入萧条时期,工人阶级的就业状况恶化,社会矛盾激化,社会动荡。为应对这种局面,政府开始积极地管理城市社会事务、进行社会立法和改革以改善工人的生存状况。如何解决城市居民尤其是城市中工人的住房问题,成为摆在政府面前重要且紧迫的问题。

随着新自由主义、新保守主义的发展,人们对于国家干预社会经济生活的看法发生了变化,除了在救济穷人方面认为政府应当承担起责任外,在社会生活领域,如教育、公共卫生、医疗、城市规划、工人阶级住房等方面,主张政府都应当进行干预。

---

① Athony S. Wohl, *The Eternal Slum: Housing and Social Policy in Victorian London*, London: Edward Arnold, 1977. p.180.

"新自由主义"在19世纪后期政府承担社会责任方面起了重要作用，这部分内容在其他章节已经有所论述，这里就不再重复。1873—1876年，张伯伦担任伯明翰市市长，他在一次演讲中说："我是个激进改革者，因为我要求改革从根本上清除贫穷、酗酒和犯罪。这一切恶习产生的原因何在？我要说，这些原因中最重要的是民众的极度无知，其次是许多穷人不得不住那种糟糕不像样的房屋。"张伯伦在任市长期间，大张旗鼓地进行市政改革，背离了旧的自由放任的社会传统，还组织清理贫民窟，重建住房，使城市面貌大为改观。这一时期不少资产阶级政治家都意识到国家干预的重要性。

19世纪中后期，随着保守党的嬗变，"新保守主义"出现。"新保守主义"的一个重要内容是本着集体主义精神关注民众利益。富有政治智慧的迪斯累利认为，采用集体主义的口号，主张政府敢于解决社会问题，有助于改变保守党在公众中的傲慢与冷漠形象。1872年，他提出，托利党的一个伟大目标就是改善人民的生活条件，理由在于"对于政治家来说，人民的健康是最重要的问题……这是一个巨大的课题，它涉及许多方面。它包括人民的居住条件，和很少被我们考虑的道德与身体状况；它包括人们要享有的、那些构成自然的主要因素——空气、阳光和水。"[①] 当时，迪斯累利的"公众关怀"还不同于以后自由党的新自由主义和费边社的社会主义，它依旧承认传统和现实的私有财产的神圣性，缺少全面的社会改造计划，但是这种"保守集体主义"却通过保守党的施政纲领昭示公众社会，因而更具有实践性和时效性。

在推动改革解决社会问题的各种力量中，工人是一股重要的力量。工业革命以来，工人阶级就一直为改善自己的状况而斗争。他们团结起来，进行斗争，争取自己的政治权利。维多利亚时代中期，尤其在1867年议会

---

① Frank O'Gorman, *British Conservatism: Conservative Thought From Burke to Thatcher*, London: Longman, 1986, pp.150-151.

改革法案给予部分工人选举权后，城市的工人阶级发挥了比以前任何时候都大的作用。他们开始从政治斗争转向了经济斗争，以期改善自身的生存环境。工人阶级的选票力量，也迫使资产阶级必须开始考虑改善工人阶级的居住状况。迪斯累利就是为了赢得工人的选票，在 19 世纪 70 年代后期他担任首相期间大力提高工会地位，并改善与工人生活息息相关的公共卫生和住房状况。

维多利亚时代后期的经济衰退，使上层资产阶级和下层工人阶级从不同角度重新看待国家的经济和社会政策，形成一股不自觉的合力，共同促使国家积极干预社会事务。在这个过程中，变革也为社会各方面所普遍认可，自觉地进行变革逐渐成为社会的一种风气和潮流。住房改革也是这些变革中的一个，19 世纪中后期，英国政府开始对工人阶级住房问题进行干预。

2. 19 世纪英国政府住房政策改革

要根本改善工人阶级住房问题，必须依赖于政府的立法。19 世纪英国的住房改革，经历了一条从治理城市公共卫生，规范住房建筑标准，到修建公共住房（Council house）的一条道路。

工业化早期，许多工业城市还没有取得自治权，没有治理城市的权威机构，教区委员会和治安法官既没有足够的权力，也没有充足的资金来解决城市面临的问题。1835 年，英国颁布《市政机关法》（*The Municipal Corporations Act of 1835*），授权新兴工业城市通过广泛选举成立市议会，成立市自治政府。市议会有权征收地方税和采取改进城市环境的措施，这是加强城市管理的第一步，它为 19 世纪 40 年代颁布的《地方改善法》（*Local Improvement Act*）铺平了道路。[①]

---

① Bernard Harris, *The Origins of the British Welfare State: Society, State and Social Welfare in England and Wales*, 1800 – 1945, p.130.

英国英国政府的住房政策改革起始于19世纪40年代的公共卫生改革。19世纪40年代起,英国全国上下掀起了一股公共卫生改革浪潮。埃德温·查德威克在公共卫生改革方面做出了巨大贡献。1848年,在查德威克报告的基础上,英国颁布了《公共卫生法》(The Public Health Act of 1848),其内容有建立卫生总局(General Board of Health),负责全国卫生管理工作,地方政府及以下情况也必须建立卫生委员会,包括:请愿要求建立卫生委员会的人数超过地方税收人数的1/10,或7年中当地死亡率超过23‰;各地卫生部门负责当地的供水、清洁、墓地、屠宰场、住房排污等涉及卫生的管理工作。① 《公共卫生法》有助于地方当局通过制定临时条款来检查和管理不卫生的住所,根据这些条款能够快速和花费较少地采取行动。②

但是,公共卫生改革家们这时的兴趣和注意力主要放在"少之又少的卫生设施,低效的排水系统,不充足的饮用水供应,住房过于拥挤,疾病流行、高死亡率和预期寿命低"等公共卫生问题方面;此时的住房问题被看作公共卫生运动的附属物,而不是其中最重要的部分,并且也不是作为一个独立的社会问题来为人们所看待和处理的。③ 其实,"19世纪早期的公共卫生,在很大程度上是工人阶级住房的卫生问题"④。工人阶级的居住环境"并不适合居住"。1840年城镇卫生协会发现,"没有建筑法规规定工人的住所应该如何建造,没有下水道法规规定如何正确地排水,更缺乏总体的或地方的法规强制执行清洁和舒适的最普通条款"⑤。1850年威斯敏斯特大主教(Archbishop of Westminster)公开指责教堂附近的贫民窟是"无知、邪恶、败坏、犯罪以及肮脏、不幸和疾病的温床"⑥。于是,在这种公共

---

① M. W. Flinn, *Public Health Reform in Britain*, London: Macmillan, 1968, pp.30 – 33.
② Anthony S. Wohl, *Endangered Lives: Public Health in Victorian Britain*, p.308.
③ John Burnett, *A Social History of Housing*, 1815 – 1985, pp.92 – 93.
④ John Burnett, *A Social History of Housing*, 1815 – 1985, "Introduction", p.1.
⑤ Anthony S. Wohl, *Endangered Lives: Public Health in Victorian Britain*, p.307.
⑥ Wilfrid Ward, *The Life and Times of Cardinal Wiseman*, Vol.1, London: Longmans, 1912, p.568.

卫生改革的潮流之下,住房卫生与贫民窟清理的问题被提上了日程。直到19世纪70年代,英国议会通过的一系列住房法在很大程度上都是作为改善城市的公共卫生状况和保护人们的身体健康而颁布和实施的,它们的主要目的是改善城市居民生活区的卫生环境以及住房卫生条件,而不是解决城市中的住房不足问题。

公共卫生改革运动期间,查德威克把住房改革作为其政治竞技场的中心,在他的推动下,议会立法主要从改造旧房屋、规范住房标准、提高住房舒适度和户外活动场所等方面入手。从19世纪40年代开始,许多城市纷纷制定地方法规,规范住房标准和卫生状况。利物浦市政会于1840年颁布《关于调整利物浦房屋建筑的条例》,1842年颁布《利物浦建筑法》。市议会通过法令,成立城市卫生委员会,规定新建院落最低宽度不得少于15英尺,街面宽度不得少于24英尺。并要求修建厕所,挖排水沟和铺设路面。[1] 伦敦在1844年、曼彻斯特在1844年和1855年、诺丁汉在1845年、纽卡斯尔等在1846年也先后颁布了相应的法规。1844年,曼彻斯特的地方法规规定每个房子的后面都必须有一个厕所和垃圾堆,这在实际上就禁止了在该城再建造"背靠背"式住房。[2] 1844年的《大都市住房法》(Metropolitan Lodging Act)则对房屋的面积、墙壁厚度、街道宽度等基础标准做了规定(比如地下室必须安装窗户、壁炉,新建住所必须修有厕所),将房屋的内部设施和建筑的外部格局纳入统一的规划,使新建房屋居住更加舒适,城市布局更加合理。1847年《城镇改善条例》(The Town Improvement Clause Act of 1847)则授权当局铲除危及邻居安全的住所。[3] 而有些城镇则通过地方法规和议事程序来规范住房。这些法规主要是为了改造旧城区的住房,重新发展城市中心,其中地下室改革是重中之重。

---

[1] Stanley D. Chapman, *The History of Working-Class Housing: A Symposium*, p.188.
[2] John Burnett, *A Social History of Housing*, 1815-1985, p.93.
[3] Anthony S. Wohl, *Endangered Lives: Public Health in Victorian Britain*, 1984, p.309.

但是，地方性法规并不能彻底解决问题，必须要有中央政府的立法干预。在社会舆论和人们对公共卫生问题的不断关注之下，第一部专门处理工人阶级住房问题的住房法也随之产生。1851年，由沙夫茨伯里伯爵（Lord Shaftsbury）创议，并由议会上下两院通过的住房立法是一项具有特殊意义的立法，即《沙夫茨伯里法》。方案包括《公共住房法》(Common Lodging Houses Act)和《劳动阶级住房法》(Labouring Classes' Lodging Houses Act)两个法律。

1851年《公共住房法》只是对公共寄宿住房进行了管理，法案指示地方当局有权要求寄宿房间进行登记注册，并授权地方当局对公共寄宿房间卫生进行监管，这里的监管不单是对卫生条件差的房间，条件好的房间也要进行性别隔离。[①] 法案的目的是防止这些房间中居住人数过多而造成传染病流行以及其他公共卫生问题。[②] 该法规定：公共寄宿住房中的每个房间每晚不能由一个以上的家庭同时寄宿居住，为此需强制进行住户登记和由警察进行检查，使之不至于成为罪犯和无业游民的聚集地。后来，该法被证明是极其有效的，公共寄宿住房中的犯罪和无业游民减少了许多。[③] 该法于1853年通过修正案，它的主要目的是对私人开设的公共寄宿住房进行监督和管理，但是监督、管理和检查公共寄宿住房的权力由警察实施。它主要被用来促进公共寄宿住房房东遵纪守法不收留过多的客人，而不是为了更好地为人们建造公共寄宿住房。因为一旦公共寄宿住房中寄宿的人数超过了寄宿床位所允许的人数就可能造成拥挤，并容易引发恶劣的公共卫生问题。[④] 法案还授权地方当局购买土地，或者使用教区拥有

[①] Bernard Harris, *The Origins of the British Welfare State: Society, State and Social Welfare in England and Wales, 1800 – 1945*, p.130.
[②] Enid Gauldie, *Cruel Habitations: A History of Working-Class Housing, 1780 – 1918*, London: George Allen and Unwin Ltd., 1974. p.239.
[③] Athony S. Wohl, *The Eternal Slum: Housing and Social Policy in Victorian London*, p.75.
[④] Peter Malpass and Alan Murie, *Housing Policy and Practice*. p.35.

的土地为工人们建造寄宿住房,地方教区可以为此担保获得贷款。有人认为:"如果该法能够很好地得到实施的话,19 世纪英国持续增长的拥挤(overcrowding)状况将不会发生。"① 但实际上这一点却鲜有地方执行。《沙夫茨伯里法》尽管没有实质意义,但是《泰晤士报》认为,该法案说明劳工阶级的住房和市政工程诸如改善街道、修建供水设施等一样,都是政府分内的事情。② 这就奠定了国家干预住房问题的基础,为日后更完善的立法出台和实施起了过渡性的桥梁作用。议会通过这两项法案,治理工人住宅区的拥挤和肮脏,开始清理贫民窟,整顿不合格的房屋。

1853—1854 年英国霍乱之后,议会于 1855 年通过《垃圾清理和疾病预防法》(Nuisances Removal and Disease Prevention Act)。这项法案体现出通过改善住房条件来减少疾病的目的。法案授权济贫监督官一项权力:它规定,只要他们怀疑哪里有传染病,他们就可以过问哪里的私人住所状况。法案还规定:"当一名医疗官或两名医生确认一间房间过于拥挤,危及居民健康,并且居民由一个以上家庭构成时",地方当局应"向法官提起诉讼来缓和过于拥挤的情况,并向允许这种情况存在的人罚款"。③ 该法首次提出了一个新的短语——"不利于人类居住的住房"(unfit for human habitation),这个定义在后来的贫民窟清理立法中处于核心地位。④ 它规定任何对人类健康有害的事物,比如说粪池、污水坑、排水沟、垃圾堆或者是缺乏完善卫生设施的对健康不利的不卫生住房,都应该包括在公害清除和治理的范围内。需要注意的是,这里对不卫生的住房的治理措施不是清理掉,而是要求将其关闭并改善卫生状况。它是一个适用于全国的法律,但它的主要适用对象是城市。1855 年,《大都市地方管理法》(Metropolitan

---

① Enid Gauldie, *Cruel Habitations: A History of Working-Class Housing, 1780–1918*, p.243.
② Anthony S. Wohl, *Endangered Lives: Public Health in Victorian Britain*, 1984, p.310.
③ Anthony S. Wohl, *Endangered Lives: Public Health in Victorian Britain*, 1984, p.310.
④ Enid Gauldie, *Cruel Habitations: A History of Working-Class Housing, 1780–1918*, p.253.

Local Management Act）授权地方强制任命医疗官，由地方监督家庭住所，扩大地方管理权限。①

1868 年，英国政府出台了英国住房史上一部具有里程碑意义的住房法——《托伦斯法》（Torrens Act），或名《1868 年工匠和劳动阶级住房法》（Artisans' and Labourers' Dwellings Act of 1868）。该法规定地方政府可以强制拆除不卫生或不适合居住的单个住房（individual unfit houses），同时规定地方政府无须给予住房遭到拆除的房东任何赔偿，也不允许地方政府在拆除之后的原地进行相应的住房重建。② 从住房立法的首创性来看，《托伦斯法》标志着国家将清理不卫生的住房提上了议事日程，这是国家在改善工人阶级住房方面迈出的重要一步。1875 年，英国又出台了一部在英国住房史上非常重要的住房法——《工匠和劳动阶级住房改进法》（Artisans' and Labourers' Dwellings Improvement Act），该法由当时的内务大臣理查德·克罗斯（Richard Cross）提出，所以该法又称为《克罗斯法》（Cross Act）。该法允许地方政府购买、清理和拆除对健康不利的成片住房（这些住房可以不是单个的住房），清理后的原址必须用于民用住房建设并由社会力量进行住房重建。另外，该法规定如果贫民窟清理后的土地一直没有被人买走用于建房，地方政府则必须在清理之后的地址上建立新的住房，所建新房能够居住的人数最少要与从贫民窟中搬出的人数相等；但是，新建的住房必须在十年之内卖掉。③ 迪斯累利称该法是政府解决住房问题的"一个主要措施"④。1879 年，又授权地方当局拆除贫民窟的权力。但是这些法律都没有强制性要求，并未被广泛执行，87 个城市中，只有 10 个城市在最小限度内做了一些住房方面的改进。⑤

---

① Anthony S. Wohl, *Endangered Lives: Public Health in Victorian Britain*, 1984, p.310.
② Peter Malpass and Alan Murie, *Housing Policy and Practice*, p.35.
③ Peter Malpass and Alan Murie, *Housing Policy and Practice*, p.34.
④ Enid Gauldie, *Cruel Habitations: A History of Working-Class Housing*, 1780－1918, p.274.
⑤ ［美］克莱顿·罗伯茨、戴维·罗伯茨，道格拉斯·R. 比松：《英国史》（下册），第 261 页。

维多利亚时代中前期,英国政府针对住房问题采用的政策主要是改善住房卫生与开展贫民窟清理工作。这时,解决住房问题的种种努力都是服务于公共卫生的,是解决公共卫生问题的一部分。事实上,这些措施都只是事后的补救措施。这种思路虽然是好的,但对问题的诊断却并不准确,对拆除之后如何为工人阶级建房有所关注的人很少,各个城市为工人建造的公有住房也很少。

19世纪80年代之后,市郡住房在英国真正开始获得发展。这时的市郡住房指的是公有的寄宿住房。80年代,一些政治人物纷纷发表文章,表达自己对于工人阶级住房看法,这也促使民众更加关心住房问题及其改革。在朝野上下的努力下,1884年,英国议会任命了"皇家工人阶级住房委员会"(Royal Commission on the Housing of the Working Classes),以期调查怎样解决工人阶级的住房问题。皇家工人阶级住房委员会收集到的大量证据表明:"地方政府为了保护自己的财政利益不受损害,并且为了能够继续保持土地所有者对穷苦大众的剥削,才使得英国的劳苦大众阶层变成一个住在非常糟糕的住房中的赤贫阶层。"[1]

1885年,英国根据1884—1885年皇家工人阶级住房委员会的调查报告,对在此之前通过的各种住房立法进行整合,通过了《工人阶级住房法》(Housing of the Working Classes Act)。该法给寄宿住房下了一个清晰的定义,使之涵盖了单独的经济公寓(tenements)住房和村舍(cottages),不管它包含了一个或者是多个租户;降低了地方政府住房改造项目所需贷款的利息,并延长还款期限到60年;再次强调每个地方政府都应认真执行议会所赋予的权力,都有采取措施改善工人阶级住房的责任;严格限制清理赔偿费用,并剥夺房东为获得较高赔偿而阻止已经规划好的各种清理和改造实施措施的权利。[2] 此法还规定把出租公寓的范围扩大到贫民区中的工人

---

[1] Enid Gauldie, *Cruel Habitations: A History of Working-Class Housing*, 1780–1918, p.289.
[2] Enid Gauldie, *Cruel Habitations: A History of Working-Class Housing*, 1780–1918, p.290.

阶级租住的廉价公寓,伦敦住房委员会有权购买伦敦的彭顿韦林等几所监狱来建造工人阶级住房。从此以后,政府对于住房问题的关注从单纯的公共卫生角度转变到解决贫困问题角度。

1888年地方政府法案出台,伦敦成立了伦敦郡议会(London County Council),代替了首都工作委员会。1890年,议会通过新的《工人阶级住房法》,法案进一步扩大了地方政府在城市建设中的权力,地方政府不仅可以清理贫民窟,还可以征购土地、建设廉租公寓,以缓和住房危机。而在此之前,政府只负责清理贫民窟,住房建设主要由慈善组织和住房公司来完成。这项法案是第一次世界大战之前英国住房立法的集大成者。该法把在此之前的住房法整合并修订成新的住房法,目的就是促使地方政府更好地建造市郡住房和解决住房问题,这就为后来大力修建公有住房铺平了道路。[1] 这一法案标志着英国政府开始直接干预工人阶级住房问题,标志着地方政府为工人阶级提供大范围廉价租赁住房的开始,政府成为房东,营建"公共住房"(Council house)。这项法案也直接导致了第一次在首都大规模建设公众住房的计划。[2] 1894年伦敦建筑法案以立法的形式,确立了伦敦郡议会在住房管理上的领导地位,该郡议会也明确将自身定位为改善工人住房的组织。

19世纪末政府对伦敦住房管理的具体政策,主要体现在伦敦郡议会的一系列措施中,即继续清除贫民窟,在清除区域兴建公共住宅,购买其他闲置土地为工人提供更多住房,以及进入20世纪后伦敦郡议会在伦敦郊区建造住宅等。1900年,保守党政府通过新的《工人阶级住房法》,该法修订了1890年《工人阶级住房法》的第三部分内容,允许伦敦郡议会之外的

---

[1] Bernard Harris, *The Origins of the British Welfare State: Society, State and Social Welfare in England and Wales, 1800－1945*, p.132.
[2] Roy Porter, *London: A Social History*, p.264.

地方政府也可以购买非自己管辖范围内的土地用于建造工人阶级寄宿住房。① 相对于"重建",1900年《工人阶级住房法》是对1890年住房法的发展和完善,它最终确立了授权地方政府为工人们"建房"的权利和责任。1890和1900年《工人阶级住房法》的规定对英国20世纪的住房法的发展意义重大。②

1909年英国议会通过了《住房与城镇规划法》(Housing and Town Planning Act),此法首次准许地方政府可以保留自己建造的房屋,不需要着急出售。③ 这个住房法还要求地方政府在城镇加强规划,改善城市的住房等状况;还授权、督促地方政府采取措施改善住房状况。后来采取行动的地方政府逐渐增多。

伦敦郡议会在19世纪末陆续承接建造了更多的工人住房,其中最大的贫民窟改造工程是1895年开工的伯德瑞大街和贝斯纳尔绿地贫民窟改造工程。该工程占地15英亩,由于区域较大,所以依次分为5个区域开发。到1900年,该改造工程共建造了1 044套住宅。第一次世界大战前夕,伦敦郡议会修建了9 272套住宅,在公寓住房中增加了1 856张床。1914年,伦敦市政当局又增加了3 300张床。④ 地方政府在住房问题上做了大量工作,也取得了巨大成绩。在1890—1914年间,伦敦郡议会翻新了2.2万套住宅,新建2.5万套住宅。地方当局中最活跃的是利物浦,它在该法案框架下修建了2 895套住所(全部是公寓),占居民住房的1.3%。⑤ 但模范住房公司和其他住房公司到1918年建立了超过10万间的住房,相比之下,伦敦郡议会取得的成就就不那么显著了。

总的来说,19世纪中后期,英国政府在住房政策上也开始由自由放任

---

① John Burnett, *A Social History of Housing*, 1815-1985, p.184.
② Peter Malpass and Alan Murie, *Housing Policy and Practice*, p.42.
③ Enid Gauldie, *Cruel Habitations: A History of Working-Class Housing*, 1780-1918, p.305.
④ Peter Malpass, *Housing Association and Housing Policy*, *A Historical Perspective*, p.51.
⑤ Edward Royle, *Modern Britain: A Social History*, 1750-1985, p.31.

转为国家干预。政府相继颁布一系列法令,进行公共卫生改革和贫民窟的清理,并取得了较大的成就,客观上起到了缓解社会矛盾、改善工人阶级生活条件的作用。英国政府进行住房问题改革最初的目的是解决城市公共卫生问题。但后来,英国政府逐步承担起为工人阶级建造公共住房的责任,针对住房不足建造了相当数量的市政公共住房。当时虽然还不能完全解决当时存在的工人阶级住房不足的状况,但毕竟在一定程度上缓解了当时城市住房紧张的局面。当然慈善住房和政府的廉租房仍要缴纳租金,但毕竟比市场价要低许多,有利于减轻工人经济负担,对缩小贫富差距也有积极贡献。

当然,在住房问题上,政府从自由放任到国家干预是一个逐渐的、由浅入深的发展过程。政府在加大对住房问题干预的同时,仍积极鼓励和支持民间慈善公司的模范住房运动,民间慈善住房在19世纪英国工人阶级住房问题上发挥了巨大作用。19世纪末20世纪初,政府修建的市政住房在当时英国全部住房中只占了较少的一部分,但意义重大。这种观念上的转变,对20世纪以后英国政府干预住房市场,对租房居民提供资助、对贫困家庭提供补贴、对自有居民提供政策支持,从而完善20世纪大量兴建公共住宅等住房福利制度等都产生了深远的影响,标志着一个新时代的到来。

第五章
19 世纪英国民间慈善、自助与互助活动

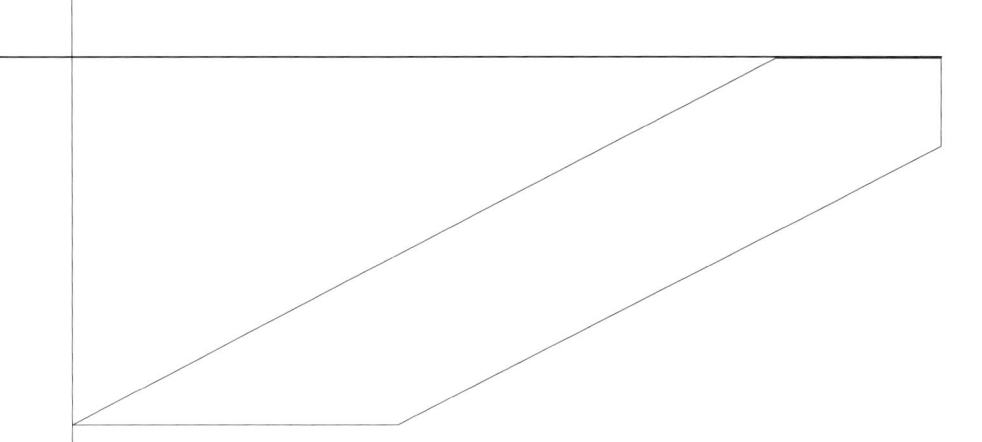

虽然说 19 世纪英国贫困与贫富差距问题不断加剧，政府很长一段时间没有采取有力的措施来解决这个问题，但是，工业革命中日益壮大的中产阶级和工人阶级一直在通过自身的努力，来缓解贫富差距带来的影响。19 世纪是英国民间慈善飞速发展的时期，中产阶级是慈善活动的主力，慈善组织兴办医院、学校，救济贫民，工人阶级则通过友谊会、工会、消费合作社等互助机构进行自救，这些来自民间的慈善和互助活动在一定程度上弥补了政府在贫困问题上的缺位而带来的影响。

一、19 世纪英国民间慈善救济活动

19 世纪,随着工业革命的发展,英国完成了从农业社会向工业社会的转变。但是由于政府调控不力,英国贫困与贫富差距现象日益加剧。与此同时,英国民间慈善事业得到飞速发展而且渗透在社会生活的各个方面,弥补政府和企业的不足,在英国逐渐形成了以私人慈善、自助互助和政府救济为主要形式的多元救助体系。

1. 19 世纪英国民间慈善活动的范围、规模

"慈善"(Charity)一词在现在的辞书中都释为"仁爱""基督之爱""为上帝而普爱众生"等,带有浓厚的宗教(基督教)色彩。英国的慈善事业兴起于中世纪,当时的教会、地方贵族乡绅和一些富人出于基督教"善功得救"的理念,对无力劳动或遭受疾病、灾害等各种原因而陷入贫困的穷人进行施舍资助。慈善不仅是每个基督徒的责任和义务,而且教会"成为人们'荣耀上帝'的地方"。人们通常将财物捐给教会,由教会来组织慈善救济活动,慈善遂成为英国社会各阶层的一项重要活动。

16 世纪末 17 世纪初,英国政府制定《济贫法》,旨在把救助老弱病残的事务制度化,这也是国家干预社会慈善救济的开始。后来在政府的倡导和支持下,形形色色的民间慈善组织便逐渐发展壮大起来。

工业革命的迅猛发展,使英国社会生产力得到飞速发展,财富急剧增加,同时也带来了一系列严重的社会问题,其中突出的就是贫困问题加剧,贫富差距拉大。在旧《济贫法》体制之下,国家对济贫采取积极态度和适当干预政策。在这一体制下,政府以教区为单位,赋予教区征收济贫税的权力,并以慈善的形式对本教区的贫民进行救济,同时鼓励社会慈善事业的发展。

1834年新《济贫法》颁布后,政府确立了"劣等处置"和"济贫院检验"两大原则,将救济穷人转变为惩治穷人。任何想要得到救济的健康的人,必须进入济贫院,政府借此把对穷人的救济降到最低限度,认为私人慈善能够对穷人提供更具建设性的帮助。1834年《济贫法修正案》的一个基本思想是穷人应当自救而不是依赖国家的福利。① 人们为了避免沦入济贫院的威胁,不得不做出其他的努力。在这种情况下,私人"慈善被理所当然地认为应该在工人阶级的自助无法应付时承担起工人阶级福利的主要责任"②。济贫法制度所固有的特点为19世纪英国慈善事业的迅猛发展提供了广阔的空间。于是,私人慈善在19世纪中期迅速发展起来,承担起许多本该由政府承担的社会责任,慈善学校、医院、诊所、精神病院、孤儿院、妓女教养所在全国各地纷纷建立,在英国逐渐形成了以私人慈善、自助互助和政府救济为主要形式的多元救助体系,每一个救助主体都在特定的历史时期、特定的群体中发挥了重要的作用。

毫无疑问,19世纪是英国慈善事业大发展的时期。当时有人对19世纪30—40年代英国慈善事业发展这样描述:"当今这个时代最为时尚的娱乐就是慈善……我们有宗教慈善家、社会慈善家、道德慈善家以及科学慈

---

① Peter Murray, *Poverty and Welfare*, 1815 – 1950, London: Hodder Murray, 2006, p.75.
② David Owen, *English Philanthropy*, 1660 – 1960, Oxford: Oxford University Press, 1965, p.136.

善家。每个人不管其是否需要从邻居那里得到建议或者帮助,他都会变成某些或者所有那些充满善举者的施助对象。因为慈善可以提升自己,使自己成为一个赞助者,成为一个向别人施以恩赐的阔人,等等。"①

英国慈善事业在英国社会中发挥着巨大作用,但是要想准确统计出这一时期慈善捐赠的数量却是一件十分困难的事情,因为许多街头偶尔施舍给穷人的善款是没有记录的。英国学者切克兰德(P. Checkland)认为:"一些特殊的慈善捐赠有时可以发现,但是作为总体的慈善事业是无法计算出其总量的。"②尽管如此,我们仍可以从慈善组织构成和发展的目标来推算出19世纪慈善活动的状况。现存的统计资料表明,19世纪下半期,英国私人慈善组织的数量、慈善的收入大幅增加且增长速度大大加快。

到19世纪中期,英国建立了大量的慈善组织,慈善活动筹到的善款数量惊人。据估计,1861年,在伦敦就有不少于640个慈善组织,其中将近一半成立在19世纪上半期,144个成立在1850年后的10年时间。仅伦敦市的慈善机构每年的慈善善款收入就超过了250万英镑,这还不包括那些私人个体的慈善捐赠,远远超过了同期《济贫法》当局在伦敦的济贫投入。③ 有历史学家甚至宣称,慈善组织收到的善款超过了国家在济贫方面的总费用。④ 据托马斯·霍克斯利(Thomas Hawksly)推算,1869年,在伦敦注册的慈善机构善款总收入估计有530万英镑。其中的63万英镑用于疾病救济,170万英镑用于一般生活救济,170万英镑用于

---

① Derek Fraser, *Evolution of the British Welfare State: A History of Social Policy Since the Industrial Revolution*, p.128.
② Olive Checkland, *Philanthropy in Victorian Scotland: Social Welfare and the Voluntary Principle*, Edinburgh: John Donald, 1980, p.1.
③ Derek Fraser, *Evolution of the British Welfare State: A History of Social Policy Since the Industrial Revolution*, p.116.
④ Geoffrey Best, *Mid-Victorian Britain, 1815–1875*, London: Weidenfeld and Nicholson, 1971, p.138.

道德、宗教教育方面。而据霍克斯利估计,这一年伦敦慈善组织的总开支至少有560万英镑。① 1870年,英国政府用在济贫方面的总开支是770万英镑,而与之形成鲜明对照的是,同期仅伦敦市每年慈善组织募集的善款就在500万到750万英镑之间,这种慈善捐款开支和政府公共救济开支之间巨大的不平衡状况一直到19世纪末期才有所改变。19世纪末20世纪初,英国慈善组织在提供各种捐赠开支方面仍然起着巨大作用,但是19世纪中期已经有所下降。1899年,国家用在济贫方面的开支是1 120万英镑,同期伦敦慈善组织收到的善款只有600万英镑。② 尽管二者之间差距缩小,但是这些数据表明,在19世纪,英国慈善捐赠数目和国家济贫的开支至少是相同的。

19世纪英国慈善捐款规模庞大,慈善组织的建立也如雨后春笋,发展迅速。根据桑普森·洛(Sampson Low)的统计,19世纪60年代初期,在伦敦有640个慈善机构,其中1700年前建立的有103个,1700—1800年间建立的有114个,1800—1850年间建立的有279个,而1850—1861年间则建立了144个。1870年到1872年,增长到700个。③ 而据霍克斯利估计,19世纪60年代末期,伦敦的慈善机构总数达989个。④ 1869年还出现了全国性的指导机构"慈善组织协会"(The Charity Organization Society),这表明,分散的个人慈善活动已发展为有组织的集体活动。

与1834年新《济贫法》精神相一致的是,19世纪英国慈善事业救济的主要是那些所谓的"值得救助的人"。这一时期英国慈善组织非常强调自

---

① Thomas Hawksly, *The Charities of London, and Some Errors of their Administration: With Suggestions for an Improved System of Private and Official Charitable Relief*, London: John Churchill and Sons, 1869, pp.6 – 7.
② Alan Kidd, *State, Society and the Poor in Nineteenth-Century England*, p.67.
③ Bernard Harris, *The Origins of the British Welfare State: Society, State and Social Welfare in England and Wales, 1800 – 1945*, p.65.
④ Thomas Hawksly, *The Charities of London, and Some Errors of Their Administration: With Suggestions for An Improved System of Private and Official Charitable Relief*, p.4.

助精神和道德品行，它们认为，疾病、贫困、生育、年老等都是一个人生活中普通的事情，如果人们发现或者知道一旦出现诸如此类问题，可以依靠国家福利或私人慈善来解决问题，依赖之心必然会随之而生，这对所有的进步都是一种致命的危险。[1] 慈善组织协会对那些希望从慈善组织那里得到帮助的人进行严格的资格审查，申请人首先得向地区委员会进行申请，经过地区委员的实地调查后能够满足要求的申请才能正式提交给慈善委员会。这一时期慈善组织对待穷人的态度就在于培养人的劳动能力，将物质救济与道德说教、生活指导结合起来，教给穷人谋生的手段，使其依靠自己的力量摆脱贫困。

因而这一时期慈善活动救济的领域主要集中在医疗、教育、住房、宗教、贫困等方面，并非直接给贫困者生活资料。根据桑普森·洛统计，1860—1861年度在伦敦注册慈善机构的善款总支出中，14.8%用于一般和特殊的医院、诊所，1.9%用于保持生命、健康以及公共道德教育，3.85%用于挽救堕落者，2.65%用于救济街头赤贫流浪者，0.34%用于为针线女和仆人提供住所，3.9%用于救助在学院、医院、救济院和精神病院的老年人，10.89%用于资助贫困儿童教育，6.87%用于救助印度饥民，1.78%用于救助残疾人。值得注意的是，这一年用于宗教方面慈善捐款比例相当大，15.09%用在传教士国内工作，26.06%用在传教士海外传教工作。[2] 也就是说，只有3%的慈善收入用于救助街头赤贫及特殊原因致贫的人。G.希克斯(G. Hicks)在其1869年的一份报告中对364所伦敦慈善机构进行了分析，他发现贫民救济所占的比例并不大。具体数目见下表。

---

[1] W. H. B. Court, *British Economic History, 1870 - 1914, Commentary and Documents*, Cambridge: Cambridge University Press, 1965, pp.373 - 374.

[2] Sampson Low, *The Charities of London in 1861*, pp.vii-xi.

表 5-1　1868 年伦敦市部分慈善机构概要

类别	支出/英镑	占总支出比例/%
疾病	506 595	24.84
病后康复	28 482	1.4
收容院及避难所	197 696	9.69
孤儿	128 319	6.29
教育	451 772	22.14
自我改善	9 871	0.48
宗教派别	24 301	1.19
职业团体	413 428	20.26
公积金	102 395	5.02
救灾	70 597	3.46
养老	2 595	1.27
一般救助	81 086	3.97
总　计	2 017 137	100

资料来源：Bernard Harris，*The Origins of the British Welfare: Society, State and Social Welfare in England and Wales*，1800-1945，p.69.

从上表我们可以看出，1868 年伦敦慈善机构主要开支用在救助疾病（24.84%）、教育（22.14%），以及一些职业团体（如英格兰教会成员、军队以及其他一些信仰成员）（20.26%）。这三项加起来就达到 67.24%。救济穷人衣食的比例较小。可见在当时人们的观念中，只有那些无法劳动的"值得救助的人"，如孤寡老人、儿童、残疾人、病人才应当得到救助。体格健壮之人如果要想得到救助，必须进入济贫院。但是，如前所述，由于济贫院的种种"恶名"，许多人宁愿在外边挨饿也不愿进入济贫院。民间慈善正好弥补了《济贫法》的缺陷。

虽然 19 世纪英国民间慈善机构主要资金并没有直接用在救济贫民的生活上，但是在一些地区，慈善机构仍然和《济贫法》当局一道，做了许多救济贫民的工作。比如 1780 年到 1899 年，布里斯托尔市成立了 40 个"反贫困协会",1841年卡莱尔市成立了一个特殊的乞丐协会,来救助被济贫法严格限制在外的穷人。① 其他一些地区也有这种慈善活动。在许多农业地区,如沃里克郡的泰索村以及德文郡的科里顿镇,长期形成的慈善基金会在救济贫困者方面发挥了重要作用。② 考文垂市在1837年1月和1860年4月分别组织了两次紧急募捐呼吁。③ 19世纪60年代早期,兰开郡在"棉花饥荒"(The Lancashire Cotton Famine)期间也募集了150多万英镑善款。④

需要指出的是,19世纪英国慈善活动不但在救济贫民方面发挥了重要作用,而且对于乡村健康医疗机构的发展做出了重要贡献。据英国学者平克(R. Pinker)推算,1861年,有四分之一的乡村医院、五分之一的全国医院的床位是由志愿医院来管理的。⑤ 根据洛对伦敦慈善机构的分类,1861年伦敦慈善机构中,14个属于治疗医院,66个属于特殊的医疗机构,39个属于诊所,12个属于保持生命、健康以及公共道德教育机构,22个属于女子医院及感化院,124个属于老年学院、医院、救济院、精神病院,16个属于为盲人及聋、哑人服务的慈善机构,1个是为贫穷的瘫痪者服务的慈善机构,这些机构每年善款收入有645 072英镑。⑥ 由慈善者新兴办的志愿医院在19世纪英国公共医疗卫生事业中发挥着重要的作用。当然,进入志愿医院治疗的贫民是有条件的,那就是必须有一名医院股东的推荐

---

① Martin Gorsky, *Patterns of Philanthropy, Charity and Society in Nineteenth Century Bristol*, Woodbridge: Royal Historical Society, 1999, p.138.
② M. Ashby, *Joseph Ashby of Tysoe, 1859 – 1919: A Study of English Village Life*, Cambridge: Cambridge University Press, 1961, p.46; J. Robin, *From Childhood to Middle Age: Cohort Analysis in Colyton, 1815 – 1863*, Cambridge: Cambridge Group for the History of Population and Social Structure, *Working Paper Series*, No.1, n.d., 1995, pp.2 – 3.
③ Peter Searby, "The Relief of the Poor in Coventry, 1830 – 1863", *Historical Journal*, Vol.20 (2), (1977), p.359.
④ W. O. Henderson, *The Lancashire Cotton Famine, 1861 – 1865*, Manchester: Manchester University Press, 1934, pp.68 – 85.
⑤ R. Pinker, *English Hospital Statistics, 1861 – 1938*, pp.57 – 61.
⑥ Sampson Low, *The Charities of London in 1861*, pp.vii – xi.

书,否则不予接诊。另外,慈善组织在小学教育、住房等方面也发挥了重要作用。如19世纪末期,著名慈善家奥克塔维亚·希尔建造了1 800到1 900套单独的房子,以极其低廉的价格租给工人。①

此外,慈善组织承担了绝大多数的教育责任,他们创办了各种类型、各种层次的教育学校。穷人免费学校则承担起了街头流落儿童的教育,慈善组织还为弃儿创立了知识教育机构,这些机构每年都能获得大量的社会捐款,同时慈善组织对于高等教育和科学研究也有大量捐款。

2. 19世纪英国民间慈善活动的思想与社会根源

19世纪是英国历史黄金时期,一方面工业革命使英国国力大增,成了头号殖民强国,另一方面工业革命引起的贫富差距扩大、疾病流行等社会问题日益严重。与此同时,英国人的贫困观念发生了很大变化。他们认为个人的穷困或不幸是懒惰的结果,因而政府或社会不应该对贫困的个人进行救济。②但19世纪英国民间慈善事业仍然得到极大发展。其根源值得我们深思。

(1)基督教传统思想中关于帮助穷人、"善功得救"的理念,对于19世纪英国慈善事业发展,起了极大的推动作用

伴随着工业革命的迅猛发展,18世纪后期福音运动开始在英国兴起,并在19世纪产生巨大影响。福音教派(Evangelical Church)强调基督教生活的严肃性以及源于自身经验和信仰的宗教的重要性,强调个人责任和自立的品质。这种思想形成了中产阶级文化的宗教核心,并渗透到工人阶级

---

① Bernard Harris, *The Origins of the British Welfare State: Society, State and Social Welfare in England and Wales, 1800 – 1945*, p.133.
② 参见郭家宏:《工业革命与英国贫困观念的变化》,《史学月刊》2009年第3期,第54页。

和贵族思想之中。①

福音派认为,现存社会秩序是神定的、不可改变的,富人就是富,穷人就是穷。贫困是生活中不可避免的事实,穷人应对他们自己的不幸负责,因此,福音派热衷于鼓励穷人自助,反对政府干预。慈善工作意味着个人灵魂得救。唯一神派(Monarchians)、贵格派(Quakers)、卫斯理派(Wesleyan Church)等教派都积极倡导慈善事业。实际上,福音派运动是跨越教派的运动,慈善工作协会成了福音派、浸礼派(Baptists)、公理会(Congregationists)等不同基督教派别聚集的主要场所。所有的基督教教义都强调慈善的重要性,福音教派尤其如此。② 因而这个运动给19世纪的慈善活动赋予了宗教社团的特征。③ 福音主义者把慈善事业看成神圣的、紧迫的任务,不仅因为它可以拯救穷人的灵魂,而且也因为个人真心实意和自发地捐赠是基督的要求。实际上,当时的经典政治经济学家的思想也和福音派结合起来,把提高贫苦劳工道德水准作用放到核心地位。英国学者唐娜·安德鲁(Donna Andrew)认为:"福音主义的元素、政治经济学、马尔萨斯主义和功利主义结合起来,形成了一个强大的平台,而这个平台可以通过慈善同贫困做斗争。"④

19世纪早期的思想家们认为个人应该对其自身的福利负主要责任,但是他们也承认,慈善仍是他们主要的宗教责任,许多宗教领袖如福音派的约翰·卫斯理(John Wesley)和托马斯·查尔默斯(Thomas Chalmers)都强调了慈善赠予的重要性。19世纪早期的理论家们还认为,私人慈善很可能会提高受赠者的道德健康水平,促进社会和谐。⑤

---

① Alan Kidd, *State, Society and the Poor in Nineteenth-Century England*, p.71.
② Alan Kidd, *State, Society and the Poor in Nineteenth-Century England*, p.73.
③ Alan Kidd, *State, Society and the Poor in Nineteenth-Century England*, p.72.
④ Donna Andrew, *Philanthropy and Police: London Charity in the Eighteenth Century*, Princeton: Princeton University Press, 1989, p.169.
⑤ Bernard Harris, *The Origins of the British Welfare State: Society State and Social Welfare in England and Wales*, 1800-1945, p.61.

福音主义者认为，个人利益必须贡献给慈善事业，中上阶层应该为社会树立道德行为上的榜样。福音派主张通过发挥宗教道德的力量和鼓励慈善事业的发展来解决社会问题。福音主义者态度的变化与维多利亚时代中期社会意识的变化关系密切。维多利亚时期人们已经从"为上帝服务"转变成"为邻里服务"。特别是在19世纪后半期，宗教活动成了社会活动的源头，宗教浸透到社会意识的方方面面。对改造灵魂的渴求是推动维多利亚时期慈善事业发展的最强大的动力，[1]维多利亚时期的慈善家们，尤其是福音派教徒，甚至把慈善看成验证新教自身有别于天主教的领域。对维多利亚时期的英国人来说，慈善协会甚至是国家的骄傲，[2]许多维多利亚时代的英国人深信慈善作为道德责任和一种改善他人命运的方式的重要性。这种源于宗教观念的动机，包括帮助陷入绝望境地以及贫困的个体，如孤儿、扫烟囱的儿童、流浪汉、酗酒者、妓女和精神病人等，是维多利亚时期慈善事业发展的重要刺激因素。[3]许多维多利亚时期的慈善家们相信，慈善的一个主要的价值是可以实现不平等的社会中两大社会集团之间的社会和谐。[4]

（2）对于社会革命的真正的、持久的恐惧是19世纪许多英国人愿意大力支持慈善事业的发展的一个重要原因

随着工业革命的发展，英国贫困与贫富差距问题加剧，这必然使社会下层特别是工人阶级对现实产生不满。工人是财富的创造者，但是财富的分配却使他们处于贫困状态中，他们意识到不公平的分配使他们受苦，因而就会滋生对社会的反叛情绪，并逐渐汇合成一场声势浩大的群众运动。为了争取和改善自己的生活待遇，他们会通过集体反抗将这种不满表现出

---

[1] Brian Harrison, "Philanthropy and the Victorians", *Victorian Study*, Vol.9, No.4(1966), p.359.
[2] Brian Harrison, "Philanthropy and the Victorians", *Victorian Study*, Vol.9, No.4(1966), p.357.
[3] Derek Fraser, *Evolution of the British Welfare State: A History of Social Policy Since the Industrial Revolution*, p.130.
[4] Bernard Harris, *The Origins of the British Welfare State: Society, State and Social Welfare in England and Wales, 1800 - 1945*, p.62.

来,由此导致激烈的社会冲突。19世纪初期正是英国激进主义运动蓬勃发展时期,越来越多的工人受到激进的民主思想的影响,他们组织工会,举行签名请愿、游行示威、罢工,甚至起义,反抗统治者的剥削,争取民主权利。轰轰烈烈的宪章运动,更是显示出了工人阶级强大的力量。

在19世纪英国阶级关系紧张的年代,中产阶级捍卫财产具有象征性的姿态,就是他们持续资助慈善事业,因为这可以把工人阶级从绝望的深渊拯救出来。① 为了防止工人攻击这个社会的基础,分配社会的财富;资产阶级乐于捐献他们的一部分财产用来救济穷人,以此作为一种防止社会革命的保险阀。当时英国大多数人相信,穷人的苦难是暂时的,慈善事业可以有效地帮助他们度过困难期。即使在繁荣的维多利亚时代中期,慈善活动也一直在坚持进行,因为当时社会紧张的局势一直没有消除。正如格莱斯顿说:"请想想,我们必须靠军队、欺骗和良好的愿望统治成千上万双艰辛的手,他们已经疲倦了,正在做出响应。"②

(3)慈善作为一种社会控制的手段,也是灌输中产阶级价值观念的途径。有产者所谓的"道德责任"心理和感情因素与社会动机混合,构成了19世纪英国慈善事业发展的又一个重要原因

维多利亚时期的慈善家们从事慈善活动时,往往怀着一种社会责任。英国社会福利史学者弗雷泽(James George Frazer)认为,中产阶级热衷于慈善事业,一个重要原因就是追求个人的社会需求和心理需求的满足。③ 19世纪英国的慈善活动常常充满了社会势利行为,大规模的资助被认为可以促进社会前进,而那些出版的捐赠名单常常极大地刺激了捐赠者,从而使捐赠数目大

---

① Derek Fraser, *Evolution of the British Welfare State: A History of Social Policy Since the Industrial Revolution*, p.126.
② Derek Fraser, *Evolution of the British Welfare State: A History of Social Policy Since the Industrial Revolution*, p.126.
③ [英]庇古:《福利经济学》,金镝译,北京:华夏出版社,2007年,第571页。

大增加。捐赠者们对自己的捐赠数目沾沾自喜,对邻居却一毛不拔。①

慈善活动作为一种社会控制的手段,也是灌输中产阶级价值观念的有效途径。资产阶级还要承担起所谓的改造穷人"道德"的责任。而广泛的走访实践就是一种对工人阶级生活方式有效的文化进攻。他们认为,慈善活动是工人阶级道德改造的手段,可以培养个人自助的心态,有利于他们摆脱贫困的束缚。② 19世纪英国慈善活动的核心动机之一就是在工人中鼓励自助精神。③ 大都市走访和救济协会(Metropolitan Visiting and Relief Association)章程明确宣称协会的首要目标是"消除(导致贫穷的)道德因素,鼓励谨慎、勤劳及清洁习惯"。奥克塔维亚·希尔对皇家工人阶级住房委员会说:与其改善旧的房子,不如改造旧房里的租户。④ 生活环境调查工作的先驱C.S.洛奇(C. S. Loch)很好地表达了这种把慈善作为一种必要的教育手段的思想。他说:"慈善是社会再生器……我们必须用慈善来创造自助的力量。"⑤

3. 来自下层的慈善:工人阶级的自助与互助

在19世纪英国的社会保障中,政府提供的济贫保障令工人阶级怨恨,而且十分有限;资产阶级的慈善活动常常重叠、低效、不可预测。⑥ 在研究

---

① Derek Fraser, *Evolution of the British Welfare State: A History of Social Policy Since the Industrial Revolution*, p.127.
② Derek Fraser, *Evolution of the British Welfare State: A History of Social Policy Since the Industrial Revolution*, p.128.
③ Alan Kidd, *State, Society and the Poor in Nineteenth-Century England*, p.74.
④ Derek Fraser, *Evolution of the British Welfare State: A History of Social Policy Since the Industrial Revolution*, p.128.
⑤ K. Woodroffe, *From Charity to Social Work in England and the United States*, Toronto: University of Toronto Press, 1962, p.23.
⑥ Bernard Harris, *The Origins of the British Welfare State: Society, State and Social Welfare in England and Wales, 1800-1945*, p.76.

19世纪英国慈善事业发展历史的时候，人们常常忽略了工人阶级在贫困状态下为保护自己及家人所做的努力，实际上，英国工人阶级的互助与自助在慈善救济活动中发挥了重要作用。

自助精神是维多利亚时代具有代表性的社会价值观。在19世纪个人主义和自助精神盛行的社会文化氛围中，穷人以及那些害怕陷入贫困的人都愿意更多地依靠他们自己的力量以及借助家庭、邻居和他们所属阶级的力量来摆脱和预防贫困。

工人阶级的自助与互助活动主要包括自发的活动和有组织的活动两种形式。自发的活动主要是指社区中邻里之间或者亲戚之间的互助行为，如帮忙照顾孩子、洗衣服等，这类活动非常普遍地存在于工人阶级日常生活中，对工人家庭中的主妇来说尤其重要。有组织的活动以各类组织的形式存在，其中最主要、规模最大、影响最广的是友谊会（the friendly society）、合作社（the Co-operative society）和工会（the trade unions）这三种，除此之外还有储蓄银行、住房建筑协会、保险协会等各型各类组织。友谊会、合作运动和工会这三个组织作为自助与互助运动最主要的组成部分，虽有着共同的背景、宗旨和目标，但在具体组织结构、经营方式、业务内容等方面则有诸多不同，在功能上虽有重叠却也有一定的互补性。

近代英国的邻里互助对平民救济产生了重要的影响，是英国互助传统的早期表现形式。对19世纪英国穷人熟悉的人都会对他们中间流行的互助活动印象深刻。19世纪英国工人阶级生活贫困，尽管他们在当时可以获得各种类型的慈善资源，但是对他们最重要的支持与帮助来自其个人家族的内部。工人阶级的帮助常常来自亲朋好友、街坊邻居。曼彻斯特的一位教士理查德·帕金森博士（Dr. Richard Parkinson）声称："穷人之间相互给予的要比富人给予的多得多。"当地的一名医师也宣称："穷人之间相互捐赠的资金总额远远超过同时期富人的捐赠。"当时工人阶级自传作家约瑟夫·特里(Joseph Terry)声称:"穷人比富人更热情、更富同情心,更乐意帮助别人。"① 在处于暂时失业、生病、儿童、年老、濒死等艰苦时期,绝大多数工人阶级在考虑向济贫或慈善机构求助前,常常先从他们的亲戚或者邻居那里得到帮助。② 当人们处于暂时困境时,邻居支持网络在贫困人群获取帮助中发挥的作用更为重要。19世纪初利物浦一位慈善工作者埃莉诺·拉思伯恩(Eleanor Rathbone)指出:"在如此密切的社区,常常有许多不同的救济……其中长盛不衰的还是邻居和朋友所给予的帮助。他们就像家里人一样了解大家的家庭条件,不时地给予救济,并视情况需要提供食物、住宿、衣服、护理,等等。"③

据学者詹姆斯·温特(James Winter)估计,在苏格兰科库布里的一个渔村,1/3到2/3的寡妇母亲的收入来自非正式的邻里间资助。实际上,穷人妇女求助邻里是一个传统,这些邻居资助可能是提供金钱、食物或者衣服。④ 贫穷的妇女经常在家庭开支方面互相帮衬,如相互在取暖、照明、洗衣盆、衣服上给予帮衬等。她们还一起筹钱来帮助支付诸如葬礼等费用,照顾儿童、产妇,为受伤的妇女提供住所等。如果某个人生病或去世,他的同事或者邻居可能会出面组织募捐,所得用以支付其医药或者丧葬费用,帮助他的妻儿。

19世纪工人阶级为筹集互助的款项,还建立了一些互助组织。这些组织中,最重要、影响最大的当属友谊会,工会和合作社也发挥了重要作用。

"友谊会"是18—19世纪在英国工人阶级中广泛存在与发展的一种具

---

① Bernard Harris, *The Origins of the British Welfare State: Society, State and Social Welfare in England and Wales, 1800-1945*, p.76.
② Alan Kidd, *State, Society and the Poor in Nineteenth-Century England*, p.111.
③ Pat Thane, *The Foundations of the Welfare State*, p.19.
④ J. Winter, "Widowed Mothers and Mutual Aid in Early-Victorian Britain", *Journal of Social History*, No.17(1983), p.119.

有直接社会保障功能的民间互助组织。友谊会会员在自愿捐资的基础上按规定向协会交纳一定数量的会费,构成一笔存款或基金,即可在遇到不测(如疾病、失业、年老、家人死亡、天灾人祸等)时向协会提出救济申请,协会和其他会员有义务为他提供必要的经济援助。同时对那些死亡的成员的妻子和孩子予以救济,维持他们的基本生活所需。当成员本人及其家人生病时,友谊会的签约医生会为其提供医疗照顾和价廉质高的药品。在医疗保健领域,1860—1900年,当时的英国至少有1/3的成年男子和超过45%的男工都受惠于友谊会的健康服务与医疗护理。[①] 友谊会还发放死亡抚恤金,为死亡成员举办体面的葬礼;为死亡成员的遗孀和未成年子女提供金钱资助和生活帮助,保证其基本生活所需;最早的友谊会规模较小,其成员一般局限在当地。

友谊会的形式丰富多样,名称也多种多样,皇家委员会在登记友谊会时,将各种不同组织分为17类,从有数十万会员、有分会的大型组织,到小的乡村俱乐部,再到只提供葬礼补助的丧葬协会都包括在内。19世纪初的友谊会的主要形式是小的地方独立会社,以小酒馆为聚点,会员轮流担任会长。19世纪中期,英国各种友谊会已经初具规模,这些互助性机构按其地域范围可以分为地方性互助机会、各郡规模的互助会和全国性的互助会。按其功能可以划分为附属型互助会、分红型互助会、行业及职业型互助会、储蓄型互助会、募捐型互助会等。十九世纪三四十年代,一些大的甚至是全国性的联合友谊会相继出现,其中比较著名的有:博尔顿共济会(成立于1832年)、森林者友谊会(Ancient Order of Foresters,组建于1834年,其在1848年时已有会员8.4万人,到1858年时增加为13.5万人,1868年为34.9万人,1876年为49.1万人,到1886年会员人数已超过66.7万人)、曼彻斯特联合共济会(Independent Order

---

[①] Anne Hardy, *Health and Medicine in Britain Since 1860*, Houndmills, Basingstoke, New York: Palgrave, 2001, pp.17-18.

of Oddfellows Manchester Unity，1848年时已拥有26万名会员和34万英镑的收入)、大西铁路友谊会(成立于1838年,是英国第一个铁路友谊会)、"橡树勇气"(Hearts of Oak,始建于1841年)、诺丁汉共济会(成立于1843年)等。① 其中最大的两个是曼彻斯特联合共济会和森林者友谊会,这两个组织人数众多,到19世纪70年代分别都有50万左右的会员,而且在全国范围都有分支。友谊会会员通常仅为男性,到19世纪后期才有一些女性友谊会出现。

一般认为,友谊会的历史可以追溯至17世纪,1687年的贝斯纳尔格林友好福利会(Friendly Benefit Society of Bethnal Green)是最早成立的友谊会之一。② 19世纪是英国志愿组织发展的黄金时期,友谊会作为工人阶级的自助互助组织,获得了惊人发展,单从人数和规模上看,远远超过另外两种工人阶级自助与互助组织——合作社和工会。1830年以后,友谊会成员已经突破原来的地域限制,人数急剧增加。1801年,全国各地友谊会成员总数为648 000人,1815年为925 429人,1872年为2 254 881人,1899年为7 415 971人。③ 友谊会形式各不相同,但其特征是相同的,即互助、解困。1891年,各类友谊会的基金总数已经达到2 270万英镑,1909年更增至4 820万英镑。津贴标准因会而异,或逐月支付,或一次性支付。如19世纪中期曼彻斯特联合共济会会员在生病后的前12个月每周津贴为9先令,以后每周为4先令6便士;会员去世时,一次性支付9英镑;会员妻子去世,一次性支付4英镑10先令。④ 尽管18—19世纪英国的友谊会种类很多,规模大小不一,但它们的根本组织目的和宗旨却是共同的。互助、解

---

① 闵凡祥:《18—19世纪英国"友谊会"运动述论》,《史学月刊》2006年第8期,第88页。
② Justin Davis Smith, Colin Rochester, Rodney Hedley, eds., *An Introduction to the Voluntary Sector*, London: Routledge, 1995, p.30.
③ Bernard Harris, *The Origins of the British Welfare State: Society, State and Social Welfare in England and Wales, 1800–1945*, p.82.
④ Eric Hopkins, *A Social History of the English Working Class, 1815–1945*, p.142.

困是一般友谊会的首要共同特征,向会员提供某种形式的补助金是协会资金支出中最有意义的一项。

相较于《济贫法》体系与慈善组织的救助,友谊会福利对其成员是一种维护尊严的帮助。作为一种互惠互助型自治社会福利社团,友谊会所提供给其成员的任何帮助与慷慨施舍无关,只与权利相关;友谊会内部实行自治,成员间是一种平等互惠互助关系,不存在来自统治阶级的"呼来喝去"。由于为其成员提供的良好社会保障与福利服务,国家法律对其存在的合法认可,完全的自治对其成员自由的充分保障,友谊会吸引了大批劳动人口的参加。

除友谊会之外,早期工会组织也承担工人阶级互助职能。它们常常以成友谊会的名义活动,以规避严格的法律限制。和友谊会一样,会员交纳一定会费后,工会要承担对工人遭遇疾病、意外事故、失业的救济责任。

工会的福利功能主要产生于《结社法案》(Combination Act)施行期间(1799—1824),工会的集会成为非法活动,于是很多工会都以友谊会的名义存在,以互助活动掩护工会活动。工会提供的福利津贴中最具特色的是失业津贴,因为这是友谊会和其他自助组织不提供的福利,这一点也成为吸引工人加入工会的重要原因。

韦伯认为工会运动史上有两种类型的工会并存,一种是出于纯粹职业保护目的的工会,另一种是兼具职业目的和福利职能的工会,二者最显著差别就是缴纳会费的多少。1824年,将近有900名会员的利物浦造船工人协会制订了一项雄心勃勃的养老金计划,该计划包括购买土地修建房屋,每周5先令的津贴,葬礼津贴为7英镑,每一位已故会员的寡妇津贴为4英镑。据学者估计,1830年到1889年,14个工会组织花费了350万英镑资金用于资助工人的丧葬、疾病、退休及意外事件,400万英镑用于失业和罢工补贴。这一时期尽管许多新的工联主义领导人批评老的工联领导把太多的精力用于福利救济,但实际上,许多新的领导人也提供类似的福利。① 工会的福利功能在 19 世纪中后期一度取得很大发展,尤其在一些行业联合工会中,例如机械工人联合工会(A. S. E.,1851)和木工与细木工联合工会(A. S. C. J.,1860)。这些行业工会通常是作为地方福利社团产生而后逐渐演变为工会的,例如机械工人联合工会就是由"蒸汽机制造者技术工人友谊会"(the Steam Engineer Society)发展而来,它为会员提供旅费、丧葬补助、一次性的意外补助、疾病补助以及退休补助。机械工人联合工会成立后不久,到 1851 年 10 月就已经拥有 11 000 个会员,而每个会员每周需缴纳 1 先令会费,每周的收入就达到 500 英镑左右,到 1861 年该会所累积基金已达 73 398 英镑,这在当时的工会中是空前的。这笔收入大部分都用于支付福利方面的巨额开支,此外还有罢工津贴。②

韦伯夫妇将以机械工人联合工会为代表的这类工会称为"新模范工会"③,因为 1852—1875 年间成立的一系列各行业联合工会都以其为范本,要么直接采用其组织方式和规章制度,要么学习采用其某些特点。韦伯认为这种工会在 19 世纪 50 年代之后以福利功能为主,甚至在某种程度上丧失了工会的斗争性,例如 80 年代石工、木工、铸铁工等工种的工会对于工人为反抗减少工资及延长工时而进行的罢工没有给予任何援助,而仅向会中较为富有的会员一再借款,以维持失业津贴。

---

① Eric Hopkins, *Working-Class Self-Help in Nineteenth-Century England*, London: UCL Press, 1995, p.10.
② Sidney and Beatrice Webb, *The History of Trade Unionism*, 1666 – 1920, London: Macmillan, 2003, p.266,273.
③ 对于韦伯提出的"新精神和新模范工会"的说法,一些学者并不认同,他们认为这一时期的工会与所谓"旧工会"并没有本质上的区别。

表 5-2　机械工人联合工会平均年支出(1851—1865)①

支出性质	平均年支出/英镑
失业补助(捐款)	18 656
疾病补助	7 675
退休养老金	1 795
意外事故补助	826
丧葬补助	2 306
慈善津贴(1854—1865)	533
援助其他行业(1851—1864)	724

从上表可以看出,19 世纪中期机械工人联合工会平均每年在福利方面的开支数额相当巨大。但完善的福利提供、高额的福利开支意味着巨大的经济压力,这都依靠很高的会员会费来维持,同时由于经济低迷,失业率上升,加之过重的福利负担,很多这类工会无力承受,破产的工会并不少见。

还有一种影响较大的工人互助形式是合作社。关于这一问题,下文将进行专门论述。最早的消费合作社可以追溯至 17—18 世纪,1826—1835 年间,英国建立了 250 多个消费合作社。② 1844 年,罗切代尔公平先锋社(Rochdale Equitable Pioneers Co-operative Society)创建后,现代消费合作运动才开始飞速发展。合作社建立的初衷是保护自己免受当地商贩价高质劣的食品的危害,募集足够的资金来建立自己有共同利益的自我支持的领地。实际上,正是由于国家在建立为最贫穷者实行救济的安全网相对缺失,加上接受最低救济的人会产生的社会耻辱感,刺激了这种工人自发福

---

① *Royal Commission on Trade Unions*, 1867, Q.613, 参见 C.G. Hanson, "Craft Unions, Welfare Benefits, and the Case for Trade Union Law Reform, 1867 – 1875", *The Economic History Review*, New Series, Vol.28, No.2(1975), p.250.
② Bernard Harris, *The Origins of the British Welfare State: Society, State and Social Welfare in England and Wales, 1800 – 1945*, p.87.

利活动的发展。但是,这些友谊会、工会、消费合作社等福利组织并不能够消除贫困,而只是些许缓解了他们的不安全感。

总之,19世纪英国民间慈善事业有了很大的发展,除了英国的慈善传统之外,19世纪英国社会的政治、经济、文化以及阶级结构的变化也与此密切相关,19世纪英国慈善事业发展的根源还在于英国社会极度不平等的特点。慈善事业的发展,弥补了国家在社会救济方面的不足,对于稳定社会秩序发挥了积极作用,成了19世纪英国社会控制的一个重要手段。但是由于这些慈善事业是为了救助所谓的"值得救助的人",因而慈善善款并没有完全发放到最需要的人手里,工人阶级的自助和互助在一定程度上缓解了工人阶级的苦难。尽管如此,19世纪英国慈善事业在英国福利国家建设之前,具有重要的历史意义。

二、19 世纪英国消费合作运动

19 世纪上半期,随着英国工业革命的发展,社会发生转型,工人阶级贫困现象加剧。为了改善自己的生存环境,工人阶级除了投身于轰轰烈烈的政治运动之外,还在经济上进行了自助与互助,消费合作运动就是其中一种重要的形式。1844 年英国罗切代尔公平先锋社的成立标志着现代消费合作运动的开始,消费合作运动在英国迅速发展,影响深远。直至今天,消费合作社已经成为一种世界性现象。

1. 19 世纪消费合作社运动发展的背景及思想渊源

"合作"是一种古老的思想。早期的合作社思想和实践,都反映了人们对社会巨变所产生的不安全感的补救,19 世纪英国消费合作运动迅速发展,与英国工业革命的发展所造成的社会变革密切相连。

18 世纪中期到 19 世纪上半期,随着工业革命的发展,英国社会发生了巨大变化,社会生产力水平大大提高、经济迅速发展,英国逐渐从农业社会过渡到工业社会。与此同时,机器的发明和使用、工厂制的推行,使众多家庭传统手工业者和作坊手工业者面临残酷竞争,陆续破产,许多工业部门摧毁了众多独立的小生产者,造就了一个依靠工资生活的劳动阶级。① 工业革命使一小部分人腰缠万贯,但也使更多的人陷入贫困的深渊。女工和童工的大量使用、大批工人的失业加剧了工人阶级的贫困局面,使广大工人阶级的生活陷入日益贫困的境地。"工人阶级为了自卫,不得不采取唯一可能的办法去改善自己的生活条件,即实行互相交换劳动产品的普遍制度,并由此使自己立即脱离非生产阶级而处于独立的地位。"②

对于工业革命之后社会出现的各种问题,一些人认为是资本的集中和垄断造成的,垄断资本的出现使广大生产者和消费者在进行商品交换时,在信贷、加工、运输、销售、消费等环节倍受盘剥。如斯彭斯(Thomas Spence)、潘恩等主张土地改革者认为私人土地垄断是造成社会弊病的主要原因,因而反对私人财产权。③ 19世纪杰出的社会评论家托马斯·霍奇斯金(Thomas Hodgskin)对资本的秘密进行了揭露。他认为,资本家对工人的压迫是残酷的,法律的制定者和资本家唯恐工人生活好转,无视他们的生产成果。倘若工人要求支付更多的薪酬,则被指责为无礼犯上。与以往相比,工人的技能和产量不只提高十倍,但收益都被资本家和地主私吞。为了防止财富被掠夺,霍奇斯金认为,未来的理想社会将不存在不劳而获,唯有劳动者能够拥有资本,并且只拥有那些帮助他们从事个体生产活动的资本。④ 霍奇斯金等人的著作,教育了千千万万工人,为了改善自身生存条件,工人阶级不仅广泛参加了当时轰轰烈烈的政治运动,许多人还把目光转向了自助与互助。消费合作运动正是当时

---

① Alexander Morris Carr-Saunders, P. Sargant Florance and Robert Peers, *Consumers' Co-operation in Great Britain: An Examination of the British Co-operative Movement*, London: G. Allen and Unwin, 1938, p.24.
② 《欧文1833年10月9日在合作社代表大会上的演讲词》,《欧文选集》(第二卷),柯象峰等译,北京:商务印书馆,1981年,第223—224页。
③ Alexander Morris Carr-Saunders, P. Sargant Florance and Robert Peers, *Consumers' Co-operation in Great Britain: An Examination of the British Co-operative Movement*, p.26.
④ [美] E. K.亨特:《经济思想史——一种批判性的视角》,颜鹏飞总译校,上海:上海财经大学出版社,2007年,第141页。

重要的工人阶级自助与互助运动之一,该运动的发展对英国政治发展产生了深刻影响。

消费合作运动的兴起,实际上就是英国工人阶级面对日益严重的贫富差距、不断恶化的生存条件和日趋激烈的市场竞争而采取的一种自我保护行为。E.P.汤普森认为,消费合作运动源于18世纪以来英格兰对日益增长的个人主义、市场导向、消费竞争等方面的批评和抵制。[①] 生产者和消费者以各种形式联合起来,维护自身利益,对付中间商,减少经营费用,实行互利互助,因此萌发了合作互助的意识。但与当时工人运动中一些剥夺财产所有者现有财产的主张不同,合作运动是设想一种自愿累积的共有财产,这样多数人就可以从对少数人的依附中解放出来,这些少数人是垄断生产资料并以他人劳动谋取自身利益的人。哈德斯费尔德等地的合作社成员就强调:尽管他们同情宪章运动,但是工人阶级合作运动比导致动荡的政治改革更重要。[②] 19世纪中期兴起的近代合作运动,还与早期社会主义思潮的传播和当时的工人运动浪潮有密切关系。

近代英国消费合作运动深受罗伯特·欧文(Robert Owen)思想的影响。欧文主导的"合作村"(Co-operative Village)思想结合了改革、怀旧和千禧年主义(Millennialism)等诸多元素,塑造了乌托邦式的理想。但由于欧文主义理论的空想性,难以完全通过实践来实现。欧文对政治权力的现实始终持回避态度,拒绝正视所有制和阶级权力的问题。他希望以合作的社会主义,用事例、用教育、用合作社在农村、工场和商店中的发展,简单地、没有冲突地去代替资本主义。在欧文的影响下,"合作"成了社会组织的一种新的原则。相对于竞争而言,合作似乎可以使民众更容易摆脱苦难

---

① Peter Gurney, *Co-operation Culture and the Politics of Consumption in England, 1870 – 1930*, Manchester: Manchester University Press, 1996, pp.11 – 12.
② Stephen Yeo, *New Views of Co-operation*, London: Routledge, 1988, p.44.

与贫困。按照欧文的思路,理想社会的基层组织是规模适中的劳动公社,规模为300人到2 000人,平均每人有土地约1—2英亩。社员包括不同年龄段的,待遇职责不同。欧文在美国的试验失败后,回到英国又进行了建立生产合作社和组织公平交换市场的试验。欧文提出的"合作"与现代合作运动中"合作"的概念有所不同,他主张以土地为基础建立起社区,这些社区由各种商品的生产者组成,生产资料共有,大家共同劳动来满足集体需求。在这种合作社中,生产者和消费者是相同的,因而不存在后来那种"生产者合作"与"消费者合作"之间的矛盾。① 产品分配实行的是各尽所能,按需分配。但是随着机械化大生产的迅速普及和劳动分工的细化,这种以土地为基础的自给自足社会在现实中不可能实现了,欧文主张的劳动产品的直接交换也只适用于独立的小生产者,理想便成了空想。

欧文的合作社思想具有空前的革命性,但是由于他对工人阶级管理能力的不信任,因而没有提出民主管理的思想,而是用资产阶级的机构来管理控制合作社。其他那些直接或间接受到欧文信条影响的合作计划基本都与欧文提出的合作社具有相同的特征,因此也遭遇了同样的命运。② 为了实现伟大理想,欧文及其追随者建立了"合作商店",既可以有效消除中间商利润,提高消费质量,也被看作为购买土地建立合作社区而积累资金的方式。同时,他还倡导建立全国生产者大联盟,为大联盟拟定章程,设立公平交易的交换银行。然而,欧文及其追随者没有想到的是,他们当初建立的合作商店,竟然成为后来声势浩大的消费合作运动的滥觞。后来合作运动的发展证明,工人阶级确实可以通过自己保留零售利润来为发展合作

---

① Alexander Morris Carr-Saunders, P. Sargant Florance and Robert Peers, *Consumers' Co-operation in Great Britain: An Examination of the British Co-operative Movement*, p.28.
② Alexander Morris Carr-Saunders, P. Sargant Florance and Robert Peers, *Consumers' Co-operation in Great Britain*, *An Examination of the British Co-operative Movement*, p.28.

企业积累庞大的资金。从实践成果来看，早期合作运动可以说是失败了，即使是这一阶段的合作商店到1840年也大部分都不存在了，但是新社会思想的种子还在等待更合适的土壤和时机重新发芽。

由于欧文主义被认为是乌托邦式的空想，因而类似的责难也与合作运动联系起来，甚至一些合作运动者拒绝承认欧文主义与现代合作运动的联系。这种观点主要是由于没有分清欧文借以实现其原则主张的实践活动与原则本身。事实上，欧文对现代消费合作运动的影响体现在根本原则和最终目标方面，而非具体的实践活动上。欧文的合作原则包括：消除追求私人利润的制度；消费者自愿联合，为满足需求而生产；自愿累积合作企业利润的生产资料，实行公有制；将社区财富用于提升人类品质与幸福感。但欧文似乎对工人阶级管理自身事务的能力没什么信心，在他的短期计划中并没有民主管理原则的位置，而这是后来消费合作运动的核心原则之一，即将管理权交于广大消费者手中，而不是由少数生产者掌握，这一原则贯穿消费合作运动的各个阶段。

尽管如此，欧文合作社思想与实践对19世纪英国合作社运动产生了巨大影响。布莱顿合作社（Brighton Society, 1827）的创办者威廉·金（William King）接受了欧文的思想，并在合作社资金来源上对欧文的设想进行了调整。按照欧文的观点，合作社资金来源于少数慈善家。而威廉·金在1828—1830年间的《布莱顿合作者报》上发表了他的观点，他认为："合作对工人阶级来说是个相当新颖的话题，他们忽视这项运动是自然而然的。为了使合作社能够顺利实施，绝对需要大量资金，而上述最小的资金量是20 000英镑。"欧文合作体系无法实现的问题在于需要大量资金，威廉·金提出从小做起，通过开设商店，用获得的利润建立一个基金来积累资本。当资本积累到一定程度就可以雇用职员，当公众对某种特定商品有需求并有利可图时，他们还可以进行生产。"如果大量工人在这个原则下加入合作社，那么其资本就会增加许多，并可做更多的事情。"① 这种资金募集方法正是日后消费合作运动发展的基本路线。

2. 消费合作运动的发展、组织和运作

19世纪20—30年代,在布莱顿、苏塞克斯等地出现了一大批合作社组织。1830年8月《合作者》(*Cooperator*)月刊提供了一份包括300个合作社和一个靠近哈顿花园的伦敦合作商店的名单。到了1832年,这个数字上升到接近500个,会员至少有两万人,此外还有几份合作期刊,以及一个建于3年前的"英国推广合作知识协会"。② 19世纪40年代之后,合作运动沿三个方向发展:一是追随欧文主义,这些人汇入1846年利兹的合作组织,提出"劳动资本主义而非劳动者和资本主义"的口号,试图建立基于每人每周捐助1便士的乌托邦组织,在1855年遭到失败。第二个方向是所谓的"基督教社会主义",这部分人在1848年到1854年之间试图通过约翰·明特·摩根(John Minter Morgan)的"英格兰教区自给村社"(Church of England Self-supporting Villages)汇入由基督教社会主义者创建的合作工厂。③ 这部分人曾经有过一定影响,尤其是在使上层人士接受合作运动方面取得了一定成功,但最终还是失败了。第三个方向是以罗切代尔公平先锋社为代表的未来主流方向。

现代消费合作运动开始于1844年。④ 这一年,28名贫穷的纺织工人在英国北部的曼彻斯特市郊的罗切代尔创立了"罗切代尔公平先锋社"。他们同意每人购买1英镑股份来筹措足够的资金以购买商品。他们最初

---

① Alexander Morris Carr-Saunders, P. Sargant Florance and Robert Peers, *Consumers' Co-operation in Great Britain, An Examination of the British Co-operative Movement*, pp.30 – 31.
② [英]玛格丽特·柯尔:《欧文传》,何世鲁、马爱农译,马清槐校,北京:商务印书馆,1995年,第172页。
③ Harold Perkins, *The Origins of Modern English Society, 1780 – 1880*, pp.385 – 386.
④ D. H. Cole, *A Short History of the British Working-Class Movement, 1789 – 1947*, p.155.

的目标是避免从当地店主那里购买价高质劣的食品,并筹措足够的资金建立一个自给自足的联合群体。① 因此,罗切代尔公平先锋社通常被视为现代合作社的创始者。

工业革命以来,罗切代尔一直是工人运动活跃的中心之一,而合作社商店一出现就成为工人们社交的中心,每周采购的时候,他们"会见朋友,谈天说地",这都为工人运动提供了土壤。先锋社的创立者当中,有的是人权运动分子,有的是社会党人,有的是欧文派的合作者,有的是禁酒运动支持者,很多都是教会成员,他们的共同点是都没有钱。最初先锋社主要向社员出售牛奶、面粉等日用品,由社员在工余时间轮流售货。但是他们的目标不是仅停留在小商店上,根据他们的纲领,合作社不仅要出售食品和生活必需品,还要办工业,加工制造社员可能需要的各种物品;要购买土地,生产社员需要的产品;要扩大合作社的各项事业。他们的总目标是要建立一种"具有共同利益的自立家庭的群体",为社员的利益"安排生产、分配、教育和管理"。② 1870年之后主导消费合作运动发展的重任转移到英格兰批发合作社(The Co-operative Wholesale Society)手中,它的杰出领导人,与罗切代尔公平先锋社紧密联系的 T. W. 米切尔(T. W. Mitchell)"以理想主义的名义,提供了非理想主义者想要的东西",将专属"消费者的控制"变成了英国合作运动的主流。③

因为定位明确,经营策略正确,罗切代尔公平先锋社很快便取得了巨大成功,其成员人数和销售收入都有明显增长,具体见下表:④

---

① Bernard Harris, *The Origins of the British Welfare State: Society, State and Social Welfare in England and Wales, 1800 – 1945*, p.87.
② 陈文宝:《英国、瑞士合作社考察报告》,《山西财经学院学报》1996年第4期,第2页。
③ G. D. H. Cole, *The British Co-operative Movement in a Socialist Society*, London: George Allen and Unwin Ltd., 1951, p.31.
④ Emanuel Stein, "The Consumers' Co-operative Movement", *Journal of Educational Sociology*, Vol.6, No.7(1933), p.432.

表 5-3 罗切代尔公平先锋社成员人数及销售收入表(1844—1865)

年　代	成员人数/人	销售收入/英镑
1844	28	
1845	74	710
1850	600	13 125
1855	1 400	44 902
1860	3 450	152 063
1865	5 326	196 234

罗切代尔公平先锋社成立之初的人数为 28 人,经过逐年发展,到 1865 年人数也只不过才 5 326 人。罗切代尔公平先锋社的成就不仅仅是这个合作社本身,更重要的是其在英国合作运动上的引领作用。罗切代尔公平先锋社"按购买量分红"的决定,使工人作为生产者与消费者的身份逐渐分离,是其从合作共同体建设阶段到自助阶段转变的标志。正如 19 世纪 60 年代一位合作社社员所说:"现代合作是工人提高自身地位的方式。"[1] 罗切代尔公平先锋社的模式之所以能取得成功并长期发展,根本上是由于罗切代尔原则符合市场经济规律和工人的需求,同时与其奉行的原则以及其经营策略有很大关系。首先,罗切代尔公平先锋合作社总结了以前英国众多合作运动的基本经验,吸取了其中失败的教训,为后来英国乃至全世界消费合作运动奠定了基础。其次,罗切代尔公平先锋社对其经营理念进行创新,在总结经验的基础上,提出了一些新的原则,这些新的原则和理念对罗切代尔公平先锋合作社的快速发展起了决定性作用。这些原则有如下几条:成员开放;民主管理;根据购买量分红;限制对资本的利息;政治宗教的中立;现金支付;促进教育。[2] 这些卓有远见的原

---

[1] Trevor May, *An Economic and Social History of Britain*, 1760-1970, p.226.
[2] R. A. Palmer, "Economic Significance of British Consumers' Co-operation", *The National Marketing Review*, Vol.1, No.4(1936), p.290.

则,不但使罗切代尔公平先锋社规模迅速扩大,而且成为全英国合作社共同奉行的标准原则。① 这些原则在1937年被国际合作社联盟(ICA)大会采纳,成为国际合作社通行的准则。成员开放意味着合作运动没有阶级局限,人人都可以入社,无性别限制,无阶级之分,也意味着合作运动是自愿的,没有人被强迫入股。社员不论其股份多寡,权利是平等的,每个社员只可投一票,实行民主管理。合作社按照社员购买的额度分红,使社员对合作社忠诚度大大增加。在合作社发展过程中,当初罗切代尔公平先锋社确立的一系列原则一直被传承下来,虽然随着实际情况的发展变化不断进行修改和调整,但核心精神没有改变。

罗切代尔公平先锋社之所以能取得成功并长期发展,根本上是由于罗切代尔原则符合市场经济规律和工人的需求。消费合作社的模式之前并非没有,而之前失败的合作社要么是按照成本价销售,以至于经常面临亏损的风险,同时也很难积累资金;要么是按市场价销售,但是却用利润建立"公社基金"用来发展欧文主义的合作村庄或其他空想性质的社区;要么就是违反了合作原则,根据股份按照盈利率来分红。罗切代尔公平先锋社是按照市场价销售,但却按照购买金额分红,而不是股份,同时股本可以产生利息,并且先锋社鼓励社员将分红继续作为股本累积,这样既可以使社员获得利息,也可以让先锋社获得稳定的资金来源发展和扩大业务。"罗切代尔模式"的精髓是将按购买额分红和按股本支付固定利息这二者结合起来。② 罗切代尔公平先锋社在建立之时并不是有意识地去设计这些原则,只是从务实的角度,出于社员的需求,选择了他们认为对社员有好处的方式。而且他们也并没有意识到这实际是与欧文主义的决裂,他们中很多人都受欧文主义的影响,从先锋社的纲

---

① Johnston Birchall, *The International Co-operative Movement*, Manchester: Manchester University Press, 1997, p.58.
② G. D. H. Cole, *A Short History of the British Working-Class Movement*, 1789 – 1947, p.155.

领中可以看出,其中依然有着欧文主义的理想,最终目标是建立自给自足的社区,甚至企图让失业工人回归土地。好在罗切代尔的先锋者们很快就意识到了形势的变化,明白原先纲领中哪些是可以实现的,哪些已经不符合时代了。可以说1844年之后的合作运动摈弃了之前的空想色彩,一直走在务实的道路上。

罗切代尔公平先锋合作社的成功,促进了英国合作运动的发展。1852年,英国议会通过了《工业和公积金社团法》(Industrial and Provident Societies Act),合作社都按照《工业和公积金社团法》进行登记,合作社的资金得到了法律的保障,尽管还有很多限制,但最终促使了先锋社业务范围的迅速扩大。随后,先锋社修订了章程,更加注重对合作社盈余的合理分配,平衡合作社和社员的得益,将利息率的最大限度定在5%,而具体有效利率则交由全员大会决定,并且每年留出分配利润的2.5%,用于支持教育方面的花销,促进阅读室和图书馆的使用。19世纪60年代,罗切代尔公平先锋社,通过接管小的合作社或开设新店,分店数量增加,并在1867年建立了新的总部,他们还向其他领域进发,开设工厂、投资生产、组建批发合作社、推动合作社大会、宣传合作社理念等等。正是由于积极投入不同的活动中,罗切代尔公平先锋社才在实践中总结出经验,同时遇到许多难以调和的问题,影响着其他合作社的前进道路,其也从基于地方的合作社规模走向了全国性联合。

合作运动走上了法制的道路,各类合作社迅速发展。1863年设立了"北英格兰批发合作社"(the North of England Co-operative Wholesale Industrial and Provident Society),1873年改为"英格兰批发合作社"(C.W.S)。1868年苏格兰批发合作社建立,逐步将所有相似的合作社纳入一个统一的批发—零售体系中。批发合作社不仅加强了各合作社之间的经济联系,而且设有银行部,使合作社得以融通资金,发展生产事业,实现生产与消费的结合,形成具有较强实力的经济共同体。1881年英国合作社总数为971个,其社员人数达到547 212人,平均每个合作社有564人。1903年,合作社总数达到1 455个,社员人数达到1 987 423人,平均每个合作社1 366人。1945年,全英1 070个合作社,社员总数更是达到了9 401 927人。①

从合作社的类型来看,消费合作社可分为零售合作社和批发合作社。

零售合作社各有其服务的社区范围,在较大地区设立分支机构方便服务社员。加入合作社很方便,只要填一个入社志愿书并缴纳至少1便士作为部分股金即可获得一个社员号码。合作社不仅出售日常生活用品和食品,一些大的合作社也开设百货商店出售时装鞋帽等,还开设餐馆,提供理发、洗衣、送牛奶等服务。在特别发达的合作社中甚至还提供住宅建筑租赁、戏票供给、组织旅行等服务。对于较困难的社员,合作社允许他们采用分期付款的方式购买一些单价较贵的商品,如家具等。零售合作社发展迅速,1881年英国零售合作社有965个,成员达到546 560人;1890年零售合作社发展到1 228个,成员数为960 186人;1900年零售合作社为1 419个,成员数为1 703 084人。②

批发合作社和生产合作社的设立,真正消除了所有环节的利润,建立起完整的现代合作体系。1863年8月,"北英格兰商业批发合作社"(The North of England Co-operative wholesale Industrial and Provident Society)成立,该组织的目标是"在商品的消费者和生产者之间摒弃一切非必要的以及营利的机构,节省生活费用"③。1873年改名为"英格兰批发合作社",总部及仓库设在曼彻斯特,主要分部设在纽卡斯尔和伦敦;此外在利兹、赫

---

① William Beveridge, *Voluntary Action: A Report on Methods of Social Advance*, London: Routledge, 1948, p.111.
② Alexander Morris Carr-Saunders, P. Sargant Florance and Robert Peers, *Consumers' Co-operation in Great Britain, An Examination of the British Co-operative Movement*, p.63.
③ Emanuel Stein, "The Consumers' Co-operative Movement", *Journal of Educational Sociology*, Vol.6, No.7(1933), p.433.

德斯菲尔德、诺丁汉、北安普敦、卡迪夫及伯明翰都设有出货栈房。在海外也设有批发合作社的采购站。批发合作社由于符合现代合作体系的发展趋势因而发展迅速,英格兰批发社 1864 年的年销售额是 51 857 英镑,到 1872 年已增长到超过 1 000 000 英镑,到 19 世纪末更是增长到惊人的 16 043 889 英镑。苏格兰批发社的销售额也从 1869 年的 81 094 英镑增长到 1900 年的 5 463 631 英镑。[①] 1880 年,参加英格兰批发合作社的零售合作社还不到半数,到 1910 年已有 6/7,而零售社售出货物的 2/3 到 3/4 都是由批发合作社经办的。1882 年,两大批发合作社还首次合作从中国直接装运茶叶。合作社在经历了经济危机、战争之后依然能长期、稳定存在的一个原因是,它的维持主要依靠供应生活必需品,尽管也供应丝绸、皮货这样的奢侈品,但是比例很小。由于所供应的主要是非弹性需求商品,因而战争和金融市场的波动对它们影响很小,新发明、新的经营方式以及海外经济变动对它们几乎没有影响。

早期合作社的管理由社员亲自进行。以零售合作社为例,日常业务由社员推选出的一个委员会管理,这种选举通常在每季或每半年举行的社员大会中进行。全体社员都有权出席,提出关于社务或在法律规定范围内支配合作社资金的议案。委员会在审核账目之后可以提出一个分红的比例,征询社员意见,非经社员同意不得生效。委员会成员没有薪水,均以业余时间管理社务,因此通常在夜间开会,一周至少一次。委员会有权雇用或解雇职工,创立或变更经营方针,可对社员的建议进行批驳和修正。委员会实际上履行的是类似于董事会的责任。各合作社的管理完全是独立的,在全英合作联盟之内的各种合作社相互间的联系完全出于自愿,是出于共同的目标和悠久的互助观念传统。合作社是自下而上构成的系统,每个社都是独立的,批发合作社与零售合作

---

① A.M. Carr-Saunders, P. Sargant Florence and Robert Peers, *Consumers' Co-operation in Great Britain*, *An Examination of the British Co-operative Movement*, p.37.

社之间并无从属关系,反而零售社通常是批发社的股东,其关系同社员与合作社的关系相同。批发合作社的管理权是由交易额决定的,其盈利分配也是按照零售合作社进货的数额进行。但到了后期,合作社规模越来越大,无法再单纯依靠社员的热情进行自愿管理工作,于是雇用了一些领取薪资的职员专职负责合作社的管理,但民主的原则始终得以坚持。

1872年开始,合作社也开始建立自己的企业,从事一些原则上属于生产部门的加工工作。事实上,当合作社开始拥有产业自己进行生产,才真正消除了所有利润环节,形成了完整的合作经济体系。合作社最主要的生产活动有成衣的定做和衣服的修补工作,上百个零售社都设有制作成衣的作坊,有的甚至有工厂。类似的还有制作与修补鞋子的部门、家具部门等,但不如成衣业务那样普遍。这种生产活动在合作运动中占有重要地位,其中最重要的生产和服务活动之一是牛奶消毒。零售合作社是全国最大的牛奶销售者,供给全国三分之一人口的牛奶消费,合作社的牛奶消毒厂是全国规模最大、经营最好的。几个大的零售合作社还有自己的奶牛场。合作社的企业可以分为四大类:食品及其相关商品,纺织服装等,家具、器皿、厨房用具,木器、玻璃瓶、陶瓷等。除此之外,合作社还设有保险部门,为所有社员提供保险服务。[①]

除了商业活动外,合作社也参与了很多社会活动。

合作社一直很注重教育事业。早在在国家实行普遍义务教育之前,1844年罗切代尔公平先锋社的社务纲领中就将教育列入工作范围。合作教育通常以零售社为单位组织,几乎每个社都有教育委员会。在政府兴办教育之前,合作社就开设了各种商业、科学及一般课程的讲习会,同时建立图书室、俱乐部、阅报室等设施供社员使用。合作社各地开展了各种教育

---

① Emanuel Stein,"The Consumers' Co-operative Movement",*Journal of Educational Sociology*,Vol.6,No.7(1933),p.433.

活动,包括各种讲习班、读书会、公开演讲会、音乐会、一日学校、周末补习学校等,还向社员发放小册子。在发达的工业城镇和人口较多的乡村,这些教育活动成为当时工人们日常社交活动的重要内容。合作教育由合作联合会的教育委员会统一计划,联合会颁行教育大纲,内有各种关于社会、技术及商业课程的说明。1919年,教育委员会还创办了世界上第一所合作学院,学员中有各地合作社派送的学生,也有外国学生。合作教育与其他成人教育保持着友好关系,例如工人教育会,该会发起人中也有很多合作社人士。

合作社每年还要捐献出很大一笔款项用于慈善事业,包括公私医院、疗养院、教堂、慈善会等,并设立奖学金。此外合作运动本身也经营了几个有规模的疗养院,后来在二战时期成为军用医院。

3. 消费合作运动的意义及特点

消费合作运动本身是工人运动的一部分,它在改善劳动条件方面取得了一定成果,又在一定程度上支持了工人运动。"近代合作运动意味着工人联合起来改善本阶级社会环境。"①随着入社人员的增加,合作社开始雇用领取工资的工人,合作社早期的员工很少把自己看成挣工资的人,他们感到自己就是其服务的机构的一员。合作社既是工人运动的一部分,同时也是担任了雇主的角色,因而合作运动与工人运动之间的关系也变得复杂化。作为工人运动,合作运动在改善工人条件方面取得了一些成果,如合作商店最早引入每周半天休息制度,男性工人的最低工资制度是英格兰批发合作社在战前确立的。② 另外,合作社雇工的工资水平和工作条件比外

---

① Harold Perkin, *The Origins of Modern English Society*, 1780–1880, p.387.
② Alexander Morris Carr-Saunders, P. Sargant Florance and Robert Peers, *Consumers' Co-operation in Great Britain*, *An Examination of the British Co-operative Movement*, pp.43–44.

面同等工作要优越一些,合作社会按照股东分红的情况给合作社雇员发放工资之外的奖金。即使除去奖金,合作社雇员的基本工资也比同地区其他工人略高。以约克郡为例,约克的合作社创建于 1858 年,1883 年成为全英批发合作社的成员。他们雇用的员工除工资外,还有一定奖金。奖金依股东分红而定。当股东的分红为每英镑 2 先令 4 便士时,雇员可以得到每英镑 1 先令 2 便士的奖金,1900 年发放给合作社工人的奖金总额是 526 英镑,比约克市的平均工资要高一些。① 从这个角度来看,合作社作为雇主,也为提高工人收入做出了贡献,尤其是在批发和零售商业领域。此外,在一些罢工运动和劳资纠纷中,合作运动表现出与工人运动的团结一致,为这些运动提供了支持。例如 1913 年爱尔兰运输工人罢工,在工会代表大会议会委员会的担保下,英格兰批发合作社在三天内装运了一船食物到都柏林,满足了受罢工影响的 25 000 个家庭的需要,并且在接下来的四个月中持续给予类似供给。此外在 1919 年、1921 年、1926 年的大型劳资纠纷事件中,英格兰批发合作社都做出了迅速的安排和支援。② 合作社对工会和工人运动持支持态度,许多合作社要求其所有员工必须参加工会,1919 年英格兰批发合作社增加了相关规定,而在遵循这项规定的合作社中很多是大型零售合作社。结果,合作社 90% 以上的雇员是工会成员。③

合作运动培养了工人阶级勤俭节约的意识,这种道德层面的提升与欧文的理想不谋而合。在工业革命时期英国社会普遍认为:贫困是穷人自身道德低下造成的。而贫困人口中确实存在着酗酒、犯罪、挥霍、懒惰等道德

---

① B. Seebohm Rowntree, *Poverty: A Study of Town Life*, p.354.
② A. M. Carr-Saunders, P. Sargant Florence and Robert Peers, *Consumers' Co-operation in Great Britain*, *An Examination of the British Co-operative Movement*, p.44.
③ A. M. Carr-Saunders, P. Sargant Florence and Robert Peers, *Consumers' Co-operation in Great Britain*, *An Examination of the British Co-operative Movement*, p.351.

问题,也确实是造成贫困的部分原因。① 1834 年的新《济贫法》基调就是惩罚,企图通过惩治"懒惰"来解决贫穷问题。这一时期的济贫院采取了各种惩治穷人的手段,条件十分恶劣和苛刻,济贫官员认为这有助于穷人的道德完善并使懒惰的穷人变得勤奋,其目的是希望全体社会成员都依靠自助摆脱社会问题的困扰,但实际带有明显的人格侮辱与政治性惩罚。这种对贫困问题的不正确认识,使得济贫不能达到其预期的效果,更不能从根本上解决贫困问题。然而在合作运动中,经济鼓励使工人自觉形成了节俭和勤劳的品德。为了获得分红,社员必须在合作社消费,由于合作社坚持现金支付的原则,社员必须从工资收入中节省下来部分现金用来消费,而不能寄希望于赊账,这样就迫使社员更加节俭和有计划地开支。社员通过消费获得了分红,从节俭中体会到了好处,久而久之就自发形成了节俭的生活习惯。此外,合作社的章程中也明确规定支持禁酒运动,鼓励节俭,这些都有助于工人养成节俭的生活习惯,提高道德水平。

罗切代尔公平先锋社奠定了近代合作运动的基本原则,决定了合作运动的发展方向。这些原则在时代的变迁中始终被保留,进而决定了现代消费合作运动的特征和性质。

首先,按交易额分红的原则奠定了合作社快速发展的基石。分红是合作财政和合作信念的核心,它使合作社与友谊会那样的救济性组织区别开来。加入合作社不是一种保障性行为,它带有投资性,可以从投入中获得回报,并且是持续的,风险极低。这相当于给工人提供了除工资之外的另一个收入来源,满足了他们持续有钱可花的愿望,当然前提是要有足够富

---

① Charles Booth, *Pauperism*, *A Picture: And the Endowment of Old Age*, *An Argument*, London: Macmillan, 1892, *Volume 1 of Poverty and the Poor Law*, the Palgrave Macmillan Archive Edition, 2003.这份调查报告以 1891 年皇家统计学会的统计数据为基础,对斯普特区(Stepney)地区的贫困状况进行了调查和描绘,其中对这一地区造成贫困的主要原因进行了分类和归纳,并列举了许多实例。从统计结果看,酗酒造成贫困的比例仅次于老年和疾病,生活放荡、犯罪、挥霍无度等也都占有一定比例。

余的工资来入股和消费。按交易额分红将消费放在了中心,使消费者有更多主动权,也更有消费积极性。虽然合作社的商品并不一定比市面上便宜,但通常如果能负担得起,社员还是会选择在合作社消费,因为合作社销售的多为没有需求弹性的生活必需品和消耗品,对于社员而言,这笔钱反正都是要花的,不如花在合作社。19 世纪 80 年代末,在兰开郡的某些地区,男女老少平均每人每年要在合作商店中消费 5 英镑。全国的数字是 15 先令 8 便士,之所以有这样的差距,一个主要解释是伦敦、南部和乡村地区合作运动的薄弱。① 1896 年,每英镑购买额的红利平均为 2 先令八又二分之一便士,达到了最高值,此后缓慢下降,但 1909—1910 年只降到 2 先令五又四分之三便士,红利领受人占整个团体的 32.8%。② 大多数合作社对社员有交易协定,如果社员的交易额不足约定数目,他的股金利率也许会被降低,甚至彻底被取消。这是为了鼓励社员在合作社消费,并避免合作社成为纯粹的储蓄银行。罗切代尔的分红原则使当时的人们在那样一个时代体会到了节俭带来的好处,尽管贫穷还是将很多人排除在合作社带来的好处之外。

其次,一人一票的原则保证了合作社的民主,在管理上也提供了便利。在欧文的计划中并没有民主管理的内容,人人平等的实现是生活水平和教育水平提高后的自然结果。但事实上,民主和平等无法自然实现,需要通过制度的约束和规范。不论股本大小,股东的投票权完全一样,一人一票,这个原则将合作社与股份制公司区别开来。在合作社中,每人所能持有的股份有限制(不超过 200 英镑);保持价值固定、稳定和适度的股息;不论股权大小,股东在管理方面的权力一律平等;小额股份使新社员入股门槛很低,不按照所持股份而是按照消费比例进行分红,凭借由于强烈信仰而入社的社员进行义务性质的社务领导工作——这些特征使得合作社避免了

---

① [英]克拉潘:《现代英国经济史》(中卷),第 396 页。
② [英]克拉潘:《现代英国经济史》(下卷),第 308 页。

一些股份公司的缺陷，更具有民主和公平的特点，因而能更长久地发展。民主管理的特征也符合欧文对合作社的理想，他希望合作社是为了满足需求而生产，而不是为追求利润；是在民主的控制下，而不是在利益的驱动下。

再次，重视教育。这既是合作社自身发展的需要，也体现了合作运动的社会责任，是对理想的一种坚持。对社员的教育，不断培养出合作事业的人才是保证合作社长远、良性发展的需要，而对公众的教育一方面是对合作社形象的宣传和提升，同时也是合作运动伟大目标的一部分。欧文主义合作运动的终极目标是改善社会，对社会公共事务的关心和参与是合作运动从最初就有的原则，早期合作社都遵循罗切代尔的范例，很重视发展教育，并将此看作与获取经济利益同等重要的事业。1844年之后的早期合作社效仿罗切代尔公平先锋社将部分利润投入教育事业，一些合作社甚至建立了阅览室和图书馆。此时合作运动的社会目标至少被视为与其经济利益同等重要。然而经过快速发展阶段，这种社会目标逐渐退到幕后。据1872年合作社代表大会报告的附录分析，1871年在400个合作社中只有66个向"教育"这一项投入了资金，而其中只有35个投入了超过10英镑的资金。而且需要清楚的是，这里所谓的"教育"还混杂了各种并非真正意义上的教育事业的其他活动。[①] 可以说，这一时期合作社物质上的进步是以抛弃了清晰明确的目标和社会责任感为代价的，这些原本是能够使合作运动成为在现代思想与文化重塑以及经济生活重组过程中最有影响的力量的。这种目标的模糊也对19世纪后期合作运动的发展造成了阻碍。当合作体系逐渐完整，合作运动的发展遇到了瓶颈时，合作者们又意识到了目标的重要性，重新重视起贸易以外的各项社会事业。

以罗切代尔原则为基础的合作原则使得合作运动直到今日依然保持

---

① A. M. Carr-Saunders, P. Sargant Florence and Robert Peers, *Consumers' Co-operation in Great Britain*, *An Examination of the British Co-operative Movement*, p.36.

着旺盛的生命力,在全世界仍有很强的影响力,罗切代尔公平先锋社在陶德巷的建筑成为全球合作社朝圣的中心,其先驱们的故事逐渐被塑造成一种"神话"。罗切代尔原则具有普适性,使得合作运动能够在全世界各地广泛传播发展,各国各地在这些基本原则的基础上,建立起符合自身实际情况的合作社,而不受意识形态或政体、制度的限制。国际合作联盟在2000年甚至设立了"罗切代尔先锋奖"(Rochdale Pioneers Award)以鼓励世界合作社的成就。合作社的原则在中国也产生了重要影响。1950年7月,新中国成立了中华全国合作社联合总社,统一领导和管理全国的供销、消费、信用、生产、渔业和手工业合作社。1954年,中华全国合作社联合总社更名为中华全国供销合作总社,并加入了以罗切代尔原则为基础的国际合作社联盟(International Co-operation Alliance)。

19世纪,英国消费合作运动经历了从兴起、迅速扩张到逐渐稳定和规范化的过程,发展成为工人阶级自助与互助的一种主要形式。尽管这一时期的消费合作运动在应对工业革命弊病方面的作用有限,无法从根本上解决工人阶级的贫困问题,但它在促进工人运动发展、培养工人勤俭节约意识以及在一定程度上改善工人阶级生活状况等方面发挥了积极作用,并且奠定和发展了现代合作运动的基本原则,对日后合作运动发展产生了深远影响,具有重要意义,中国同样视罗切代尔公平先锋社为现代合作社的起源。

三、18—19世纪英国"友谊会"医疗救助体系探析

英国是一个具有悠久自助和互助传统的国家,友谊会是最主要的互助组织之一。"友谊会"是指"18—19世纪在英国工人阶级特别是收入较高的工人上层中广为存在与发展的一种具有直接社会保障功能的民间互助组织"①。"其友谊会的会员定期缴纳规定的会费,遇到失业、疾病或贫困时可以从友谊会得到一定数量的救济,会员如果死亡,其家属也可以得到一部分津贴。"②其中友谊会中的医疗救助体系是友谊会中所有的救助中非常重要的一部分,"因为这一体系不仅关乎成员的生命健康,而且对整个英国后来的医疗体系的发展产生了重大影响"③。

1. 友谊会医疗救助体系的发展

18世纪中期开始,随着工业革命的发展,友谊会这一工人阶级的互助组织开始迅速发展。友谊会一般规模大小不一,种类繁多。既有地方性的

---

① 闵凡祥:《18—19世纪英国"友谊会"运动述论》,《史学月刊》2006年第8期,第87页。
② 丁建定、杨凤娟:《英国社会保障制度的发展》,北京:中国劳动社会保障出版社,2004年,第9页。
③ P.H.J.H. Gosden, *The Friendly Societies in England*, 1815 – 1875, Manchester: Manchester University Press, 1961, p.138.

组织,又有全国性的组织。19世纪30年代后,友谊会开始迅猛发展,到1871年,英国友谊会的会员已经超过200万。① 作为具有经济和社会救助职能的互助组织,医疗救助是其最重要的职能之一。而友谊会医疗救助的兴起与工业革命的发展息息相关。

随着工业革命的发展,英国人口增长速度加快,大量农村人口涌向城市,英国城市化进程大大加快。1851年英国城市人口增长了50.2%。1801年到1851年,英国居住在城镇的人口增长了两倍多,英国在世界上率先实现了城市化,而城市原来的住房远远不能满足新增人口的需要,新建的住房也不能满足人口增长的需要。如1831年到1841年格拉斯哥人口增长了37%,而同期该市住房只增长了18%。② 因而19世纪大部分时间,英国工人阶级住房状况十分恶劣。

恶劣的卫生条件造成传染病流行,工人的身体素质较低。19世纪是各种恶性传染病在英国各大城市流行的时期。当时主要的传染病有霍乱、伤寒、斑疹伤寒、痢疾、肺结核、猩红热、白喉、麻疹、性病和各种婴幼儿疾病等,贫穷、营养不足、住房过分拥挤、工作环境通风不良和空气污染都是重要的原因。恶劣的工作生活环境,严重影响了工人阶级的身体健康,城市的穷人往往个子矮小、瘦骨伶仃、面色苍白。③ 而时常发生的工伤事故,更使工人阶级健康状况雪上加霜。

尽管在18世纪时,英国就兴建了许多医院,但医院仍不是疾病医疗的主要场所,一直到1800年,英国医院住院病人总共才有3 000名。④ 医院交叉感染现象非常严重。富人生病往往会请医生上门进行诊治,但是医疗

---

① Bernard Harris, *The Origins of the British Welfare State: Society, State and Social Welfare in England and Wales, 1800 - 1945*, p.80.
② M. W. Flinn, *Introduction to the Report on Sanitary Condition of the Labouring Population of Great Britain*, p.4.
③ Carl Chinn, *Poverty Amidst Prosperity: The Urban Poor in England, 1834 - 1914*, p.112.
④ Brian Abel-Smith, *The Hospital, 1800 - 1948: A Study in Social Administration in England and Wales*, p.1.

费用奇贵,一般人根本看不起病。因此,19世纪工人的疾病防治是一件很棘手的事情。

为避免生病无钱医治或者因病致贫,工人们急需一种在合理成本的前提下,能为自身提供有效医疗救助的方式。虽然说在英国济贫法救助体制下,穷人生病可以得到济贫法当局的救助,但是收入尚可的工人是得不到救助的。而有的工人生病后,如果没有医疗救助,很可能因为治病而沦为贫民,最后不得不进入济贫院。为了避免进入有"穷人的巴士底狱"之称的济贫院,英国工人阶级秉承英国"自助"与"互助"的传统,通过友谊会这一互助组织,来实现自己的医疗救助。济贫法当局也明确规定:济贫委员会认为,"以管理工人阶级的经验,委员会建议保护者们应该提供贷款以帮助他们获得医疗救助,并加强对会员的监管,通过分期支付保险金的方式为会员的康复提供支持。友谊会有义务促使这个阶级的会员们在痊愈后能够继续工作。这样,这个阶级的人就可以找到有效的方法,在遇到疾病时利用平时的积蓄治病,避免因为医师们普遍的偏见和高昂的医疗费用损害了个人充足的、自由的救助权利,也避免损害各个俱乐部和友谊会的利益"①。"工厂的工作带有更高的疾病和受伤风险,工人们要冒着新工业城镇的肮脏的卫生条件工作。众所周知,城镇的死亡率要大大高于乡村,这一点为他们加入友谊会寻求医疗救助提供了令人信服的原因。"②友谊会医疗救助体系一定程度上保障了工人们的生命健康,因此也越来越受到工人们的欢迎。

维多利亚时代,英国各地的友谊会陆续开始为会员们提供医疗救助服务,友谊会内部一般都会成立医务室,许诺向受该友谊会雇用的医生提供

---

① Poor Law Commission, *Official Circular No. 3 of the Poor Law Commissioners*, 4 April.1840, p.31.
② P. H. J. H. Gosden, *Self-Help Voluntary Associations in 19th Century Britain*, London: Batsford Ltd., 1973, pp.32-33.

薪水，对一些因病陷入困境的会员提供一些医疗救助。其方法一般是友谊会同若干医生签订合约，向医生支付固定费用，由这些医生对本会的会员提供医疗服务，多数友谊会还利用几所房子设立疗养院。不过，这时友谊会为会员提供的医疗服务属于友谊会内部自发行为，并没有上升到国家立法层面。到19世纪末期，英国大约有3/4的体力工人加入了这个项目。在大多数城市，友谊会建立了医疗服务机构，包括病房、外科和药房。雇有全职的医生和药剂师。① 1858年《友谊会法》(*The Friendly Society Law*)把医疗服务列为友谊会必须提供的福利，所有友谊会必须雇佣正式的医生和外科从业人员为会员服务。法案要求："1859年1月1日起，任何友谊会或其他类型的社团不能随意委派非专业人士为内科医师、外科医师以及其他各类医务员。任何没有在法案管理下进行登记的医疗服务人员不得为任何提供疾病治疗、伤残救助和养老等互助救助的机构服务。"② 在法律的强制要求下，所有友谊会登记委员会管理下的保险机构开始为会员提供医疗服务。

19世纪末期之前，大多数注册的友谊会会员每周缴纳0.5到1便士的费用来获取合同医疗服务。19世纪末，大约有2/3到3/4的友谊会会员享受到了这种合同医疗服务。③ 为规范医疗救助的行为，降低医疗费用，友谊会采取了以下几个措施。第一，对会员的职业、年龄和身体状况进行限制。友谊会拒绝接纳在特定领域工作或是从事危险职业的人。"禁止从事有害贸易或危险行业的人入会。玉石工、磨工、玻璃镀银工、镀金工、绘画者、水管工、铅工、消防员、裁缝、泥水匠、砖匠、劳工、法警或者执行官、小偷

---

① David G. Green, *Working-Class Patients and the Medical Establishment: Self-Help in Britain From the Mid-Nineteenth Century to 1948*, Aldershot: Gower Publishing Company Ltd., 1985, pp.1-2.
② P. H. J. H. Gosden, *The Friendly Societies in England, 1815-1875*, p.145.
③ James C. Riley, *Sick, Not Dead: The Health of British Workingmen, During the Mortality Decline*, Baltimore and London: The Johns Hopkins University Press, p.49.

或是危险类的技工均被禁止入会"①,还规定"成员的年龄最低限制是10岁[伊甸园友谊会(Eden Friendly Society)中20或21岁更为普遍],最高的限制是30岁中旬(伊甸园友谊会是46岁),申请者必须品德端正、身体健康"②。第二,对会员的道德行为进行约束。友谊会的条款规定,会员有责任为了自身的健康而注意规范自身行为,对于进行过度消遣的、携带易感染性疾病的,或是由于自身不规律的生活习惯及臭名昭著的行为而导致生病者,一律无权享有友谊会津贴救助。"会员在进入友谊会时便携有感染性的病毒或是在入会之后被感染了,也无资格接受救助津贴,关于这种类型的疾病术语有很多,但是最常使用是'法式瘟疫'(French plague)这一称呼。在阿克勒肖,有一则条款规定:由于'自身不规律的生活方式'或是'臭名昭著'的行为而导致患病者将被排除在救助之外;在赫里福德郡,如果想要确定一位即将入会的成员是否患有感染性疾病,友谊会需派内科医生去检查他的身体并支付给医生相关的检查费用。某友谊会规定:在进行入会成员资格的选拔过程中,人们必须回答有关自身年龄、职业、身体是否健康或是否带有残疾,是否已婚,以及他的妻子是否健康等问题。"③

友谊会医疗救助的资金主要来源于会员所缴纳的各种会费,这种会费实际上是一种人寿保险金,会员平时按时缴纳会费,当遇到失业、生病、丧葬等困境时,可以向友谊会申请救助。尽管各个友谊会的会费缴纳数目各异,但是它直接关系到各类救助金的发放情况。"大多数友谊会要求成员每月缴纳10便士作为会费基金"④,然而,也有一些友谊会要求更多,如"在

---

① Eric Hopkins, *Working-Class Self-Help in Nineteenth-Century England: Responses to Industrialization*, London: The University College of London Press, 1995, p.18.
② Eric Hopkins, *Working-Class Self-Help in Nineteenth-Century England: Responses to Industrialization*, p.18.
③ Joan Lane: *A Social History of Medicine: Healthy, Healing and Disease in England, 1750-1950*, p.72.
④ Martin Gorsky, "Mutual Aid and Civil Society: Friendly Societies in Nineteenth Century Bristol", *Urban History*, 25, 3 (1998).

切斯特郡,成员每个月要缴纳 1 先令;在兰开郡,则要求成员每月缴纳 1 先令 2 便士作为会费基金;在阿克勒肖,仅仅要求成员缴纳 4 便士"①。总体而言,友谊会提供的福利越多,会员需缴纳的会费就越高。

综上所述,18—19 世纪发展起来的友谊会医疗救助在很大程度上受到了工业革命的影响,发展起来的友谊会医疗救助对入会人员存在各方面限制。即使人们顺利成为友谊会成员,所享受的医疗救助也会受到各种因素的限制。

2. 友谊会医疗救助体系的运行机制

友谊会医疗救助体系主要包括两种形式。

第一种形式是与医生签订医疗合同,这也是济贫法机构采用的形式之一。即每个友谊会或其分支机构雇用一位或多位医疗官,友谊会同医疗官签订医疗合同,由医疗官对友谊会会员的医疗服务包干。友谊会的会员生病后,由医疗官上门对病人进行诊断、发放药物等。医疗官的职责有三条:一是要检查每位会员的健康状况;二是对生病的会员进行检查,以决定是否给予其医疗补助;三是对前来就诊的会员进行治疗,提供药品。②《南安普顿 2988 号森林法》(*Southampton 2988 Forest Law*)第 20 条规定:"医疗官的职责在于检查生病的会员是否满足救助要求,并向居住在距离集会处 3 英里以内的生病会员提供出诊服务,同时为生病期间的他们提供充足适当的药物。"③

友谊会中的医疗官是通过友谊会全体成员公开选举产生的,即"友谊

---

① Joan Lane, *A Social History of Medicine: Healthy, Healing and Disease in England, 1750 - 1950*, p.70.
② David G. Green, *Working-Class Patients and the Medical Establishment: Self-Help in Britain From the Mid-Nineteenth Century to 1948*, p.3.
③ "Center of England", *Rules of Court*, No.2988(1871), Rule 20.

会的所有成员先聚集在固定的集会处,进而对提名的医疗官候选人进行投票选举"①。这种遴选的方式,可以使友谊会成员选举出大家认可的医疗官,同时降低总的医疗费用。但是这种遴选方式存在一定弊端,即前来竞聘的医疗官经常会以降低医疗费用的承诺来换取选民的支持,但是医疗费用过低,必然会影响医生的服务质量,友谊会成员则必然无法享受到充分体贴的医疗照顾。有位医疗官曾这样评价这种选举体系:"选举,几乎都是存在争议的。如果新的候选医生愿意仅向每位成员收取 2 先令费用,而原有的医生仍然收取 2 先令 6 便士时——毫无疑问新的医生便会当选。在这样一种低微的薪水体制下,成员无法享受到充足细心的医疗照顾,成员抱怨也会随之而生。"②同时,长期过低的医生酬劳必然会引起医疗官们与友谊会之间的冲突,引起一些想要争取高酬劳的医生们的不满。"1844 年,'曼彻斯特联合会'(Manchester Federation)与格拉斯哥的 27 位医疗官达成合同医疗协议。27 位外科医生与联合会签署了合同医疗,承诺收取每位成员 2 先令 6 便士的费用"③,"格拉斯哥的医生们举行了一场全体会议,接受了合同医疗的 27 位医生与其余未接受的医生们之间出现严重分歧。格拉斯哥的其余医生们将接受如此低微酬劳的 27 位外科医生称为兄弟们的'工贼'"④。"1848 年,多赛特友谊会(Dorset Friendly Society)规定:每位成员在医疗费用上缴纳 2 先令 6 便士,每位妻子缴纳 2 先令,16 岁以下的每 3 个孩子缴纳 1 先令,每增加 1 个孩子便多缴纳 9 便士。医疗官们对此感到不满,并与多赛特友谊会发生冲突"⑤。

友谊会一般会根据会员居住地距离集会处的远近来使用两种不同方

---

① P. H. J. H. Gosden, *The Friendly Societies in England*, 1815-1875, p.146.
② Henry Wyldborr Rumsey, *Essays on State Medicine*, London: John Churchill, 1856, pp.158-159.
③ *The Mirror Monthly Magazine*, Vol.37, No.1046(1841), pp.101-102.
④ P. H. J. H. Gosden, *The Friendly Societies in England*, 1815-1875, p.138.
⑤ *Provincial Medical and Surgical Journal*, 26 January (1848).

式来确认成员是否患病并满足救助要求,以纽卡斯尔联合友谊会(Newcastle United Friendly Society)为例:"当一名居住地距离集会处1.5英里以内的成员告知会长秘书他生病时,管家便会在24小时之内去看望他。在他生病期间,管家会每周看望一次并向秘书报告情况"①;"但若是居住在离集会处1.5英里以外的成员生病了,便通过成员教区的牧师或两位教堂委员或他的老板或是受人尊敬的两位户主开证明:表明该成员是在何地出于何种原因而生病的方式来证明其是否应获得医疗救助"②。"'友善友谊会'(Friendly Friendship)与'威斯敏斯特兄弟友谊会'(Westminster Brotherhood Friendly Society)也曾采取类似的方式来确认成员是否患病并享有医疗救助资格。"③

在这种传统的医疗官选任体制下,友谊会所雇用的医疗官们工作量大,而获得的报酬却比较少。《南安普顿2988号森林法》第20条规定:"居住地位于集会处3英里以内的成员每半年支付费用1先令6便士作为医疗官的全部医疗酬劳。"④"事实上,这笔钱来自友谊会的会费基金","很多成员并不向医疗官支付费用"⑤,"友谊会雇用医疗官的合同医疗体系仅仅能吸引到那些医术较差的执业医师以及那些迫切想要在地方上出人头地的年轻医生们"⑥。

长期极低的报酬迫使友谊会的签约医疗官们发起了一系列争取增加医生酬劳的运动。他们要求提高诊疗报酬,这进而引发了医疗官和友谊会的冲突。1839年,利兹秘密共济会(the Leeds Oddfellows)与他们的医疗官发生了冲突,医疗官们认为,每年每位成员缴纳的2先令6便士费用太

---

① P. H. J. H. Gosden, *The Friendly Societies in England*, 1815-1875, p.139.
② *Second Select Society of Free and Easy Johns: Articles, Rules and Regulations to be Observed by the Friendly Society of Joiners*, Newcastle, 1821, Rule XII.
③ P. H. J. H. Gosden, *The Friendly Societies in England*, 1815-1875, p.139.
④ *Rules of Court No.2988*, "Center of England", 1871, Rule 20.
⑤ P. H. J. H. Gosden, *The Friendly Societies in England*, 1815-1875, p.144.
⑥ P. H. J. H.Gosden, *The Friendly Societies in England*, 1815-1875, p.148.

低了。有时医生们会联合起来抵制这类医疗合同体系。① 对于医疗官们的抗争，有的友谊会做出了妥协，适当提高医疗官的待遇，而有的友谊会拒绝让步，并引进了新医生。原有的医疗官则联合起来排斥新来的医生，如1844年7月，奥尔德伯里医生们通过排斥新来者进行还击，他们声明："我们保证，无论是在专业领域还是社交领域，都不会与新来者交往，也保证决不承认他们的医疗水平。"② 可以看出，19世纪60年代后期与19世纪70年代的运动并不是以流血或痛苦的代价为特征，医生们基本上是通过与友谊会和平协商的方式来争取公平待遇，以维护自身的权益。"例如，斯塔福德郡的一位医生在《柳叶刀》杂志上讲述了自己的经历，他所在的友谊会同意将他的报酬提高到5先令。他已经在友谊会里服务了23年。起初，友谊会只付给他2先令6便士，但是报酬在逐年增长。他认为逐年递增的报酬也使得他给予了友谊会成员稳定的、细心的、诚实的照料，伴随着报酬的逐渐上升，他觉得自己的医疗服务也变得更有价值。"③

第二种医疗救助方式是建立医疗机构。医疗官由于待遇低，服务也就难免不到位。会员的妻子和孩子常常被忽视。为克服这一缺陷，19世纪60—70年代，英国各地的友谊会纷纷建立了医疗机构，雇用全职医生来为会员服务。第一所医疗机构建于1870年的普雷斯顿，该地区的医生要求把医疗费用上涨50%，即每人最少3先令，对于居住在自治市（镇）以外的友谊会成员的出诊，要增加额外的以里程计算的差旅费。为了应对医生的要求，在1869年12月，普雷斯顿友谊会（Preston Friendly Society）对这些要求进行了考虑，最终的结果是1870年1月建立了普雷斯顿友谊会公共药房。④ 普雷斯顿的做法很快被别的地方友谊会效仿。1870年，伍斯特友

---

① David G. Green, *Working-Class Patients and the Medical Establishment: Self-Help in Britain From the Mid-Nineteenth Century to 1948*, p.15.
② *British Medical Journal*, 11 July (1868), p.32.
③ *Lancet*, 21 July (1877), pp.109 – 110.
④ *British Medical Journal*, 23 October (1869), p.449.

谊会医疗协会（The Worcester Associated Friendly Societies' Medical Association）成立。1874年，曼彻斯特联合友谊会的医疗机构也在纽波特建立。截至1877年，英格兰各地已建立起医疗机构，或称之为医疗救助协会，"如普雷斯顿、纽波特、德比、伍斯特、诺丁汉、布拉德福德和其他一些地方"①。

友谊会医疗机构创建的直接原因在于医疗官们发起的增加医疗服务费用的运动，而根本的原因还在于人们对于传统的医疗救助模式的不满。当时对于医疗官的批评集中于三个方面。首先，坐诊医生常常是兼职的，他们不但为其他友谊会服务，还治疗自己私下收费的病人。为了使医生专心治疗友谊会的病人，友谊会就要雇用专职的医生，并且禁止他私下接诊。其次，一些医生为了牟利，常常开一些昂贵的药品，而他们并不给患者提供这些药品，只是建议患者花额外的钱去药商那里购买，这大大加重了生病会员的负担，而成立医疗机构可以避免这种现象。最后，医疗官对会员家属不予治疗。医疗机构对所有会员的家庭成员给予医疗救助，而不是只救助会员。②

经过努力，到1877年，友谊会的医疗机构或者医疗救助协会已经在全英国建立。有的医疗机构雇用一到两位专职药剂师。医疗官的薪酬也大幅度提高，有的每年可以获得200英镑的报酬，包括其租金、工资以及一些其他的费用③，因而尽管《柳叶刀》杂志反对友谊会医疗机构，但是多数医生对这一机构还是支持的。很多医生对医疗机构中医生的生存状况感到满意。例如，一位医生讲到他在医疗机构中的处境是"非常愉悦和舒适的"，他认为传统体系下的医疗官助手们遭受着更大的不幸，因为在传统体

---

① *Oddfellows Magazine*, October (1877), pp.241-243.
② David G. Green, *Working-Class Patients and the Medical Establishment: Self-Help in Britain From the Mid-Nineteenth Century to 1948*, p.22.
③ David G. Green, *Working-Class Patients and the Medical Establishment: Self-Help in Britain From the Mid-Nineteenth Century to 1948*, pp.23-24.

系下,富有的医生每年可以挣到 1 000 英镑,而他的助手承担着更为辛苦的工作却也只挣到 60—80 英镑。助手的医疗水平经常与医生不相上下,但却不得不承受更多工作负担。① "布拉德福德友谊会医疗协会"(Bradford Medical Association of Friendly Society)建立于 1872 年,从 1888 年该协会管理委员会的一份报告中可以看出,该机构的医生对其所在的医疗协会是比较支持和感激的:"对盛行在医疗协会成员之间的满意度进行调查,这使我感到愉快。麦克·海耶斯先生在病人生病期间,履行了他专业救助的职责。他得体的处理、永不疲倦的精力、优秀的专业能力、以及持久的投身到成员身体救助当中的热情为他赢得了整个友谊会成员的感激和尊重。"②通过组织这种独立的医疗救助体系,许多医生摆脱了传统医疗官救助体系下终身担任助手的命运,而且这些医疗机构的建立为出身卑微的医生提供了唯一的上升机会。在以前的医疗官体系下,出身卑微的医生无法与身居要职的人成为朋友,只能作为在职医生的助手,并且工资很低。因此,这类医生尤其支持医疗机构的建立,"医疗机构给他们提供了走向独立的机会"③。

为了维护友谊会医疗机构的共同利益,1879 年"友谊会医疗联盟"(Friendly Societies Medical Alliance,简称 FSMA)建立。1882 年,友谊会医疗联盟成立了一个医疗代理处(交换劳动力的场所)。医生们可以在此留下他们的名字和条件以便医疗机构有需要时在此雇用医生。48 年,注册的友谊会医疗机构已经达 40 所,服务的友谊会会员达 213 000 人。至少 20 所医疗机构拥有自己的土地、药房、医生住房。会员年均摊费用不一,但一般情况下是成年男性付 3 先令、妻子要付 4—5 先令、孩子收费 1

---

① *Lancet*,Vol.1(1887),p.809.
② Joan Lane, *A Social History of Medicine: Healthy,Healing and Disease in England,1750–1950*,p.103.
③ David G. Green, *Working-Class Patients and the Medical Establishment: Self-Help in Britain From the Mid-Nineteenth Century to 1948*,p.23.

先令。①

各种友谊会组织由于组织机构、管理方式存在较大差异,提供的医疗服务也有较大不同。1875年大多数医疗机构开始将医学诊断和医学照料作为生病会员的普通服务。带分支机构的友谊会组织由于各个地区有分部,它们为远距离的会员提供服务就需要比较复杂的医疗照顾系统。曼彻斯特兄弟会规定,所有的分支机构需向会员提供药品和医学检查。② 所有医学检查和药品的支出来源于各地分会管理的会费基金。各地分会可以为其他地区没有医师服务的分会会员提供医疗服务。③ 地方友谊会只配备简单的医疗服务,允许会员接受一般的医疗照顾,全国性的友谊会机构如橡树之心友谊会(Oak Tree Heart of Friendly Society)等则需要面对更加复杂的会员环境和医疗服务条件。

19世纪末期,友谊会成员们在医疗问题上的态度更加理性,不再一味地追求廉价的医疗服务,而是开始追求他们能够担负得起的费用范围内的最佳品质的医疗服务。这一点从友谊会内部医疗官选举上可以看出,友谊会内部进行医疗官选举时,不再片面选择报价最低的候选人。1895年11月朴次茅斯友谊会(Portsmouth Friendly Society)在集会处举行了一场医疗官的选举,当职的医疗官洛德先生拒绝接受新的任命条款,他尤其反对3岁到15岁之间的2先令6便士的青少年收费标准,他的收费要求为每年4先令。三位外来的竞选者反对他的要求,其中一位提出2先令6便士的收费标准,另一位是2先令,还有一位只要求1先令6便士。但是洛德先生在过去的服务中受到会员爱戴,因此他最后取得了决定性胜利,以较高的收费标准再次当选。洛德先生与其余三位候选者的票数比分别是

---

① David G. Green, *Working-Class Patients and the Medical Establishment: Self-Help in Britain From the Mid-Nineteenth Century to 1948*, p.26.
② *Rules of the Independent Order of Oddfellows Manchester Unity*, 1871, Rule 1.
③ *Rules of the Independent Order of Oddfellows Manchester Unity*, 1871, Rule 61.

168∶65、168∶31、168∶11。① "类似的情况在朴茨茅斯其他友谊会的医生的选举任命上也存在。"

由此可见,友谊会的会员们已经意识到低廉的医疗费用会带来医疗品质的下降,因此他们所追求的是一种适当的、能力范围内的最佳品质的医疗服务。

3. 友谊会医疗救助的成就与存在的问题

友谊会在基本医疗救助方面取得了巨大成绩,为工人阶级提供了部分健康保障,使工人阶级病人免除疾病之苦,保证了家庭劳动力。友谊会每月向其会员收取一定资金,会员生病时给予其基本的医疗照顾,这成为英国福利国家的早期模型。维多利亚时代英国公共医疗服务的缺位,使私立医疗机构蓬勃兴起。友谊会会员们在组织内部就可以享受低廉的医疗服务,这在无形中提高了会员对互助组织的忠诚度。友谊会中建立起来的医疗救助体系产生了十分重大的影响:"这种体系使当时的许多人享受到一定的医疗照顾,使这些人避免屈服在济贫法体制之下;为1911年以后的国民健康保险体系(National Health Insurance System)的确立奠定了基础。"②

友谊会的医疗救助体系实际上带有疾病保险性质,当工人因为疾病失去劳动收入时,疾病保险可以为个人、家庭提供救助,保证其家庭不因生病而陷入贫困状态。如1895年2月福尔海姆砖瓦匠协会27岁的砖瓦匠约翰·M.因为慢性病申请友谊会的疾病保险。从他申请那天开始,友谊会每周发给他14先令5便士的保险金。约翰将这些钱用于支付生病期间的

---

① *British Medical Journal*, 23 November (1895), p.1319.
② Alan Kidd, *State, Society and the Poor in Nineteenth-Century England*, p.109.

个人生活支出。慈善人员汇报说:"他所需的取暖费用约为每周2.5便士,每天治病必需的营养品——牛奶和鸡蛋也需要8便士到10便士。他和他的妻子每周用于租用家具和房子的费用为2先令到3先令,每年这些杂项开支约为3英镑25便士。"①虽然这笔保险金在两个月后减少到每周8先令5便士,但是依然可以维持病人基本的生活需求。在约翰生病期间,友谊会的医生可以给他提供医疗照顾。友谊会提供的保险金在一定程度上可以满足病人基本的生活需求。

友谊会传统的医疗官体系本身存在很多弊端:医疗官经常是兼职性质的,一些地方性的友谊会成员认为医疗官们更愿意去接纳自费病人;此外,会员的妻子和孩子并未被包含在合同医疗的体系之内;再加上友谊会会员发起的要求增加医疗报酬的运动,旧的医疗官体系已经不能适应会员和医生们的医疗需求。因此,"从1869年左右开始,为了解决这些问题,一场要求建立医疗机构的运动发展起来了"②。医疗机构任命全职的医疗官,服务于全体会员及其家眷。"各个友谊会的医疗官们自发地聚集在一起,筹集资金、购买或是租用土地。"③"这类医疗机构由委员会代表进行管理,由代表们任命一个或多个全职医疗官,医疗官们享有固定的薪金和免费住宿待遇。""医疗官的职责主要包括普通看诊和进行外科手术,但是不包括药物的分发。"④"医疗机构自己的药剂师负责药物的分发和高质量药物的使用。"⑤可以说,"医生要求增长工资的运动是友谊会医疗机构建立的直接原因,根本原因则在于传统的医疗官体系存在很大的缺陷,引起了友谊会

---

① *Charity Organization Society Case Paper*, Area I, Box I, Case, p.10409.
② *The National Review*, Vol.20, No.1884(1884), p.288.
③ W. A. Holdsworth, *The Friendly Society Act*, 1875, *With Explanatory Introduction and Notes*; *An Appendix*, *Containing the Clauses of Other Acts Affecting Friendly Societies*, London: G. Routledge and Sons, 1875.
④ Simon Cordery, *British Friendly Societies*, 1750 – 1914, Houndmills and New York: Macmillan, 2003, p.70.
⑤ David G. Green, *Working-Class Patients and the Medical Establishment: Self-Help in Britain From the Mid-Nineteenth Century to 1948*, pp.13 – 14.

会员的不满"①。从友谊会医疗机构建立的直接动力可以看出,其最大的成就在于使医生的工资得到增长、生活状况得以改善。

但是,医疗机构也存在一些弊端。首先是患者数量过多,对于一些医疗官们来说,超负荷的工作量已经变成一种难以忍受的负担。"在这类医疗机构中,医疗官们一周要看诊约2 500位病人。随后,《柳叶刀》杂志指出:一些机构的医疗官们抱怨他们一周大约要看诊4 000位病人,他们提出,这种规模的病人数量已经变成一种难以忍受的工作负担。"②此外,还有一些医生们不仅抱怨他们要看诊的病人数量,更是对由消费成员来控制他们感到不满,"尤其是憎恨来自'工人们'的控制"③。其次,医疗机构中也有一些医生对自身的境况感到不满。下面便是一位对医疗机构感到不满的医生对自身境况的描述:"我一周7天总是处在待命状态,只有在圣诞节和幸运星期五的时候,我才可以在无意外发生的情况下休息;除了出诊之外,我每天要在诊疗室里看诊100位病人,有时会更多。一个家庭仅收取4先令费用,分娩等情况另外收费。住院医师每年仅能获得180英镑,而非住院医师仅能获得120英镑。只有住院医师才享有煤、天然气、清洁工费用等额外津贴待遇。在我看来,如果这所机构的成员不享受优惠待遇而能像普通病人那样付费的话,我至少要比现在富裕三倍。"④除此之外,友谊会的一些成员也会对这类医疗机构提出批评,如批评这类机构过分强调廉价,一些由工人们管理的机构过于精打细算、省吃俭用,付给医疗官很低的薪水等。最后,这些领导者发现,"在各行各业,包括在医药行业,廉价便意味着差劲的质量"⑤。

---

① David G. Green, *Working-Class Patients and the Medical Establishment: Self-Help in Britain From the Mid-Nineteenth Century to 1948*, p.22.
② *Lancet*, 7 December (1889), p.1209.
③ *Lancet*, 30 January (1886), p.235.
④ *Lancet*, 7 December (1889), p.1209.
⑤ *Foresters Miscellany*, April (1884), p.87.

友谊会医疗系统在多个方面存在问题。第一，缺少必要的科学手段管理疾病津贴是友谊会长期面临经济危机的主要原因。第二，医生管理制度的低效使友谊会的优势被抵消。第三，友谊会的地方色彩浓厚，各地方友谊会之间绝无任何往来。这种做法显然不利于人员的自由流动。

综上所述，18—19世纪英国友谊会内部确立起来的医疗救助体系经历了一个从传统医疗官救助体系到友谊会医疗机构，或者说是医疗协会救助体系的继承与发展过程。传统的医疗官救助体系使当时的许多人享受到一定的医疗照顾、避免屈服在《济贫法》体制之下。但是这种体系存在很大的缺陷：兼职性的医疗官不能全身心地投入对成员的医疗服务、无法提供一些病人所需的昂贵的药物、将病人的家眷排除在医疗救助体系之外。在这种情况下，医疗机构的建立不仅克服了传统医疗官体系下存在的问题，同时也使得医生的薪资报酬状况得到一定改善，激发了他们的感激之情，从而为会员们提供更加优质的医疗救助服务。但是，这种医疗救助措施只是英国特定历史时期的产物，与英国经济和社会发展的水平相适应。当英国社会经济发展到一定阶段，特别是工业社会在英国确立以后，面对工业化带来的各种问题，传统的医疗救助措施便显得无能为力。英国需要建立一种与工业社会发展相适应的新的医疗救助体系。

结　语

19世纪,英国政府长期实行自由放任的政策。"自由放任"原则在英国社会经济生活领域得到广泛应用,通过"自由竞争"和"自由贸易",英国到19世纪中叶一跃而成为世界上最强大、最富有的工业化国家。"自由放任"原则在财富分配过程中也的得到贯彻,在社会二次分配领域,政府长期缺位。由于资本主义制度固有的矛盾、资本家的贪婪、自由放任政策的实行等社会经济的原因,19世纪英国贫富差距问题十分严重。财富分配的不公,使大多数工人阶级没有享受到工业革命带来的好处,相反却处于极度贫困状态,居住条件也极为恶劣,卫生健康问题也十分严重。而贵族、中产阶级却过着花天酒地、极度奢华的生活。19世纪英国贫困与贫富差距问题畸形发展,产生了一系列严重的社会问题,并引发了剧烈的社会动荡。工人反抗运动此起彼伏,公共卫生状况恶劣。其中的经验教训值得我们认真思考。

　　贫困与贫富差距问题发展的根源在于资本主义社会固有的矛盾,恩格斯在《英国工人阶级状况》中指出:"贫困是现代社会制度的必然结果,离开这一点,只能找到贫困的某种表现形式的原因,但是找不到贫困本身的原因。"[1]英国政府奉行的"自由放任"政策,也是19世纪英国贫困问题产生的重要原因。19世纪很长一段时间,政府实际上充当了"守夜人"的角色,对于社会财富的再分配,并没有进行太多干预。19世纪下半期开始,英国政府逐渐改变政策,开始承担起其相应的责任,开始解决因贫困问题发展而引发的各种社会问题。这些政策包括:改革《济贫法》,采取措施,改善济贫院内部条件,发展济贫院医院,为贫民提供最基本的生存保障;进行教育改革,实行义务教育,使贫民儿童能够得到基本教育;进行财税制度改革,向富人征收财产税、遗产税,同时降低穷人税赋,试图通过财税手段对国民财富进行调节,进行住房政策的改革,改善城市环境卫生,清理贫民窟,鼓励

---

[1] [德]恩格斯:《英国工人阶级状况》,参见《马克思恩格斯全集》(第二卷),第561页。

民间慈善机构修建住房,政府也开始修建公有的廉租房。而英国社会特有的慈善传统和英国工人阶级的自助、互助传统,也对缓解贫富差距问题做出了巨大贡献。

应该指出的是,19世纪,英国的政治、经济、文化发生了巨大变化。19世纪之初,工业革命正在蓬勃发展,早期资本主义的贪婪性在此时表现尤为明显。资本家为了尽可能多地榨取利润,拼命压低工资,加上大量失业人员的存在,使英国19世纪上半期贫困与贫富差距问题尤为明显。但是在这一个世纪,随着生产的发展,社会的进步,英国政府进行了一些相应的的改革,英国已经成为步入现代化的国家。同时,不可否认的是,这一个世纪,随着工业革命的发展,经济水平的提高,工人阶级的生活水平总的来说是在不断提高的,普通工人也可以享受到以前贵族都无法享受的发展成果,但英国贫困现象仍十分严重。19世纪末期布思及朗特利等人的社会调查就明显表明了这一点。19世纪下半期开始,英国政府通过一系列改革措施,一定程度上缓解了贫困与贫富差距问题。但并没有很好地解决贫富差距问题。

社会的发展要以全体人民的共同富裕为目标,而不能以牺牲大多数人利益为代价。英国在19世纪是世界上最富裕、最发达的国家,但是大多数劳动群众仍生活在贫困的威胁之下,这不能不说是英国现代化的一大失误。

19世纪末20世纪初期,英国的社会问题无论是从类型上还是在严重程度上,都超过了历史上任何一个时期,失业、健康、老年、住房、教育、妇女儿童保护与劳动保护等问题都在不同程度上加剧。由于济贫法制度下的任何救济都是在人民沦为贫民后官方才会予以救济的,因而济贫法制度从本质上讲并不能解决上述诸多社会问题,也不能消除贫困,只是缓解了部分贫困问题。但是这项制度的实施,为第二次世界大战后福利国家的建设,奠定了基础。

20世纪20年代开始,英国先后颁布失业保险法和养老金法,英国的社会保险制度进一步发展。英国社会保险制度的实施为英国一部分贫民提供了较之济贫法制度更加稳定的有效救济,英国接受济贫的人数明显下降。社会保险制度是一种新型的社会保障制度,其目的是政府通过社会保险制度防止社会成员由于种种个人无法控制的原因而导致的贫困,这种新型的社会保障制度对济贫法制度是一个根本性的冲击,具有济贫法制度所不可能有的优势。这种社会保障制度的出现,预示着济贫法制度的终结。在这种制度下,社会问题的原因不再视为是个人的责任,而被视为是社会的责任。贫困不再是一种耻辱,领取各种社会保险津贴成为公民一项权利,而不是社会对个人的施舍。第二次世界大战结束后,随着英国全面社会保障制度的确立,英国通过福利国家制度和税收调节两大方面的措施,才基本上化解了贫困与贫富差距问题。

总之,工业革命以来,对于日益加深的贫困及贫富差距问题,英国政府采取了一系列化解措施,通过改革的方式,进行扶贫实践。民间慈善和政府济贫,缓解了因贫富差距问题而引发的社会矛盾,取得一定的成效,也留下了深刻的教训。

参考文献

一、英文文献

(一) 档案文件

1. Adams, George Burton and H. Morse Stephen, *Select Documents of English Constitutional History*, London: Macmillan, 1937.

2. Archer, R. L, *Secondary Education in the Nineteenth Century*, Cambridge: Cambridge University Press, 1921.

3. Bland, A. E., P. A. Brown and Tawney, R. H., eds., *English Economic History, Select Documents*, London: G. Bell and Sons Ltd., 1914.

4. Checkland, S. G., ed., *The Poor Law Report of 1834*, Harmondsworth: Penguin, 1974.

5. Clapp, B. W., H. E. S. Fisher and A. R. J. Jurica, eds., *Documents in English Economic History: England Since 1760*, London: G. Bell, 1976.

6. Gladstone, David, *Poverty and Social Welfare*, London: Routledge/Thoemmes Press, 1996.

7. Maclure, J. Stuart, *Educational Documents in England and Wales, 1816 – 1967*, London: Chapman and Hall, 1968.

8. MacRaild, Donal M. and David E. Martin, *Labour in British Society, 1830 – 1914*, London: Macmillan, 2000.

9. Mayhew, Henry, *The Morning Chronicle Survey of Labour and The Poor: The Metropolitan Districts*, Vol.6, Sussex: Caliban Books, 1982.

10. Mitchell, B. R., ed., *British Historical Statistics*, Cambridge: Cambridge University Press, 1988.
11. Mitchell, B. R. and P. Deane, *Abstract of British Historical Statistics*, Cambridge: Cambridge University Press, 1962.
12. Pinker, R., *English Hospital Statistics, 1861–1938*, London: Heinemann, 1966.
13. Tawney, R. H. and E. Power, eds., *Tudor Economic Documents: Being Select Documents Illustrating the Economic and Social History of Tudor England*, Vol. 2, London: Longmans, 1924.
14. Ward, J. T., *The Age of Change, 1770–1870, Documents in Social History*, London: Adam and Charles Back, 1975.
15. Wohl, Anthony S., *Endangered Lives: Public Health in Victorian Britain*, London: Methuen, 1984.
16. Young, G. M. and W. D. Handcock, eds., *English Historical Documents*, Vol.7, London: Eyre and Spottiswoode, 1956.
17. "First Report From the Select Committee on Medical Poor Relief Together With Minutes of Evidence (1844)", House of Commons Parliamentary Papers Online.
18. "Report on the Metropolitan Workhouse Infirmaries and Sick Wards", *British Parliamentary Papers*, June 26, 1866.
19. "Report on the Nursing and Administration of Provincial Workhouses and Infirmaries", XVIII. Keighley, The *British Medical Journal*, Vol.2, No.1760(1894).
20. "Report on the Nursing and Administration of Provincial Workhouses and Infirmaries", VII. Bishop Auckland, The *British Medical Journal*, Vol.2, No.1750(1894).
21. "Report on the Nursing and Administration of Provincial Workhouses and Infirmaries", XXXVI. Oldham, Lancashire. *The British Medical Journal*, Vol.1, No.1779(1895).
22. "Report on the Nursing and Administration of Provincial Workhouses and Infirmaries", XXI. Barton Regis, *The British Medical Journal*, Vol.2, No.1764(1894).
23. Poor Law Commission, *Official Circular No. 3 of the Poor Law Commissioners*, 4 (1840).
24. "Center of England", *Rules of Court*, No.2988(1871).
25. *Rules of the Independent Order of Oddfellows Manchester Unity*, 1871.

26. *Charity Organization Society Case Paper*，Area I，Box I，Case.
27. *Second Select Society of Free and Easy Johns*：*Articles*，*Rules and Regulations to be Observed by the Friendly Society of Joiners*，Newcastle，1821.

（二）专著

1. Abel-Smith，Brian，*A History of Nursing Profession in Great Britain*，New York：Spinger Publishing Company Press，1960.
2. Abel-Smith，Brian，*The Hospitals，1800－1948: A Study in Social Administration in England and Wales*，Cambridge，Massachusetts：Harvard University Press，1964.
3. Adshead，Joseph，*Distress in Manchester: Evidence of the State of the Labouring Classes in 1840－1842*，London：Henry Hooper，1842.
4. Alderman，Geoffrey，*Modern Britain，1700－1983: A Domestic History*，London：Croom Helm，1986.
5. Andrew，Donna，*Philanthropy and Police: London Charity in the Eighteenth Century*，Princeton：Princeton University Press，1989.
6. Ashby，M.，*Joseph Ashby of Tysoe，1859－1919: A Study of English Village Life*，Cambridge：Cambridge University Press，1961.
7. Austin，R. Cecil，*The Metropolitan Poor Act*，London：Butterworths and Knight，1867.
8. Beckett，J. V.，*The Aristocracy in England，1660－1914*，Oxford：Blackwell，1986.
9. Bedarida，Francois，*A Social History of England，1851－1990*，New York：Methuen，1979.
10. Beier，A. L.，*The Problem of the Poor in Tudor and Early Stuart England*，New York：Methuen，1983.
11. Best，Geoffrey，*Mid-Victorian Britain，1815－1875*，London：Weidenfeld and Nicholson，1971.
12. Beveridge，William，*Voluntary Action: A Report on Methods of Social Advance*，London：Routledge，1948.
13. Black，Eugen Charlton，*Victorian Culture and Society*，London：Macmillan，1973.
14. Booth，Charles，*Life and Labour of the People*，Vol.1，London：Macmillan，1889.
15. Booth，Charles，*Life and Labour of the People in London*，Vol. 2，London：Macmillan，1902.
16. Booth，Charles，*Life and Labour of the People*，Vol. 2，London：Williams and

Norgate, 1891.

17. Booth, Charles, *Pauperism, A Picture: And the Endowment of Old Age, An Argument* London: Macmillan, 1892.
18. Bowen, James, *A History of Western Education*, Vol.3, London: Methuen, 1981.
19. Boyer George R., *An Economic History of the English Poor Law, 1750–1850*, Cambridge: Cambridge University Press, 1990.
20. Briggs, Asa, *A Social History of England*, Harmondsworth: Penguin, 1987.
21. Briggs, Asa, *Victorian Cities: A Brilliant and Absorbing History of Their Development*, Harmondsworth: Penguin, 1968.
22. Burnett, John, *A Social History of Housing, 1815–1985*, London: Methuen, 1986.
23. Burnett, John, *Plenty and Want: A Social History of Diet in England From 1815 to the Present Day*, London: Scolar Press, 1979.
24. Carr-Saunders, A. M., P. Sargant Florence and Robert Peers, *Consumers' Co-operation in Great Britain, An Examination of the British Co-operative Movement*, London: George Allen and Unwin, 1938.
25. Chadwick, Edwin, *Report on the Sanitary Condition of the Labouring Population of Great Britain*, Edinburgh: Edinburgh University Press, 1965.
26. Chapman, Stanley D., *The History of Working-Class Housing: A Symposium*, Newton Abbot: David and Charles, 1971.
27. Checkland, Olive, *Philanthropy in Victorian Scotland Social Welfare and the Voluntary Principle*, Edinburgh: John Donald, 1980.
28. Checkland, S. G., ed., *The Poor Law Report of 1834*, Harmondsworth: Penguin, 1974.
29. Cherry, Steven, *Medical Services and the Hospitals in Britain, 1860–1939*, Cambridge: University of Cambridge Press, 1996.
30. Chinn, Carl, *Poverty Amidst Prosperity: The Urban Poor in England, 1834–1914*, Manchester: Manchester university Press, 1995.
31. Cole, G. D. H., *A Short History of the British Working-Class Movement, 1789–1947*, London: George Allen and Unwin, 1948.
32. Cooper, Suzanne Fagence, *The Victorian Woman*, London: V and A Publications, 2001.
33. Cordery, Simon, *British Friendly Societies, 1750–1914*, Houndmills and New York: Macmillan, 2003.

34. Corut, W. H. B., *British Economic History*, *1870 – 1914*, Cambridge: Cambridge University Press, 1965.
35. Cowie, Leonard W., *Hanvoverian England*, *1714 – 1837*, London: Bell and Hyman, 1978.
36. Crafts, N. F. R., *British Economic Growth During the Industrial Revolution*, Oxford: Clarendon Press, 1985.
37. Creighton, Charles, *A History of Epidemics in Britain*, Vol. 2 London: Frank Cass, 1965.
38. Crowther M. A., *The Workhouse System*, *1834 – 1929: The History of an English Social Institution*, London: Batsford Academic and Education, 1983.
39. Crowther, M. A., "The Later Years of the Workhouse, 1890 – 1929", *The Origins of the British Social Policy*, London: Croom Helm, 1981.
40. Daunton, Martin, *Trusting Leviathan: The Politics of Taxation in Britain*, *1799 – 1914*, Cambridge: Cambridge University Press, 2001.
41. Deane, P. and W. A. Cole, *British Economic Growth*, *1688 – 1959*, Cambridge: Cambridge University Press, 1967.
42. Digby, Anne, *Making a Medical Living: Doctor and Patients in the English Market for Medicine*, *1720 – 1911*, Cambridge: Cambridge University Press, 1994.
43. Digby, Anne, *The Poor Law in Nineteenth-Century England and Wales*, London: Historical Association, 1982.
44. Disraeli, Benjamin, *Sybil*, *or The Two Nations*, Oxford: Oxford University Press, 1984.
45. Dodd, William, *The Factory System Illustrated: In a Series of Letters to the Right Hon. Lord Ashley*, London: J. Murrary, 1892.
46. Dodgshon, R. A. and R. A. Butlin, *A Historical Geography of England and Wales*, New York: Academic Press, 1978.
47. Douglas, Roy, *Taxation in Britain Since 1660*, Basingstoke: Macmillan, 1999.
48. Driver, Felix, *Power and Pauperism: The Workhouse System*, *1834 – 1884*, Cambridge: Cambridge University Press, 1993.
49. Duncan Bythell, *The Handloom Weavers: A Study in the English Cotton Industry During the Industrial Revolution*, Cambridge: Cambridge University Press, 1969.
50. Dyos, H. J. and M. Wolff, eds., *The Victorian City: Images and Realities*, Vol.2, London: Routledge and Kegan Paul, 1973.

51. Eccleshall, Robert, ed., *British Liberalism: Liberal Thought From the 1640s – 1980s*, London: Longman, 1986.
52. Emsley, Clive, ed., *Conflict and Stability in Europe*, London: The Open University Press, 1979.
53. Emsley, Clive, *Crime and Society in England*, *1750 – 1900*, London and New York: Longman, 1996.
54. Englander, David, *Poverty and Poor Law Reform in Britain: From Chadwick to Booth, 1834 – 1914*, London and New York: Longman, 1998.
55. Evans, Eric J., *The Forging of the Modern State: Early Industrial Britain, 1783 – 1870*, London: Longman, 1983.
56. Faucher, Leon, *Manchester in 1844: Its Present Condition and Future Prospects*, London: Cass, 1969.
57. Felkin, W., *An Account of the Machine-Wrought Hosiery Trade*, London: W. Strange, 1845.
58. Fforde, Matthew, *Conservatism and Collectivism, 1886 – 1914*, Edinburgh: Edinburgh University Press, 1990.
59. Finer, S. E., *The Life and Times of Sir Edwin Chadwick*, London: Routledge/ Thoemmes Press, 1997.
60. Flinn, M. W., *Introduction to the Report on Sanitary Condition of the Labouring Population of Great Britain*, Edinburgh: Edinburgh University Press, 1965.
61. Flinn, M. W., *Public Health Reform in Britain*, London: Macmillan, 1968.
62. Floud, Roderick and D. N. Maccloskey, *The Economic History of Britain Since 1700*, Vol.1, Cambridge: Cambridge University Press, 1981.
63. Foster, J., *Class Struggle and the Industrial Revolution: Early Industrial Capitalism in Three English Towns*, London: Weidenfeld and Nicolson, 1974.
64. Fraser, Derek, *The Evolution of the British Welfare State: A History of Social Policy Since the Industrial Revolution*, London: Macmillan, 1984.
65. Fraser, Derek, *The Evolution of the British Welfare State: A History of Social Policy Since the Industrial Revolution*, London: Macmillan, 2009.
66. Fraser, Derek, *The New Poor Law in the Nineteenth Century*, London: Macmillan, 1976.
67. G. R. Elton, *England Under the Tudors*, London: Methuen, 1977.
68. Gardiner, A. G., *The Life of Sir William Harcourt*, London: Constable, 1923.

69. Gauldie, Enid, *Cruel Habitations: A History of Working-Class Housing*, 1780–1918, London: George Allen and Unwin, 1974.
70. Gilbert, Martin, *Churchill's Political Philosophy*, Oxford: Oxford University Press, 1981.
71. Gilboy, Elizabeth W., *Wages in Eighteenth-Century England*, Cambridge: Harvard University Press, 1934.
72. Gorman, Frank O', *British Conservation: Conservative Thought From Burk to Thatcher*, London: Longman, 1986.
73. Gorsky, Martin, *Patterns of Philanthropy, Charity and Society in Nineteenth Century Bristol*, Woodbridge: Royal Historical Society, 1999.
74. Gosden, P. H. J. H., *Self-Help Voluntary Associations in the 19th Century Britain*, London: Batsford, 1973.
75. Gosden, P. H. J. H., *The Friendly Societies in England*, 1815–1875, Manchester: Manchester University Press, 1961.
76. Gowherd, Raymond C., *Political Economists and the English Poor Laws: A Historical Study of the Influence of Classical Economists on the Reformation of Social Welfare Policy*, Athens: Ohio University Press, 1977.
77. Green, B. S, *Knowing the Poor: A Case-Study in Textual Reality Construction*, London: Routledge and Kegan Paul, 1983.
78. Green, David G., *Working-Class Patients and the Medical Establishment: Self-Help in Britain From the Mid-Nineteenth Century to 1948*, Aldershot: Gower Publishing Company Limited, 1985.
79. Green, T. H., *Lectures on the Principles of Political Obligation*, Ontario: Batoche Books, 1999.
80. Gretton, R. H., *The English Middle Class*, London: G. Bell and Sons Press, 1919.
81. Griffith, G. Talbot, *Population Problems of the Age of Malthus*, London: Frank Cass, 1967.
82. Gurney, Peter, *Co-operation Culture and the Politics of Consumption in England*, 1870–1930, Manchester: Manchester University Press, 1996.
83. Hammond, J. L., Barbara Hammond, *The Skilled Labourer*, London: Longman, 1979.
84. Hammond, J. L. and Barbara Hammond, *The Town Labourer*, 1760–1832: *The New Civilisation*, London and New York: Longman, 1978.

85. Hardy, Anne, *Health and Medicine in Britain Since 1860*, Houndmills, Basingstoke, New York: Palgrave, 2001.
86. Harris, Bernard, *The Origins of the British Welfare State: Society, State and Social Welfare in England and Wales, 1800–1945*, New York: Macmillan, 2004.
87. Harris, Jose, *Unemployment and Politics: A Study in English Social Policy, 1886–1914*, Oxford: Clarendon Press, 1972.
88. Harrison, J. F. C., *The Birth and Growth of Industrial England, 1714–1867*, New York: Harcourt Brace Jovanovich, 1973.
89. Harrison, J. F. C., *The Early Victorians, 1832–1851*, London: Fontana, 1979.
90. Hastings, R. P., *Poverty and the Poor Law in the North Riding of Yorkshire, 1780–1837*, York: Borthwricke Papers, 1982.
91. Haw, George, *From Workhouse to Westminster: The Life Story of Will Crooks*, London: Cassell, 1907.
92. Hawksly, Thomas, *The Charities of London, and Some Errors of Their Administration: With Suggestions for an Improved System of Private and Official Charitable Relief*, London: John Churchill and Sons, 1869.
93. Henderson, W. O., *The Lancashire Cotton Famine, 1861–1865*, Manchester: Manchester University Press, 1934.
94. Hobsbawm, E. J., and George Rude, *Captain Swing*, London: Lawrence and Wishart, 1969.
95. Hodgkinson, Ruth G., *The Origins of the National Health Service: The Medical Services of the New Poor Law, 1834–1871*, London: Wellcome Historical Medical Library, 1967.
96. Holdsworth, W. A, *The Friendly Society Act, 1875, With Explanatory Introduction and Notes; An Appendix, Containing the Clauses of Other Acts Affecting Friendly Societies*, London: G. Routledge and Sons, 1875.
97. Hopkins, Eric, *A Social History of the English Working Classes, 1815–1945*, London: Edward Arnold, 1984.
98. Hopkins, Eric, *Working-Class Self-Help in Nineteenth-Century England: Responses to Industrialization*, London: UCL Press, 1995.
99. Howarth, Edward G. and Mona Wilson, eds., *West Ham: A Study in Social and Industrial Problems*, New York: Garland, 1980.
100. Howe, Anthony, *Free Trade and Liberal England, 1846–1946*, Oxford: Oxford

University Press, 1997.

101. Hurt, J. S., *Elementary Schooling and the Working Classes, 1860–1918*, London: Routledge and Kegan Paul, 1979.
102. Hussey, W. D., *British History, 1815–1939*, Cambridge: Cambridge University Press, 1984.
103. Inglis, Brian, *Poverty and the Industrial Revolution*, London: Hodder and Stoughton Ltd., 1971.
104. Jackson, J. Hampden, *England Since the Industrial Revolution, 1815–1948*, Westport: Greenwood Press, 1975.
105. James, Margaret, *Social Problems and Policy During the Puritan Revolution, 1640–1660*, London: G. Routledge and Sons, 1930.
106. Jones, Helen, *Health and Society in Twentieth Century Britain*, London and New York: Longman, 1994.
107. Jordan, W. K., *Philanthropy in England, 1480–1660: A Study of the Changing Pattern of English Aspiration*, London: Allen and Unwin, 1960.
108. Judd Denis, *Radical Joe, A Life of Joseph Chamberlain*, Cardiff: University of Wales Press, 1993.
109. Kidd, A. J. and K. W. Roberts, eds., *City, Class and Culture, Studies of Cultural Production and Social Policy in Victorian Manchester*, Manchester: Manchester University Press, 1985.
110. Kidd, Alan, *State, Society and the Poor in Nineteenth-Century England*, Houndmills: Macmillan, 1999.
111. Lane, Joan, *A Social History of Medicine: Health, Healing and Disease in England, 1750–1950*, London: Routledge, 2001.
112. Lane, Peter, *Success in British History, 1760–1914*, London: J. Murray, 1978.
113. Laqueur, Thomas Walter, *Religion and Respectability: Sunday School and Working Class Culture, 1780–1850*, New Haven and London: Yale University Press, 1976.
114. Laybourn, Keith, *The Evolution of British Social Policy and the Welfare State, 1800–1993*, Keele: Keele University Press, 1995.
115. Less, Lynn Hollen, *The Solidarities of Strangers: The English Poor Laws and The People, 1700–1948*, Cambridge: Cambridge University Press, 1998.
116. Lewis, R. A., *Edwin Chadwick and the Public Health Movement, 1832–1854*, London: Longmans, Green, 1952.

117. Low, Sampson, *The Charities of London in 1861*, Sampson Low: Son and Co., 1861.
118. Mackay, Thomas, *A History of the English Poor Law*, Vol.3, London: P. S. King and Son, 1899.
119. Mackenzie, Norman, ed., *The Diary of Beatrice Webb*, London: Virago Press, 1982.
120. Mackintosh, Alexander, *Joseph Chamberlain: An Honest Biography*, London, 1906.
121. Macnicol, J., *The Politics of Retirement in Britain, 1878–1948*, Cambridge: Cambridge University Press, 1998.
122. MacRaild, Donal M. and David E. Martin, *Labour in British Society, 1830–1914*, Basingstoke: Macmillan, 2000.
123. Malpass, Peter and Alan Murie, *Housing Policy and Practice*, Basingstoke: Macmillan, 1987.
124. Malpass, Peter, *Housing Association and Housing Policy: A Historical Perspective*, Basingstoke: Macmillan, 2000.
125. Marshall, Dorthy, *The English Poor in the Eighteenth Century: A Study in Social and Administrative History*, London: George Routledge and Sons, 1926.
126. Mathias, Peter, *The First Industrial Nation, An Economic History of Britain, 1700–1914*, London: Methuen, 1969.
127. May, Trevor, *An Economic and Social History of Britain, 1760–1970*, New York: Longman, 1987.
128. McCann, Phillip, ed., *Popular Education and Socialization in the Nineteenth Century*, Abingdon: Routledge, 2007.
129. Midwinter, E. C., *Victorian Social Reform*, London: Longmans, 1968.
130. Mollat, Michel, *The Poor in the Middle Ages: An Essay in Social History*, New Haven: Yale University Press.
131. Montague, C. J., *Sixty Years in Waifdom: or, The Ragged School Movement in English History*, London: Woburon Ltd., 1969.
132. Morgan, John Edward, *The Danger of the Deterioration of Race From the Too Rapid Increase of Great Cities*, New York: Garland Pub., 1985.
133. Morgan, Kenneth O., *The Oxford Illustrated History of Britain*, Oxford: Oxford University Press, 1984.
134. Murray, Bruce K., *The People's Budget, 1909/10: Lloyd George and Liberal Politics*,

Oxford: Oxford University Press, 1980.

135. Murray, Peter, *Poverty and Welfare, 1815 – 1950*, London: Hodder Murray, 2006.

136. Musson, A. E., *The Growth of British Industry*, New York: Holmes and Meier, 1978.

137. Nicholls, G., *A History of the English Poor Law: In Connection With the State of the Country and the Condition of the People*, Vol.2, London and New York: P. S. King and Son, 1898.

138. Novak, Tony, *Poverty and the State: An Historical Sociology*, London: Open University Press, 1988.

139. Owen, David, *English Philanthropy, 1660 – 1960*, London: Oxford University Press, 1965.

140. Oxley, Geoffrey W., *Poor Relief in England and Wales, 1601 – 1834*, London: David and Charles, 1974.

141. O'Connor, Erin, *Raw Material: Producing Pathology in Victorian Culture*, Durham: Duke University Press, 2000.

142. Paz, Denes G., *The Politics of Working-class Education in Britain, 1830 – 1850*, Manchester: Manchester University Press, 1908.

143. Peel, Frank, *The Risings of the Luddites, Chartist and Plug-Drawers*, London: Frank Cass, 1968.

144. Perkin, Harold, *The Origins of Modern English Society, 1780 –1880*, London and New York: Routledge, 2002.

145. Pinker, R., *English Hospital Statistics, 1861 – 1938*, London: Heinemann, 1996.

146. Porter, Roy, *London: A Social History*, London: Penguin, 2000.

147. Poynter J. R., *Society and Pauperism: English Ideas on Poor Relief, 1795 – 1834*, Toronto: University of Toronto Press, 1969.

148. Rathbone, William, *Social Duties Considered With Reference to the Organization of Effort in Works of Benevolence and Public Utility*, London: Macmillan, 1867.

149. Raynes, Harold E., *Social Security in Britain: A History*, London: Pitman, 1960.

150. Reinarz, Jonathan and Leonard Schwarz, eds., *Medicine and the Workhouse*, Rochester: University of Rochester Press, 2013.

151. Riley, James C., *Sick, Not Dead: The Health of British Workingmen, During the Mortality Decline*, Baltimore and London: The Johns Hopkins University Press,

152. Roach, John, *Social Reform in England*, 1780–1888, London: Batsford, 1978.
153. Robert Pinker. *English Hospital Statistics*, 1861–1938, London: Heinemann Educational Books, 1966.
154. Robin, J., *From Childhood to Middle Age: Cohort Analysis in Colyton*, 1815–1863, Cambridge: Cambridge Group for the History of Population and Social Structure, Working Paper Series, No.1, n. d., 1995.
155. Rose, Michael E., *The English Poor Law*, 1780–1930, Newton Abbot: David and Charles, 1971.
156. Rose, Michael E., *The Relief of Poverty*, 1834–1914, London: Macmillan, 1972.
157. Rowntree, B. Seebohm, *Poverty*, *A Study of Town Life*, New York and London: Garland Publishing, 1980.
158. Royle, Edward, *Modern Britain: A Social History*, 1750–1985, London: E. Arnold, 1988.
159. Royle, Edward, *Modern Britain: A Social History*, 1750–2011, London: Bloomsbury Academic, 2012.
160. Rubinstein, W. D., *Elites and the Wealthy in Modern British History*, *Essays in Social and Economic History*, Sussex: Harvester Press, 1987.
161. Ruggles, T., *The History of the Poor: Their Rights*, *Duties*, *and the Laws Respecting Them*, Vol.2, London: Printed for J. Deighton, 1914.
162. Rumsey, Henry Wyldborr, *Essays on State Medicine*, London: John Churchill, 1856.
163. Seymour, Claire, *Ragged Schools*, *Ragged Children*, London: Ragged School Museum Trust, 1995.
164. Slack, Paul A., *Poverty and Policy in Tudor and Stuart England*, London: Longman, 1988.
165. Slack, Paul A., *The English Poor Law*, 1531–1782, Cambridge: Cambridge University Press, 1995.
166. Smith, F. B., *The People's Health*, 1830–1910, London: Croom Helm, 1979.
167. Smith, Justin Davis, Colin Rochester and Rodney Hedley, eds., *An Introduction to the Voluntary Sector*, London: Routledge, 1995.
168. Sturt, M., *The Education of the People: A History of Primary Education in England and Wales in the Nineteenth Century*, London: Routledge and Kegan Paul, 1967.
169. Sutherland, G., *Elementary Education in the Nineteenth Century*, London: Historical

Association, 1971.

170. Taine, Hippolyte, *Notes on England*, Translated With and Introduction by Edward Hyams, London: Thames and Hudson, 1957.

171. Tarn, John Nelson, *Five Per Cent Philanthropy: An Account of Housing in Urban Areas Between 1840 and 1914*, Cambridge: Cambridge University Press, 1973.

172. Taylor, David, *Crime, Policing and Punishment in England, 1750 – 1914*, Basingstoke: Macmillan, 1998.

173. Thane, Pat, *Foundations of the Welfare State*, London and New York: Longman, 1982.

174. Thompson, E. M. L., *English Landed Society in the Nineteenth Century*, London: Routledge and Kegan Paul, 1963.

175. Thompson, E. P., *The Making of the English Working Class*, New York: Pantheon Books, 1964.

176. Thompson, F. M. L., *The Cambridge Social History of Britain, 1750 – 1950*, Vol.3, Cambridge: Cambridge University Press, 2008.

177. Thompson, F. M., *The Rise of Respectable Society, A Social History of Victorian Britain, 1830 – 1900*, Cambridge: Harvard University Press, 1988.

178. Thompson, F., *Lark Rise to Candleford: A Trilogy*, London: Century Publish Co., 1983.

179. Thomson Christopher, *The Autobiography of an Artisan*, London: J. Champman, 1847.

180. Townsend, Joseph, *A Dissertation on The Poor Laws: By a Well-Wisher to Mankind*, Berkeley: University of California Press, 1971.

181. Toynbee, A., *Lectures on the Industrial Revolution in England: Popular Address, Notes and Other Fragments*, London: Rivingtons, 1884.

182. Treble, James H., *Urban Poverty in Britain, 1830 – 1914*, London: Batsford Academic, 1979.

183. Ward, Wilfrid, *The Life and Times of Cardinal Wiseman*, Vol. 1, London: Longmans, 1912.

184. Watson, J. Steven, *The Reign of George III, 1760 – 1815*, Oxford: Clarendon Press, 1960.

185. Webb, Beatrice, *My Apprenticeship*, Harmondsworth: Penguin Books, 1938.

186. Webb, Sidney and Beatrice, *English Poor Law History, Part II, The Last Hundred*

Years, Vol.1, New York: Macmillan, 2003.

187. Webb, Sidney and Beatrice, *The History of Trade Unionism*, 1666–1920, London: Macmillan, 2003.

188. Webb, Sidney and Beatrice, *The Public Organization of The Labor Market: The Minority Report of The Poor Law Commission*, London: Longman, 1909.

189. Weber, A. F., *The Growth of the Cities in the Nineteenth Century: A Study in Statistics*, New York: Comell University Press, 1963.

190. Wiener, Joel. H., *Great Britain, The Lion at Home: A Documentary History of Domestic Policy*, 1689–1973, Vol.2, New York: Chelsea House Publishers, 1974.

191. Wiener, M., *Reconstructing the Criminal*, Cambridge: Cambridge University Press, 1990.

192. Williams, Karel, *From Pauperism to Poverty*, London: Routledge and Kegan Paul, 1981.

193. Wohl, Anthony S., *Endangered Lives: Public Health in Victorian Britain*, London: Menthuen, 1984.

194. Wohl, Anthony S., *The Eternal Slum: Housing and Social Policy in Victorian London*, London: Edward Arnold, 1977.

195. Wood, Anthony, *Nineteenth Century Britain*, 1815–1914, Harlow: Longman, 1982.

196. Wood, Peter, *Poverty and the Workhouse in the Victorian Britain*, Stroud: Alan Sutton Publishing Ltd., 1991.

197. Woodroffe, K., *From Charity to Social Work in England and the United States*, Toronto: University of Toronto Press, 1962.

198. Woodward, John, *To Do the Sick No Harm: A Study of the British Voluntary Hospital System to 1875*, London and Boston: Routledge and Kegan Paul, 1974.

199. Wright, Thomas, *Our New Masters*, New York Garland Publishing, 1984.

200. Yeo, Stephen, *New Views of Co-operation*, London: Routledge, 1988.

201. Zedner, Lucia, *Women, Crime, and Custody in Victorian England*, New York: Oxford University Press, 1991.

（三）论文

1. Brand, Jeanne L., "The Parish Doctor: England's Poor Law Medical Officers and Medical Reform, 1870–1900", *Bulletin of the History of Medicine*, Vol.35, No.2

(1961).

2. Caplan, Maurice, "The New Poor Law and the Struggle for Union Chargeability", *International Review of Social History*, Vol.23(1978).

3. Cope, Zachary, "The History of the Dispensary Movement", in F. N. L. Poynter, *The Evolution of Hospital in Britain*, London: Pitman Medical Publishing Company, 1964.

4. Crowther, M. A., "Pauper or Patients? Obstacles to Professionalization in the Poor Law Medical Service Before 1914", *Journal of History of Medicine and Allied Sciences*, Vol.39, No.1(1984).

5. Digby, Anne, "The Labour Market and the Continuity of Social Policy after 1834: The Case of the Eastern Counties", *The Economic History Review*, Vol.28, No.1 (1975).

6. Driver, Felix, "The Historical Geography of the Workhouse System in England and Wales, 1834–1883", *Journal of Historical Geography*, Vol.15, No.3(1989).

7. Gorsky, Martin, "Mutual Aid and Civil Society: Friendly Societies in Nineteenth Century Bristol", *Urban History*, 25, 3 (1998).

8. Hanson, C. G., "Craft Unions, Welfare Benefits, and the Case for Trade Union Law Reform, 1867–1875", *The Economic History Review*, Vol.28, No.2(1975).

9. Harrison, Brian, "Philanthropy and the Victorians", *Victorian Study*, Vol.9, No.4 (1966).

10. Hart, William E., "Hospitals as Affected by the Local Government Act, 1929", *The Journal of the Royal Society for the Promotion of Health*, Vol.50, No.7(1929).

11. Hays, Nick, "Did We Really Want a National Health Service? Hospitals, Patients and Public Opinions Before 1948", *English Historical Review*, Vol.127, No.526 (2012).

12. Hnenock, E. P., "The Measurement of Urban Poverty: From Metropolis to the Nation", *The Economic History Review*, No.2(1987).

13. Kirby, Stephanie, "Splendid Scope for Public Service: Leading the London County Council Nursing Service, 1929–1948", *Nursing History Review*, Vol.14(2006).

14. Lambert, W. R., "Drink and Work-Discipline in Industrial South Wales", *Welsh History Review*, Vol.7, No.3(1975).

15. Lane-Poole, "Workhouse Infirmaries", *Stanley Macmillan's Magazine*, Vol. 44 (1881).

16. Levene, Alysa, "Between Less Eligibility and the NHS: The Changing Place of Poor Law Hospitals in England and Wales, 1929–1939", *Twentieth Century British History*, Vol.20, No.3(2009).
17. Loudon Irvine, "The Nature of Provincial Medical Practice in Eighteenth-Century England", *Medical History*, Vol.29, No.1(1985).
18. Loudon, I. S. L., "The Origins and Growth of the Dispensary Movement in England", *Bulletin of the History of Medicine*, 55:3(1981).
19. Matthew, H. G. G., "Disraeli, Gladstone and the Politics of Mid-Victorian Budgets", *The Historical Journal*, Vol.22(1979).
20. Morgan, John S., "Pauper Medical Care, Health Insurance, or National Health Service: The British Experiment", *Social Service Review*, Vol.21, No.4(1947).
21. O'Brien, Patrick K. and Philip A. Hunt, "The Rise of the Fiscal State in England, 1485–1815", *Historical Research*, Vol.66, Iss.160(1993).
22. Olderham, C. R., "Oxfordshire Poor Law Papers", *Economic History Review*, Vol.5, No.1(1934).
23. Pallister, Ray, "Workhouse Education in Country Durham", *British Journal of Education Studies*, Vol.16(1966).
24. Palmer, R. A., "Economic Significance of British Consumers' Co-operation", *National Marketing Review*, Vol.1, No.4(1936).
25. Paul A. Slack, "Vagrants and Vagrancy in England, 1598–1664", *The Economic History Review*, Vol.27, No.3(1974).
26. Roberts, David, "How Cruel Was the Victorian Poor Law?", *The Historical Journal*, Vol.6, No.1(1963).
27. Rose, Michael E., "The Allowance System Under the New Poor Law", *Economic History Review*, Vol.19, No.3(1966).
28. Rosen, George, "Medical Care and Social Policy in Seventeenth Century England", *The New York Academy of Medicine*, Vol.29, No.5(1953).
29. Searby, Peter, "The Relief of the Poor in Coventry, 1830–1863", *Historical Journal*, Vol.20(1977).
30. Schupf, H. W., "Education for the Neglected: Ragged Schools in Nineteenth-Century England", *History of Education Quarterly*, Vol.12, No.2(1972).
31. Slack, Paul A., "Vagrants and Vagrancy in England, 1598–1664", *The Economic History Review*, Vol.27, No.3(1974).

32. Solar, Peter. M., "Poor Relief and English Economic Development Before the Industrial Revolution", *The Economic History Review*, Vol.48, No.1(1995).
33. Stein, Emanuel, "The Consumers' Co-operative Movement", *Journal of Educational Sociology*, Vol.6, No.7(1933).
34. Sturgeon, David, "There and Back Again: A Short History of Health Service Reform in England From 1909 - 2012", *International Journal of Arts and Sciences*, Vol.6, No.2(2013).
35. Thane, Pat, "The Working Class and State Welfare in Britain, 1880 - 1914", *The Historical Journal*, No.4(1984).
36. Thomas, E. G., "The Old Poor Law and Medicine", *Medical History*, Vol.24, No.1(1980).
37. Tomkins, Alannah, "Paupers and the Infirmary in Mid-Eighteenth-Century Shrewsbury", *Medical History*, Vol.43, No.2(1999).
38. Winter, J. "Widowed mothers and mutual aid in Early-Victorian Britain", *Journal of Social History*, 17(1983).
39. "On Nursing in Workhouse Infirmaries", *The British Medical Journal*, Vol.2, No.1865(1896).
40. "Poor Law Medical Service", *The British Medical Journal*, Vol.2, No.3582(1929).
41. "Medical Relief Disqualification Removal Bill", *The British Medical Journal*, Vol.2, No.1281(1885).
42. "Transfer and Appropriation of Poor Law Institutions, Local Government Act, 1929", *The British Medical Journal*, Vol.2, No.3595(1929).
43. "Treatment of the Sick Poor in the Workhouse of St. Mary, Islington", *Association Medical Journal*, Vol.2, No.102(1854).
44. Lynn, McDonald, "Florence Nightingale as a Social Reformer", *History Today*, Vol.56, No.1(2006).

二、中文文献

(一) 专著

1. 陈晓律:《英国福利制度的由来与发展》,南京:南京大学出版社,1996年。
2. 丁建定:《从济贫到社会保险:英国现代社会保障制度的建立(1870—1914)》,北京:中国社会科学出版社,2000年。

3. 丁建定:《英国济贫制度史》,北京:人民出版社,2014年。
4. 丁建定:《英国社会保障制度史》,北京:人民出版社,2015年。
5. 丁建定、杨凤娟:《英国社会保障制度的发展》,北京:中国劳动社会保障出版社,2004年。
6. 蒋孟引主编:《英国史》,北京:中国社会科学出版社,1988年。
7. 毛利霞:《从隔离病人到治理环境——19世纪英国霍乱防治研究》,北京:中国人民大学出版社,2018年。
8. 彭瑞骢等主编:《医学科技与社会》,北京:北京医科大学、中国协和医科大学联合出版社,1999年。
9. 钱乘旦总主编,刘成等著:《英国通史》(第五卷),南京:江苏人民出版社,2016年。
10. 滕淑娜:《税制变迁与英国政府社会政策研究,18世纪—20世纪初》,北京:中国社会科学出版社,2015年。
11. 王觉非主编:《近代英国史》,南京:南京大学出版社,1997年。
12. 阎照祥:《英国贵族史》,北京:人民出版社,2000年。
13. 阎照祥:《英国政治思想史》,北京:人民出版社,2010年。
14. 张明贵:《费边社会主义思想》,台北:五南图书出版股份有限公司,2003年。

(二) 译著

1. [意]阿尔图罗·卡斯蒂廖尼:《医学史》,程之范、甄橙译,南京:译林出版社,2013年。
2. [英]阿萨·布里格斯:《英国社会史》,陈叔平等译,北京:商务印书馆,2015年。
3. [英]艾瑞克·霍布斯鲍姆:《资本的年代》,张晓华等译,南京:江苏人民出版社,1999年。
4. [英]安迪·格林:《教育与国家形成:英、法、美教育体系起源比较》,王春华等译,北京:教育科学出版社,2004年。
5. [法]保尔·芒图:《十八世纪产业革命——英国近代大工业初期的概况》,杨人楩等译,北京:商务印书馆,1983年。
6. [英]彼得·马赛厄斯、[英]M. M. 波斯坦主编:《剑桥欧洲经济史》(第七卷),徐强、李军、马宏生译,北京:经济科学出版社,2004年。
7. [英]彼罗·斯拉法主编:《李嘉图著作和通信集》(第一卷)·《政治经济学及赋税原理》,郭大力、王亚南译,北京:商务印书馆,1983年。
8. [英]庇古:《福利经济学》,金镝译,北京:华夏出版社,2007年。
9. [英]边沁:《政府片论》,沈叔平等译,北京:商务印书馆,1996年。

10. [英]狄更斯：《雾都孤儿》，黄雨石译，北京：人民文学出版社，2003年。
11. [美]E. K. 亨特：《经济思想史——一种批判性的视角》，上海：上海财经大学出版社，2007年。
12. [英]E. P. 汤普森：《英国工人阶级的形成》（上册），钱乘旦等译，南京：译林出版社，2001年。
13. [英]E. 罗伊斯顿·派克编：《被遗忘的苦难：英国工业革命的人文实录》，蔡师雄等译，福州：福建人民出版社，1983年。
14. [德]恩格斯：《英国工人阶级状况》，《马克思恩格斯全集》（第二卷），北京：人民出版社，1956年。
15. 辜燮高等选译：《一六八九——一八一五年的英国》（下册），北京：商务印书馆，1997年。
16. [美]亨利·乔治：《进步与贫困》，吴良健、王翼龙译，北京：商务印书馆，1995年。
17. [英]霍布豪斯：《自由主义》，朱曾汶译，北京：商务印书馆，1996年。
18. [英]J. C. D. 克拉克：《1660—1832年的英国社会：旧制度下的宗教信仰、观念形态和政治生活》，姜德福译，北京：商务印书馆，2014年。
19. [英]杰里米·边沁：《道德与立法原理导论》，时殷弘译，北京：商务印书馆，2000年。
20. [英]克拉潘：《现代英国经济史》（上卷），姚曾廙译，北京：商务印书馆，1997年。
21. [英]克拉潘：《现代英国经济史》（下卷），姚曾廙译，北京：商务印书馆，1977年。
22. [美]克莱顿·罗伯茨、戴维·罗伯茨、道格拉斯·R. 比松：《英国史》（下册），潘兴明等译，北京：商务印书馆，2013年。
23. [英]肯尼迪·O. 摩根主编：《牛津英国通史》，王觉非等译，北京：商务印书馆，1993年。
24. [英]劳伦斯·詹姆斯：《中产阶级史》，李春玲、杨典译，北京：中国社会科学出版社，2015年。
25. [英]罗伊·波特主编：《剑桥插图医学史（修订版）》，张大庆等译，济南：山东画报出版社，2007年。
26. [美]洛伊斯·N. 玛格纳：《医学史》（第二版），刘学礼等译，上海：上海人民出版社，2009年。
27. [英]马尔萨斯：《人口论》，郭大力译，北京：北京大学出版社，2008年。
28. [英]玛格丽特·柯尔：《欧文传》，何世鲁、马爱农译，马清槐校，北京：商务印书馆，1995年。
29. [英]欧文：《欧文选集》（第二卷），马清槐等译，北京：商务印书馆，1981年。

30. ［苏］塔塔里诺娃:《英国史纲 1640—1815》,何清新译,北京:生活·读书·新知三联书店,1962 年。
31. ［美］威廉·考克汉姆:《医疗与社会:我们时代的病与痛》,高永平、杨渤彦译,北京:中国人民大学出版社,2014 年。
32. ［英］韦伯夫妇:《英国工会运动史》,陈建民译,北京:商务印书馆,1959 年。
33. ［英］肖伯纳主编:《费边论丛》,袁绩藩译,北京:生活·读书·新知三联书店,1958 年。
34. ［英］亚当·斯密:《道德情操论》,蒋自强等译,北京:商务印书馆,1997 年。
35. ［英］亚当·斯密:《国民财富的性质和原因的研究》(下卷),北京:商务印书馆,1997 年。

译名对照

1572年《济贫法》(Vagrancy and Poor Relief Act of 1572)
1834年《济贫法报告》(The Poor Law Report of 1834)
1847年《医疗合并法案》(Consolidated General Order of 1847)
1868年《济贫法修正案》(Poor Law Amendment Act of 1868)
《1868年工匠和劳动阶级住房法》(Artisans' and Labourers' Dwellings Act of 1868)
《1870年教育法案》(The Elementary Education Act, 1870)
1885年《医疗救济法案》(Medical Relief Act of 1885)
1894年的《地方政府法案》(Local Government Act of 1894)
1894年预算(1894 Budget)
1929年《地方政府法》(The Local Government Act of 1929)

A

《爱丁堡评论》(Edinburgh Review)
阿尔伯特亲王(Prince Albert)
阿克勒肖(Eccleshal)
阿斯奎斯(Herbert Henry Asquith)
埃利斯,T.(T. Ellis)
艾略特(Elliott)
安德鲁,唐娜(Donna Andrew)
安德森(M. Anderson)
安多弗丑闻(The Andover Workhouse Scandal)
安科兹地区(Ancoats)

安妮(Anne)

奥尔德姆(Oldham)

奥克塔维亚·希尔制度(Octavia Hill System)

B

"背靠背"式(back to back)

《巴士底狱书》(*The Book of the Bastiles*)

《拨款法案》(*Fee Grant Act*)

《博兹小品集》(*Sketches by Boz*)

巴肯,威廉(William Buchan)

白教堂(Whitechapel)

百分之五慈善(Five Percent Philanthropy)

拜伦勋爵(Lord Byron)

班伯里(Banbury)

鲍利(Bowley)

北英格兰商业批发合作社(the North of England Co-operative Wholesale Industrial and Provident Society)

贝德福德伯爵(Duke of Bedford)

贝尔彻(Bellcher)

贝弗里奇(William Beveridge)

贝格尼基韦尔斯(Bagnigge Wells)

贝克,罗伯特(Robert Baker)

贝思纳尔格林(Bethnal Green)

贝斯纳尔格林友好福利会(Friendly Benefit Society of Bethnal Green)

贝特莱姆皇家医院(Bethlem Royal Hospital)

彼得斯菲尔德(Petersfield)

边沁,杰里米(Jeremy Bentham)

宾德利,威廉(William Bindley)

病人(sick)

病人收容院(Sick Asylums)

伯里(Bury)

博尔顿(Bolton)

不服管束的行为(Refractory Conduct)

不列颠和海外教育协会(British and Foreign School Society)

布金顿(Bulkington)

布拉德福德(Bradford)

布拉德福德友谊会医疗协会(Bradford Medical Association of Friendly Society)

布拉福德独立工会(The Bradford Independent Labour Union)

布莱顿合作社(Brighton Society)

布鲁厄姆(Brougham)

布鲁厄姆,亨利(Henry Brougham)

布伦特福德的西米德尔塞克斯医院(West Middlesex Hospital, Brentford)

布思,查尔斯(Charles Booth)

C

《晨报纪实》(The Morning Chronicle)

《惩治流浪和乞讨的法令》(Vagabond and Beggars Act)

《初等教育法案》(The Elementary Education Act)

财政大臣(The Chancellor of the Exchequer)

查德威克,埃德温(Edwin Chadwick)

城镇卫生委员会(Health of Towns Commission)

慈善(Charity)

慈善机构(Institutional Care)

慈善学校(Charity School)

慈善组织协会(Charity Organisation Society)

次级贫困(Secondary Poverty)

村舍(cottages)

D

《大城市飞速发展,国民身体状况面临恶化》(The Danger of the Deterioration of Race From the too Rapid of Great Cities)

《大都市地方管理法》(Metropolitan Local Management Act)

《大都市济贫法》(The Metropolitan Poor Act)

《大都市住房法》(Metropolitan Lodging Act)

《道德情操论》(The Theory of Moral Sentiments)

《道德与立法原理》(Principles of Moral and Legislation)

《地方改善法》(Local Improvement Act)

《地方政府法案》(Local Government Act)

《定居法案》(The Act of Settlement)

大都市改进产业阶级住房协会(The Metropolitan Association for Improving the Dwellings of the Industrious Classes)

大都市救济委员会(The Metropolitan Asylums Board)

大都市收容局(Metropolitan Asylums Board, MAB)

大都市走访和救济协会(Metropolitan Visiting and Relief Association)

导生制(monitorial system)

道尔顿,马丁(Martin Daunton)

德比伯爵(Earl of Derby)

德丁顿(Deddington)

低教会派成员(Low Churchmen)

迪斯伯里(Dewshury)

迪斯盖特(Deansgate)

迪斯累利,本杰明(Benjamin Disraeli)

笛福,丹尼尔(Daniel Defoe)

地方政府事务部(Local Government Board)

东部圣乔治(St. George's in the East)

多彻斯特(Dorchester)

F

法式瘟疫(French plague)

访查委员会(Visiting Committees)

菲茨威廉伯爵(Earl of Fitzwilliam)

菲尔丁,亨利(Henry Fielding)

费边社(Fabian Society)

费边社会主义(Fabian Socialism)

分馆式病房的原则(Pavilion principle)

分散的家庭(Scattered Homes)

弗雷泽(James George Frazer)

福音教派(Evangelical Church)

妇孺学校(Dame's School)

富勒姆(Fulham)

富歇,列奥(Leon Faucher)

G

《工厂法》(The Factory Act)

《工匠和劳动阶级住房法》(Artisans' and Labourers' Dwellings Act)

《工匠和劳动阶级住房改进法》(Artisans' and Labourers' Dwellings Improvement Act)

《工人阶级住房法》(Housing of the Working Classes Act)

《工业和公积金社团法》(Industrial and Provident Societies Act)

《公共卫生法》(The Public Health Act)

《公共住房法》(Common Lodging Houses Act)

《关于国民教育状况的调查报告》(Report of the Commission on the State of Popular Education in England)

改善劳动阶级状况协会(The Society for Improving the Condition of the Labouring Classes)

盖斯凯尔夫人(Mrs. Gaskell)

盖伊医院(Guy Hospital)

戈申, 乔治(George Goschen)

格雷, 乔治(George Grey)

格雷厄姆(Graham)

格林, T. H.(T. H. Green)

格洛斯特郡(Gloucestershire)

工会(The Trade Unions)

公共济贫基金(Common Poor Fund)

公共救济委员会(Public Assistant Committee)

公共卫生委员会(Public Health Committee)

公共援助机构(Public Assistance Institution)

公共住房(Council house)

公理会(Congregationists)

光荣革命(Glorious Revolution)

贵格派(Quakers)

国民保健制度(National Health Service)

国民健康服务制度(NHS)

国民协会(National Society)

国民学校(National School)

H

《黑矮人》(Black Dwarf)

哈格德，H.赖德(H. Rider Haggard)

哈考特威廉(William Harcourt)

哈里森 J.F.C.(J.F.C. Harrison)

哈孟德夫妇(J. L. Hammond and Barbara Hammond)

海伍德，詹姆斯(James Heywood)

汉诺威广场圣乔治教堂(St. George's Hanover Square)

合作村(Co-operative Village)

合作社(The Co-operative Society)

赫德斯菲尔德(Huddersfield)

赫里福德郡(Herefordshire)

亨利七世(Henry Ⅶ)

红狮广场(Red Lion Square)

怀特黑文(Whitehaven)

环球保险公司(Globe Insurance Company)

皇家工人阶级住房委员会(Royal Commission on the Housing of the Working Classes)

皇家国民教育委员会(The Royal Commission on Popular Education)

皇家济贫法调查委员会(The Royal Commission on the Poor Laws)

皇家委员会(The Royal Commission)

惠特布雷德，萨缪尔(Samuel Whitbread)

惠特利(Wheatley)

霍(Hoo)

霍布豪斯，伦纳德(Leonard Hobhouse)

霍布森，约翰(John A. Hobson)

霍尔，查尔斯(Charles Hall)

霍尔本(Holborn)

霍克斯顿(Hoxton)

霍克斯利，托马斯(Thomas Hawksly)

霍莱特，约翰(John Howlett)

霍纳，列奥纳多(Leonard Horner)

霍奇斯金，托马斯(Thomas Hodgskin)

J

"建设性税收"(Constructive Taxation)

《激进纲领》(Radical Program)

《吉尔伯特法》(Thomas Gilbert's Act)

《济贫法》(Poor Relief Act)

《济贫院检验法》(Workhouse Test Act)

《家庭经济指南》(Manual of Domestic Economy)

《教育拨款法》(The 1837 Education Act)

《结社法案》(Combination Act)

《进步与贫困》(Progress and Poverty)

《禁止户外救济法》(The Out Relief Prohibitory Order)

《救济条例》(Relief Regulation Order of 1911)

《郡精神病院法令》(County Asylum Act of 1808)

机械工人联合工会(A. S. E.)

基本贫困(primary poverty)

吉迪,戴维斯(Davies Giddy)

吉尔伯特联盟(Gilbert Union)

集体公寓(lodging-house)

济贫法监督员(Poor Law Inspectors)

济贫法局(Poor Law Board)

济贫法委员会(Poor Law Commission)

济贫监督官(overseer)

济贫院病房(Workhouse Wards)

济贫院学校(Workhouse School)

济贫院医院(Workhouse Infirmary)

济贫院医院专业护士促进协会(Association of Promoting Trained Nursing in Workhouse Infirmaries)

加农,瑟顿(Theydon Garnon)

家乡与殖民地(Home and Colonial)

矫正院(House of Correction)

教育部(Education Department)

金,托马斯(Thomas King)

金,威廉(William King)

紧急医疗服务系统（Emergency Medical Service，EMS）

浸礼派（Baptists）

经济公寓（tenements）

经销商（dealers）

K

《克罗斯法》（Cross Act）

凯姆索恩，桑普森（Sampson Kempthorne）

凯尼尔沃思（Kenilworth）

凯瑟琳住宅（Katharine Buildings）

科库布里（Kirkcudbright）

科里顿镇（Town of Colyton）

克伦威尔，托马斯（Thomas Cromwell）

克罗斯，理查德（Richard Cross）

L

《垃圾清理和疾病预防法》（Nuisances Removal and Disease Prevention Act）

《劳动阶级住房法》（Labouring Classes' Lodging Houses Act）

《劳工检验法》（The Outdoor Labour Test Orders）

《柳叶刀》（Lancet）

《伦敦公共卫生合并法案》（The Public Health London Law Consolidation Bill）

《伦敦劳工与伦敦穷人》（London Labour and London Poor）

《论发热》（A Treatise on Fever）

拉德克利夫医院（Radcliffe Infirmary）

拉格尔斯，托马斯（Thomas Ruggles）

拉克汉姆（Rackhams）

拉斯博恩，威廉（William Rathbone）

拉特兰公爵（Duke of Rutland）

莱特，托马斯（Thomas Wright）

莱特森（Lettsom）

兰伯斯（Lambeth）

兰开斯特，约瑟夫（Joseph Lancaster）

劳教所（House of Correction）

雷克斯，罗伯特（Robert Raikes）

李嘉图，大卫（David Ricardo）

李斯特（Joseph Lister）

李维斯（Lewis's）

里吉斯，巴顿（Barton Regis）

立顿（Lipton's）

利奇菲尔德（Lichfield）

利物浦勋爵（Lord Liverpool）

利兹联合济贫医院（Leeds Union Infirmary）

劣等处置（Less-Eligibility）

卢德将军（Ned Ludd）

卢德派（Luddites）

伦敦，杰克（Jack London）

伦敦城市布道团（London Mission Society）

伦敦东区住宅公司（East End Dwellings Company）

伦敦贫民免费学校联盟（Ragged School Unions）

伦敦统计协会（The Statistical Society of London）

罗切代尔公平先锋社（Rochdale Equitable Pioneers Co-operative Society）

罗切代尔先锋奖（Rochdale Pioneers Award）

罗斯（Michael E. Rose）

洛，罗伯特（Robert Lowe）

洛，桑普森（Sampson Low）

洛奇，C. S.（C. S. Loch）

M

《芒代拉法》（The Mundella's Act of 1880）

马尔帕斯，彼得（Peter Malpass）

马歇尔，威廉（William Marshall）

麦卡洛克，J. R.（J. R. McCulloch）

麦凯，托马斯（Thomas Mckay）

曼彻斯特皇家医院（Manchester Royal Infirmary）

曼彻斯特救济委员会（Committee of Relief in Manchester）

曼彻斯特联合共济会（Independent Order of Oddfellows Manchester Unity）

曼彻斯特联合会（Manchester Federation）

曼斯菲尔德（Mansfield）

茅屋学校(Cottage School)

梅休,亨利(Henry Mayhew)

米顿(Myton)

米切尔,T. W.(T. W. Mitchell)

棉花饥荒(The Lancashire Cotton Famine)

模范住房(Model Dwelling Association)

摩根,约翰·爱德华(John Edward Morgan)

摩根,约翰·米特(John Minter Morgan)

莫恩斯,安德鲁(Andrew Mearns)

莫尔,汉纳(Hannah More)

莫里森,詹姆斯(James Morrison)

莫尼,L. G. 奇奥萨(L.G. Chiozza Money)

目无法纪的行为(Disorderly Conduct)

N

《南安普顿2988号森林法》(*Southampton 2988 Forest Law*)

《南方和北方》(*North and South*)

奈特,理查德(Richard Kinght)

南丁格尔(Florence Nightingale)

内务大臣(Home Secretary)

纽卡斯尔联合友谊会(Newcastle United Friendly Society)

农业移居地(Farm Colony)

诺福克公爵(Duke of Norfolk)

诺里奇(Norwich)

诺里斯,西顿(Heaton Norris)

诺斯勋爵(Frederick Lord North)

O

欧文,罗伯特(Robert Owen)

P

《庞奇画报》(*Punch*)

《贫困:城镇生活研究》(*Poverty: A Study of Town Life*)

《评论季刊》(*The Quarterly Review*)

帕金森,坎农·理查德(Canon Richard Parkinson)

帕金森,理查德博士(Dr. Richard Parkinson)

帕金斯,托马斯(Thomas Parkins)

帕特里克·科洪(Patrick Colquhoun)

潘恩,托马斯(Thomas Paine)

皮尔,罗伯特爵士(Sir Robert Peel)

贫民免费学校(Ragged School)

朴次茅斯友谊会(Portsmouth Friendly Society)

普雷斯顿友谊会(Preston Friendly Society)

Q

《穷人的管理》(The Management of the Poor)

《穷人的徽章》(Badging the Poor)

千禧年主义(Millennialism)

乔顿(Chorlton)

乔治,亨利(Henry George)

乔治,劳合(Lloyd George)

切姆斯福德(Chelmsford)

切斯特郡(Chester County)

琼斯,劳埃德(Lloyd Jones)

全国穷人教育学会(National Society for Education of Poor)

全日制学校(Voluntary Day School)

R

《人口原理》(An Essay on the Principle of Population)

S

"斯文大尉"运动(Captain Swing)

《桑登法》(The Sandon's Education Act)

《社会保险及其相关服务》(Social insurance and Allied Services)

《社会科学评论》(Social Science Review)

《市政机关法》(The Municipal Corporations Act of 1835)

萨顿,丹尼尔(Daniel Sutton)

萨尔福德(Salford)

桑顿,理查德(Richard Thornton)

森德兰(Sunderland)

森林者友谊会(Ancient Order of Foresters)

沙夫茨伯里伯爵(Lord Shaftsbury)

商人(tradesmen)

上院议长(Lord President of Council)

社会民主联盟(Social Democratic Federation)

圣巴特罗缪医院(St. Bartholomew's)

圣贾尔斯医院(St. Giles's Hospital)

圣卢克(St. Luke)

圣玛格丽特济贫院(St. Margaret's Workhouse)

圣乔治医院(St. George's Hospital)

圣塞珀克尔教堂(St. Sepulchre's)

圣斯特芬医院(St. Steghen's Hospital)

圣托马斯医院(The Hospital of St. Thomas's)

圣詹姆斯医院(St. James's Hospital)

什鲁斯伯里(Shrewsbury)

史密斯,J. H.(J. H. Smith)

史密斯,爱德华(Edward Smith)

史密斯,卢埃林(Llewellyn Smith)

史密斯,托马斯·苏斯伍德(Thomas Southwood Smith)

史密斯,詹姆斯(James Smith)

收容区(Asylum District)

收容院(Asylums)

枢密院教育委员会(Committee of Privy on Education)

斯宾汉姆兰制度(Speenhamland System)

斯古勾茨(Sculcoates)

斯迈尔斯,塞缪尔(Samuel Smiles)

斯密,亚当(Adam Smith)

斯诺,伯纳德·吉尔里(Bernard Geary Snow)

斯彭斯(Thomas Spence)

斯彭斯,托马斯(Thomas Spence)

斯塔福德郡(Stafford County)

斯特劳德药房(Stroud Dispensary)

斯特普尼(Stepney)

斯托尼·斯特拉福德(Stony Stratford)

索尔福德(Solford)

索瑟姆(Southam)

T

《托伦斯法》(Torrens Act)

泰索村(Village of Tysoe)

汤普森,E. P.(E.P. Thompson)

汤因比,阿诺德(Arnold Toynbee)

唐森德,约瑟夫(Joseph Townsend)

托马斯·查尔默斯(Thomas Chalmers)

W

威廉三世(William Ⅲ)

威斯敏斯特兄弟友谊会(Westminster Brotherhood Friendly Society)

韦伯,比阿特丽斯(Beatrice Webb)

韦伯,西德尼(Sidney Webb)

唯一神派(Monarchians)

维多利亚女王(Queen Victoria)

卫生部(Ministry of Health)

卫生总局(General Board of Health)

卫斯理,约翰(John Wesley)

卫斯理派(Wesleyan Church)

温德米尔,约翰(John Windermere)

温德米尔,约瑟夫(Joseph Windermere)

温斯顿·丘吉尔(Winston Churchill)

温特,詹姆斯(James Winter)

沃尔波尔(Robert Wallpole)

沃尔什,J. H.(J. H. Walsh)

沃尔索耳(Walsall)

沃里克郡(Warwickshire)

沃灵顿(Warrington)

沃辛顿,托马斯(Thomas Worthington)

伍德斯托克(Woodstock)

伍斯特友谊会医疗协会(The Worcester Associated Friendly Societies' Medical Association)

X

《西比尔》(Sybil, or The Two Nations)

《学徒工健康与道德法案》(Health and Morals of Apprentices, 1802)

西博姆·朗特利(Seebohm Rowntree)

西汉姆(West Ham)

西米德尔塞克斯医院(West Middlesex Hospital)

西尼尔,纳素(Nassau Senior)

希尔,奥克塔维亚(Octavia Hill)

希尔制度(Octavia Hill System)

希金斯,贝茜(Bessy Higgins)

希克斯,G.(G. Hicks)

希望医院(Hope Hospital)

细木工联合工会(A. S. C. J.)

宪章派协会(National Charter Association)

宪章运动(The Chartist Movement)

乡村之家(cottage home)

橡树勇气(Oak Tree Heart of Friendly Society)

小皮特(William Pitt the Younger)

新末日审判书(New Domesday Book)

学校委员会(School Board)

殉道者圣乔治(St. George the Martyr)

Y

《伊丽莎白济贫法》(The 1601 Elizabethan Poor Law)

《医疗合并法案》(Consolidated General Order)

《医疗救济法案》(Medical Relief Act)

《医疗救济免除政治权利剥夺法案》(Medical Relief Disqualification Removal Act)

《音乐时代》(The Music Times)

《英国济贫法史》(English Poor Law History)

药房(Dispensary)

一揽子拨款(Block Grants)

伊登,弗雷德里克爵士(Sir Frederick Morton Eden)

伊甸园友谊会(Eden Friendly Society)

伊丽莎白一世(Elizabeth Ⅰ)

医疗官(medical officer)

医疗主管(Medical Superintendent)

医师学院(The College of Physicians)

医务社工(Medical Almoner)

医学化过程(Medicalization)

遗产税(Estate Duty)

英格兰和威尔士济贫委员会(The Poor Law Commissioners for England and Wales)

英格兰教区自给村社(Church of England Self-Supporting Villages)

英格兰批发合作社(The Co-operative Wholesale Society)

英格兰药房运动(Dispensary Movement)

拥挤(overcrowding)

友善友谊会(Friendly Friendship)

友谊会(The Friendly Society)

友谊会医疗联盟(Friendly Societies Medical Alliance,FSMA)

约翰·福斯特(John Foster)

约瑟夫,基思(Keith Joseph)

Z

《张伯伦通告》(*Chamberlain Circular*)

《住房与城镇规划法》(*Housing and Town Planning Act*)

窄围巾(narrow shawls)

张伯伦,约瑟夫(Joseph Chamberlain)

掌玺大臣(The Lord Privy Seal)

志愿医院(Voluntary Hospital)

中等阶级(Middle Class)

主日学校(Sunday School)

住宿院舍(Residential Institution)

驻院医生(Resident Infirmary Doctors)

自由放任理论(laissez-faire)

自治市议会(Council of the County Borough)

后 记

贫困与贫富差距问题是19世纪英国现代化过程中的一颗毒瘤,贫困与贫富差距问题的发展,给英国带来了许多严重的社会问题。19世纪,英国政府为化解贫富差距这一社会问题,采取了许多措施,留下了许多经验和教训,对我国今天精准扶贫工作有一定的借鉴意义。而对这一问题,国内外仍没有做出系统的研究。

可能是自己出身农民的缘故,在日常教学与研究中,我对工业革命以来英国下层群众的工作、生活状况尤为同情和关注。2005年9月到2006年9月,我受国家留学基金资助,赴英国剑桥大学人口史与社会结构史研究所访学,英方的合作导师是英国著名经济社会史、人口史专家理查德·史密斯(Richard Smith)教授,其间我还选修了英国皇家历史学会主席马丁·道顿(Martin Daunton)的"英国经济与社会史"课程,因此结识了道顿教授,多年来一直有书信来往。在剑桥大学,我收集了工业革命以来英国贫困与社会保障方面的有关资料,2007年,以"19世纪英国贫困与贫富差距问题研究"为题目,申请到了教育部人文社会科学基金。随后我与我的部分研究生开始研究这一复杂问题。

2014—2015年,我在哈佛大学访学期间,又收集了大量英国公共医疗服务体制方面的资料。这两年我一直致力于这方面的研究,应南京师范大学出版社的邀请,将19世纪英国贫困与贫富差距问题这一研究成果进行了大量修改和补充,增添了有关英国贫民医疗救助等方面的内容,并参与了本丛书的撰写工作。

本书研究与写作过程中,唐燕、王广坤、徐铱景、许若潇分别参与了第二章第二节、第四章第二节、第五章第二节、第五章第三节的研究与写作工作,徐佳星撰写了第三章第二、三、四节,在此一并表示感谢。